촛불 이후,
한국 복지국가의 길을 묻다

이 도서의 국립중앙도서관 출판예정도서목록(CIP)은 서지정보유통지원시스템 홈페이지(http://seoji.nl.go.kr)와 국가자료종합목록 구축시스템(http://kolis-net.nl.go.kr)에서 이용하실 수 있습니다.
CIP제어번호: CIP2020028474(양장), CIP2020028542(무선)

촛불 이후, 한국 복지국가의 길을 묻다

한국복지국가연구회 기획

은민수 · 양재진 · 유종성 · 윤홍식 · 정세은 · 김태일 · 강병익
권순미 · 김현경 · 김영순 · 노정호 · 최유석 · 최창용 지음

THE PATH OF THE KOREAN
WELFARE STATE
AFTER THE 2016 CANDLELIGHT PROTEST

한울
아카데미

차 례

제4부 복지태도 변화

서문

1. 민주주의와 보편적 복지

흔히 복지국가는 민주주의를 기초로 시장에 대항하는 정치(politics against market)를 통해 구현된다고 말한다. 복지국가는 정치를 통해 자본주의가 초래한 사회경제적 불평등을 완화하는 국가라는 의미이다. 그렇다고 정치적 민주주의가 자동으로 복지국가를 만드는 것은 아니다. 사회복지의 확대를 강하게 주장하는 유권자와 정치세력이 정치시장에서 승리해야 비로소 복지국가로 진입할 수 있기 때문이다. 그러나 역사는 대체로 민주국가가 복지국가로 전화되는 경향성이 있음을 보여주었다. 따라서 복지국가의 발전은 경제적 시장을 통한 배분과 정치적 시장을 통한 배분 사이의 갈등 및 교환의 역사라고 할 수 있다. 실제로 서구 복지국가의 발전은, 국가별로 정도의 차이는 있지만 경제적 시장에 의해 생성된 불평등이 민주주의를 기반으로 하는 정치적 시장을 통해 완화될 수 있음을 여실히 보여주었다. 특히 노조와 좌파 정당의 결합은 보편적 복지를 향한 재분배 정치에서 매우 중요한 역할과 기능을 수행했으며, 자원이 없는 다수가 소수의 자원 독점을 견제하고 억제할 수 있다는 자신감을 심어주었다.

그러나 1980년대 이후 지난 수십 년간 세계화, 탈산업화, 신자유주의 시대를 거치면서 결집되었던 다수는 점차 각자도생을 추구하며 이질적으로 분산되고 있다. 제조업 임금노동자들은 나날이 감소하고 있고, 파견, 용역, 기간제근로자, 특수형태근로자 등의 비전형, 비정규직 노동자들이 급증하면서 노동자들은 노동조건과 형태에 따라 분화되어 왔다. 당연히 노조가입률은 감소했고, 좌파 정당의 지지도 줄어들고 있다. 이와 반대로 신자유주의시장 개혁을 추진하는 소수 엘리트들은 사회경제적 권력을 기반으로 정책 어젠다를 선점하면서 재분배의 정치를 흔들기 시작했다. "복지국가의 위기"가 회자되고, 민주주의와 정치의 역할에 대한 회의론과 의구심이 대두했다. 이제 복지국가의 위기를 반전시키고 한국이 보편적 복지국가로 나아가기 위해서는 민주주의와 재분배의 정치를 강화할 수 있는 파격적인 혁신이 필요하다. 특히 보편적 복지를 향하는 과정에서 복지국가 주체들의 외연을 넓힐 필요가 있으며 이를 위해서는 기존의 임금노동자들 외에 보편적 복지국가를 지지하는 청년, 플랫폼 노동자, 장기 실업자, 영세자영업자, 특수형태근로종사자 등을 끌어안을 수 있는 담대한 정치적·정책적 기획이 검토되어야 할 것이다. 이들에게 일자리, 의료, 주거, 보육, 교육, 소득보장 등의 사회정책 대안을 제시하고 이에 대한 지지를 이끌어낼 수 있어야 한다. 대중이 생활에서 느끼는 자신의 요구와 복지국가의 전망을 일치시킴으로써 변화의 주체적이며 실질적인 동력을 만들어내야만 한국에서 보편적 복지국가가 실현될 것이다.

2. 소득주도성장에서 복지주도성장으로

어느덧 촛불혁명 4주년이 다가온다. 2016년 10월 29일 박근혜 국정농단에서 시작된 대한민국 국민들의 '촛불'은 탄핵이 선고된 2017년 3월 10일까지 계속되었다. 해방 이후 1960년 4·19혁명, 1980년 5·18민주화운동, 1987년 6월항쟁에 이어 또 한 번 평화적인 민주주의 시민혁명을 대한민국 국민들은 이뤄낸 것이다. 매서운 추위에도 거리로 나온 국민들의 염원과 소망에 힘입어 2017년 5월 문재인 정부가 출범했다. 그러나 3년이 조금 지난 현재 시점에서 과연 정부가 무엇을 얼마나 이루었는가 생각하면 아쉬움이 크다. 특히 정권 초기에 포용국가(inclusive state), 포용적 성장, 소득주도 성장 등의 국정목표들이 혼란을 야기하며 많은 시간과 노력을 허비했다는 점과 정작 정권 초기에 시도해야 성공 확률이 높은 재정확보를 위한 증세 개혁을 이루지 못한 점은 안타까운 대목이다. 포용국가는 국가론의 유형이 아닌 '정책기조' 혹은 '국가전략' 수준에서 이해되어야 할 것이며, 국제노동기구(ILO)의 임금주도성장론(wage-led growth)이 변형된 소득주도성장론은 경제의 대외의존도가 높고 자영업자 비중인 높은 한국의 경우 수출경쟁력에 부정적일 뿐만 아니라 소상공인, 자영업자들에게 피해가 집중될 수 있다는 점에서 좀 더 면밀한 검토가 필요한 성장전략이었다.

자영업자의 폐업과 실업률 증가 등 부작용이 커지자 정부는 언젠가부터 소득주도성장에서 OECD, IMF, 세계은행(World Bank) 등이 주장하는 '포용적 성장'으로 조용히 이동했다. 포용적 성장론은 성장의 과실이 사회에 골고루 돌아갈 수 있도록 경제와 사회의 조화로운 발전을 강조하는 경제모델이지만, 그 정체가 불분명하고 추상적이다. 하지만 '포용적 성장'이라는 개념 자체가 대중 친화적이고 포괄적이기 때문에 계속 사용될 것으로 보인다. 그 대신 포용적 성장을 정치적 수사로만 사용하는 데 그치지 말고 제대로 실현하기 위해서는 기존의 임금 주도에서 복지 주도로, 즉 복지지출에 기초한 수요 증대 전략으로 전환할 필요가 있다. 그동안 한국경제의 성장전략은 공급 능력 확대에 중점을 둔 결과, 내수 진작에 의한 수요 증대에는 상대적으로 덜 관심을 기울였던 것이 사실이다. 하지만 이제는 좋든 싫든 만성적인 수요 부족에 대한 접근으로 성장 문제를 풀 수밖에 없고, 그 수단은 임금이 아닌 복지에서 찾아야 한다. 4차 산업혁명과 인공지능 시대로 넘어가는 과정에서 발생한 일자리 감소에 따라 실업자의 증가와 자영업자의 폐업은 계속될 수밖에 없으며, 그만큼 소비자들의 구매력도 유지되기 어려워질 것이다. 정부는 혁신을 주창하지만 패자 부활의 기회가 보장되어야 혁신도 가능하다. 더구나 이 책의 원고가 출판사로 넘어갈 때 시작된 코로나19는 지금까지도 종식되지 않은 채 장기화 전망마저 나오고 있는 실정이다. 경제적으로 어려움에 처한 사람들을 온전히 보호하기 위해서는 긴급재난지원금과 같은 긴급 대응도 필요하지만 장기적으로는 일자리, 연금, 기본소득, 실업부조 등의 소득보장정책, 그리고 기본적인 사회서비스와 이를 재정적으로 뒷받침할 재정정책이 정책 패키지로 준비되어야 할 것이다.

3. 이 책의 구성

이 책은 모두 4부 11장으로 구성되어 있다. 제1부 「소득보장정책」에서는 연금정책, 기본소득, 소득주도성장론을 다루고 있으며, 제2부 「복지재정정책」에는 보편증세 전략, 재정의 지속가능성, 조세정책 경쟁을 포함했고, 제3부 「노동시장정책」에서는 노동개혁, 최저임금제, 실업부조를 설명하고 있으며, 제4부 「복지태도 변화」는 한국인들의 복지태도와 인식 변화를 다루고 있다.

제1장에서 양재진은 문재인 정부의 연금개혁을 평가하고 대안을 제시한다. 2018년은 5년마다 돌아오는 국민연금 재정추계의 해이다. 그는 포용국가를 표방한 문재인 정부가 노후소득 보장성 강화를 정책목표로 제시한 바 있어 재정안정화 방안과 연금소득대체율 인상과 같은 보장성 강화 방안을 동시에 다루어야만 했다고 주장한다. 그러나 초저출산과 급속한 인구고령화, 저성장의 늪에 빠진 상황에서 정부가 보장성을 강화하는 동시에 재정안정화를 이룰 수 있는 대안을 마련하는 것은 사실상 불가능했다. 비교적 보장성 강화안에 무게가 실린 총 9개의 연금개혁 대안이 제시되었지만 개

혁의 동력은 사라지고 답보 상태에 빠져 있는 상황이다. 이는 저출산·고령화 사회에서 보장성 강화라는 목표가 실현되기 어렵기 때문이다. 그럼에도 불구하고 노인 빈곤, 연금재정 악화, 국민연금에 대한 불신 등을 감안하면 시급히 노후소득보장제도의 개혁이 절실하다고 양재진은 주장한다. 그는 다층체계하 연금개혁이라는 관점에서, 국민연금의 재정안정화, 퇴직(연)금의 연금화, 65세 이상 노인의 기초생활보장 강화 방안을 제시하고 있다.

제2장에서 유종성은 기존 사회보장제도의 보완이 아닌 보편적 기본소득제의 도입이 요구되는 배경으로서 이중노동시장과 이중사회보장제도의 문제를 지적하고 있다. 그리고 관련 쟁점들을 경제적 효율성과 분배정의 차원에서 검토한 후 전 국민에게 납세의 의무와 함께 사회적 기본권으로서 기본소득을 보장하되 연령별로 지급액 수준에 차등을 두는 '생애맞춤형 전국민기본소득제'의 재정 모델을 제시한다. GDP 10% 규모의 재원으로 생애주기에 따라 월 20만 원(아동, 근로연령층) 내지 월 50만 원(75세 이상)을 지급하는 방안이다. 그는 기존 복지지출의 부분 대체로 GDP의 2%, 기본소득의 과세소득화로 GDP의 1~2%를 환수하면 순 비용은 GDP의 6~7%인데, 역진적 조세지출(조세감면) 폐지 등 조세와 재정을 개혁하면 재원 마련은 어렵지 않다고 주장한다. 또한 전국민기본소득제의 실현을 위해 필요한 정보 인프라 구축 등의 과제도 제시한다.

제3장에서 윤홍식은 문재인 정부의 핵심 국정운영 전략으로 '알려진' 소득주도성장과 관련한 논의를 한국 복지체제 관점에서 검토했다. 그는 1980년대 이래 공급 중심의 성장전략이 장기침체를 유발하고 불평등을 심화했다는 점을 고려하면, 소득주도성장은 수요 측면을 강조한 시의적절한 대안 담론임을 인정한다. 특히 소득주도성장 전략이 소득을 생산과 소비를 선순환시키는 중요한 성장 동력으로 위치시켰다는 점이 중요하다고 평가한다. 그러나 단순히 임금을 높이고, 사회지출을 늘린다고 해서 총수요가 증가하고 투자와 생산이 증가해 경제가 성장하는 것은 아님을 윤홍식은 논증한

다. 그는 대외 부문과 부채를 분석에 포함할 경우 한국 성장체제의 임금주도성은 약해지는 것으로 나타났다고 지적하면서 실질임금의 증가와 사회지출 증가가 경제성장과 선순환하기 위해서는 정부의 정교한 정책 개입은 물론이고, 산업구조, 성장체제에 대한 근본적 개혁이 필요하다는 점을 강조한다.

제4장에서 정세은은 현 정부가 이전 보수 정부들보다는 복지확대와 조세정의 실현에 적극적인 모습을 보이고 있지만, OECD 국가들의 절반에 불과한 복지수준을 획기적으로 개선하기에는 역부족인 상황이라고 진단한다. 그는 현 정부의 조세재정정책이 '증세 없는 복지확대'에 가까웠다고 비판하면서, 향후 본격적인 복지확대를 위한 바람직한 증세 방안으로 부자증세 대 보편증세라는 낡은 프레임 대신 모든 경제 주체가 재원 마련에 기여하되, 수직적 공평성을 충분히 실현하는 '누진적 보편증세' 원칙을 제시하고 있다. 또한 이러한 원칙을 기반으로 하면서도 지금은 분배 상황이 매우 악화된 상태이므로 수직적 공평성 제고에 집중해 간접세보다는 직접세 증세가 바람직하며, 직접세 과세 강화를 위해서는 역진적인 조세지출 정리, 최고세율 인상, 자산소득의 과세 강화가 필요하다고 주장한다.

제5장에서 김태일은 향후 복지 확충과 관련해 가장 큰 문제는 복지재정의 지속가능성이라는 점을 강조한다. 복지는 정부재정에서 비중이 가장 크며, 또 가장 빠르게 증가할 것으로 예상되는 분야이기 때문에 복지재정의 지속가능성은 전체 국가재정의 지속가능성과 동의어라는 것이다. 그는 먼저 재정의 지속가능성과 관련해 세대 간 형평성의 의미와 국가채무의 규모 문제를 설명하고, 다음으로 향후 재정의 지속가능성을 위한 가장 중요한 방안으로 국가재정운용계획의 실효성 확보를 지목하며 이에 대해 상세히 설명한다. 특히 왜 재정의 지속가능성에 국가재정운용계획이 중요한지, 우리의 국가재정운용계획은 무엇이 문제인지, 국가재정운용계획의 실효성을 확보하려면 어떤 개선이 필요한지를 집중적으로 논의했다.

제6장에서 강병익은 복지국가에서 조세복지국가로의 전환이라는 관점

에서 주요 정당 간 조세정책 경쟁을 선거공약과 국회 주요 입법과정, 그리고 몇 가지 조세의제를 중심으로 살펴보고, 복지확대 과정에서 정당의 조세정치 역량의 중요성을 확인한다. 2010년 무상급식 이슈를 계기로 공공복지의 확대는 사회적 합의에는 이르렀지만, 이를 위한 재정전략으로서의 조세 문제에 대해서 거대정당들은 회피 내지 모순적인 태도를 보였다. 거대양당은 증세없는 복지라는 암묵적 합의하에 더불어민주당 계열은 법인세 증세에 국한하고 미래통합당 계열은 감세를 주장했는데, 이는 복지확대 기조에 미치지 못하거나 모순적이었다는 것이 그의 주장이다. 정당 간 조세복지국가 논쟁이 선별 대 보편이라는 방법론의 문제에서 재정전략을 포함한 조세복지국가 논쟁으로 전환되면서, 한국 정당의 복지국가 실현 의지와 그 역량 문제가 좀 더 선명하게 드러났다는 것이다. 강병익은 '증세 없는 복지'에서 '증세를 통한 복지'라는 전제하에 효과적인 '재정전략'이라는 과제가 한국 정당 간 정책 경쟁의 쟁점이 될 때, 비로소 복지정치의 새로운 장이 마련될 수 있으리라 전망한다.

제7장에서 권순미는 문재인 정부의 노동개혁정책 특징을 살펴본다. 그에 따르면 출범 당시 문재인 정부의 노동공약은 노동시장 내부자뿐만 아니라 외부자의 고용과 복지를 광범위하게 보장하는 포용적 안정화 전략(inclusive security strategy)에 가까웠다. 그러나 이행된 정책은 외부자의 사회적 보호가 제한적으로 이루어진 연성 이중화 전략(smoothed dualization strategy)에 그쳤다. 그는 노동개혁이 대내외 경제 상황과 집권세력의 당파성에 의해 일정하게 영향을 받기도 하지만, 더 중요하게는 복지체제의 성격에 조응하는 방식으로 이루어진다는 점을 강조한다. 사실 포용적 안정화 전략은 강한 세수에 기반을 둔 보편적 복지주의, 포괄적인 노조운동에 기반을 둔 강력한 좌파 정당의 존재를 특징으로 하는 사민주의 복지국가에서나 실현 가능한 전략이다. 따라서 뿌리 깊은 대기업 재벌 중심의 경제구조, 이중노동시장과 계층화된 복지제도 같은 구조적 제약을 지닌 한국에서 포용적 안정화 전략

은 실현 불가능한 이상에 가까운 것이었다. 권순미는 문재인 정부의 연성 이중화 전략조차 실제 노동시장 양극화를 완화하는 데 별로 기여하지 못할 가능성이 크다고 전망한다.

제8장에서 김현경은 최저임금 결정 과정이 정치적 갈등을 불러온 배경을 이해하는 데 실마리가 될 수 있는 분석을 제시한다. 사실 최저임금 인상의 긍정적·부정적 영향은 경제학계의 오랜 논쟁거리였다. 그는 경제학적 분석에서 탈피해 지금까지 별로 연구되지 않은 연구를 시도하면서, 과연 누가 최저임금 인상을 지지하고 반대하는가라는 질문을 던진다. 즉, 사회적 기반과 개인적 차원에서의 정책 선호의 결정요인을 분석의 초점으로 삼고 있는 것이다. 이를 위해 2018년 '한국종합사회조사'에 포함된 최저임금 인상 관련 문항을 활용하여 최저임금 인상에 대한 개인적 선호의 결정요인을 분석하고, 2007년부터 매년 실시되는 「최저임금 적용효과에 관한 실태조사 보고서」를 활용해 저임금근로자에 대한 의존도가 높은 사업체와 소속 근로자 간의 최저임금 인상에 대한 인식의 차이와 추이를 논의한다. 또한 최근 최저임금 결정 과정에 대한 비판적 분석과 평가도 제시하고 있다.

제9장에서 은민수는 현 정부가 한국형 실업부조라는 타이틀로 추진 중인 '국민취업지원제도'를 비판적으로 분석한 후 다른 복지국가들의 실업자를 위한 소득지원제도의 특성을 검토하고 이를 바탕으로 한국에 적합한 새로운 실업부조 대안을 제시하고 있다. 그에 따르면 현재 고용보험의 사각지대에서 살고 있는 실업자, 장기 구직자, 영세자영업자, 프리랜서, 특수고용노동자 등은 극단적인 빈곤 상태로 몰려 기초생활보장제도의 대상자가 되기 전까지는 아무런 사회적 보호를 기대할 수 없다. 더구나 코로나19라는 갑작스러운 위기 상황에 처해 생계유지가 곤란한 저소득층, 영세자영업자, 비정규직, 요식업·관광업·운수업 종사자 등 수많은 국민을 취업성공패키지의 연장선에 불과한 '한국형 실업부조'(6개월간 월 50만 원)로는 감당할 수 없다고 단언한다. 그에 대한 대안으로 단기적으로는 자격조건을 완화하

고, 급여를 현실화하며, 지원기간을 연장할 것을 제안하고, 중장기적으로는 향후 예상되는 지속적인 저성장, 고용기회 감소, 고용기간 축소 등을 감안해 불안정노동층에 대해서 일정 수준까지의 소득을 보장해 주는 기초소득보장제(guaranteed income)의 도입을 권고하고 있다.

제10장에서 김영순과 노정호는 '한국복지패널 제11차 조사'(2016)의 부가조사 원자료를 사용해 세대가 복지태도 결정에서 어떤 영향을 미치는지, 각 복지프로그램별로 세대 간 선호의 균열이 나타나는지에 대해 다차원적인 분석을 시도한다. 연구 결과에 따르면 첫째, 세대별로 복지태도의 분화는 매우 뚜렷이 나타나며 친복지 성향은 대부분 일관되게 산업화 세대 < 민주화 세대 < 정보화 세대의 양상을 띠었다. 둘째, 연령 효과를 통제한 후에도 뚜렷이 나타나는 전쟁·산업화 세대의 약한 친복지 성향 내지 반복지적 태도는 이 세대의 역사적 체험에서 비롯된 영향이 매우 강렬하게 오래 지속되는 것임을 시사한다. 셋째, 선거 연구에서 나타났던 민주화 세대의 진보성 (이른바 '386세대 효과')이 복지태도에서도 일부 확인되었다. 넷째, 정보화 세대는 복지확대를 가장 원하면서 세금증대는 원하지 않는 비일관적이고 모순적 복지태도를 보여주고 있다. 김영순과 노정호에 따르면 세대별 복지태도가 보여주는 특징들은 한국에서 복지확대와 그를 위한 증세가 결코 만만치 않은 과제임을 시사한다. 산업화 세대는 가장 복지를 필요로 하는 세대인데도 복지확대와 정부 개입에 소극적이므로 향후 복지확대는 민주화 세대와 정보화 세대의 정치적 연대를 기반으로 이루어져야 한다. 이때 정보화 세대가 보여주는 증세에 대한 소극적 태도를 변화시키는 것이 무엇보다 중요하다고 필자들은 주장한다.

제11장에서 최유석과 최창용은 국민들이 문재인 정부가 추진하는 복지정책을 어떻게 인식하고 있는지를 탐색한다. 그들의 분석에 따르면 국민들은 정부의 적극적인 복지 제공 역할을 대체로 긍정적으로 인식하는 것으로 나타났다. 특히 문재인 정부의 보건복지 분야 주요 국정과제 중 건강보험

보장성 강화를 찬성하는 비율이 높았다. 반면에 국민연금 재정 문제 해법과 관련해 보험료 인상, 급여액 삭감, 수급 개시 연령 상향 조정 등의 개혁 방안에는 반발이 심한 것으로 나타났다. 하지만 국민연금 기금의 투자수익률을 증대하는 방안, 저출산 등 구조적 요인을 해결해야 한다는 주장에는 상대적으로 높은 찬성 의견을 보였다. 그 밖에도 국민들은 정부의 재정 지원 방식과 관련해 효율성과 평등성 모두를 중시했으며, 국민 행복 증진에 대한 정부의 기여에 대해서는 응답자의 3분의 1만이 긍정적으로 인식했다. 최유석과 최창용은 정부가 국민의 행복 증진을 각종 정책의 궁극적이고 명시적인 목표로 상정해 추진할 필요가 있으며, 새로운 정책에 따라 부담이 증가하는 집단을 어떻게 설득할 수 있을지, 정책 시행에 따른 부정적 영향을 어떻게 최소화할 것인지 등을 고심할 필요가 있다고 강조한다.

이 책은 2021년 한국복지국가연구회 20주년을 앞두고 '촛불 이후 한국 복지국가의 사회정책'과 '경제위기 이후 선진 복지국가의 사회정책'을 주제로 두 권의 단행본을 출간해 보자는 연구회 내부의 제안에서 시작되었다. 한 권은 '촛불' 이후 현재 한국 사회정책을 진단하고 더 나아가 대안을 모색하며, 또 한 권은 경제위기 이후 선진 복지국가들이 수행한 사회정책적 대응을 면밀히 분석해 보자는 취지였다. 이러한 기획 의도에 따라 『촛불 이후, 한국 복지국가의 길을 묻다』에서는 광화문 거리에서 촛불을 들었던 어린 학생들, 청년들. 직장인, 주부 등 그야말로 평범한 시민들의 기대와 성원에 힘입어 국정을 맡게 된 문재인 정부가 과연 복지를 어느 수준까지 발전시켰는지, 왜 더 이상 나아가지 못했는지, 무엇이 문제이며 그 해법은 없는지 등에 초점을 맞추고자 했다. 전체 구성은 소득보장, 복지재정, 노동시장, 복지인식을 주제로 4부로 나누고, 각 분야에서 가장 뛰어난 분들에게 집필을 부탁했다. 회원 중에서 적합한 집필자를 구하지 못한 복지재정 부분은 이 분야 최고의 전문가로 그동안 우리 연구회에 관심과 지지를 보내주신 김태일 선생님과 정세은 선생님을 모셨다. 정말 바쁜 일정에도 취지를 이해해 주시고

흔쾌히 참여해 주신 두 분 선생님께 감사의 말씀을 드린다.

이 책에 실린 글은 2019년 한국정치학회와 사회복지 관련 학회에서 발표되었다. 이 외의 글들도 사회복지정책 관련 학회에서 발표된 것이다. 또한 연구회 내에서도 수차례 토론 과정을 거치며 수정을 거듭했다. 발표와 토론 과정에 참여해 주신 많은 정치학, 사회학, 사회복지학 전공 선생님들께 감사드린다. 지면이 제한된 까닭에 집필에 참여해 주신 선생님들의 고민이 제대로 전달되지 못할 수도 있겠지만 그 고민의 결과를 어딘가에서 한국 복지국가의 현재와 미래를 기대하고 우려하는 분들과 함께 공유할 수 있기를 바라는 마음 간절하다.

이 책이 나오기까지는 집필에 참여해 주신 선생님들 외에도 많은 분들의 노력이 있었다. 특히 김도균 선생님은 집필에 참여하지 못하셨는데도 권순미 선생님과 함께 기획과 편집에 도움을 주셨다. 또한 한울엠플러스(주)의 김종수 대표님은 이 책의 출판을 흔쾌히 허락해 주셨으며, 편집부의 최진희 팀장과 팀원들은 코로나19 와중에도 원고 교정뿐 아니라 세세한 부분까지 챙기고 적절한 제안을 해주었다. 이 자리를 빌려 감사의 말씀을 전한다.

2020년 7월

한국복지국가연구회 회장 은민수

제1부

/

소득보장정책

제1장

문재인 정부의 연금정책

현황, 비판 그리고 대안

양재진 | 연세대학교 행정학과 교수

1. 서론

일반적으로 공적연금(public pension)은 가장 지출 규모가 큰 사회보장제도이다. 보통 전체 사회지출에서 40%를 차지한다. 한국의 경우 국민연금이 도입된 지 얼마 되지 않았으므로, 많은 국민들이 보험료만 납부하고 연금을 아직 받지 못하는 상황이다. 따라서 전체 사회지출에서 연금지출이 차지하는 비율은 30%를 밑돈다.

그러나 국민연금이 도입된 지 40년이 되는 2028년을 전후해 베이비부머들이 퇴직할 무렵에는 공적연금지출이 크게 늘어날 것이고, 선진 복지국가처럼 사회지출에서 높은 비중을 차지할 것으로 보인다. 게다가 한국은 일본을 능가하는 저출산·고령화 문제를 안고 있기에, 시간이 갈수록 공적연금지출이 전체 사회지출에서 차지하는 비중은 크게 증가할 것이다. 개인도 마찬가지지만 국가에서 사용 가능한 재원은 늘 한정되어 있다. 연금지출이 크게 늘어나면 생산을 담당하는 근로연령대 인구(20~64세)에 대한 사회보장은 제약을 받을 수밖에 없다.

이에 따라 서구 선진 복지국가는 물론이고 한국에서도 공적연금의 재정안정화 개혁이 진행되고 있다. 한국에서 국민연금의 재정안정화 연금개혁은 '국민연금법'에 따라 5년마다 실시되는 국민연금재정계산의 해에 공론화된다. 제1차 국민연금재정계산이 있던 2003년에는 전문가위원회에서 3개의 개혁대안을 마련해 정부에 제시했고, 이 중 제2안이 정부안으로 채택되어 국회에 제출된 바 있다. 국회 여야 협상 과정에서 내용이 크게 바뀌었으나 제출된 정부안은 2007년 국민연금개혁과 기초노령연금 도입의 기초가 되었다.

지난 2018년도 국민연금재정계산의 해였다. 2003년처럼 3개의 전문가위원회가 구성되고 재정 추계 결과와 2개의 연금제도개혁대안이 정부에 제출되었다. 재정 추계 결과는 2013년 재정재계산 결과보다 중장기 재정 전망이 부정적이어서 제도개선 필요성이 높았다. 한편 노인빈곤율이 OECD 국가 중 가장 높다는 통계에 따라 재정안정화뿐만 아니라 급여 인상에 대한 사회적 요구도 높았다. 따라서 2018년, 연금개혁은 문재인 정부의 주된 정책과제로 부상했다.

그런데 문재인 정부의 연금정책은 현재까지 명시적으로 제시된 바 없으며 연금개혁 이슈 또한 사라지고 있다. 문재인 정부는 노무현 정부와 달리 국민연금재정추계위원회의 공식 개혁 대안을 받아들이지 않았다. 대통령이 "국민연금개혁안이 국민 눈높이에 맞지 않는다"며 전면 재검토를 지시했기 때문이다. 이 지시에 따라 보건복지부가 이전과 달리 단일안이 아닌 4개의 복수안을 만들어 국회에 제출했다. 동시에 대통령 직속 자문기구인 경제사회노동위원회(이하 경사노위) 산하에 '국민연금 개혁과 노후소득 보장을 위한 특별위원회'(이하 연금특위)를 설치하고, 연금개혁에 대한 사회적 논의를 의뢰했다. 국회는 경사노위의 사회적 합의를 기다리며 현재까지 연금개혁 논의가 중단된 상태이다. 경사노위는 연금개혁에 대한 사회적 합의를 도출하지 못하고 2019년 8월, 3개의 대안을 제시하는 것으로 연금특위 활동을 마쳤다. 결국 문재인 정부에서는 3개 기구에서 총 9개의 연금개혁대안만 제시되고, 개혁 자체는 표류하고 있다.

이 장은 먼저 문재인 정부하에서 제시된 9개의 연금제도개혁안을 비판적으로 검토한다. 그리고 선진 복지국가들처럼 다층체계하에서 재정안정화를 도모하면서 소득계층별로 적절한 급여를 보장하는 구조적인 개혁안을 제시하고자 한다. 구조개혁안의 주요 내용은 국민연금의 재정안정화 개혁, 중간계층 이상의 급여 적절성을 보장하기 위한 퇴직(연)금의 준공적연금화, 65세 이상 노인을 대상으로 한 기초보장연금의 도입이다.

2. 노후소득 보장의 다층체계화와 연금개혁의 필요성

자본주의 산업사회는 전통적인 농업경제와 달리 개인이 감당하기 어려운 사회적 위험(social risks)에 노출된다. 그중 대표적인 것이 일정한 연령에 도달하면 누구나 맞이하는 은퇴(retirement)이다. 전통사회에서는 퇴직연령이라는 개념이 없거나 희박하다. 누구나 몸을 움직일 수 있을 때까지 농사를 짓고 결과물을 가족과 함께 나눈다.

그러나 자본주의 산업사회에서는 자본가가 아닌 이상 개인은 자신의 노동력을 팔아서 생활해야 한다. 따라서 은퇴 이후에는 자신의 노동력을 팔고 싶어도 더는 팔지 못해 발생하는 소득상실에 대비해야만 한다. 은퇴 이후의 소득상실을 걱정하는 합리적 인간은 젊은 날 소득 활동 기간에 저축을 열심히 하고, 보험시장에서 연금보험상품을 구매한다. 개인이 주도하는 은퇴 이후 대비가 바람직하기는 하나, 다음과 같은 이유로 사람들은 미래를 잘 대비하지 못한다(양재진, 2018: 416~419).

첫째, 대부분의 인간은 근시안적(myoptic)으로 사고하기 때문에 당장의 소비지출을 선호하고 미래를 대비하는 데 소홀하다. 둘째, 매우 합리적이고 장기적인 시계를 가진 성실한 시민이라 할지라도 장수의 위험(longevity risk)

에서 자유롭지 못하다. 개인은 은퇴 이후 여생이 얼마인지를 정확히 예측할 수 없다. 따라서 개인 수준에서는 노후대비를 위해 얼마만큼 저축하고 어떤 연금 상품을 구매해야 하는지 판단하기 쉽지 않다. 자신이 예측한 수명을 넘어 장수하게 되면 빈곤의 위험에 빠지는 것이다. 셋째, 30~40년 후 미래를 대비해 근로활동기 소득의 일부를 저축해야 하는데, 이 연금 자산은 인플레이션에 매우 취약하다. 그런데 인플레이션의 발생과 그 정도에 대한 예측은 사실상 불가능하다. 넷째, 저소득층의 경우에는 개인이 아무리 성실하게 일하고 열심히 노후를 위해 저축하더라도 노후에 필요한 최소한의 연금 자산마저 축적하지 못할 가능성이 높다. 근로하는 시기에 소득이 낮으면 저축할 여력이 없고 저축을 열심히 하더라도 그 액수가 적기 때문이다.

따라서 국가는 개인 차원에서 누구나 겪을 수밖에 없는 장수의 위험을 분산시키기 위해 공적연금을 설립하고 여기에 모든 시민을 강제로 가입시킨 후, 강제로 저축하게 한다. 즉, 국가는 젊어서 누가 일찍 죽을지 누가 그만큼 더 오래 살지 모르는 상태에서 누구나 일정액을 보험료로 납부하게 한다. 그리고 공동으로 형성한 연금 자산(pension asset)으로 가입자에게 연금을 준다. 단명자가 남기고 간 연금 자산을 장수자에게 평생 연금으로 지급한다. 인플레이션에 연동해 연금을 지급함으로써 연금의 실질가치도 지켜준다. 저소득층에는 실제 보험료 납부액보다 후한 연금을 지급해 최소한의 노후 소득을 보장해 준다.

공적연금제도를 처음 도입한 비스마르크 시대의 독일은 사회보험형 공적연금 하나만 갖추고 있었다. 반면 스웨덴은 1960년까지 기초연금만 있었다. 한국의 경우도, 기초연금의 일종인 기초노령연금이 2008년에 도입되기 전까지 국민연금 하나만 있었다. 그러나 점차 많은 국가가 다층체계를 통해 노후소득보장체계를 구축하고 있다.

보통 1층이라고 불리는 기초연금을 맨 밑에 깔고, 그 위에 부과방식의 소득비례연금을 부가한다. 그리고 사적연금을 3층에 배치한다. 1층의 기초연금은 저소득층을 포함해 대다수 국민을 포괄하므로 최저 보장과 재분배 기능이 두드러진다. 한국의 경우 기초연금이 이에 해당한다. 2층의 소득비례연금은 기여를 전제로 하므로, 기초연금보다 적용 대상이 적고 대부분 주기적으로 보험료를 납부할 수 있는 소득계층이 가입되어 있다. 이를 통해 저축과 장수에 대한 보험 기능이 기대된다. 한국의 경우 국민연금이 여기에 해당된다. 3층의 사적연금은 민간 금융시장에서 구매 가능한 사적연금으로, 공적연금만으로는 부족함을 느끼는 중산층들에게 좀 더 높은 노후소득을 제공해 준다. 정부는 세제 혜택을 부여해 사적연금 가입을 유인하는 정책을 펼치는 게 상례이다. 한국의 경우 퇴직연금이나 개인연금이 여기에 해당한다(양재진, 2018: 421~ 422).

OECD의 모든 나라는 국민연금 같은 소득비례형 공적연금을 중심으로 한 다층체계 노후소득보장제도가 있다. 1960년대까지는 대부분의 선진 복지국가들이 공적연금의 급여를 인상하고 수급 조건을 완화하는 개혁을 펼쳤다. 당시는 전후 베이비부머들이 본격적으로 노동시장에 진출하는 젊은 인구구조, 보험료(혹은 세금) 납부자는 늘고 아직 연금을 받는 노인의 숫자는 얼마 되지 않아 국가의 연금 지급 여력이 좋았기 때문이다.

그러나 1970년 중반 이후 인구의 고령화, 경제성장 둔화, 높은 실업률, 정부 재정 적자가 급증하는 현상이 만성화되었다. 이에 대한 대응책으로 연금 지급에 필요한 정부의 예산을 감축하고, 연금급여 지급 개시 시기를 뒤로 미루거나 급여 수준 자체를 낮추었다. 물론 지급 시기가 늦춰지고 1인당 받는 월 연금액은 낮아지더라도 과거보다 오래 살기에 사망 시까지 받는 총연금액은 낮아지지 않는다. 그러나 연금액의 하락은 노후생활을 어렵게 한다. 따라서 많은 국가에서 사적연금 활성화를 통해 노후소득원을 확충하도록 했다. 스웨덴처럼 사적연금 가입을 강제하거나, 독일처럼 보조금을 주어 사적연금 가입을 유도하기도 한다. 그리고 지출 축소 노력과 함께 연금보험료의 인상 등을 통해 수입을 늘리는 정책을 병행하고 있다. 그러나 보험료 인상은 경제에 부담을 주기 때문에 20% 정도 선에서 보험료율을 통제하고 있다(스웨덴의 법정 최고 공적연금 보험료는 18.5%, 독일은 23%).

3. 문재인 정부에서 제시한 연금개혁안 검토

공적연금의 역사가 서구에 비해 길지 않은 한국은 연금급여 수준을 높여야 한다는 목소리와 함께 급속하게 진행되는 인구고령화에 대비해 재정 안정화를 서둘러야 한다는 주장이 맞서고 있다. 이는 서구와 다소 다른 양상이다. 중도좌파 정부로 분류될 수 있는 문재인 정부는 후자보다는 전자에 방점을 두는 듯한 인상이다. 하나씩 검토해 보자.

1) 제4차 국민연금재정계산과 국민연금제도발전위원회 연금개혁안

'국민연금법' 제4조 "국민연금재정계산 및 장기재정균형 유지" 조항에 따라 정부는 5년마다 국민연금재정 장기 추계를 하고 "국민연금 재정이 장기적으로 균형을 유지"할 수 있도록 연금개혁안을 국회에 제출해야 한다. 2018년 문재인 정부는 '국민연금법'에 따라 3개의 전문가위원회를 구성했다. 국민연금재정계산을 담당하는 '국민연금재정추계위원회,' 연금제도개혁안을 마련하는 '국민연금제도발전위원회', 국민연금기금 운용의 개선 방향을 모색하는 '국민연금기금운용발전위원회'가 그것이다. 이 3개의 전문가위원회는 약 1년간의 작업 후, 재정계산 결과와 함께 2개의 연금제도개혁대안을 2018년 11월 정부에 제출했다.

〈표 1-1〉에 정리되어 있듯이 제4차 국민연금재정계산 결과는 5년 전 3차 결과에 비해 국민연금의 재정 불안이 심화되었다는 것을 보여준다. 3차 재정계산 때보다 잠재성장률이 저하되고 저출산이 심화되었기 때문이다. 수

〈표 1-1〉 제4차 국민연금재정계산 결과

구분	기금 현황 현재	GDP 대비 기금 최고 비율	기금 적립금 최대	수지 적자 시작 연도	기금 소진 연도	추계 최종 연도
	2018	2035 (2035)	2041 (2043)	2042 (2044)	2057 (2060)	2088 (2083)
기금(조 원)	671	1,642	1,778	1,769	0	0
GDP 비중(%)	37.2	48.2	44.0	42.7	0	0
연금지출(%)	1.3	3.2	4.4	4.5	6.9	9.5
부과방식 비용률(%)	4.6	11.5	15.6		24.6(21.4)	28.8(22.9)

주: 괄호 안은 3차 재정계산 결과이다.
자료: 오건호(2019); 2041년과 2057년 부과방식 보험료율의 출처는 보건복지부(2018: 43).

〈그림 1-1〉 문재인 정부 4개 연금개혁 대안

		현행 유지 방안	기초연금 강화 방안	노후소득 보장 강화 방안①	노후소득 보장 강화 방안 ①
		소득대체율 40% 유지	소득대체율 40%+ 기초연금 40만 원	소득대체율 45%	소득대체율 50%
기본 모형 (소득대체율)		국민 40%+ 기초 12%(52%)	국민 40%+ 기초 15%[1] (55%)	국민 45% + 기초 12%(57%)	국민 50% + 기초 12%(62%)
국민연금	소득대체율	현행 유지 (2028년까지 40% 인하)	현행 유지 (2028년까지 40% 인하)	2021년 45%	2021년 50%
	보험료율	현행 유지 (보험료율: 9%)	현행 유지 (보험료율: 9%)	2031년 12%(2021년부터 5년마다 1%p씩 인상)	2036년 13%(2021년부터 5년마다 1%p씩 인상)
기초연금		2021년 30만 원	2021년 30만 원 22년 이후 40만 원	2021년 30만 원	2021년 30만 원

주: 1) 기초연금 강화방안에서 기초연금 40만 원 인상 시 소득대체율은 2022년 A 값의 15%로 계산했다.
자료: 보건복지부(2018).

〈표 1-2〉 국민연금제도발전위원회의 연금개혁 방안

구분	'가'안	'나'안
급여 (소득대체율)	소득대체율 45%로 인상	소득대체율 40% 유지
재정안정 방안 (보험료율 등)	- (보험료율) 2%p 즉시 인상, 향후 5년마다 '30년 후적 보험료율 인상 - (기타) 일정 시기 이후 일반 재정 투입 등 재정 안정 수단 강구	- (보험료율) 2019~2029년까지 단계적 인상(13.5%까지) - (기타) '30년 이후 수급 연령 상향, 기대여명계수(자동안정화장치) 도입 등을 통해 재정 안정 달성
구체적 예시	- 2019년 소득대체율 45%, 보험료율 11%로 즉시 인상 - 2034년부터 인상(12.31%) 이후 재정계산 시마다 조정 - 재정안정화 달성을 위한 필요보험료율이 18%를 넘어설 경우 일반 재정 투입 등 보험료율 조정 외의 수단을 강구	- (1단계: 기여조정) 2019년부터 2029년까지 단계적으로 보험료율은 4.5%(13.5%까지) 인상 - (2단계: 지출조정) 2030년 이후부터 추가적인 재정안정화 조치 실시(수급 연령 상향, 기대여명계수 도입 등) * 약 4%p 보험료율 인상 효과 예상 - 이를 통해 국민연금 재정안정화와 한국형 다층연금체계 구축

자료: 국민연금전문가회의 간담회(2018: 10).

지 적자 개시 연도가 2044년에서 2042년으로 2년 앞당겨지고, 기금 소진도 3년 앞당겨진 2057년으로 예상되었다. 기금이 없는 상태에서 연금 지급을 위해 당해 연도에 거두어야 하는 보험료 수입을 역산해 계산한 이른바 부과방식 보험료율은 2057년에 3.2%p 오른 24.6%, 2088년에는 5.9%p 오른 28.8%로 예상되었다. 출산율 가정을 좀 더 현실에 맞게 1.05로 하면, 부과방식 보험료율은 더 올라 2088년이 되면 37.7%에 이른다.

이 추계 결과를 바탕으로 국민연금제도발전위원회는 2개의 개혁대안을 만들었다. '가'안은 급여율(소득대체율)을 40%에서 45%까지 인상하는 데 방점을 두었다. 보험료율 2%p 인상을 제안하고 있으나 이는 급여율 인상을 충당하는 것으로, 현 제도의 기여와 급여의 재정 불균형을 완화하지는 못한다. '나'안은 재정안정화에 초점을 맞췄다. 소득대체율은 현행과 같이 2028년까지 40%로 단계적으로 인하하고 보험료율은 2029년까지 13.5%로 점진적으로 인상해, 기여와 급여의 불균형 문제를 완화하고자 했다.

그리고 2030년 이후에는 연금수급연령 상향 조정, 기대여명계수 등 자동안정화 장치의 도입을 도모한다. 2개의 안 중 "국민연금 재정이 장기적으로 균형을 유지"할 수 있도록 연금개혁안을 마련해 국회에 제출하도록 한 '국민연금법'의 취지에 부합하는 대안은 '나'안이라고 할 수 있다. 그러나 문재인 대통령이 재정안정화 방안은 "국민이 원하지 않는다"며 수용을 거부해 정부가 국회에 제출한 개혁대안은 급여율 인상에 초점을 맞췄다.

2) 문재인 정부의 국회 제출 연금개혁안

정부가 국회에 제출한 연금개혁안은 총 4개로, 국민연금과 기초연금을 통해 노후소득보장 강화를 목표로 했다. 현행 유지 방안은 기초연금만 2021년까지 월 30만 원으로 인상하는 안이고, 기초연금 강화방안은 2022년 이후 기초연금을 40만 원까지 인상하는 내용을 담고 있다.

노후소득강화방안 1과 2는 국민연금 급여율 인상안이다. 노후소득강화방안 1은 국민연금제도발전위원회의 '가'안과 유사하다. 국민연금의 소득대체율을 45%로 올리고 보험료율은 2031년까지 현행보다 3%p 인상된 12%로 올리기로 했다. 2안은 국민연금의 소득대체율을 50%까지 올리고, 보험료율은 2036년까지 13%로 인상하는 안이다.

정부의 4개 대안에 담긴 '노후소득보장 강화'라는 정책목표에는 이견이 있을 수 없다. 문제는 국민연금의 내적 수지불균형 문제를 방치하고, 나아가 초고령화로 말미암아 발생할 세대 간의 추가적인 재정 문제를 전혀 고려하지 않고 있다는 점이다. 노후소득보장의 다층체계적 관점에서 국민연금만 개혁안에 담지 않고, 기초연금까지 논의한 것은 바람직한 방향이다. 하지만 국민연금과 마찬가지로 소득의 8.33%가 보험료로 투입되는 퇴직(연)금이 제외된 채, 노후소득보장의 다층체계를 설계한 것은 문제다. 그리고 최저 노후소득으로 공적연금 월 100만 원 지급을 목표로 4개 대안을 만들었다고 하지만, 100만 원은 중간 소득자가 국민연금에 25년 가입한 경우를 상정한 금액이다. 하위계층 노인의 최저보장선은 제시되지 않았고, 보편주의적 기초연금을 유지함으로써 현세대 빈곤 노인의 노후소득보장 강화에 크게 기여하기 어렵다는 점도 단점으로 지적될 수 있다.

3) 경제사회노동위원회 연금개혁특위의 연금개혁안

연금개혁은 노사는 물론이고 세대 간 이해관계가 단일하지 않아, 의사결정에 어려움을 겪는 난제 중 난제이다. 따라서 미래 청년 대표까지 포함해 적극적으로 이해관계자들을 사회적 합의 과정에 참여시키는 동시에 중립적인 전문가들의 정보 제공이 필요하다. 정부는 이러한 취지로 경사노위에 연금개혁안에 대한 사회적 합의를 요청했으나, 중립적 위원회 구성도 못 하고 단일안 마련에도 실패한 채, 다음과 같은 3개 대안만 제시하고 7개월간의 활동을 마쳤다.[1]

〈표 1-3〉에서 보이듯, 가입자 단체가 다수안으로 지지한 것은 '가'안이

---

1 오건호(2019)의 분석에 따르면 연금개혁특위는 사회적 합의를 이끌어낼 만큼 중립성과 대표성을 띠지 못했다. 연금특위는 위원장(국책연구기관), 직장가입자 4명(노·사 각 2명), 비사업장 가입자 4명, 청년 2명, 공익위원 3명, 정부 3명 등 총 17명으로 구성되었다. 여기서 위원장과 정·부위원 외에 사회적으로 대표성이 있는 위원은 13명이었다. 이 중 8명이 연금개혁 논의에서 '소득대체율 인상'운동을 벌이는 특정 연대기구(공적연금강화국민행동)에 소속된 단체의 대표자이거나 거기서 주요 직책을 맡은 사람들이었다.
또한 비사업장가입자 영역에서 노인을 대표해 참석한 한국은퇴자협회도 연대기구 소속 단체는 아니지만 긴밀한 관계로 함께 활동했다. 연금특위 회의에서도 연대기구 핵심 조직의 간부가 한국은퇴자협회 정책위원 자격으로 배석하거나 협회 대표 불참 시(4차 회의) 대리 참석해 위원 역할을 대신했다. 시작부터 특정 개혁 방안을 도출하기 위해 편향적으로 위원을 구성했다고 비판받는 특위가 활동을 벌여 사회적 합의를 형성하기는 어려웠다.

〈표 1-3〉 경사노위 연금특위의 국민연금개혁안

(단위: %)

	소득대체율	보험료율	제안단체
가안	45	12	한국노총, 복지국가청년네트워크, 한국여성단체연합, 공적연금강화국민행동, 대한은퇴자협회
나안	40	9	경총, 대한상의
다안	40	10	소상공인연합회

자료: 오건호(2019).

다. 국민연금제도발전위원회의 '가'안은 정부의 노후소득보장강화 1안과 유사하다. 소득대체율을 45%로 올리고 보험료율은 12%까지 인상하는 '더 내고 더 받는' 개혁안이다. '나'안은 퇴직(연)금의 부담을 안고 있는 경영계가 지지하는 안으로 현행 유지안이다. 이는 개혁 대안이라 하기 어렵다. '다'안은 소득대체율은 그대로 두고, 보험료율을 소폭 인상하는, 재정안정화에 방점을 둔 안이다. 국민연금제도발전위원회가 제안한 '나'안의 정신을 계승한 안이라고 할 수 있다.

그러나 경사노위의 3개 대안 모두 미래 재정안정화 문제와 현세대 노인의 빈곤 문제를 해결하는 데 큰 도움이 되지 않는다. 국민연금의 재정안정화를 도모하면서도 중간계층 이상의 노후소득보장을 튼튼히 하기 위해 필요한 개혁 조치, 예컨대 퇴직(연)금의 연금화 과제를 미루고 있기 때문이다. 그리고 기초연금의 개편 방향을 제시하지도 않고 현세대 노인의 소득보장 문제에 관심을 기울이지도 않았다.

4. 대안적 노후소득보장제도의 설계

제4차 국민연금재정계산이 이루어진 2018년부터 최근까지 그 어느 때보다 많은 연금제도 개혁안들이 국가기구를 통해 공적으로 논의되고, 국민들에게 제시되었다. 국민연금제도개선위원회안이 2개, 보건복지부가 작성한 정부안이 4개, 정부의 의뢰로 경사노위에서 만든 대안이 3개로 총 9개다. 정부안과 경사노위 대안 중에는 현행 유지안 2개가 포함되어 있으므로, 실질적인 개혁대안은 7개이다. 숫자상으로 보면 연금개혁 대안이 그 어느 때보다 풍성하지만, 그 어떤 대안도 연금제도의 지속가능성을 높이면서 현재와 미래 노인의 노후소득보장을 담보하지 못하는 상황이다. 따라서 기존 연금제도의 틀을 벗어나 노후소득보장제도를 재설계해야 할 필요가 있다.

1) 연금제도 개혁안 설계 시 고려해야 할 환경요인

연금제도는 최소 70년 이상 장기적 시계에서 제도 개혁을 이루어야 한다. 개인의 생애주기로 볼 때도 근로기 저축과 은퇴기 소비 사이의 소득이전이고, 집단 수준으로 볼 때도 근로세대와 은퇴세대 간의 소득이전이기 때문이다. 이렇듯 긴 시간의 흐름 속에서 미래의 인구구조와 경제성장 여부는 노후소득보장제도 설계 시 반드시 고려해야 할 환경변수가 된다.

한국의 인구는 2028년 5194만 명을 정점으로 이후 감소하기 시작해, 2067년이 되면 3929만 명으로 줄어들 것으로 예상된다. 인구 감소는 연령구조의 급격한 변화를 동반한다. 2017년과 2067년 사이에, 15~64세 생산연령인구의 비중은 73.2%에서 45.5%로 30%p가량 줄어든다. 65세 이상 고령인구의 비중은 13.8%에서 46.5%로 30%p 이상 증가할 것으로 예상된다. 14세 이하 유소년 인구는 672만 명에서 318만 명으로 반 이상 줄어든다. 생산연령인구 100명당 총부양인구(유소년 + 노년인구)는 2017년 현재 36.7명에서 2067년에 120.2명으로 급격히 증가한다. 이 중 노년부양비는 2017년 18.8명에서 2067년에는 102.4명이 예상된다(통계청, 2019). 노인부양비가 50년 만에 5.5배가 되는 것이다. 연금제도의 비용을 부담할 근로세대는 크게 위축되고 연금급여 대상자는 대폭 늘어나는 것이다(양재진, 2019).

노인인구가 크게 늘고 근로 가능 인구가 빠르게 줄더라도 생산성을 높여 경제 규모가 충분히 커나간다면 인구고령화의 충격을 감당할 수 있다. 그러나 2012년 이후 경제성장률은 연평균 3% 밑으로 떨어지고 지속적으로 하락해 왔다. 2019년에는 2%대로 떨어졌다. 이러한 추세는 장기화될 것으로 예상된다. 한국개발연구원(KDI)은 2030년대에 1%대로 잠재성장률이 하락하고, 2050년대는 1.1%에 불과할 것으로 예상한다. 국제통화기금(IMF) 또한 2050년대에 1.2% 성장할 것으로 추정하고 있다(IMF, 2018). 인구고령화에 따라 지출은 크게 늘어나는데 비용을 감당할 경제적 능력은 약화될 것으로 예상된다(양재진, 2019).

한편, 최근까지도 한국의 노인빈곤율은 매우 높은 수준이다. 중위소득 50%를 빈곤선으로 잡으면 빈곤율은 45%를 넘는다. 중위소득 40%를 기준으로 잡아도 38.7%가 빈곤선 이하로 나온다. OECD 국가 중 가장 높다(여유진, 2019). 노인빈곤율은 절대빈곤이 아닌 상대빈곤율이고 자산을 제외한 소득 기준이기 때문에 한국의 노인빈곤율이 다소 과장되었다는 해석도 있다. 실제로 노인가구의 자산을 연금화해 이용한다는 가정하에 자산까지 합쳐 빈곤율을 계산해 보면 노인빈곤율은 30% 수준으로 떨어진다(안서연, 2019).

그런데도 30%의 빈곤율은 여전히 OECD 평균보다 상당히 높은 수준이다. 국민연금의 늦은 도입으로 현세대 노인들은 이미 나이가 들어 국민연금에 가입할 기회가 없었거나, 가입했더라도 보험료 납부 기간이 짧다. 이들에 대한 노후소득보장은 국민연금의 보장성을 강화해서 해결될 문제가 아니다. 기초연금의 보편주의적 확대도 답이 아니다. 스웨덴식으로 보편주의적 기초연금을 보충급여형 기초보장연금으로 개편할 필요가 있다.

2) 노후소득보장제도 재설계 원칙

현재의 노인빈곤 문제를 최대한 완화하면서 미래 환경 변화 속에서 지속 가능한 노후소득보장제도를 설계하려면, 다음의 세 가지 원칙을 견지해야 할 것이다.

첫째, 노후소득보장을 다층체계화한 가운데 국민연금, 퇴직연금, 기초연금이 각기 제 기능을 발휘하도록 해야 한다. 강제저축 기능과 장수 리스크에 대한 보호 기능(즉, 종신형 연금 지급)이 있는 국민연금이 중추적 역할을 해야 한다. 단, 국민연금의 장기적 지속가능성 문제를 해결해야 한다. 연금급여 대비 낮은 보험료율을 인상하고, 고령화가 진척되는 만큼(즉, 수급기간이 길어지는 만큼) 급여 수준의 인하가 필요하다. 국민연금의 낮아진 급여 문제는 퇴직(연)금을 연금화해서 보완해야 한다. 이는 중간소득 이상 가입자의 노후소득 적절성 제고에 크게 기여할 것이다. 저소득층 노인의 기초보장은 기초생활보장제도와 기초연금이 통합된 기초보장연금의 도입을 통해 문제를 해결해야 한다.

둘째, 인구구조의 초고령화와 저성장을 감안할 때, 스웨덴이나 독일처럼 노후소득보장에 투입될 비용의 한도를 정해놓고 지출을 조정할 필요가 있다. 다층체계 연금제도에서는 이를 통해 연금 총보험료율을 정하게 된다. 앞서 지적했듯이, 스웨덴은 공적연금의 보험료율이 합산해 18.5%(NDC 소득비례연금 16% + 프리미엄연금 2.5%)이며, 이를 초과하지 못하게 법제화했다. 독일은 22%를 한계로 설정했다. 이 이상의 비용 부담은 기업 활동과 경제활동을 위축시켜 경제에 미치는 부정적 영향이 너무 크기 때문이다. 이와 같은 국가들에서도 한국보다 속도는 느리나 고령화가 지속되고 있다. 스웨덴은 고령화로 발생하는 추가 비용 문제를 사적연금과 같은 확정기여 방식 도입을 통한 급여 인하로 해결하고 있다. 독일은 한국처럼 확정급여 방식을 유지하지만 자동안정화 장치의 도입을 통해 연금급여가 고령화에 비례해 감소하게 만들어놓았다. 한국의 경우 현재 총비용은 17.33%이다(국민연금 9% + 퇴직연금 8.33%). 스웨덴이나 독일과 달리 인구고령화를 급여 산식에 반영하는 자동안정화 장치는 갖추고 있지 못하다.

셋째, 현세대 노인의 빈곤에 대한 대처와 국민연금이 성숙된 이후 미래 세대 노인의 소득보장 방안은 구분해야 한다. 앞서 지적했듯이, 현 빈곤 노인들은 국민연금이 늦게 도입되었기에 가입 자체가 불가했거나 가입기간이 짧고 보험료 납입액이 적다. 따라서 대부분의 노인들이 연금을 못 받거나 받더라도 액수가 크지 않다. 기초연금이 계속 인상되고 있으나, 월 30만 원으로 빈곤 문제를 해결하기는 어렵다. 국민기초생활보장제도가 있지만 빈곤 노인 상당수가 부양의무자 기준과 재산 기준에 걸려 생계급여를 수급하지 못한다. 보편주의적 정액형 기초연금에서 소득이 부족한 사람에게 좀 더 많은 연금급여가 지급되도록 보충급여형으로 전환되어야 한다.

한 가지 주의해야 할 것은, 현재의 중·고령자 대부분이 국민연금에 가입되어 있고, 가입기간도 25년 이상이 될 것으로 예상된다는 점이다. 이에 따라 현세대 노인에 비하면 국민연금 소득이 상당할 것이다. 게다가 과거와 달리 맞벌이가 증가했으므로, 부부 합산 연금액은 지금보다 늘어날 것으로 보인다. 따라서 국민연금이 성숙된 이후의 기초보장은 지금과는 달라져야 한다. 전체 노인의 70%를 대상으로 하는 준보편주의를 고집하기보다는, 빈곤선 이하 노인가구에 기초보장을 집중하는 방식으로 개선될 필요가 있다. 스웨덴처럼 저소득 노인을 대상으로 한, 재정효율성이 높은 기초보장연금의 도입이 절실하다. 독일의 사회부조 방식도 보충급여형으로 내용 면에서는 기초보장연금과 동일하다.

3) 다층체계하 노후소득보장제도의 개혁[2]

(1) 국민연금의 재정안정화 조치와 퇴직연금의 준공적연금화

먼저 인구고령화가 불가피한 상황을 고려하여, 다층 노후소득 보장체계에서 중추를 담당할 국민연금의 재정안정화 조치가 이루어져야 한다. 고령화가 지속적으로 심화되기 때문에 보험료 인상만으로는 부족하다. 1단계 보험료 인상 이후 지출 조정을 통해 장기적인 안정을 도모해야 한다. 구체적인 방안으로는 2018년 국민연금제도발전위원회의 '나'안을 준용할 필요가 있겠다. 2029년까지 보험료율을 현행 9%에서 13.5%까지 단계적으로 인상하고, 2030년부터는 스웨덴, 독일, 일본 등처럼 자동안정화 장치를 도입해 고령화의 진전에 따라 급여의 하향 조정이 이루어지게 해야 한다. 퇴직연령의 인상과 함께 연금 수급 개시 연령을 65세에서 그 이상으로 점진적으로 미루는 것도 방법이다.

국민연금 급여의 하향 조정은 퇴직연금과 기초보장연금을 통해 상쇄해야 한다. 3층의 퇴직연금에는 2018년 현재 26.5조 원의 보험료가 투입된다. 국민연금인 44조 원에 비해 작으나, 퇴직연금 가입자가 국민연금 가입자의 4분의 1에 불과한 것을 감안하면 1인당 실제 보험료 액수는 매우 크다. 중산층 근로자들이 많은 혜택을 볼 수 있다는 뜻이기도 하다. 그런데 현재 대부분의 사람들은 퇴직금을 재직 중에 중간정산 하여 받거나, 퇴직 후 일시금으로 수령한다. 연금 역할을 못 하고 있다는 의미다. 국민연금만큼 재원이 투입되나, 연금 기능이 취약한 퇴직(연)금을 준공적연금화하여 중산층 국민연금의 소득대체율 저하를 보완해야 한다.

퇴직연금의 준공적연금화 방안은 크게 두 가지가 가능하다. 첫째, 스웨

---

2 이 절은 양재진, 「초고령사회, 지속가능한 노후소득보장체계 구축」, 하연섭 외, 『한국사회와 한국 행정: 새로운 도전과 정부의 역할』(다산출판사, 2019)의 연금개혁안을 수정·보완한 것이다.

덴의 프리미엄연금이다. 국민연금공단이 국민연금 보험료와 함께 퇴직연금 보험료를 징수하고, 퇴직연금은 국민연금과 달리 소득재분배가 없는 순수기여비례연금으로 만드는 것이다. 이 방안은 민간 퇴직연금 사업자의 시장 퇴출을 의미하므로 금융산업계가 크게 반발할 수 있다는 단점이 있다. 따라서 좀 더 현실적인 대안은 퇴직연금이 민간에서 운용되는 시스템은 현행대로 두고, 국민연금공단이 퇴직연금사업을 실시하는 것이다. 국민연금공단이 사적 퇴직연금회사와 경쟁하도록 하고, 국민연금공단의 퇴직연금 가입자는 중간정산과 일시금 지급을 어렵게 하여 연금화를 유도하는 것이다.

국민들이 연금보다는 당장 일시금을 원하더라도, 국민연금공단의 퇴직연금은 민간 퇴직연금사업자보다 높은 실질수익률을 제공할 수 있으므로 가입 유인이 충분하다. 2018년 퇴직연금의 적립금 대비 총운영/자산관리 운영비를 뜻하는 총비용부담률(수수료율)은 0.47%로, 국민연금 0.08%에 비해 현저히 높다. 연금은 30년을 내다보는 장기상품인 만큼, 수수료 절감에 따른 복리 효과가 매우 크다. 따라서 이와 같은 방식으로 운영된다면 더 많은 연금 자산을 축적할 수 있는 것이다.

(2) 기초보장연금의 도입

'국민연금 + 퇴직연금'의 혜택을 받을 수 있는 사람은 상용직 근로자로, 중간계층 이상에 집중될 것이다. 그 이하 소득계층은 퇴직연금 가입 이력이 없거나 짧고, 국민연금 또한 급여액이 낮을 수밖에 없어 보인다. 이 저연금 수급자들의 소득보장은 연대의 원리와 재정효율성을 감안해 스웨덴식처럼 저소득층에 비교적 후한 연금이 지급되는 기초보장연금식으로 개편할 필요가 있다. 기초보장연금은 국민기초생활보장제도의 생계급여 수준(2019년 1인 월 51만 2000원, 2인 가구 월 85만 4000원)을 기초보장선으로 삼고, 연금을 포함한 소득액이 이에 모자랄 경우 보충급여형으로 연금을 지급한다. 정액형이 아닌 보충급여형이기에 재원이 동일하더라도 기초보장선을 기초연금

〈그림 1-2〉 노후소득 보장체계의 개혁 전후 비교

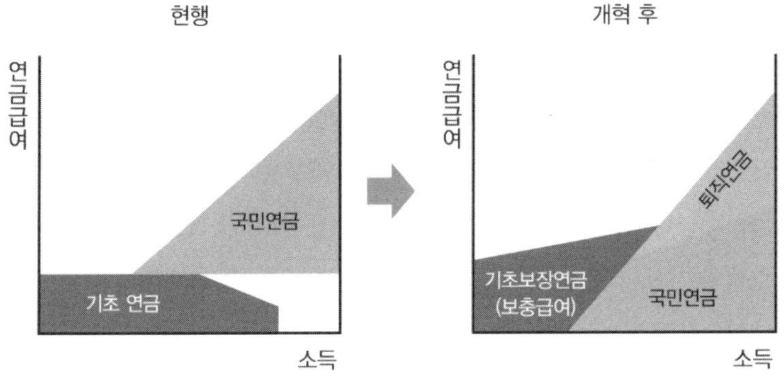

자료: 양재진(2019: 303).

보다 높게 책정할 수 있다. 기초보장연금은 65세 이상을 대상으로, 느슨한 자산 조사에 근거해 시행하는 기초생활보장제도로 이해하면 되겠다.

기초보장연금이 도입된다는 의미는 65세 이상 고령자의 기초생활보장을 국민기초생활보장제도에서 분리해 연금제도하에서 담당하는 것을 의미한다. 현 기초생활보장제도는 근로연령대 수급자와 노인이 한데 엉켜 있어 수급 조건이 엄격할 수밖에 없다. 즉, 근로 가능 연령대 인구의 모럴해저드 문제를 막고자 자산조사가 매우 엄격하게 이루어지기 때문에 재산이 조금만 있어도 수급자에서 탈락하도록 설계되어 있다. 기초보장연금은 소득 활동이 불가능한 노인을 대상으로 하는 만큼, 일정 수준의 자산가(본인과 부양의무자)만 제외하는 수준에서 자산조사를 대폭 완화할 수 있다.

기초보장연금은 국민최저보장선(national minimum) 이하의 소득에 대해서만 보충급여를 제공하는 형태로 운영된다. 따라서 국민연금과 퇴직연금 적용자가 늘고 가입기간이 길어져 급여 수준이 높아지면, 이에 비례해 기초보장연금의 재정지출이 최소화될 것으로 예상된다.

〈그림 1-2〉에서 볼 수 있듯이 기초보장연금이 도입되면 어떠한 노인도 기초보장선 이하로 내려가지 않는다. 즉 빈곤해지지 않는다는 것이다. 이

름만 연금인 퇴직연금을 실질적으로 연금화하게 되면, 국민연금의 재정안정화 조치로 실질 급여가 하락해도 총연금급여는 하락하지 않을 것이다. 기초보장연금, 국민연금, 퇴직연금의 3층 구조하에서 노후소득보장은 더 체계화되겠지만, 그렇다고 연금급여의 적절성이 크게 개선된다는 의미는 아니다. 인구고령화와 경제성장 둔화라는 매우 비우호적인 환경에서 국가가 지속 가능한 연금제도를 운영하는 것만도 버겁기 때문에 그 이상을 기대하기는 어렵다. 국가는 단기적으로 인기에 영합하기보다는, 개인들이 각자 미래를 대비할 수 있도록 장기적 시계에서 연금제도를 구축하고 이의 안정적 운영을 약속해야 할 것이다.

5. 결론

2018년 문재인 정부에서 연금개혁은 다시금 사회적 이슈로 부상했다. 5년마다 돌아오는 국민연금재정 계산의 해이기도 했고, 포용국가를 표방한 문재인 정부에서 노후소득보장성 강화라는 정책목표를 국민에게 제시했기 때문이다. 그러나 초저출산과 급속한 인구고령화, 저성장의 늪에 빠진 상황에서, 정부가 선택할 수 있는 대안은 많지 않거니와 국민들에게 인기를 끌 수 있는 대안도 없다. 따라서 총 9개 연금개혁 대안이 국민에게 제시되었지만, 이 중 문재인 정부의 연금개혁안이라고 여길 수 있는 대안은 없다. 노인빈곤, 연금재정악화, 국민연금에 대한 불신 등을 생각하면 노후소득보장제도의 개혁이 시급하다.

다층체계하 연금개혁이 꼭 동시다발적인 연금개혁을 의미하는 것은 아니다. 앞서 제시한 개혁 방향을 견지하면서, 국민연금의 재정안정화, 퇴직(연)금의 연금화, 65세 이상 노인의 기초생활보장 강화 등을 하나씩이라도 이루어나가면 될 것이다. 정년 연장, 인생 3모작 지원 등을 통해 연금의존도를 낮추는 조치도 병행되어야 한다. 청년, 경력 단절 여성 등 비활성화된 노동력의 경제활동 참여를 늘리는 조치, 나아가 생산성 증가와 민간경제 활성화 등을 통해 인구고령화의 비용 자체를 감당할 수 있는 국가경제력을 키우는 것도 잊지 말아야 할 것이다.

참고문헌

국민연금전문가회의. 2018.9.27.「국민연금전문가회의 간담회자료」. 10쪽.

기획재정부. 2015.12.4.「기획재정부, 2060년 국가채무비율 40% 이내로 관리. 지속적인 세출 구조조정 없을 경우 60%까지 상승 가능」. 기획재정부 보도자료.

안서연. 2019.「노인의 경제적 자원 현황과 빈곤: 소득과 자산을 중심으로」. ≪연금이슈&동향분석≫, 56.

양재진. 2018.「공적 연금」. 안병영 외.『복지국가와 사회복지정책』. 다산출판사.

______. 2019.「초고령사회, 지속가능한 노후소득보장체계 구축」. 하연섭 외.『한국 사회와 한국 행정: 새로운 도전과 정부의 역할』. 다산출판사.

여유진. 2019.「한국의 노인빈곤과 노후소득보장」. ≪보건복지 Issue & Focus≫, 364.

오건호. 2019.「노후소득 보장체계의 재구조화 방안」. 양재진 외.『한국 노후소득보장제도의 합리화: 2019 재정전문가네크워크 보고서』. 조세재정연구원.

통계청. 2019.3.28.「장래인구특별추계: 2017~20167년」. 통계청 보도자료.

IMF. 2018. "IMF Country Report: Republic of Korea." No.18/41.

제2장

'생애맞춤형 전국민기본소득제' 도입의 필요성과 실현 방안

유종성 | 가천대학교 리버럴아츠칼리지 및 사회정책대학원 교수

1. 서론

기본소득은 일반적으로 "모든 사람에게 (가족 단위가 아닌) 개인 단위로, 무조건적으로, 자산 심사나 노동 요구 없이, 주기적으로, 현금으로, 지급되는 소득"으로 정의된다. 기본소득은 실질적 자유의 실현 방안으로서 공유부 수익의 평등한 분배라는 차원에서, 서비스 경제화와 4차 산업혁명의 도래로 점점 더 그 정합성을 잃은 기존 사회보장제도의 대안으로 제시되고 있다.

이 장은 기존 사회보장제도의 보완이 아닌 보편적 기본소득제 도입이 요구되는 배경으로서 이중노동시장과 이중사회보장제도의 문제를 살펴본다. 그리고 관련 쟁점들을 경제적 효율성과 분배정의 차원에서 검토한다. 이어서 전 국민에게 납세의무와 함께 사회적 기본권으로서 기본소득을 보장하되 연령별로 지급액 수준에 차등을 두는 '생애맞춤형 전국민기본소득제'의 재정 모델을 제시한다. 끝으로 이러한 전국민기본소득제의 실현을 위해 필요한 정보 인프라 구축과 같은 과제를 간단히 살펴본다.

2. 이중노동시장과 이중사회보장

소득불평등과 빈곤이 심각해지는 큰 요인이 노동시장의 이중구조화에 있다는 것은 잘 알려진 사실이다. 1990년대 이후 증가해 온 소득불평등은 최상위 1% 내지 10%의 소득과 자산의 집중으로 나타났으며(김낙년, 2016, 2019; 홍민기, 2019), 이는 또 다른 상대적 빈곤의 심화로 나타났다. 그동안 많은 연구가 빈곤보다 불평등에 초점을 맞춰왔지만, 한국은 다른 OECD 국가들과 비교할 때 상대적 빈곤이 매우 높다. 가처분소득 기준 지니계수와 상대적 빈곤율(중위소득 50% 기준)을 OECD 주요 10개국(미국, 캐나다, 영국, 프랑스, 독일, 스페인, 덴마크, 핀란드, 스웨덴, 일본)과 비교해 보면, 한국의 지니계수가 미국이나 영국보다는 낮지만 빈곤율은 10개국 중 가장 높은 것으로 나타난다(이현주, 2019). 2015년 OECD 국가들의 상대적 빈곤율의 평균이 11.8%, 미국이 16.8%였는데, 한국은 17.5%(가계금융복지조사 결과)로 이스라엘 다음으로 높은 순위를 기록했다(사회보장위원회, 2018: 224~225). 이처럼 높은 빈곤율은 노동시장의 이중구조에 더해 사회보장제도의 광범한 사각지대 같은 취약성에 기인한 것으로 보인다.

노동시장의 이중구조에 대해서는 그동안 많은 연구가 이루어져 왔다(김영순, 2010; 김유선, 2019; 이호연·양재진, 2017; 전병유 외, 2018; 정이환, 2013). 대기업이나 정규직 노동자들이 높은 수준의 고용안정과 임금을 동시에 누리는 반면 중소기업과 비정규직 노동자들은 고용불안과 저임금에 시달리고 있으며, 그 격차가 더욱 커져왔음은 주지의 사실이다. 또한 노인과 청년, 여성이 외부자(outsider) 또는 불안정노동자(the precariat)의 다수를 차지한다는 것도 잘 알려져 있다(이승윤 외, 2017). 기업·사업체 규모(대기업과 중소기업), 고용 형태(정규직과 비정규직)의 차이에 노조 유무를 더해 결합노동시장에서의 상층(약 20%), 중층(약 30%), 하층(약 50%)의 상이한 계층 간 임금격차가 심화되어 온 것을 밝힌 연구도 있다(이철승, 2017).

이 장에서 주목하는 것은 노동시장의 이중구조하에서 열악한 위치에 있는 불안정노동자들이 사회보장의 이중구조하에서 사회적 보호마저도 제대로 받지 못한다는 점이다(김수완, 2009; 백승호, 2014; 이승윤 외, 2017, 2019; Emmenegger et al., 2012; Kim, 2016; Kim, 2017). 이들은 고용의 불안정과 임금, 소득의 불안정에 시달릴 뿐만 아니라 사회보장제도의 중심을 이루는 사회보험에서도 배제되고 있다. 현행 4대 사회보험법이 모두 1인 이상 사업장의 노동자와 사용자를 적용 대상으로 하고 있음에도, 기존 사회보험은 탈산업화-서비스 경제에서 특수고용 형태와 가짜 자영업 등 새로운 형태의 고용계약 관계를 포괄하는 데 한계가 있으며, 많은 경우 노동자와 사용자가 공히 사회보험료 납부를 기피하기 때문이다. 더구나 디지털화 기술의 진전을 바탕으로 플랫폼 노동이 확대되면서 비정규 고용 형태의 다각화가 더욱 심화된 형태로 나타나는 추세이다. 플랫폼 노동자는 사용종속관계하에서의 근로자성을 충족하지 못하기 때문에 '노동법'과 '사회보장법'으로부터 배제되어 사회보장의 이중화는 더욱 심화되고 있다(서정희·백승호, 2017; 이승윤 외, 2017).

이중사회보장 또는 역진적 사회보장의 문제가 가장 극명하게 드러나는 분야가 노후소득 보장제도이다. 이승윤 외(2019)가 한국노동 패널 자료(2002~2016)를 분석한 결과, 노동시장에서 정규직과 비정규직 간 임금격차는 물론이고 국민연금 가입기간의 격차가 매우 크게 나타났다.

지난 15년간(2002~2016) 정규직의 국민연금 가입기간 평균은 14.5년이었는데, 비정규직의 평균 가입기간은 4.2년에 불과했다. 이 같은 가입기간의 차이에 따라 정규직과 비정규직 출신 은퇴자들의 국민연금 수령액에는 큰 차이가 발생한다. 〈표 2-1〉을 보면 공적연금은 저소득 노인들의 노후소득 보장에 거의 역할을 하지 못하고 있으며, 오히려 노인 간의 소득불평등을 확대하는 역할을 하고 있다.

가계동향조사 2018년 4/4분기 자료에 의하면, 2인 이상 가구에서 노인

〈표 2-1〉 소득5분위별 공적이전소득

(단위: 천 원/월)

2인 이상 가구							
5분위	1	2	3	4	5	평균	5분위 배율
공적연금	162	263	185	144	241	199	1.49
기초연금	166	60	33	18	17	59	0.11
사회수혜금	96	99	91	88	44	84	0.46
현물 이전 등	18	16	11	7	3	11	0.15
공적 이전(계)	442	438	321	256	306	353	0.69
가구원 수	2.38	2.87	3.26	3.42	3.46	3.08	
노인 수	0.85	0.39	0.19	0.11	0.10	0.33	
1인당 공적연금	192	678	953	1,273	2,351	606	12.25
1인당 기초연금	196	155	168	161	170	179	0.87

1인가구							
5분위	1	2	3	4	5	평균	5분위 배율
공적연금	34	90	126	116	153	104	4.49
기초연금	141	171	94	26	5	87	0.04
사회수혜금	16	105	67	55	26	54	1.66
현물 이전 등	6	21	24	17	6	15	1.02
공적 이전(계)	196	386	311	214	190	260	0.97
노인 수	0.66	0.75	0.53	0.20	0.07	0.44	
1인당 공적연금	52	119	236	567	2,092	234	40.34
1인당 기초연금	214	226	177	125	69	197	0.32

자료: 통계청 가계동향조사 원자료(2018년 4/4분기).

1인당 공적연금 평균 수급액은 1분위는 19.2만 원, 5분위는 235.1만 원으로 고소득 가구의 노인들이 저소득 가구의 노인들에 비해 평균 12.3배에 달하는 공적연금을 수급했다. 1인가구 중 독거노인에 대한 공적연금 지급액이 1분위는 평균 5.2만 원, 5분위는 평균 209.2만 원으로 5분위 배율이 40.3에 달해 공적연금이 노인 소득불평등 확대에 큰 역할을 하고 있다. 특히 독거노인의 경우 5분위에 속한 소수(전체 독거노인의 3.2%)를 빼고는 공적연금 월평균 수급액이 5.2만 원(1분위)에서 56.7만 원(4분위) 사이에 불과해 빈곤

해소에 도움이 되지 않는다. 국민연금의 이중화에 더해 직역연금이 이중화를 한층 더 강화하는 것으로 보인다.

반면 기초연금은 노인 소득불평등과 빈곤을 다소 완화한다. 특히 노인 단독가구는 1분위의 경우 기초연금 수급액(21.4만 원)이 처분가능소득의 87%에 달하며, 2분위도 기초연금 수급액(22.6만 원)이 처분가능소득의 37%에 달해 노인빈곤 완화에 상당히 기여하고 있으나, 기초연금의 금액이 적어 노인빈곤 해소를 위해서는 부족하다는 것을 동시에 나타낸다.

그렇다면 공적부조는 얼마나 역할을 하고 있을까? 〈표 2-1〉의 사회수혜금은 기초생활보장 급여와 근로장려금 등을 포함한 공적부조와 아동수당 등을 포함하는데, 2인 이상 가구나 1인가구를 불문하고, 평균 금액이 크지 않아 1분위나 2분위 가구들의 빈곤을 해소하는 데 매우 제한적인 역할밖에 못한다는 것을 알 수 있다. 1997년 도입된 국민기초생활보장제도는 빈곤층에 대한 소득보장을 '사회권'의 하나로 규정하고 있음에도 빈곤 가구 중 일부만이 지원을 받고 있다. 강신욱(2017)이 복지패널 10차(2015) 자료를 분석한 바에 의하면, 빈곤층의 23.1%, 장기 빈곤층의 32.4%만이 기초생활보장 수급을 받는다. 이는 많은 빈곤 가구가 부양의무자 조건 등으로 인해 선별 과정에서 배제되고 있을 뿐만 아니라 제도와 절차의 복잡성 등으로 많은 잠재적 수급 대상자가 신청을 하지 않기 때문이다.

이상을 통해 현행 사회보장제도는 이중노동시장에서 상대적으로 높은 고용안정과 근로소득을 누리는 상층 노동자들에게 더 높은 소득보장을 제공하고, 불안정 노동자계급을 포함한 빈곤층 다수를 배제하거나 제대로 보호하지 못하고 있음을 알 수 있다. 4차 산업혁명의 도래는 일자리 소멸과 고용불안정을 더욱 심화할 것이기 때문에, 증가하는 불안정노동자들을 보호하지 못하는 이중사회보장 문제의 근본적인 해결이 필요하다. 이에 따라 보편적 소득보장제도로서의 기본소득이 새로운 대안으로 제시되고 있다(강남훈, 2019; 김교성 외, 2018; 서정희·백승호, 2017; 유종성, 2018; 이원재, 2019).

3. 기존 사회보장제도의 보완이냐 기본소득이냐[1]

기존 사회보장제도가 넓은 사각지대와 역진성 등 문제를 드러내고 있다고 하여 반드시 이를 기본소득이라는 제도로 대체해야 할 필요는 없으며, 기존 사회보장제도의 보완과 강화가 좀 더 나은 대안이라는 반론도 제기되고 있다. 양재진(2018)은 기존 사회보장제도가 기본소득과 달리 비용효과적이라는 점을 강조한다. 실업, 질병, 은퇴 등 사회적 위험에 대해 '보편적 보장'을 해주되, 소득상실이나 지출 증가 등의 위험에 실제로 빠졌을 때만 '선별적 보상'을 해주기 때문이다. 또한 기본소득론자들이 일자리 감소와 불안정화, 사회보험 사각지대 문제를 과도하게 비관적으로 바라보고 있다고 비판한다.

기본소득 회의론자들은 근본적으로 무한한 인간의 욕망을 충족시키는 완전 기본소득은 실현될 수 없으며, 완전 기본소득을 추구하면 할수록 공공서비스의 양과 질을 담보하기 어려울 것이라고 주장한다. 재정에 한계가 있는 상황에서 낮은 수준의 기본소득을 도입해 기존의 사회복지급여를 대체하면, 이는 기본소득이 추구하는 목적을 달성하지 못하고 사회보장 효과도 발휘하지 못할 가능성이 크다는 것이다(Rothstein, 2017).

기존 사회보장제도의 보완·강화가 과연 이중사회보장의 해결책이 될 수 있는지 살펴보자. 가령 현재의 공적연금제도의 근본적 개혁 없이 보완 또는 강화를 통해, 노인들의 소득불평등을 증가시키고 빈곤 해소에 역할을 하지 못하는 문제를 해결하는 것이 가능한가?

이에 대한 이승윤 외(2019)의 연구 결과는 부정적이다. 이들은 현재 정부가 제시한 공적연금 네 가지 개혁안이 2020년부터 시행될 경우 분절된

---

1 이 장의 3절과 4절의 상당 부분은 유종성, 「기본소득의 재정적 실현가능성과 재분배 효과에 대한 고찰」, ≪한국사회정책≫, 25(3)(2018)의 내용을 인용했다.

노동시장에서 정규직과 비정규직 간의 격차를 얼마나 완화 또는 심화시킬지 40여 년 후인 2063년의 결과에 대해 시뮬레이션 분석을 했다. 분석 결과 모든 연금개혁 대안들에서 비정규직의 연금급여 수준은 정규직의 20~30% 수준에 불과해 현재 두 집단의 노동시장 임금격차(42%)에 비해 연금급여 격차가 더욱 커지는 것으로 나타났다. 즉 현재의 공적연금제도의 근본적인 개혁 없이 국민연금의 소득대체율 소폭 인상이나 기초연금 급여의 소폭 인상으로는 연금제도의 이중화가 고착된다는 것이다.

다만 시뮬레이션 결과 소득대체율 인상보다는 기초연금의 인상이 비정규직에게 소득 인상 효과가 더 크게 나타났는데, 이는 기초연금의 대폭 인상 또는 노인기본소득이 고려되어야 할 필요성을 시사한다. 국제적인 비교를 통해 소득대체율이나 공적연금 지출 규모가 노인빈곤과 별로 상관관계가 없으며, 낮은 빈곤율을 기록한 국가들은 상대적으로 보편적이고 두터운 기초보장을 운영하고 있다는 최영준(2014)의 발견과도 부합한다.

공적연금만이 아니라 사회보험제도 전반에 대한 보완적인 접근으로 이중구조화 문제를 해결하기 어렵다는 것은 한국만이 아니라 선진 복지국가들의 경험을 보아도 알 수 있다. 실업, 질병, 은퇴 등 사회적 위험(risks)에 대해서 보편적인 보장을 하려고 한 사회보험이 과거 표준고용관계가 지배적이었던 산업사회에서는 비교적 잘 작동했지만, 탈산업화와 불안정 고용이 증가하면서 사회보험료 기여의 기반이 축소되고 정부 재정이 그 차이를 메우기가 어려워지면서 한계에 다다르고 있는 것이다(Standing, 2017: 192~193). 이에 따라 선진 복지국가에서도 사회보험의 포괄성과 비중이 점차 축소되고, 오히려 공적부조의 비중이 상대적으로 높아지고 있는 추세이다. 가령 영국의 경우 1963년부터 2012년까지 사회보장 지출의 구성에서, 국민연금보험 비중이 1960년대에는 70%가 넘었으나 최근에는 50% 미만으로 줄었고, 사회부조의 비중은 20% 수준에서 40%를 넘는 수준으로 상승하고 있다(앳킨슨, 2015: 292~294).

그러면 사회보험제도에서 불안정 노동자가 제대로 보호받지 못하는 문제가 공적부조의 선별복지를 통해 해결될 수 있을까? 앞에서 한국의 기초생활보장제도가 빈곤층의 20~30% 정도밖에 포괄하지 못한다는 점을 지적했는데, 이는 한국만의 문제가 아니다. 일본의 경우에도 빈곤선 이하의 인구 중 공적부조 수급률이 20% 내지 30%밖에 안 되는 것으로 추정되고 있다(Kobayashi, 2014). 프랑스의 경우도 자산조사 기반 최저소득제도의 수급률은 약 50%에 불과하다(Van Parjis and Vanderborght, 2017: 254).

양재진(2018)은 모든 국민 혹은 2600만 취업자 전원에게 기본소득을 제공하기보다는 수급권이 없는 실업자들에게도 실업부조를 주고, 낮은 수준에 머물고 있는 실업급여를 인상하는 것이 더 효율적이며, 근로빈곤층이 문제라면 최저임금과 근로장려세제(EITC: Earned Income Tax Credit)가 좀 더 효과적인 대안이라고 주장한다. 그러나 취업자 상당수가 실업자와 별다른 차이가 없을 정도의 불안정 고용과 저소득으로 빈곤의 위험에 처해 있다는 점을 간과하면 안 된다. 국세청(2018, 2019)에 의하면 2017년 연말정산 근로소득자 1801만 명 중 319만 명(18%)이 급여 총계 1000만 원 이하이며, 순수일용근로소득자 502만 명 중 366만 명(73%)이 1000만 원 미만의 총소득금액을 보이고 있다. 또한 종합소득신고자 639만 명 중 281만 명(44%)의 종합소득금액이 1000만 원 이하로 임금근로자보다도 낮은 소득을 나타낸다. 가구단위로 보아도 2018년 가계금융복지조사 자료(2017년 반영)에 의하면 11.8%가 1000만 원 미만, 26.8%의 가구가 2000만 원 미만의 가처분소득을 보였다.

이처럼 다수의 근로빈곤층이 존재하는 상황에서는 기존 공적부조와 사회보험을 보완·강화하는 것보다는 기본소득과 같은 보편적 소득보장제도가 효율적인 재분배 효과를 지닌다. 로스스테인(Rothstein, 1998)이 선별적 복지국가보다 보편적 복지국가가 소득재분배 효과를 더 크게 발휘하는 비결을 알기 쉽게 보여준 〈표 2-2〉가 기본소득을 설명하는 데도 그대로 적용된다. 〈표 2-2〉는 5개의 소득 그룹(또는 소득 5분위)의 시장소득이 각각 200,

〈표 2-2〉 보편적 복지국가의 재분배 효과

소득 그룹	평균소득	세금(40%)	공적이전	가처분소득
A(20%)	1,000	400	240	840
B(20%)	800	320	240	720
C(20%)	600	240	240	600
D(20%)	400	160	240	480
E(20%)	200	80	240	360
5분위 배율	5/1	(계: 1,200)	(1,200/5=240)	2.33/1

자료: Rothstein(1998).

400, 600, 800, 1000일 때 40%의 정률 소득세를 부과하고, 세수 전액을 동일한 금액의 공적이전(또는 기본소득)으로 지급할 때 최종 가처분소득은 360, 480, 600, 720, 840이 되어 소득불평등이 크게 완화된다는 것을 보여준다.

〈표 2-2〉에서는 정률세를 택했지만 누진세를 택할 경우에는 재분배 효과가 더 커진다. 또 여기서는 시장소득의 분포를 평균소득 = 중위소득으로 잡았지만, 일반적으로 평균소득이 중위소득보다 훨씬 높기 때문에 정률세 하에서도 중위소득자에게는 세금보다 공적이전소득이 더 커지게 된다. 또한 부자의 소득을 빼앗아 빈자를 선별해 나눠 주는 것이 아니라 모두가 능력에 따라 공정하게 부담하고, 모든 사람에게 보편적인 소득보장을 제공하면 조세 저항도 약해지고 선별복지라는 낙인효과와 행정비용도 없다. 이것이 스웨덴과 같은 보편적 복지국가의 비결인 동시에 왜 이런 나라에서 기본소득에 대한 관심이 상대적으로 작은지를 보여준다.[2] 사실 스웨덴 같은 곳

2 기본소득형 보편적 복지국가를 옹호한 로스스테인이 기본소득 도입을 반대한 것은 시사적이다(Rothstein, 1998; 2017). 유럽사회조사의 결과는 복지제도가 미약한 동유럽과 이중적·역진적 복지가 심한 남유럽 국가들에서 기본소득에 대한 지지가 높고, 보편적 복지가 발전되어 있는 나라에서 기본소득에 대한 지지가 상대적으로 낮은 것을 보여준다(Roosma and Oorschot, 2019).

에는 사회수당과 같은 부분기본소득이 이미 상당한 수준으로 도입되어 있다. 이미 누더기가 되어 있는 한국의 수많은 복지제도(중앙정부 360개, 지방정부 수만 개)의 복잡성을 더해 사각지대와 이중구조를 해결하기 어려운 만큼, 이처럼 단순한 보편적 복지제도를 전면화하자는 것이 바로 기본소득 논의이다.

4. 기본소득의 재정적 실현 가능성

기본소득의 재정적 실현 가능성은 기본소득의 수준을 어떻게 보느냐에 따라 다를 것이다. 판 파레이스와 판더보르트(Van Parjis and Vanderborght, 2017: 11)는 1인당 GDP의 25%를 이상적인 수준으로 제안하고 있지만, 이러한 수준의 기본소득을 당장 실시하는 것이 쉽지 않다는 것을 인정한다. 이들은 1인당 GDP 10% 정도의 기본소득은 대부분의 나라에서 다음 두 가지 방법으로 자체 조달이 가능할 것이라고 한다.

첫째는, 기존 사회보장 급여의 일부를 대체함으로써 기본소득의 순 비용을 절감할 수 있다. 즉 기본소득보다 낮은 수준의 급여들을 완전 대체하고, 높은 수준의 급여의 아래 부분들을 대체하는 것이다(유종성, 2018; Van Parjis and Vanderborght, 2017: 135).

가령 매월 30만 원(대략 1인당 GDP의 10%에 해당)의 기본소득으로 월 10만 원의 아동수당은 완전히 대체해도 되지만, 1인가구에 매월 52만 7000원(2020년 현재)을 보장하는 기초생계급여를 모두 대체하면 기존 수급자 중 상당수는 손해를 볼 것이다. 그러나 기초생계급여를 존치하되 기본소득을 소득인정액에 포함시키면 기존 수급자 중 22만 7000원 이상의 소득인정액으로 30만 원 미만의 생계급여를 받던 사람들은 생계급여에서 졸업하는 대신 기존 급여보다 더 큰 금액의 기본소득을 받게 되며, 나머지 사람들의 수급액을 30만 원만큼 줄여도 될 것이다.[3] 이렇게 하면 낮은 수준의 기본소득으로 기존 복지제도를 완전히 대체해 기존 수급자들이 피해를 보는 것을 방지하면서도 수급자 수와 수급액의 감소로 기존 복지지출을 상당히 감소시키고 행정비용도 줄어든다. 1인당 GDP 10%의 기본소득을 전 국민에게 지급하려면 GDP 10%의 총비용이 소요되지만, 현재 GDP 12%에 달하는 복지지출에서 GDP의 2% 정도만 이런 방식으로 대체해도 순 비용은 GDP의 8%로 줄어든다.

둘째, '숨겨진 복지급여'라고 할 수 있는 소득세의 각종 비과세 감면(조세지출)을 철폐하고, 이를 기본소득 재원으로 삼는 것이다(강남훈, 2019; 유종성, 2018; Standing, 2017: 133~134; Torry, 2016; Van Parjis and Vanderborght, 2017: 135). 비과세소득, 근로소득공제, 인적공제, 특별공제 등의 각종 소득공제, 세액공제와 감면 등 '조세지출'이 대부분 상위 계층에 더 많은 혜택을 부여한다는 것은 미국을 비롯해 여러 나라에 공통된 현상이며(Howard, 1997), 한국은 그 정도가 매우 심하다.

유승희 의원실 보도자료에 의하면, 2017년도 근로소득세의 세수가 34.7조 원이었는데 세금 감면 총액이 59.4조 원으로 세수의 1.7배에 달했다. 이 막대한 규모의 세금 감면 혜택의 32.1%가 근로소득 연말정산자 중 10분위(최상위 10%)에 주어졌고, 단지 0.4%와 1.5%만이 각각 1분위와 2분위에 주어졌다. 최상위 10%에 주어진 세금 감면 혜택 19.1조 원은 2017년 근로·자녀장려금 1.7조 원의 11배에 달하는 규모이다. 즉 고소득층에 대한 숨겨진 복지지출이 근로빈곤층을 위한 복지지출보다 훨씬 더 큰 규모인 것이다.

소득세의 역진적 조세감면을 폐지해 기본소득 재원으로 삼는 것은, 한국의 소득세 규모(GDP의 4.5%)가 국제적으로 매우 낮은 수준이므로(OECD

---

3 기본소득 전액(30만 원)을 소득인정액에 포함시키지 않고 일부(가령 20만 원)만 포함시키는 방법도 고려할 만하다.

평균 8.3%, G7 평균 9.5%의 절반 정도) 이를 정상화할 필요가 있다는 점에서도 바람직하다고 본다(국회예산정책처, 2019). 특히 근로소득공제는 규모도 크고 역진성이 높다. 개발독재 시대에 저임금을 유지하면서 복지 대신 세금감면으로 노동자를 달래기 위해 근로소득공제 등 수많은 세금감면제도를 도입했으나, 문제는 대부분의 감면(또는 조세지출)은 저소득층보다 고소득층에 훨씬 더 큰 수혜가 된다는 것이다(김도균, 2013). 그동안 조세지출을 축소해야 한다는 논의가 진전되지 않은 것은 조세제도를 복지급여와 연계해 논의하지 않고 별도로 논의했기 때문이다. 각종 비과세와 소득공제, 세액공제, 감면 등 조세지출을 전면 폐지하되 이 중 꼭 필요한 것을 지출예산으로 잡고, 조세감면 폐지에 따른 추가세수를 기본소득으로 지급하는 것은 상위소득층을 제외한 대다수 국민에게 순 수혜를 주는 개혁이 된다.

주식 양도차익에 대한 저율 분리과세와 비과세 등을 모두 폐지하고, 사업소득뿐만 아니라 주택임대소득, 연금소득, 일용근로소득, 기타 소득 등을 모두 포괄해 종합과세 하되, 개인소득세에 대한 광의의 조세지출을 전면 폐지 또는 대폭 축소할 필요가 있다. 나아가 대기업에 더 많은 혜택을 주는 법인세와 부가가치세의 조세지출도 폐지·축소하면 상당한 규모의 기본소득 재원을 마련할 수 있다. 근로소득세의 각종 공제 감면 폐지로 60조 원, 기타 조세지출 폐지로 10~20조 원의 추가 세수를 올리면 GDP의 4% 정도를 마련할 수 있을 것이다.

판 파레이스와 판더보르트가 제안한 이 두 방법 외에 세 번째로 중요한 방안은 기본소득을 과세소득화함으로써 순 비용을 크게 줄이는 것이다(앳킨슨, 2015: 303; 유종성, 2018). 누진세 체계하에서 과세소득화는 재정 부담을 줄이는 효과뿐만 아니라 "왜 부자에까지 기본소득을 지급하느냐?"라는 질문에 대해서도 좋은 답변을 제시한다. 기본소득으로 월 30만 원을 전 국민에게 지급하되 이를 과세소득에 포함해 종합소득 신고를 하게 되면, 현행 소득세와 그 10%에 해당하는 지방소득세를 합해 6.6%부터 46.2%까지 누진세율로 과세하게 된다. 즉 빈곤층은 연 360만 원의 기본소득 수급액에 대해 6.6%의 세금만 내면 되지만(또는 연 360만 원까지의 소득에 대해서는 세율을 0으로 정할 수도 있다), 최상위소득층은 46.2%의 세금을 내기 때문에 실제 순 비용이 절감될 뿐 아니라 소득재분배 기능이 더욱 커진다. 기본소득에 대한 과세로 GDP의 2% 정도는 환수할 수 있을 것이다.

이상 세 가지 방안, 즉 기존 현금급여의 축소로 인한 절약과 행정비용 감소, 역진적인 조세지출의 폐지, 기본소득의 과세소득화를 동원하면 기본소득의 재원 마련이 일반적으로 생각하는 것보다 훨씬 더 용이할 수 있다. 이외에 정부의 비생산적이고 비효율적인 재정지출도 정치적 의지만 있으면 기본소득 재원으로 돌릴 수 있을 것이다. 대기업에 대한 지원뿐만 아니라 중소기업과 농업, 고용 지원, 복지예산 등에도 중복·비효율적인 부분이 많으며, R&D 예산이나 혁신성장 등의 이름으로 낭비되는 예산도 많다. 재정지출 중 GDP의 1% 정도만 절감해도 기존 복지의 부분 대체로 GDP의 2%, 역진적 조세지출의 폐지로 GDP의 4%, 기본소득의 과세소득화로 GDP의 2%를 더해 GDP 9% 수준의 기본소득 재원이 마련될 수 있다. 여기에 토지보유세 강화로 GDP 1~2%, 부유세 신설로 GDP 1% 등을 더 할 수 있어 GDP 10% 정도의 기본소득 재정 확보는 충분히 가능하다.

5. 사회보험 강화보다 기본소득 도입이 불평등 완화에 더 효과적

이처럼 높지 않은 수준의 기본소득 재원 마련이 가능하다고 해도, 기존 복지를 완전히 대체할 수 있는 수준의 기본소득이 아니라면 기존 사회보장제도의 보완이나 강화보다 불평등과 빈곤 완화에 더 효과적인지에 대해 의문이 제기될 것이다. 이에 대해서는 앳킨슨(2015)과 OECD(2017)의 연구를 참고할 수 있다.

불평등 연구의 대가로서 2017년에 작고한 앤서니 앳킨슨(Anthony Atkinson)의 마지막 저작, 『불평등을 넘어: 무엇을 할 것인가(Inequality: What can be done?)』에서는 기본소득과 크게 다르지 않은 참여소득(participation income)안과 사회보험강화안을 제시하고, 양자의 소득재분배 효과를 조세-급여 모델인 EUROMOD의 영국 편을 이용한 미시 모의실험으로 비교·분석하여 참여소득안이 좀 더 효과적임을 보여주고 있다.

두 가지 안에 공히 소요되는 재원은 최고소득세율 인상(현행 45%에서 65%로)과 조세지출 축소를 통한 과세 기반 확대를 통해 마련해 재정중립성을 확보한다. 또 두 가지 안 모두 자녀수당을 보편적으로 지급하되 '과세소득화'하는 방안을 포함한다. 참여소득안은 모든 성인(16세 이상)에게 1인당 연간 3110파운드를 지급하되, 질병이나 장애가 있는 경우를 제외하고는 임금노동, 돌봄노동, 교육훈련, 자원봉사 등 넓은 의미에서 사회적으로 기여하는 활동에 최소한 참여하는 것을 조건으로 한다. 사회보험강화안은 사각지대를 줄여 적용 대상을 늘리고 급여 수준을 늘리는 것이다. 기초연금과 추가적인 국가연금을 25% 인상하고, 기여금을 내는 구직자수당을 주당 113.10파운드로 올리며, 기여금을 내는 고용 지원 수당과 사별 수당을 25% 인상하는 것 등이다.

두 가지 안의 효과를 비교해 볼 때 전반적으로 참여소득이 더 큰 재분배 효과를 낸다. 현재 0.321인 지니계수는 사회보험 강화 시 0.294, 참여소득 도입 시 0.266로 후자가 더 많이 줄어든다. 자산조사를 기반으로 급여를 받는 인구가 현재 2230만 명에서 사회보험 강화 시 1810만 명, 참여소득 도입 시 1710만 명으로 후자가 더 많이 줄어든다. 이는 높은 한계세율에 직면한 사람 수를 줄여 근로 유인을 강화하고 행정관리 비용을 축소하는 등의 부수적인 효과도 낸다. 앳킨슨의 연구는 기본소득에 근접한 참여소득안과 사회보험강화안의 소득재분배 효과를 비교했다는 점에서 시사하는 바가 크다.

OECD의 기본소득에 대한 정책 브리핑(2017)은 기본소득 재원 마련 방안과 재정중립적 기본소득안의 소득재분배 효과 등을 EUROMOD라는 조세-급여 모델을 이용해 분석한다. 특히 각국의 현행 사회보장제도의 차이에 따라 기본소득 도입 비용과 효과에 차이가 나는 점을 고려해 핀란드, 프랑스, 이탈리아, 영국 4개국을 별도로 분석했다.

OECD 브리핑은 기본소득 재원 마련 방안으로 기존 현금급여를 대체하는 것만으로는 부족하며, 각종 조세감면을 폐지하는 것과 기본소득을 과세소득화하는 방안을 제시한다. 현재의 최소소득보장(guaranteed minimum-income benefits, 한국의 기초생활보장 생계급여에 해당) 수준으로 기본소득을 지급하되 이를 과세소득화하고, 기존 급여의 대부분과 조세감면을 전면 폐지할 때 핀란드와 이탈리아 등에서는 상당한 예산 절감이 이루어지며, 프랑스에서는 약간의 세금 인상만으로 가능하지만, 영국에서는 상당한 세금 인상이 필요하다. 세율을 올리지 않으면서 기존의 현금급여 대부분과 조세지출을 전면 대체하는 재정중립적인 기본소득을 도입할 때의 기본소득 금액은 현행 단독가구 최소소득보장액보다 핀란드에서는 9% 더 높고 이탈리아에서는 무려 97% 더 높아지는 반면, 프랑스에서는 2% 낮아지고 영국에서는 28% 낮아진다.

소득재분배 효과를 보면 이탈리아에서는 대부분의 개인들이 순 수혜자가 되며, 프랑스·핀란드와 영국에서는 중간소득층이 가장 큰 혜택을 입는다. 빈곤층 가운데 기존 사회보장의 사각지대에 있었던 사람들은 큰 혜택을 입지만, 기존 수급자들은 오히려 손해를 보는 경우가 많다. 그러나 이는 기존의 수급액보다 낮은 금액의 기본소득이 기존 급여를 완전 대체하도록 설계한 데서 오는 당연한 결과이다. 기본소득이 기존 수급액보다 낮을 경우에 이를 부분적으로만 대체하도록 하면 이러한 문제는 피할 수 있을 것이다. 따라서 OECD 연구를 바탕으로 불충분한 기본소득은 기존 사회보장제도보다 빈곤을 증가시킨다고 성급하게 결론을 내는 것은 잘못이다.

OECD는 재정중립적 기본소득이 전반적인 소득재분배의 긍정적인 효과 외에도 행정 단순화, 일과 가정의 양립, 돌봄 자원봉사 사회적 기업 교육 훈련 등의 촉진, 그리고 자산조사가 초래하는 근로의욕 저하와 가족의 해체 등 부정적 유인들과 이러한 행위들을 감시하는 데 드는 행정비용, 부정적 낙인효과를 줄이는 등 부수적인 효과가 많다는 것을 인정한다. 특히 남유럽과 동유럽의 여러 나라에서는 재정중립적 기본소득이 고소득층에게 더 많은 혜택을 주는 기존의 역진적 복지시스템을 개혁하는 좋은 방안이 될 수 있음을 지적하고 있다.

6. 경제적 효율성과 분배정의의 두 마리 토끼를 잡는 기본소득

이상에서 기존 사회보장제도의 이중화 내지 역진성 문제를 해결하기 위해서는 새로운 소득보장제도로서의 기본소득이 기존 제도의 보완·강화보다 우월한 대안이 될 수 있음을 고찰했다. 그러나 기본소득이 근로의욕의 감퇴 내지 노동 회피를 조장할 수 있다는 우려가 제기되고 있다. 이는 경제적 효율성을 저하시킬 것이며, 무임승차의 조장은 분배정의에도 어긋난다는 것이다.

기본소득은 기존 사회보장제도, 특히 저소득층 수급자들에게 한계소득세율 100%를 부과하는 공적부조에 비해 근로의욕을 저해하지 않는 효율적인 제도이다. 복지국가가 경제적 효율성을 강조하는 경제학자들로부터 가장 큰 공격을 받은 점이 바로 복지 수급자들이 근로의욕을 상실하고 복지에 의존하여, 빈곤 탈출을 돕기보다는 빈곤에 빠져 있도록 하는 복지함정이다. 또한 이들은 사회보험도 과잉보험에 의한 도덕적 해이를 초래한다고 문제를 제기한다. 가령 일부 복지국가들의 너그러운 공적 연금제도는 일할 수 있는 건강한 노인들에게 조기 은퇴를 유인하며, 너그러운 건강보험제도는 과잉·고가 진료를 조장한다는 것이다.

기본소득이 근로의욕과 고용에 미치는 영향을 경제학적으로 분석하면 소득효과, 대체효과, 승수효과, 공동체효과 등이 있다(강남훈, 2019: 54~58). 소득효과(income effect) 측면에서 기본소득은 노동 공급을 줄일 수 있는 것이 사실이다. 그러나 이것이 반드시 바람직하지 않은 것은 아니다. 가족 중 아이나 노인을 돌볼 시간도 없이 생계를 위해 전일제로 일하던 사람이 기본소득을 받은 후 파트타임 근무로 바꾸어 돌봄노동 시간을 확보한다면 바람직하지 않은가? 1970년대 미국과 캐나다에서 실시된 부의 소득세(negative income tax) 실험은 기본소득을 지급하면서 50% 이상의 높은 한계세율을 부과했는데, 예상대로 노동 공급이 다소간 축소되었다. 당시 이를 부정적으로 보는 경향이 강했지만, 실험 결과에 대한 보다 깊이 있는 분석이 나오면서 절대적 노동 공급 시간의 감소가 그리 크지 않았고, 그 이유도 대체로 긍정적이었다는 것이 드러났다(Hum and Simpson, 1993; Marinescu, 2017).[4] 이 실험에서는 고용률이 감소한 것이 아니라 노동시간을 줄인 경우가 많았는데, 남자들은 주로 교육과 훈련을 위해, 여자들은 아이를 돌보기 위해, 청년들은 자기 계발을 위해 취업을 미뤘기 때문이다. 또한 노동시장 이외의 영역에서 학교 출석 증가, 영양 개선, 병원 입원 감소 등 바람직한 효과들이 확인되었다(강남훈, 2019: 72-74; Forget, 2011).

기본소득은 공적부조 같은 선별 복지와 비교했을 때 대체효과(substitution effect)에 의한 근로의욕 감퇴와 노동 공급 감소가 없다. 대체효과란 복지급여가 노동의 가격인 임금을 변화시켜 노동시간을 변화시키는 효과를 말한다. 근로소득을 올릴수록 복지급여가 줄어들어 임금이 줄어드는 것과 마찬

---

4 모핏(Moffit, 1981)과 로빈스(Robins, 1985) 등은 부의 소득세가 노동시간 감소에 상당한 영향을 끼친 것으로 평가했으나, 훔과 심슨(Hum and Simpson, 1993)은 현대적인 계량분석 모형을 사용해 다시 분석한 결과 근로유인 감소는 미미했던 것으로 파악했다. 또, 당시 실험 참가자들이 보조금을 더 받기 위해 시장소득을 축소 보고함으로써 노동시간 감소가 과장된 점도 발견되었다(Marinescu, 2017).

가지이므로 근로의욕을 상실하기 때문이다. 핀란드 정부가 기초실업급여 수급자들을 대상으로 기본소득 실험을 한 이유가 여기에 있다. 핀란드에서는 실업보험에 가입하지 않은 사람이나 실업보험에서 정한 실업급여기간이 지난 사람이라도 기간 제한 없이 구직활동을 조건으로 월 560유로의 기초실업급여를 받는다. 문제는 많은 장기 실업자들이 형식적으로 구직활동 보고만 하고 기초실업급여에 의존하는 경향이다. 이에 핀란드 정부는 구직활동에 대한 모니터링과 위반 시 벌칙을 강화하고, 취업으로 근로소득이 생겨도 기본소득 수급을 유지해 근로의욕을 감퇴시키지 않는 두 가지 다른 아이디어를 가지고, 채찍정책을 도입하면서 다른 한편으로 월 560유로의 기본소득이라는 당근정책을 실험을 실시한 것이다(유종성, 2019.2.25; You, 2019).[5]

다음으로 기본소득은 승수효과(multiplier effect)와 공동체효과(community effect)를 통해 고용을 증진시킬 수 있다. 승수효과란 사람들의 소득이 늘어나면서 소비가 늘어나고 이것이 다시 소득을 증가시키는 계속적인 작용을 말하는데, 소비가 늘어나면 노동수요가 늘어나 일자리가 증가한다. 또한 기본소득으로 사람들이 안정감을 느끼면 창업이 활발해지고, 협동의식이 증진되어 협동조합 등 사회적 경제의 발달로 더 많은 일자리가 생기며, 교육에 대한 투자가 늘어 노동생산성이 더 높아질 수도 있다. 이를 공동체효과

---

5 2017~2018년 2년간 실시된 핀란드 기본소득 실험의 최종 결과가 2020년 5월 6일 발표되었다. 2019년 2월에 발표된 예비 결과에서 현저한 복지효과가 확인된 데 이어 최종 결과에서는 고용효과도 확인되었다. 예비 결과 보고서에 숨겨져 있긴 했지만, 2차년도 끝 무렵의 서베이 자료에서는 유의미한 고용효과가 나타났으며(유종성, 2019.2.25), 또한 1차년도 행정자료를 월 단위로 세분해서 보면 1월부터 9월까지는 기초실업급여 수급자와 기본소득 수급자 간에 노동시간에 거의 차이가 없었지만 10~12월에는 기본소득 수급자의 노동시간이 더 크게 나타났다(You, 2019). 필자는 이를 근거로 최종 결과에 고용효과가 확인될 가능성을 점쳤는데, 2차년도 행정 자료에서 기본소득 수급자가 기초실업급여 수급자보다 평균 6일을 더 일해 유의미한 고용효과가 확인되었다.

과라고 한다(강남훈, 2019: 57).

이처럼 기본소득이 노동시장에 미치는 효과는 이론적으로 상반되기 때문에 미리 예단하기 어렵다. 기본소득 수준에 따라 소득효과에 차이가 있고, 기본소득과 여타 복지급여 및 세제와의 종합적인 관계하에서 대체효과가 결정되기 때문이다. 과거 미국과 캐나다의 기본소득과 유사한 부의 소득세 실험과 최근 인도, 나미비아 등의 기본소득 실험, 여러 제3세계 국가들에서 시행된 조건부 현금급여(conditional cash transfer) 및 무조건적 현금급여(unconditional cash transfer) 프로그램들의 결과를 종합해 볼 때 기본소득이 근로의욕과 고용에 미치는 영향은 부정적인 측면보다는 긍정적인 측면이 더 큰 것으로 보인다. 나미비아와 인도의 기본소득 실험에서는 작은 금액의 기본소득이 지급된 지역에서 고용이 증가하고 실업률이 감소했으며, 노동자의 지위가 향상되고 경제활동이 더 활발해지는 등의 효과가 나타났다.

1990년대 이래 여러 제3세계 국가들에서 시행된 조건부 및 무조건적 현금급여 프로그램들도 기본소득의 긍정적 효과에 대한 간접적 증거를 제공한다. 빈곤해소 프로그램에 대한 실험적 연구로 2019년도 노벨 경제학상을 수상한 바네르지와 뒤플로 부부(Banerjee and Duflo, 2011: 78-81)는 조건부 및 무조건 현금급여에 대해 무작위 대조실험(randomized controlled trial) 결과를 분석했다. 이들은 자녀 교육을 조건으로 자녀의 학교 출석 등을 모니터링하면서 빈곤 가구에 현금을 지급한 경우는 물론이고, 조건 없이 또는 모니터링 없이 현금을 지급한 경우에도 자녀의 학업성취 등에서 현저한 성과가 있는 것을 발견했다. 자녀 교육에 영향을 미친 주된 요인은 조건과 모니터링보다 현금 지급을 통한 소득의 향상에 있었던 것이다. 이들은 새 저서에서도 개발도상국들의 빈곤 완화 방안으로 낮은 수준의 보편적 기본소득(UUBI: ultra-basic universal basic income) 도입을 권고한다(Banerjee and Duflo, 2019). 인도처럼 가난한 나라들도 에너지 보조금과 같은 기존의 비효율적 프로그램들을 대체하면 낮은 수준(인도의 경우 GDP의 5% 수준)의 기본소득이 가능할 것으로 보이며, 소득불평등과 빈곤 완화는 물론이고 경제 활성화 등에 큰 효과가 있을 것으로 본다.[6]

사실 기본소득은 형평성을 강화하면서도 시장경제의 효율성을 해치지 않는다는 점이 큰 장점이다. 형평성을 강화하는 보편적 복지라는 점에서 좌파에게 매력적이며, 시장경제 효율성을 존중한다는 점에서 우파에게도 매력적인 방안이다. 기본소득의 사촌이라 할 수 있는 '부의 소득세'를 신자유주의의 거두인 밀턴 프리드먼(Friedman, 1962)이 주창했고 이후 케인스주의자인 제임스 토빈(Tobin et al., 1967)을 비롯해 수많은 경제학자들의 지지를 받았다. 복지국가 공격에 선봉을 섰던 찰스 머리(Murray, 2008) 같은 이들이 기본소득을 적극적으로 지지하고 복지국가의 대안으로 제시한다. 특히 한계 실효세율 100% 또는 그 이상의 기존 복지 프로그램의 맹점인 근로유인 저하를 막을 수 있다는 점에서, 또한 부분적으로 과잉복지와 과잉보험의 도덕적 해이 조장 등 경제적 인센티브를 왜곡하는 것을 방지한다는 점에서도 주류 경제학자들의 지지를 받는다. 기본소득이 기존의 좌우 이념 대립을 넘어서서 '좌-우의 대타협'을 가능하게 할지도 모른다(Murray, 2008).

이처럼 기본소득은 근로의욕을 저하시킬 위험성이 크지 않고 오히려 기존 복지제도에 비해 근로의욕을 고취시키고, 임금노동 외에 돌봄노동과 자원봉사, 예술 활동, 창업 등 사회적으로 유익한 활동을 고무해 경제적 효율성을 증진시킬 것이라는 점에서 좌우파 경제학자들의 폭넓은 지지를 받고 있다. 그럼에도 기본소득이 일부에게는 임금노동뿐 아니라 사회적 가치가 있는 어떠한 활동도 하지 않고 무위도식하도록 만든다는 우려가 불식되

---

6 바네르지와 뒤플로(Banerjee and Duflo, 2019)는 미국과 같은 선진 복지국가에 기본소득을 도입하는 것에 대해서는 회의적이다. 그러나 이들의 연구 대상인 제3세계 빈국에 대해서는 낮은 수준의 기본소득 도입이 기존의 빈곤 해소 프로그램들보다 훨씬 더 효과적일 것임을 강조한다.

는 것은 아니다. 특히 높은 수준의 기본소득을 제공해 소득효과가 커질수록 이러한 우려는 커질 것이고, 이는 열심히 일한 사람들의 성과를 무임승차로 가로채는 불공정한 행위로 보일 수 있다. 앳킨슨이 질병이나 장애를 가진 경우를 제외하고는 자원봉사, 돌봄노동, 예술 활동 등 최소한도의 사회적 기여를 조건으로 하는 참여소득(participation income)을 제안한 것은 바로 이 때문이다.

참여소득의 난점은 모니터링에 있다. 사람들이 돌봄노동이나 자원봉사, 예술 활동 등을 했는지 확인하려면 행정 인력과 비용은 물론이고 그 과정에서 많은 문제가 발생할 것이다. 이에 필자는 다른 방식으로 무임승차의 문제를 해결할 것을 제안한다. 기본소득을 시민적 기본권으로 부여하되 납세의무를 다하는 것을 조건으로 하자는 것이다. 간접세는 누구나 소비생활 과정에서 납부하므로 여기서의 의무는 소득세, 재산세 등 직접세 납부를 말한다. 현재 소득과 재산이 없는 경우에는 낼 세금도 없겠지만, 언젠가 소득이나 재산이 발생할 때는 세금을 낼 것을 약속하는 것이다.

다음으로 기본소득을 분배정의라는 차원에서 정당화할 수 있는 것은 공유자원 또는 공유부에서 발생한 수익의 평등분배이다. 분배정의의 세 가지 관념으로 평등·필요·기여(공적)에 따른 분배를 생각할 때(Miller, 1992), 자본주의 시장경제는 기여에 따른 분배의 한 메커니즘으로 이해된다. 그러나 개인적 기여는 측정이 어렵고, 토지·환경·지하자원 등 공유자원으로부터의 수익이나 과거부터 오늘에 이르기까지 수많은 사람들에 의해 축적되어 온 지식 및 정보에 기반을 둔 새로운 발명과 혁신에 따른 생산성 향상을 누구에게 얼마나 귀속시킬 것인가 또한 어려운 문제이다. 특히 4차 산업혁명의 도래는 시장경제 논리에 따른 보상체계의 한계를 극명하게 노정하며, 그 과실(果實)이 공유자산 형성과 네트워크 효과에 기여한 수많은 사람들은 배제된 채 이를 독점적으로 이용하는 소수에게 집중되는 것은 불합리하다는 점에서 공유자산 배당 논리가 설득력을 얻고 있다(금민, 2017; 강남훈, 2019).

따라서 평등과 필요에 따른 분배의 몫을 사회적으로 합의하는 것이 필요하다. 평등분배에 따른 기본소득과 필요에 따른 장애수당·상병수당 등을 적절한 규모로 합의하는 것이다. 한편 기여에 따른 분배의 몫을 과도하게 축소하는 것은 경제성장을 저해할 수 있으므로, 효율성과 형평성을 동시에 고려해야 한다. 따라서 기여에 따른 분배의 몫을 시장경제 메커니즘에 맡겨 경제적 효율성을 기하면서도 필요 이외에 평등분배의 몫을 일정 수준으로 유지하는 방안으로서 기본소득이 유효한 대안이 될 수 있다.

7. 생애맞춤형 전국민기본소득제 도입의 필요성

그러면 한국에서 보편적 기본소득을 도입한다면 어떤 형태로 어느 정도의 수준이 적합할 것인가? 필자는 GDP 10% 규모의 '생애맞춤형 전국민기본소득제' 도입을 제안한다. 전 국민에게 납세의무와 기본소득 수급권을 연동시키되 기본소득 금액은 생애주기에 따라 차등을 두어 생애맞춤형으로 설계하는 것이다.

먼저 전국민기본소득제는 기본소득이란 국민의 기본권이며 동시에 모든 국민에게 납세의 기본적 의무를 부과한다는 뜻을 함축한다. 즉 모든 국민이 공유자원으로부터 나오는 소득의 일정한 몫을 나누어 가질 권리가 있다는 점에서 정당성을 가지며, 이는 소득세 납부 의무를 전제로 함으로써 그 누구도 무임승차를 할 수 없도록 하는 것이다. 이를 위해서는 현재의 분리과세와 분류과세 제도들을 폐지하고, 모든 성인의 포괄적 소득에 대한 종합소득 신고를 의무화할 필요가 있다고 본다.

앞에서 GDP의 10% 정도의 기본소득은 역진적 조세지출 4%, 기존 복지지출 중 2%, 기타 재정지출 중 1%, 기본소득 과세 2%와 토지보유세 1~2%, 부유세 1% 등으로 어렵지 않게 마련할 수 있음을 보았다. 따라서 전 국민

기본소득을 처음 도입할 때의 적정 수준으로는 1인당 GDP의 10% 수준인 월 30만 원을 기준으로 연령에 따라 약간의 차등을 두어 지급할 것을 제안한다. 이는 강남훈(2019)의 월 30~40만 원안,[7] 민간 독립연구소인 랩2050(이원재 외, 2019)의 6개안 중 2021년 도입 시 월 30~40만 원안과 같은 수준이다.[8] 김교성 외(2018: 335)는 한국형 완전기본소득으로 2017년도의 1인가구 생계급여(495,879원) 또는 중위소득 30%에 해당하는 월 50만 원을 제안했지만, 연간 305조 원의 예산을 충당하는 것이 가까운 시일 내에는 어렵다는 점을 인정했다. 한국리서치가 2019년 초에 실시한 여론조사에서 응답자 다수가 기본소득의 적정 수준으로 월 10~30만 원과 30~50만 원을 선택했으며(정한울, 2019), 경기도민의 선호도 조사를 이용해 유영성·마주영(2020)이 추정한 기본소득 적정 금액이 최소 14만 원, 최대 42만 원으로 나온 것도 30만 원 수준의 적정성을 뒷받침한다.

GDP의 10% 규모의 기본소득을 도입하고 현재 GDP의 12% 수준인 복지지출의 일부(GDP의 2% 정도)를 대체하면, 한국의 복지지출이 GDP의 20% 수준으로 올라가 OECD 국가들의 평균인 GDP의 21%에 근접하게 된다. 기본소득의 과세소득화로 GDP의 2% 정도를 환수하면, 기본소득의 순 비용은

---

7 강남훈(2019: 172~173)은 기존 소득세와 별도로 모든 소득에 10% 정률 과세하는 시민소득세로 120조 원, 토지보유세와 환경세 각 30조 원으로 총180조 원의 재원을 마련하여 시민배당, 토지배당, 환경배당을 합한 월 30만 원의 기본소득을 전 국민에게 지급할 것을 제안한다. 여기에 근로소득세의 역진적 조세감면 60조 원을 더하면 월 40만 원의 전 국민 기본소득이 가능하다고 주장한다.

8 이원재 외(2019)는 2021년부터 월 30만 원 내지 40만 원, 2023년부터 월 35만 원 내지 45만 원, 2028년부터 월 50만 원 내지 60만 원의 전국민기본소득제를 제안하며, 구체적인 재원 마련 방안을 제시한다. 월 30만 원의 기본소득을 위한 소요예산 187조 원은 소득세제 비과세 감면 정비(명목세율은 3% 인하) 56.2조 원, 기본소득 과세 15.1조 원, 탈루소득 과세 11.6조 원, 일부 복지정책 대체 31.9조 원, 소득보전 성격의 조세지출(EITC 등) 정비 18.3조 원, 기금 및 특별회계 정비 8조 원, 지방재정 지출 조정 6조 원, 융자사업의 이차보전 전환 15조 원, 재정증가분의 일부 활용 9조 원, 지방정부 세계잉여금 활용 16조 원을 합한 187.1조 원으로 충당한다.

〈표 2-3〉 2018년 가구주 연령별 월평균 가구 소득

(단위: 만 원)

30세 미만	30~39세	40~49세	50~59세	60~64세	65~69세	70~74세	75~79세	80세 이상
310	499	619	617	478	362	273	183	151

자료: 통계청 가계금융복지조사(2019).

GDP의 6% 정도로 낮아지며, 이는 한국의 순 복지지출이 GDP의 18% 수준에 이르게 됨을 의미한다. 이 중 GDP의 4% 정도를 역진적 조세지출의 폐지로, GDP의 1% 정도를 기존 재정지출 중 중복적·비효율적·낭비적인 부분을 절감해 대체하면 명목상으로는 조세부담율이 6% 증가하지만, 실질적으로 GDP 1% 정도의 증세만으로도 GDP 10% 수준의 기본소득을 실시할 수 있다.

전국민기본소득제를 도입하되 이를 생애주기에 따라 차등 지급하는 '생애맞춤형'으로 하는 것이 바람직하다. 생애주기에 따라 평균적인 소득과 빈곤율 및 빈곤갭 등에 차이가 있으므로, 이를 고려해 기본소득 지급액에 차등을 둘 필요가 있다. 가구주 연령별로 월평균 가구소득(〈표 2-3〉)을 보면, 30세 미만의 청년 가구주와 60세 이상의 노인 가구주의 경우 가구소득이 30~50대 가구주에 비해 현저히 낮으며, 노인 가운데서도 연령에 따른 차이가 크게 나타난다(2019년도 가계금융복지조사 원자료 분석 결과).

이러한 사정을 고려하여 전 국민에게 월 평균 30만 원의 기본소득을 지급할 경우 6~18세 아동과 30~59세의 성인에게는 20만 원, 0~5세 유아와 19~29세 청년 및 60~64세는 30만 원, 65~74세는 40만 원, 75세 이상은 50만 원 수준으로 차등을 둘 수 있을 것이다. 이는 분배정의의 세 가지 기준 중에서 평등을 기본으로 하되, 필요의 기준을 가미한 것이다. 이처럼 연령별 차등지급 시 소요재정(2023년, 167.5조 원)은 전 국민에게 월 30만 원을 지급할 때(2023년, 186.7조 원)보다 작으며 통계청(2019)의 장래인구 특별추계에 따라 2067년까지 추계를 해봐도 소요재정이 안정적이다(〈표 2-4〉). 고령화

〈표 2-4〉 전 국민 월 30만 원과 연령별 차등지급 시
장래 인구 특별추계에 따른 연도별 소요재정

(단위: 조 원)

연도	2023	2025	2030	2040	2050	2060	2067
전 국민 월 30만 원	186.7	186.9	186.9	183.1	171.9	154.2	141.5
연령별 차등 지급	167.5	169.7	176.1	186.1	184.1	172.1	160.0

와 인구 감소가 각각 소요재정의 증가와 감소를 초래해 2040년에 186.1조 원으로 최고에 달했다가 이후 조금씩 감소한다. 생애맞춤형 전국민기본소득제가 재정적 지속가능성을 장기적으로 지닐 수 있음을 보여준다.

설명한 바와 같이 GDP 10% 정도의 수준에서 생애맞춤형 전국민기본소득제를 도입한 후 기본소득의 효과가 입증되면 국민적 합의에 따라 기본소득 수준을 점차 GDP의 15% 수준으로 높여나갈 수 있을 것이다. 나아가서 4차 산업혁명의 진전에 따라 일자리 감소와 소득불평등이 더욱 심화되면 GDP의 25% 수준까지 높이는 것이 가능할지도 모른다. 부자에게서 빼앗아 빈자에게 나눠주는 개념이 아닌 보편적 부담에 근거한 보편적 소득보장인 기본소득은 일단 도입되면 국민적 지지가 더욱 높아져 안정적으로 발전할 것으로 전망된다. 또한 소득불평등과 소득의 상위 집중이 심할수록, 그리고 소득세의 누진성이 강할수록 중위소득자는 물론이고 평균소득자 이상에 이르기까지 다수가 순 수혜자가 되기 때문에 경제적 효율성을 해치지 않는 수준에 도달할 때까지 확대될 가능성이 크다.

기본소득의 수준을 높이는 데 필요한 재원은 토지보유세의 강화, 주식양도차익 과세의 강화, 환경세·디지털세·부유세 등의 신설, 소득세 최고세율과 부가가치세율의 인상 등으로 마련할 수 있다.

강남훈(2019: 166~170)은 기존의 부동산 세제를 유지한 채 전국의 모든 토지에 대해 공시지가를 과세표준으로 하여 0.55%의 단일세율로 토지보유

세를 부과해 마련되는 30조 원을 통해 토지배당을 할 것을 제안한다. 토지보유세는 부동산 투기 억제와 지가 안정에 기여할 수 있고, 조세에 의해 공급량이 변하지 않아 경제적 효율성을 해치지 않으며, 공유자원의 수익을 평등하게 나눈다는 점에서 기본소득의 재원으로 바람직하다(전강수 외, 2018).

또 강남훈(2019)은 미세먼지 배출 원인인 화석연료 사용에 부과하는 미세먼지세와 원자력발전 폐기물 처리 비용을 위한 방사능폐기물 보관세 등 환경세를 부과해 30조 원의 추가 재원으로 환경배당을 하자고 제안한다. 최근 미국의 저명 경제학자들이 기후변화의 주범인 온실가스와 미세먼지의 유효한 대책이 될 수 있는 탄소세 도입과 세수를 모든 미국시민에게 동일한 금액으로 돌려주는 탄소배당(carbon dividends)을 제안했는데, 이와 같은 취지이다. 탄소배당 성명에 참여한 경제학자 중에는 27명의 노벨 경제학상 수상자, 4명의 전직 연방준비위원회 의장, 15명의 경제자문위원회 위원장, 2명의 전직 재무부장관 등이 포함되어 있다.

소득불평등보다도 자산불평등 특히 금융자산의 불평등이 극심하고(김낙년, 2019), 이는 세습 자본주의를 낳아 기회균등을 파괴하므로, 현행 종합부동산세에 금융자산을 포함하여 부유세로의 개편을 적극 검토해야 한다. 이와 관련해 미국의 부유세 논의를 참고할 필요가 있다(Saez & Zucman, 2019).

부가가치세는 그 자체만으로는 역진적 성격이 약간 있지만, 이를 재원으로 기본소득을 실시하면 상당한 소득재분배 효과를 볼 수 있다. 최근 미국 민주당 대선후보 경선에서 10%의 부가가치세와 기존 복지프로그램의 일부 대체를 통해 연 1만 달러의 기본소득을 모든 성인에게 지급하자는 앤드루 양(Andrew Yang)의 공약을 부시 행정부하에서 경제자문위원장을 지낸 그레고리 맨큐(Gregory Mankiw)가 적극 지지하고 있다(Mankiw, 2019). 다만 한국은 소득세 실효세율이 매우 낮은 편이기 때문에 소득세와 같은 직접세에 우선순위를 두고, 장차 기본소득의 수준을 높여간다면, 부가가치세 인상도 적극 고려할 수 있을 것이다.

이원재 외(2019)의 기본소득 재원 중 눈에 띄는 것은 재정증가분의 일부 활용이다. 한국의 예산구조는 아직도 개발독재 시대의 경제 우선 패러다임을 완전히 벗어나지 못하고 있는데, 선진 복지국가들처럼 재정 대부분을 복지에 투입하는 재정 구조조정을 추진해야 할 것이다. 한국의 복지지출이 낮은 것은 조세부담율과 국민부담률이 낮아 재정 규모 자체가 작기도 하지만, 복지지출이 국민 부담에서 차지하는 비율이 2015년 기준 40.6%로서 OECD 평균인 56.4%의 72%에 불과하다(보건복지부, 2019). 따라서 랩2050의 제안대로 매년 복지 외의 부문에 대한 예산 증가를 억제하고 비효율적이고 중복적인 사업들을 정비해 나가면서 재정 증가분 중 재량지출 대부분과 의무복지지출 일부분을 기본소득 재원으로 활용하면 기본소득의 수준을 꾸준히 높여나갈 수 있다.

강남훈(2019)과 이원재 외(2019)는 월 30만 원이라는 낮은 수준의 전 국민 기본소득으로도 상당히 큰 소득재분배 효과를 거둘 수 있음을 보여준다. 강남훈(2019: 172~173)이 모든 소득에 10% 정률 과세하는 시민소득세로 120조 원, 토지보유세와 환경세 각 30조 원으로 시민배당·토지배당·환경배당을 합한 월 30만 원의 기본소득을 전 국민에게 지급할 때 통계청의 2016년 가계금융복지조사를 기준으로 시뮬레이션을 해본 결과 전체 가구의 82%가 순 수혜 가구가 되고 상위 18%만이 순 부담 가구가 되는 것으로 나타났다.

이원재 외(2019)는 통계청의 가계동향조사 2019년도 1분기 자료를 바탕으로 시뮬레이션을 해본 결과 월 30만 원의 전국민기본소득제를 실시할 경우 지니계수는 현재의 0.3243에서 0.2304로, 5분위 배율은 5.912에서 3.491로 낮아질 것으로 추정했다. 상대적 빈곤율은 0.153에서 0.147로 감소폭이 크지 않으나, 빈곤갭은 0.0606에서 0.0216으로 크게 개선되는 것으로 나타났다. 만일 전 국민에게 일률적인 30만 원이 아니라 생애맞춤형으로 빈곤이 집중된 노인들에게 더 큰 금액을 지급한다면, 소득불평등은 물론이고 빈곤율과 빈곤갭이 모두 크게 개선될 것이다.[9]

8. 결론: 생애맞춤형 전국민기본소득제 실시를 위해

문재인 대통령은 후보 시절 '생애맞춤형 기본소득 보장제' 실시를 공약한 바 있다. 보편적인 아동수당 이외에는 청년구직수당, 출산지원금, 기초연금 확대 등 내용상 기본소득이라고 보기 어려운 공약이었다. 그러나 문재인 정부가 남은 임기 중 아동, 청년, 노인에 대한 기본소득을 명실상부하게 제대로 실시하면 '생애맞춤형 전국민기본소득제'로 나아가는 발판이 될 수 있다. 그동안 중앙정부가 만 7세 미만에 대해 월 10만 원의 보편적 아동수당을 도입한 것 외에 경기도에서 24세 청년에 국한해 작은 금액이긴 하지만 연 100만 원의 보편적인 청년기본소득을 실시하고 있고(유영성, 2019), 참여소득의 일종이라고 할 수 있는 농민수당이 여러 지방정부에서 도입되고 있다(김용렬 외, 2018). 생애맞춤형 기본소득 공약을 명실상부하게 시행한다면 아동수당 지급기간의 확대(가령 만 18세까지)와 수당의 인상, 기초연금의 인상과 보편화, 청년수당과 농민/농촌수당 등의 전국적 차원에서의 도입을 실시할 수 있을 것이다.

노인빈곤의 심각성에 비추어 현행 기초연금을 연령에 따라 월 40~50만 원 수준의 노인기본소득으로 시급히 개편할 필요가 있다. 특히 빈곤의 정도가 심한 75세 이상에 대해서는 50만 원 수준의 보편적 기본소득 지급과

---

9 이 장에서는 생애맞춤형 전국민기본소득제의 소득재분배 효과에 대한 시뮬레이션 분석은 수행하지 않았다. 이는 추후의 연구과제로 남겨둔다.

과세소득화가 필요하다고 본다. 여기에는 국민연금과 직역연금 등 공적연금 개혁이 수반되어야 하며, 국민연금의 소득재분배 부분은 기초연금(노인기본소득)으로 흡수해 기초연금의 소득대체율을 25% 이상 수준으로 높일 필요가 있다고 본다.

아동수당의 확대에는 양육수당의 흡수와 보육료 지원예산의 일부 흡수가 고려될 수 있다. 0~1세 영아에 대한 보육료 전액 지원은 복지선진국에서도 유례가 없을 뿐만 아니라 유아를 부모의 품에서 보육시설로 내모는 데 인센티브를 준다는 것이므로, 육아휴직 지원과 아동수당 확대를 위한 예산으로 개편하는 것이 바람직하다고 본다. 조희연 교육감(2019)이 언급한 파편화되고 중복된 각종 교육복지 프로그램 예산도 아동수당 대상 연령의 확대에 사용될 수 있을 것이다.

청년에 대해서는 각 지방자치단체가 경기도형의 청년기본소득과 서울시형의 청년구직수당 중에서 선택하도록 하고 중앙정부가 예산을 지원하는 방안도 좋다고 본다. 이는 향후 두 가지 다른 정책의 효과를 비교 평가할 수 있는 자연적 실험 기회를 제공할 것이다.

생애주기에 따른 연령별 차등지급과 함께 농민·농촌수당과 같이 필요에 따른 요구도 일정하게 수용하는 것이 바람직하다고 본다. 농민수당은 참여소득의 일종이라고 볼 수 있는데, 연 15조 원 규모의 농축수산 예산 중 2~3조 원에 달하는 직불제 예산과 농업생산력 향상이나 농민생활 개선과 별 관계없는 비효율적인 예산을 절감하면 월 10만 원 정도의 농민수당 재원은 충분히 조달하고도 남는다(농업인구 230만 명×120만 원 = 2조 7600억 원). 현재 경작면적에 따라 대농에게 유리하게 지급되는 직불금은 0.5ha 미만의 소농에게는 농업소득의 3%(연평균 7만 7000원), 0.5 - 1ha의 소농에게는 농업소득의 5.6%(연평균 35만 7000원)에 불과하나 10ha 이상의 대농에게는 농업소득의 32.5%(연평균 1055만 1000원)에 해당하는 큰 금액이어서 농가소득의 불평등을 확대하는 역할을 하고 있다(김용렬 외, 2018). 또한, 인구 감소로

소멸 위기에 처한 농촌지역의 지방정부 예산이 해당 지역 인구 1인당 2000만 원이 넘는 곳도 있고, 1500만 원이 넘는 곳이 많은데(이원재, 2019: 250), 이 예산 중 일부를 사용해 농촌 주민들에게 조건 없이 월 10만 원의 농촌수당을 지급하면 농촌지역의 소멸을 막고 경제 활력을 키우는 데 효과가 있을 것이다.

이상과 같은 생애맞춤형 부분 기본소득과 농민·농촌수당 등을 문재인 정부 후반기에 실시하면, 이는 차기 정부에서 생애맞춤형 전국민기본소득제를 도입하는 데 좋은 발판을 쌓는 셈이다. 또한 전국민기본소득제와 기존 사회보장제도 강화를 비교하는 2~3년간의 정책실험을 할 수도 있을 것이다. 가령, 기초생활보장제도에 부양의무자 기준을 전면 폐지하고 재산기준을 대폭 완화하는 안과 기본소득안을 비교실험 해볼 수 있을 것이며, 청년기본소득과 청년구직수당의 비교실험도 향후 정책 논의에 유용한 정보를 제공할 것이다.

생애맞춤형 전국민기본소득제의 도입 여부를 결정하기 전에 정책실험이 반드시 필요하지는 않다고 본다. 1인당 GDP의 10% 수준의 낮은 기본소득이 소득효과로 인해 노동 유인을 줄여 경제에 부정적 효과를 미칠 가능성은 무시해도 좋다. 복지효과와 행정비용 감소 등 긍정적 효과가 나타날 것은 명백하기 때문이다. 또한 기존 제도 또는 다른 정책과 소득재분배 효과를 비교하는 것은 굳이 정책실험을 하지 않더라도 조세-급여 마이크로 시뮬레이션을 통해 추정할 수 있다. 다만, 정교한 조세-급여 모의실험을 위해서는 그동안 국내 연구자들이 활용해 온 재정 패널이나 가계동향조사 등의 자료는 샘플의 대표성이나 소득 및 세금 정보의 정확성 등에 결함이 크다는 점을 고려해야 한다. 가계금융복지조사가 상대적으로 샘플로서 대표성이 높은 데다 국세청 등 행정자료로 소득 정보를 보완해 정확도를 높이긴 했지만, 세금과 복지급여에 대한 자세한 변수가 없어 정교한 조세-급여 모델을 구축하기가 곤란하다. 따라서 전 국민 기반 소득, 자산, 세금, 복지급여 등에 대한 행정 빅데이터의 통합 구축이 이루어지고, 이를 토대로 조세와 복지정책의 효과를 쉽게 시뮬레이션할 수 있는 조세-급여 모델을 정부 차원에서 구축해야 한다(유종성, 2019).

생애맞춤형 전국민기본소득제가 본격적으로 논의될 때 우려되는 점은 세금 폭탄 등의 논리로 반대하는 의견이 나올 경우 구체적인 정보가 잘 전달되지 않으면 막연한 불안감에 제도의 순 수혜자들도 반대할 가능성이 있다는 점이다. 그런 점에서 가구유형별·소득계층별 시뮬레이션을 보여줄 필요가 있으며, 또한 각 개인과 가구에 제도 변화에 따른 수혜와 부담을 인터넷으로 쉽게 볼 수 있도록 해줘야 한다. 이를 위해 정부는 차세대 사회보장정보시스템 구축 작업에 각종 수급자 정보의 통합을 넘어서 '전 국민 등록 기반' 소득-자산 DB 구축이 포함되어야 하며, 이를 각종 행정자료 및 서베이 자료와 통합해 증거 기반 정책연구에 활용할 수 있도록 해야 한다. 또한 영국, 핀란드와 같이 실시간 소득 정보(real-time information) 시스템을 구축하며, 국세청의 홈택스 기능을 사회보장 프로그램에도 제공할 필요가 있다. 행정등록자료 통합에 비협조적인 국세청을 견인하기 위해 아예 북유럽 국가들처럼 모든 개인과 기업의 소득·자산·세금 정보를 투명하게 공개하는 방안을 논의할 필요가 있다. 적어도 '김영란법(부정청탁 및 금품등 수수의 금지에 관한 법률)' 대상자들의 정보를 공개해 투명한 사회를 만들고, 정부와 사회에 대한 신뢰를 높이도록 하는 것이 기본소득과 보편적 복지국가의 토대가 될 것이다(유종성, 2019).

참고문헌

강남훈. 2019.『기본소득의 경제학』. 박종철출판사.

강신욱. 2017.「한국 소득보장제도군의 효과성 평가」. ≪한국사회정책≫, 24(1). 213~237쪽.

국세청. 2018.『국세통계연보 2018』. 국세청.

______. 2019.「2017년 귀속 순수 일용근로자의 지급명세서」. 유승희 의원 요구자료.

국회예산정책처. 2019.『조세수첩』. 국회예산 정책처.

금민. 2017.「공유자산 배당으로서의 기본소득」. ≪Future Horizon≫, 34, 18~21쪽.

김교성 외. 2018.『기본소득이 온다: 분배에 대한 새로운 상상』. ㈜사회평론아카데미.

김낙년. 2016.「한국의 개인소득 분포: 소득세 자료에 의한 접근」. ≪한국경제의 분석≫, 22(3), 147~208쪽.

______. 2019.「우리나라 개인 자산 분포의 추정」. ≪경제사학≫, 43(3), 437~482쪽.

김도균. 2013.「한국의 재정복지와 '근로소득세 면세점 제도'에 관한 연구」. ≪사회보장연구≫, 29(4), 55~79쪽.

김수완. 2009.「노동시장 구조가 사회보험 배제에 영향을 미치는 메커니즘에 관한 연구」, ≪사회복지연구≫, 40(2), 253~283쪽.

김영순. 2010.「비정규직 여성노동자의 사회권을 통해 본 한국의 젠더체제」. ≪사회보장연구≫, 26(1), 261~287쪽.

김용렬 외. 2018.「기본소득제 논의 동향과 농업 부문 시사점」. 한국농촌경제연구원.

김유선. 2019.「비정규직 규모와 실태: 통계청 '경제활동인구조사 부가조사(2018.8)' 결과」. ≪노동사회≫, 204, 56~94쪽.

백승호. 2014.「서비스경제와 한국사회의 계급. 그리고 불안정 노동 분석」. ≪한국 사회정책≫, 21(2), 57~90쪽.

사회보장위원회. 2018.『통계로 보는 사회보장 2018』.

서정희·백승호. 2017.「제4차 산업혁명 시대의 사회보장 개혁: 플랫폼 노동에서의 사용종속관계와 기본소득」. ≪법과사회≫, 56, 113~152쪽.

______. 2014.「사회보험의 법적 사각지대: 임금근로자 적용제외 규정과 규모의 변화」. ≪노동정책연구≫, 14(3), 37~78쪽.

신우진·권혁진·류재린. 2016.「불안정 노동이 국민연금 노후소득 보장기능에 미치는 영향」. ≪사회보장연구≫, 32(1), 33~55쪽.

앳킨슨, 앤서니(Anthony B. Atkinson). 2015.『불평등을 넘어: 정의를 위해 무엇을 할 것인가』. 장경덕 옮김. 글항아리.

양재진. 2018.「기본소득은 미래 사회보장의 대안인가?」. ≪한국사회정책≫, 25(1), 45~70쪽.

유종성. 2018.「기본소득의 재정적 실현가능성과 재분배효과에 대한 고찰」. ≪한국사회정책≫, 25(3), 3~35쪽.

______. 2019.「복지국가를 위한 행정 빅데이터 구축과 조세정보 공개의 필요성」. ≪월간 복

지동향≫, 9월호.
______. 2019.「북유럽 복지국가의 진짜 비결은 '소득공개」. ≪Lab2050≫, 6월.
______. 2019.2.25.「핀란드 기본소득 실험, 웰빙 효과, 고용 효과 나타났다」. ≪프레시안≫.
유영성·마주영. 2020.「경기도 적정 기본소득액 추정」. 유영성 외.『모두의 경제적 자유를 위한 기본소득』. 다할미디어.
이승윤·백승호·김윤영. 2017.『한국의 불안정 노동자』. 후마니타스.
______. 2019.「한국 이중노동시장과 노후소득보장제도의 이중화: 공적연금개혁안 시뮬레이션 분석」. ≪비판사회정책≫, 63, 193~232쪽.
이원재 외. 2019.「국민기본소득제: 2021년부터 재정적으로 실현가능한 모델 제안」. ≪LAB 2050 솔루션≫, 2050-04. http://www.lab2050.org/#doz_menu_34.
이원재. 2019.『소득의 미래』. 어크로스.
이철승. 2017.「결합노동시장지위와 임금불평등의 확대, 2004~2015년」. ≪경제와사회≫, 115, 103~144쪽.
이현주. 2019.「소득격차와 사회정책 과제」. ≪보건복지포럼≫, 2019.4.
이호연·양재진. 2017.「한국의 불안정 노동자는 누구인가?: 퍼지셋 분석을 통해 본 한국 노동시장의 내부자와 외부자」. ≪한국사회보장학회 정기학술발표논문집≫, 2017-1, 69~100쪽.
전강수·남기업·강남훈·이진수. 2018.「국토보유세, 부동산 불평등 해결의 열쇠」김윤상 외 엮음.『헨리 조지와 지대개혁』. 경북대학교 출판부, 219~232쪽.
전병유·황인도·박광용. 2018.「노동시장의 이중구조와 정책대응: 해외사례 및 시사점」. ≪BOK(한국은행) 경제연구≫, 40, 1~52쪽.
정이환. 2013.『한국고용체제론』. 후마니타스.
정한울. 2019.「보편적 기본소득제에 대한 한국인의 정책선호: 웹 서베이 실험을 통한 프레임 효과 분석」. ≪비교민주주의연구≫, 15(1), 31~69쪽.
조희연. 2019.5.22. "기본소득형 사회복지체계를 상상하고 중장기적인 로드맵을 만들어보자!" ≪뉴시스≫. http://www.newsis.com/view/?id=NISX20190522_0000658596&cID=11011&pID=16000(검색일: 2020.1.20).
최영준. 2014.「한국 복지국가 적정성과 부담가능성의 조화」. ≪비판사회정책≫, 44, 202~245쪽.
통계청. 2019. 가계동향조사 마이크로데이터(2018년 4/4분기).
홍민기. 2019.「2017년까지의 최상위 소득비중」. ≪한국노동리뷰≫, 167, 63~65쪽.

Banerjee, Abhijit and Esther Duflo. 2011. *Poor Economics: A Radical Rethinking of the Way to Fight Global Poverty*. New York: Public Affairs.
______. 2019. *Good Economics for Hard Times: Better Answers to Our Biggest Problems*. Public Affairs.
Emmenegger. P., Häusermann. S., Palier. B. & Seelieb-Kaiser. M. (eds.). 2012. *The age of*

dualization: The changing face of inequality in deindustrializing societies. New York: Oxford University Press.

Forget, Evelyn L. 2011. "The Town with No Poverty: The Health Effects of a Canadian Guaranteed Annual Income Field Experiment." *Canadian Public Policy*, 37(3), pp.283~305.

Friedman, Milton. 1962. *Capitalism and Freedom*. Chicago: Chicago University Press.

Howard, Christopher. 1999. *The Hidden Welfare State: Tax Expenditures and Social Policy in the United States*. Princeton University Press.

Hum, Derek and Wayne Simpson. 1993. "Economic Response to a Guaranteed Annual Income: Experience from Canada and the United States." *Journal of Labor Economics*, 11(1), pp.263~296.

Kim, Hak-Jae. 2016. "Three Dualization Processes in Korea: The Labor Market, Welfare Policy, and Political Representation." *DEVELOPMENT AND SOCIETY*, Vol. 45, No. 2, 2016, pp.297~326.

Kim, Hyun Koung. 2017. "From a dualized labor market to a dualized welfare state: Employment insecurity and welfare state development in South Korea." *International Area Studies Review*, 20(1), pp.76~93.

Kobayashi, Hayato. 2014. "The Future of Public Assistance Reform in Japan: Workfare versus Basic Income?" in Y. Vanderborght and T. Yamamori(eds.). *Basic Income in Japan*. New York, NY: Palgrave and Macmillan, pp.83~100.

Mankiw, N. Gregory. 2019.9.27. "Yang vs. Warren: Who Has the Better Tax Plan?" *The New York Times*, https://www.nytimes.com/2019/09/27/business/yang-warren-taxes-mankiw.html.

Marinescu, Ioana. 2018. "No Strings Attached: The Behavioral Effects of U.S. Unconditional Cash Transfer Programs." *NBER Working Paper*, No. 24337.

Miller, David. 1992. "Distributive Justice: What the People Think." *Ethics*, 102(3), pp.555~593.

Moffit, Robert A. 1981. "The Negative Income Tax: Would It Discourage Work?" *Monthly Labor Review*, April 1981, pp.23~27.

Murray, Charles. 2008. "Guaranteed Income as a Replacement for the Welfare State." *Basic Income Studies*, 3(2).

OECD. 2017. "Basic Income as a policy option: Can it add up?". *OECD Policy Brief on The Future of Work*, May.

Robins, Philip K. 1985. "A Comparison of the Labor Supply Findings from the Four Negative Income Tax Experiments." *The Journal of Human Resources*, 20(4), pp.567~582.

Roosma, Femke and Wim van Oorschot. 2019. "Public opinion on basic income: Mapping European support for a radical alternative for welfare provision." *Journal of European Social Policy*, published online(November).

Rothstein, Bo. 1998. *Just Institutions Matter: The Moral and Political Logic of the Universal Welfare State*. Cambridge University Press.

______. 2017. "UBI: A Bad Idea for the Welfare State." *Social Europe*. 23.

Standing, Guy. 2017. *Basic Income: A Guide for the Open-Minded*. New Haven and London: Yale University Press.

Tobin, James, Joseph A. Pechman and Peter M. Mieszkowski. 1967. "Is a Negative Income Tax Practical?" *The Yale Law Journal*. 77(1), pp.1~27.

Torry, Malcolm. 2016. *The Feasibility of Citizen's Income*. New York: Palgrave Macmillan

Van Parijs, P. & Vanderborght. Y. 2017. *Basic income: A radical proposal for a free society and a sane economy*. Cambridge: Harvard University Press.

You, Jong-sung. 2019. "Unpublished evidence for employment effect in the Finnish basic income experiment." Presented at the 2019 World Basic Income Congress, Hyderabad, India.

제3장

한국 복지체제의 유산과 소득주도성장

윤홍식 | 인하대학교 사회복지학과 교수

1. 문제 제기

외환위기는 한국 복지체제의 모습을 근본적으로 바꾸어놓았다. 1960년대 산업화 이래 고도성장을 구가했던 한국경제의 성장률은 1997년 외환위기 이전 10년(1988~1997) 동안 연평균 8.5%에서 이명박 정부와 박근혜 정부 9년(2008~2016) 동안 3.0%로 급락했다(통계청, 2017a). 외환위기 이후 분명해진 성장률의 경향적 저하는 한국 사회에서 경제성장이 만든 일자리가 공적 복지를 대신하는 개발국가 복지체제가 더는 유지될 수 없다는 것을 의미했다. 당황스러운 현실은 신자유주의 담론과 달리 1997년 외환위기 이래 시장에 대한 규제를 완화하고, 실질임금 증가율을 노동생산성 증가율보다 낮게 유지했으며, 대규모 감세와 사회지출을 낮은 수준으로 유지했는데도 경제성장률은 계속 낮아졌다는 것이다. 1997년 외환위기 이래 공적 복지를

* 이 장은 윤홍식, 「소득주도성장과 한국 복지체제의 유산」, ≪한국사회정책≫, 25(2)(2018)를 수정·보완했다. 소득주도성장은 대체로 임금주도성장을 의미한다. 본래 임금주도성장과 한국에서 사용하는 소득주도성장은 구분해야 하지만, 이 장에서는 소득주도성장을 임금주도성장의 한국 버전으로 간주해 접근했다.

확대해 내수를 진작하고 불평등을 완화하기 위한 시도가 있었지만, 역설적이게도 불평등은 증가했고 경제성장이 점점 더 국내 소비와 무관해지면서 한국 사회는 해외시장에 의존하는 체제가 되어갔다. 실제로 민간소비의 GDP 성장률에 대한 기여도는 노태우 정부 시기 6.06%에서 이명박 정부 시기 1.70%로 급감했다. 반면 순수출의 기여도는 같은 기간 -1.85%에서 1.18%로 증가했다. 낮은 경제성장률이 수출을 통해 겨우 유지되는 상황이었다.

지난 20년 동안 지속된 이러한 신자유주의 전략이 한국 사회가 직면한 문제를 해결하는 데 실패하자 소득주도성장이 대안적 전략으로 주목받고 있는 것이 현재 상황이다. 특히 보수정부에 이어 집권한 문재인 정부가 소득주도성장을 국정운영의 핵심 전략으로 선언하면서 소득주도성장을 둘러싼 논의가 확산되고 있다. 소득주도성장의 핵심 주장은 한국의 성장체제는 이윤이 아닌 노동소득과 정의 관계를 갖는 소득주도형 성장체제이기 때문에 성장을 위해서는 노동소득을 늘려야 한다는 것이다(Lavoie and Stockhammer, 2013). 이는 공급을 중시하는 주류 경제학의 논리와 배치되는 주장이다.[1] 하지만 한국 사회에서 임금소득과 사회지출을 높여 기능적 소득분배를 개선하는 것이 경제성장으로 이어질지는 간단한 문제가 아니다.

한국경제와 같은 수출독주체제에서 임금 상승과 사회지출의 증가는 수출기업의 비용 상승으로 이어져 가뜩이나 어려운 경제를 더 어렵게 만들 수도 있고, 늘어난 소득이 소비가 아닌 자산구매와 부채상환에 쓰인다면 소득주도성장에서 주장하는 소득 증가와 소비 증가의 선순환에 기초한 성장기제가 작동하지 않을 가능성도 높다. 더욱이 공적 복지가 취약한 한국 복지체제에서 사회적 위험에 대한 대응 주체가 개인과 가족이었다는 점을 고려하면 늘어난 소득이 소비로 이어진다는 가정은 검증이 필요하다(윤홍

1 주류 경제학에서는 노동소득분배율이 일정하다고 간주하기 때문에 노동소득분배율은 성장과 무관한 것으로 가정되었다.

식, 2017a). 결국 가구의 가처분소득의 상승(임금 상승과 사회지출 증가)이 현실 경제와 어떤 관계를 가질지는 해당 사회의 정치경제적 조건에 따라 상이하게 나타날 수 있다. 또한 성공적인 소득주도성장의 실현이 적극적인 사회정책(공적 인프라)의 확대, 노동의 교섭력 등과 밀접히 연관되어 있다는 점을 고려했을 때 한국 사회에서 소득주도성장 전략의 성공 여부는 한국 복지체제의 성격에 좌우된다고 할 수 있다.

이 장에서는 이와 같은 문제의식에 기초해 문재인 정부의 국정운영 기조로 알려진 소득주도성장 전략을 한국 복지체제의 관점에서 검토했다. 먼저 2절에서는 소득주도성장 전략의 주요 내용에 대해 살펴보았다. 이어 소득주도성장을 둘러싼 주요 쟁점과 한국 복지체제에서 소득주도성장 전략을 실행하면서 해결해야 할 과제들을 정리했다. 마지막으로 한국 복지체제의 관점에서 소득주도성장 전략의 함의를 개략했다.

2. 소득주도성장 전략

1) 자본주의 위기와 소득주도성장 전략의 지위

소득주도성장 전략에 대한 논의에 앞서 우리가 왜 소득주도성장을 주목해야 하는지 이해할 필요가 있다. 1970년대 자본주의가 직면한 위기에 대해 케인스주의가 적절한 대안을 제시하지 못하자, 자본주의는 신자유주의 담론의 지배를 받게 되었다. 이후 지난 40년간 자본주의와 복지국가의 황금시대는 잊히고, 국가개입은 악으로 간주되었다(애플비, 2012). 독립적인 중앙은행, 약화된 노동조합, 노동시장유연화, 임금인상의 억제, 사회지출의 축소와 세금 삭감 등 일명 워싱턴 컨센서스(Washington Consensus)로 알려진 신자유주의가 지배하는 시대가 되었다(라보이, 2016). 하지만 시간이

지날수록 대안으로 칭송되었던 신자유주의가 대안이 아니라 자본주의 장기침체의 주범이라는 의구심이 커져갔다. 신자유주의가 본격화된 1980년대 이후 자본의 이윤율은 부분적 회복에 그치고, 불평등과 빈곤이 증가했다. 제조업의 이윤율은 1959~1969년 연평균 24.6%에서 1979~1990년 연평균 13.0%로 낮아졌다(Brenner, 2002). 연평균 경제성장률도 낮아졌고, 불평등과 실업률은 좀처럼 낮아지지 않았다(OECD, 2017a). 더욱이 2008년 금융위기 이후 세계경제가 장기침체(the long recession)에서 벗어나지 못하자 신자유주의가 더는 대안이 될 수 없다는 믿음이 확산되었다.

소득주도성장은 이러한 자본주의 위기에 대안을 제시하지 못하는 신자유주의에 대한 대항 담론으로 등장했다. 수요를 강조하는 소득주도성장 전략은 장기침체를 겪고 있는 자본주의의 위기를 과잉생산과 과잉소비의 관점에서 접근한다는 점에서 마르크스주의의 논의 선상에 있는 것처럼 보인다(Brenner, 2002). 하지만 소득주도성장 전략은 현재의 위기를 '이윤율의 경향적 저하'라는 자본주의의 구조적 모순에서 찾지 않는다는 점에서 마르크스주의와는 상이하다(마르크스, 2010).[2] 마르크스주의 관점에서 자본주의가 이윤율의 경향적 저하를 상쇄할 수 있는 조건은 노동 강도를 강화하고, 노동력 가치 이하로 임금을 지급하며, 불변자본 요소의 가격을 인하하고, 상대적 과잉인구를 만들고, 외국무역을 통해 값싼 소비재를 수입하는 것이다(마르크스, 2010: 308~319). 마르크스주의 관점에서 보면 1980년대부터 본격화된 신자유주의란 자본이 국가를 통해 자본주의의 '이윤율의 경향적 저하'를 상쇄할 수 있는 정책을 강제한 시기라고 할 수 있다. 자유무역으로 수입상품의 가격을 낮추고, 세금을 내리고, 사회복지 지출을 축소했으며, 노동시장유연화로 임금을 낮추는 등 신자유주의의 핵심 정책은 모두 이윤율의 경향적 저하를 상쇄하려는 시도였으며, 자본주의는 이를 통해 한동안 이윤율을 높일

2 r(이윤율) = S(잉여가치)/[C(불편자본)+V(고정자본)]=(S/V)/(1+C/V).

수 있었다. 그러나 이윤율은 1980년대 이전으로 회복되지는 않았다.

이러한 인식에 기초해 마르크스주의자들은, 신자유주의와 같은 이윤율 저하를 상쇄하기 위한 자본의 시도는 일시적으로만 성공할 수 있을 뿐 자본의 고도화를 막을 수 없었기 때문에, 자본주의 위기는 자본주의가 해체되지 않는 한 해결되지 않는다고 주장한다. 생산비를 절약하기 위한 자본의 혁신은 이윤율 공식에서 가변자본에 비해 불변자본을 상대적으로 더 늘리게 되고, 이는 자본의 유기적 구성(C/V)을 더 높여 종국에는 이윤율을 더 낮추게 된다는 것이다. 노동생산성이 높아진다는 것은 자본이 새로운 기술을 실현한 혁신적인 기계로 인간 노동력을 대체한다는 것이며 이는 필연적으로 자본의 유기적 구성을 높이기 때문이다(윤소영, 2010).

반면 소득주도성장 전략의 문제의식은 기본적으로 포스트케인스안의 견해이며 이를 간단하게 정리하면 다음과 같다. 소득주도성장은 자본주의의 위기는 피할 수 없는 것이지만, 위기의 원인은 생산 부문에 있는 것이 아니라 소비 부문 즉 과소소비로 인한 것이라고 진단하다(로버츠, 2017).[3] 그리고 국민국가가 이러한 과소소비 문제를 해결할 수 있다고 생각한다. 이것이 소득주도성장이 유효수요를 확대하기 위해 정부의 적극적인 개입을 요구하는 이유이다.[4] 구체적으로 소득주도성장론을 주장하는 사람들은 장기침체에 빠진 자본주의의 위기는 구조적 위기이기보다는 기능적으로 소득분배가 악화되고 소득불평등이 증가한 현상과 관련되어 있다고 본다(OECD, 2017b). 한국에서도 소득불평등은 기능적 소득분배인 노동소득분

---

3 자본주의 위기를 생산 부문에서 찾는지 소비 부문에서 찾는지에 따라 마르크스주의의 견해는 나뉜다. 소비 부문에서 찾는 경우 포스트케인스주의의 견해이다.

4 반면 자본주의의 위기가 소비 부문이 아닌 생산 부문에 기한 것이라면 자본주의 위기는 단순히 임금과 이윤을 둘러싼 노동자와 자본가의 투쟁을 넘어서는 문제이고, 위기는 곧 자본주의의 지속가능성 여부를 결정하는 축적의 문제가 된다. 자본주의 위기는 '이윤율의 경향적 저하'와 같은 구조적 문제로 자본주의 내에서 해결이 불가능하다. '자본의 한계는 자본 자체'라고 보는 것이 마르크스주의의 관점이다.

배율과 관련 있는 것으로 나타났다(이병희 외, 2014).

핵심 주장은 노동소득분배율이 하락하고 소득불평등이 증가하면서 상대적으로 소비성향이 높은 계층의 구매력이 감소했고, 이러한 현상이 지속되자 세계경제가 장기침체에 빠져들었다는 것이다(Lavoie and Stockhammer, 2013). 그러므로 자본주의가 장기침체에서 벗어나려면 소비를 늘려야 하고, 소비를 늘리기 위해서는 노동자의 임금을 올려 노동소득분배율을 개선할 필요가 있다는 것이다. 사회지출의 증가도 노동자 가구의 가처분 소득을 높여 소비를 증가시킬 수 있다는 점에서 임금과 함께 소득주도성장의 주요 전략으로 언급되고 있다. 이렇게 국가가 나서서 임금인상과 사회지출 증가를 주도한다면 장기침체에 빠진 자본주의가 다시 과거 황금시대와 같이 생산과 소비가 선(善)순환하는 성장체제를 만들 수 있다는 것이 소득주도성장의 주장이다. 크게 보면 소득주도성장은 자본주의 위기는 피할 수 있으며, 위기는 잘못된 정책으로부터 비롯되었다는 인식에 기초한 성장체제론이다(로버츠, 2017). 노동소득분배율을 높이고 소비를 진작시켜 유휴설비의 가동을 높이며, 이를 통해 노동 소득과 자본이윤율을 동시에 높일 수 있다는 이론에 근거한 소득주도성장은 이렇듯 신자유주의의 대척점에서 장기침체에 빠진 자본주의를 구출하는 좌파적 대안이라고 할 수 있다.

2) 소득주도성장 전략의 주요 내용

주류 경제학인 신고전학파에서는 임금하락이 고용을 늘린다고 주장하지만, 포스트케인지언에 따르면 임금하락은 고용 문제를 더 악화시킨다(라보이, 2016: 51). 하지만 이론적으로 임금소득을 높이는 것과 경제성장 간의 관계는 비례할 수도 있고, 반비례할 수도 있다. 이러한 이유로 포스트케인지언 모델은 노동소득분배율을 높이는 것이 어떤 결과를 가져올 것인가는 이론의 문제가 아니라 실증의 문제라고 본다. 성장체제의 관점에서 소득주

〈표 3-1〉 성장체제의 다양성

		분배정책 (Distribution policies)	
		친자본 (Pro-capital)	친노동 (Pro-labor)
경제체제 (Economic regime)	이윤 주도 (Profit-led)	이윤주도성장 과정	침체 또는 불안정한 성장
	임금 주도 (Wage-led)	침체 또는 불안정한 성장	임금주도성장 과정

자료: Lavoie and Stockhammer(2013: 19, Table 1.3 Viability of growth regimes).

도성장 전략을 유형화해 보면 〈표 3-1〉과 같다. 라보이와 스토캐머(Lavoie and Stockhammer, 2013: 18~21)는 분배정책은 친자본적 분배정책과 친노동적 분배정책으로 구분하고, 경제체제는 임금 주도와 이윤 주도로 구분한 후 이 두 차원을 결합해 성장체제를 4가지로 구분했다.

먼저 경제체제는 이윤 주도이고, 분배정책은 친자본적인 성장체제로 이윤주도성장체제이다. 이념적으로 이윤주도성장체제는 경제성장을 통한 낙수효과를 주장하는 신자유주의 전략이 실현되는 체제이다. 다음으로 경제체제는 이윤주도체제인데 분배정책은 친노동정책을 취하는 성장체제이다. 이 체제의 경우 경제침체와 불안정한 성장이 지속된다. 멕시코가 대표적인 사례로 언급되며, 복지를 위한 무의미한 지출이 계속되는 경우라고 했다.

세 번째 성장체제는 경제체제는 임금주도체제인데 분배정책은 친자본적으로 실행하는 성장체제이다. 이 경우도 이윤 주도-친노동분배 성장체제와 같이 경제침체와 불안정한 성장이 지속된다. 이 성장체제에서 경제성장은 해외에서 만들어지는 수요에 기초한 수출주도형 성장을 추구하거나 미국과 같이 부채가 수출을 대신해 성장을 뒷받침하기도 한다. 대외 수출과 부채를 통한 성장체제는 대내외 조건의 변화에 민감하게 반응하면서 불안정한 성장을 이루거나 경기침체를 경험하게 된다. 한국이 이에 해당하는데, 경제체제는 임금주도체제인데 수출주도형 경제에 기초해 분배정책이 친자본적으로 이루어지기 때문에 경제침체와 불안전한 성장이 반복되는 것이다.

마지막으로 경제체제는 임금주도체제이고, 분배정책은 친노동적으로 이루어지는 임금주도성장체제이다. 제2차 세계대전 이후 자본주의 황금시기의 성장체제가 대표적이다.

이와 같은 성장체제 구분의 함의는 경제체제와 분배정책이 밀접한 관련이 있다는 것이고, 경제성과는 경제체제와 분배정책이 조응할 때 가장 효과적이라는 것이다.

이상의 이념형에 기초해 포스트케인지언 모델은 두 가지 성장체제로 구분하는데, 노동소득분배율의 증가가 경제성장에 긍정적인 성장체제는 '임금주도성장체제'로, 부정적인 영향을 미치는 성장체제는 '이윤주도성장체제'로 구분한다. 물론 실증연구에 따라 국민국가를 두 성장체제로 구분하는 것은 쉽지 않다. 노동소득분배율을 어떻게 측정할지에 대한 합의가 없고, 중국처럼 일부 국가의 경우 자료의 신뢰성에 문제가 있으며, 어떤 분석 방법을 사용하는지에 따라 상이한 결과가 도출되기 때문이다. 변수·자료·방법론의 제약이 있지만 지금까지 출간된 실증연구에 따르면 대부분의 선진국과 한국은 국민소득에서 노동소득분배율이 낮아진 것이 총수요의 감소를 유발했고, 경제성장에 부정적 영향을 미쳤다는 결과가 도출되었다. 특히 한국은 노동소득분배율이 투자에 유의미한 영향을 미치지 않는 것으로 나타났다(Onaran and Galanis, 2012). 세계자본주의의 관점에서 보면 어떤 한 국가가 수출주도형 성장을 추구해 다른 국가가 적자를 보는 상황은 지속 가능하지 않기 때문에 세계경제는 기본적으로 소득주도경제라고 할 수 있다(이상헌, 2014: 83).

다음으로 성장체제 유형으로서 소득주도성장의 핵심 주장을 간략하게 정리하면 첫째, 노동소득분배율 상승이 총수요 확대를 통해 경제성장에 긍정적 영향을 줄 수 있다는 것이다. 둘째, 소득주도성장 전략은 노동소득분배율은 고정된 것이 아니라 가변적이며, 기술 변화나 자본의 개방성 등 내성적 요인만이 아닌 제도의 변화와 밀접히 관련되어 있다고 본다(이상헌, 2014: 85). 소득주도성장 전략은 전통적인 케인스주의와 같이 유효수요가 경제성장을 결정하는 핵심 요인이라는 데 동의하며, 소득상승이 장기적으로 수요를 확대하기 위해서는 공공투자의 확대와 같은 정부의 적극적인 역할이 필수적이라고 본다. 즉 장기적으로 수요를 지속적으로 확대하기 위해서는 임금소득을 확대하는 것과 함께 복지확대, 공공부문 일자리 확충 등 공공투자를 늘리는 것이 필수적이라는 것이다. 〈표 4-1〉처럼 소득주도성장 전략이 복지체제의 성격과 밀접한 연관이 있기 때문에, 소득주도성장론에서는 국가의 역할을 강조하는 것이다. 마지막으로 소득주도성장 전략은 신자유주의와 마르크스주의와 달리 노동과 자본을 대립적으로 보지 않는다. 자본과 노동 간의 분배를 자본과 노동 중 한 집단의 소득이 줄어야 다른 부문의 소득이 증가하는 '파레토 최적'에 의해 결정되는 문제로 보지 않고, 자본과 노동이 모두 자신의 절대적인 몫을 늘릴 수 있는 '파레토 개선'의 관점에서 접근한다(홍장표, 2014; 홍태희, 2009; Hein and Vogel, 2009).

3. 소득주도성장 전략을 둘러싼 쟁점

1) 일국적 전략 대 국제적 전략

1980년대 이래 전 세계 자본주의 경제의 장기침체 또한 노동생산성에 미치지 못하는 실질임금 상승이 총수요를 위축시키면서 나타난 결과이며, 이러한 경험적 논거에 근거해 소득주도성장 전략은 임금을 높이고, 사회지출을 늘릴 것을 주장한다. 2008년 세계적인 금융위기에 대한 정책 대응은 단기적으로 세계경제 안정에 도움이 되었지만, 장기적으로 세계경제를 위기 이전의 상황으로 되돌리지는 못했기 때문이다(Hein and Truger, 2010: 14). 특히 미국 경제가 민간 부채에 의해 주도된 금융위기 이전의 상황으로 돌아가기에는 가계와 정부의 부채 수준이 너무 높다. 이러한 상황을 보면 현재 자본주의가 직면한 위기는 국민국가 차원에서 해결될 수 있는 수준을 넘어선 문제로 보인다.

이것이 소득주도성장 전략을 주장하는 논자들이 국민국가의 경계를 넘어 세계적 차원의 케인지언 뉴딜(Keynesian New Deal)이 필요하다고 주장하는 이유이다(Hein and Mundt, 2013: 44~8). 글로벌 차원의 케인지언 뉴딜이 성공하려면 첫째, 미래의 위기를 예방하기 위해 금융 부분을 금융화 이전과 같이 규제할 필요가 있다. 둘째, 현재 독일·일본·중국·한국 등 흑자국들이 수출에 중심을 두는 신중상주의 정책을 폐기하고, 국내 수요와 고용을 개선하는 방향으로 거시정책을 전환해야 한다. 마지막으로는 거시정책의 차원에서 환율과 국제자본시장 등을 관리하는 새로운 국제협력체계를 다시 구축해야 한다(Hein and Truger, 2010: 14~20). 제2차 세계대전 이후 브렌트우즈체제처럼 국제적으로 거시경제를 관리하는 공조체제가 형성되어야 국민국가 차원의 소득주도성장이 성공할 수 있기 때문이다. 높은 수준의 세계화가 진행된 상황에서 특정 국민국가만 임금을 높이고, (증세를 수반한) 사회지출을 확대했을 때 나타나는 결과를 예단하기 어렵다. 상식적인 수준에서의 증세와 임금인상은 가격경쟁력을 약화시켜 세계경제에서 해당 수출 상품의 경쟁력을 낮출 수도 있다.

주요 20개국(G20)이 동시에 노동소득분배율을 1%p 높일 경우 G20 국가들의 경제성장률이 0.36%p 높아진다고 추정한 결과가 있다(Onaran and Galanis, 2012). 다만 현재까지 이를 검증할 확실한 실증 결과는 찾지 못했고, 임금과 사회지출을 통해 노동자 가구의 가처분소득을 늘려 경제성장을 이루는 전략이 일국적 차원에서 집행되어야 하는지 아니면 세계적 차원에서 집행되어야 하는지는 여전히 모호하다. 결국 소득주도성장의 성공 가능성을 높이기 위해서는 글로벌 차원에서 주요 국가들이 소득주도성장 전략을 함께 실행할 필요가 있다. 분명한 것은 제2차 세계대전 이후 지속된 30년의 자본주의 황금시대는 미국이 주도하는 브레튼우즈체제라는 국제질서가 없었다면 실현할 수 없었을 것이다(Cavaille, Charlotte and Kris-Stella Trump, 2015; 엥달, 2015; 하일브로너·밀버그, 2010).

설령 새로운 국제질서가 만들어지지 않는다고 해도 중국, 독일, 일본, 한국과 같은 국가가 신중상주의에 기초해 해외시장에서 부족한 수요를 해결하는 방식은 국제사회에서 더는 지속될 수 없다(United Nations, 2010). 신중상주의 정책이 성공하려면 지속적으로 경상수지 적자를 감내할 수 있는 국가가 필요한데 이는 국제관계상 불가능하다. 더욱이 세계무역증가율은 이미 2012년부터 세계총생산 증가율과 같아지기 시작했고, 2016년에는 GDP 성장률의 60%에 불과한 수준으로 낮아졌다(WTO, 2017). 이는 세계무역증가율의 둔화가 일시적인 현상이 아니라 구조적인 현상일 수 있다는 것을 의미하며, 한국처럼 수출에 의존하는 대외지향적인 국민경제는 성장을 지속하기 어렵다는 것을 의미한다. 결국 소득주도성장 전략을 단순히 국민국가 차원의 문제로 이해하는 것은 소득주도성장 전략에 대한 적절한 접근 방법이 아닐 수 있다.

2) 소득주도성장 대 포용적 성장

IMF, 세계은행, OECD의 포용적 성장(inclusive growth) 전략은 국제노동기구(ILO: International Labour Organization)가 주도하는 소득주도성장(또는 임금주도성장)과는 상이한 개념이다. 물론 '포용적 성장'에서도 불평등과 빈곤의 증가가 경제성장에 부정적인 영향을 미친다는 것을 인식했다는 점은 과거에 비해 큰 진전이다. 하지만 세계은행(World Bank, 2014)의 정의를 통해 알 수 있듯 포용적 성장의 목표는 지속 가능한 성장이지, 평등한 소득재분배가 아니다. 고용과 관련해서도 포용적 성장은 생산적 고용(productive employment)의 관점에서 접근한다. 따라서 세계은행은 포용적 성장을 개인과 기업에게 시장, 자원 등에 균등한 기회를 보장한다는 관점에서 바라본다. IMF(2017)의 접근 방식 또한 다르지 않다. 핵심은 경제성장을 위해 시장과 자원(교육, 의료 등 사회서비스)에 접근할 수 있는 기회의 평등을 보장해야 한다는 것이다. OECD(2014: 7)는 포용적 성장을 세계은행이나 IMF보다 더 적극적으로 해석하는데, 포용적 성장은 복지의 지속 가능한 개선을 위해 경제성장이 중요하지만, 경제성장만으로는 충분하지 않으며 개인과 사회집단 간 성장의 성과가 공정히 분배되어야 한다는 점을 강조한다. 더 나아가 OECD는 소득만이 아니라 건강과 교육 등 사회서비스에도 주목한다. 이처럼 세계은행, IMF, OECD 등 신자유주의 체제를 옹호했던 국제기구가 정의한 '포용적 성장'은 취약계층에 사회서비스와 소득을 제공해 기회의 평등을 보장하고 이를 통해 경제성장을 지속할 수 있다는 성장모델이다.

문제는 이렇듯 포용적 성장에서는 현재의 불평등과 장기침체가 신자유주의 체제의 구조와 무관한 것처럼 이야기한다는 점이다. 이러한 인식은 포용적 성장이 장기침체의 핵심 원인으로 기술 변화를 주목하는 반면, 세계화, 금융화, 노동의 교섭력 약화와 노동시장유연화로 대표되는 노동시장의 신자유주의적 변화 등은 부차적인 원인으로 간주하는 것에서도 확인된다(Stockhammer, 2013: 43). 포용적 성장 담론은 신자유주의 체제는 문제가 없으며, 다만 이를 잘 작동시키기 위해서는 불평등을 완화하기 위한 조금 더 광범위한 개혁이 필요하다고 주장하는 데 그친다. 또한 '포용적 성장'은 1990년대 후반 신자유주의의 구조 개혁 없이 인적자본에 대한 투자를 강조했던 자유주의적 사회투자 전략의 주장을 반복하고 있는 듯하다.

결국 포용적 성장과 소득주도성장의 가장 큰 차이는 1980년대 이후 공고해진 신자유주의 체제에 대한 인식이다. 포용적 성장이 신자유주의 성장전략(세계화, 금융화, 노동시장유연화, 사회지출 축소 등)에 대해 비판하지 않는

데 반해, 소득주도성장은 지난 40년간 지속된 신자유주의 성장전략이 불평등과 빈곤을 야기했고 부채를 수반한 성장이었다고 비판한다. 실제로 포용적 성장을 주장하는 IMF, 세계은행, OECD는 재분배의 중요성을 강조하지만 세계화를 제한해야 한다는 주장도, 금융을 통제해야 한다는 주장도, 노동의 교섭력을 높여야 한다는 주장도, 복지국가를 확대해야 한다는 주장도 하지도 않는다(IMF, 2017; OECD, 2014; World Bank, 2014). 반면 소득주도성장은 세계화, 금융화, 노동시장유연화를 비판하며 평등한 소득분배와 공적 사회 인프라 확대를 위한 정부의 적극적 역할을 주문한다. 더불어 1980년대 신자유주의가 비판했던 강력한 노동조합, 시장에 대한 정부의 적극적 규제, 공적 사회 인프라의 확대, 임금 상승, 소득보장정책 확대 등의 복원 또한 주장한다(Onaran, 2017; Stockhammer, 2017; 이상헌, 2017).

4. 소득주도성장 전략과 한국 복지체제의 정합성

그러면 한국 복지체제에서 소득주도성장을 실행한다는 것은 어떤 의미일까? 여기서는 소득주도성장을 한국 복지체제에 적용할 때 제기될 수 있는 몇 가지 쟁점을 간단하게 검토한다.

1) 수출주도형 경제에서 소득주도성장

기능적 소득분배의 개선이 총수요를 증가시켜 경제성장에 긍정적인 영향을 미친다는 연구 결과가 있다. 하지만 한국처럼 수출 의존도가 높은 경우 노동소득분배율을 높여 소비가 증가해도, 임금 상승으로 인해 가격경쟁력이 약화되어 수출에 부정적인 영향을 미친다면 소득주도성장 전략에서 이야기하는 총수요는 증가하지 않을 수도 있다(Storm and Naastepaad, 2011). 바두리와 마글린(Bhaduri and Marglin, 1990) 모델에 따르면 노동소득분배율이 높아진다는 것은 국제시장에서 수출상품의 가격경쟁력을 약화시켜 수출이 감소하고 성장에 부정적 영향을 줄 수도 있기 때문이다. 일부 포스트케인지언의 연구 결과처럼 국제교역을 고려할 경우 경제체제의 성격이 임금주도형에서 이윤주도형으로 전환될 수 있다(Hein and Vogel, 2008; Stockhammer, 2011). 한국의 경우는 1997년 경제위기를 거치면서 수출독주체제가 구축되었지만, 박근혜 정권을 거치면서 (순)수출도 경제성장(GDP 성장)에 거의 기여하지 못하고 있는 상황이다. 바두리와 마글린 모형을 1997년 외환위기 이후 한국에 적용하면 임금 상승은 곧 수출경쟁력의 약화를 의미하고, 이는 수출에 의존해 성장하는 한국경제에 부정적 영향을 줄 수도 있다. 하지만 한국의 주력 수출상품이 노동집약적인 상품에 비해 상대적으로 가격에 덜 민감한 자본집약적인 상품이고, 생산의 세계화로 인해 환율과 교역조건 등과 같은 가격요인보다 상품의 품질 같은 비가격적 요인이 더 중요한 영향을 미친다면 바두리와 마글린의 가설은 근거를 잃게 된다.

실증적 분석 결과는 일관되지 않다. 프랑스·독일·일본은 폐쇄경제하에서는 임금주도형 성장체제로 분류되었지만, 개방경제하에서는 모두 이윤주도로 전환되었다(Bowles and Boyer, 1995). 영국과 미국은 둘 모두에서 임금주도형으로 나타났다. 반면 개방경제와 폐쇄경제 둘 다에서 프랑스·영국·미국은 노동소득분배율과 성장 간에 유의미한 관계를 발견하지 못한 연구도 있고(Stockhammer and Onaran, 2004), 미국과 일본은 두 경제체제 모두에서 이윤주도적 성장을 한다는 연구 결과도 있다(Gordon, 1995; Naastepad, 2006). 독일과 프랑스의 경우는 두 경제체제 모두에서 임금주도형 성격이라는 연구도 있다(Hein and Vogal, 2009, 2008; Naastepad, 2006). 네덜란드의 경우 폐쇄경제와 개방경제 모두에서 임금주도형 성장체제로 나타난 연구도 있지만(Naastepad, 2006), 개방경제하에서 오스트리아와 함께 이윤주도체제로 나타난 연구 결과도 있다(Hein and Vogel, 2008). 네덜란드·오스트리아 등 무역

의존도가 높은 국가의 경우 내수는 임금주도적이지만, 수출과 수입의 차이인 순수출을 고려하면 이윤주도체제로 전환되었다(Storm and Naastepad, 2011).

한국경제는 1965년부터 1997년까지 개방경제하의 임금주도형 성장체제인 것으로 나타났다(Onaran and Stockhammer, 2005). 구조벡터자기회귀(SVAR) 모델을 사용한 연구에서도 이윤 몫의 증가는 민간투자에 부정적인 영향을 주는 것으로 나타났다. 1975년부터 1993년까지를 분석한 연구도 한국경제는 임금 상승이 이윤을 증대시키는 결과가 도출되었다(Seguino, 1999). 반면 김진일(2013)의 연구에 따르면 한국경제(1970~2011)는 폐쇄경제에서는 임금주도형 성장체제이지만, 대외 부문을 고려하면 이윤주도형 성장체제인 것으로 나타났다. 자본의 이윤 몫이 1%p 상승하면 순수출이 GDP의 6%p 정도 증가하는 것으로 나타났다. 김진일의 결과를 독일·프랑스·영국·미국·오스트리아·네덜란드 6개국을 분석한 하인과 보겔(Heina and Vogel, 2008)의 연구와 비교하면, 한국경제는 네덜란드와 오스트리아와 같은 소규모 개방경제보다 더 해외경제 변화에 민감한 것으로 나타났다. 1970년부터 2008년 기간을 분석한 연구에서도 이윤 몫이 1%p 증가하면 순수출 증가로 인해 GDP가 대략 0.0002%p 증가하는 것으로 나타났다(홍태희, 2009).

하지만 소비, 투자, 순수출을 모두 고려할 경우 이윤 몫이 1%p 증가하면 국민소득은 GDP 대비 0.338%p 감소했다. 비정규직의 증가로 인한 노동소득분배율의 저하가 경제성장에 미치는 영향을 분석한 황선웅(2009)의 연구에서도 노동소득분배율의 저하가 민간소비를 위축시키는 효과는 분명했지만, 투자와 수출에는 통계적으로 유의미한 영향을 미치지 않았다. 주상영(2017)도 유사한 결과를 보고했다. 〈그림 3-1〉에서 볼 수 있듯이 1997년 이후 노동소득분배율 하락은 주로 임금소득 하위 70%와 자영업자의 소득이 낮아진 것과 관련된다. 노동소득분배율의 감소가 수출과 투자 대부분을 담당하는 대기업의 노동자와 관련 없이 중소기업에 종사하는 노동자와 자

〈그림 3-1〉 소득계층에 따른 노동소득분배율의 변화(1997~2012)

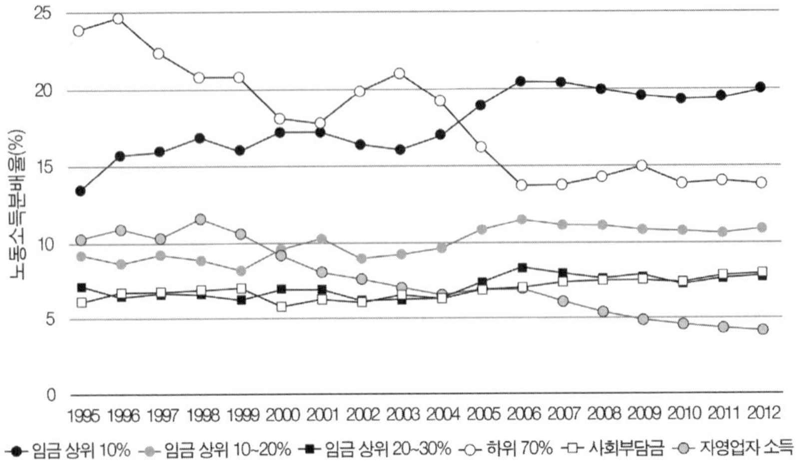

자료: 이병희 외(2014).

영업자의 소득이 감소한 결과라고 한다면 노동소득분배율 감소가 수출과 투자에 영향을 미쳤을 가능성은 높지 않기 때문이다. 더욱이 단일 방정식 추정에 기초한 분석에 따르면 이윤 몫의 증가는 제조업에 대한 투자에 부정적인 영향을 미치는 것으로 나타났다(Sequino, 1999). 주목할 사실은 투자율이 상대적으로 높은 한국경제에서도 높은 이윤이 민간투자를 늘리는 것이 아니라 국가의 산업정책과 공공투자가 민간투자를 유도하는 것으로 나타났다는 점이다(Onaran and Galanis, 2012).

한국경제가 외환위기를 전후로 큰 변화를 겪었다는 점을 고려하면 노동소득분배율 상승이 경제성장에 미치는 영향은 외환위기 전후로 구분해 분석할 필요가 있다. 실제로 외환위기 이전(1981~1997)에도 한국경제는 노동소득분배율 증가가 소비와 투자와 정적 관계였다는 점에서 임금주도적 성장체제였다고 할 수 있다(홍장표, 2014). 다만 이 시기 노동소득의 한계소비성향은 크지 않았고, 수출과 관련해 가격경쟁력이 중요했던 만큼 임금주도적 성장체제의 성격은 그리 강하지 않았던 것으로 보인다. 반면 외환위기 이후 해외시장에서 한국 상품의 비가격 경쟁력이 중요해지면서 노동소득의 상승이 무역수지에 부정적 영향을 미치지 않게 되었고, 노동소득이 감소하면서 노동자의 한계소비성향이 증가해 총수요에서 임금주도적 성격이 강해졌다. 한국의 경우 소비효과는 강력한 순수출 효과를 상쇄시킬 정도로 강력한 것으로 나타났다(Onaran and Galanis, 2012: 33). 외환위기 이후 한국경제의 이러한 성격 변화는 내수와 노동소득분배율 간의 관계를 분석한 연구에서도 확인된다(주상영, 2013).

정리하면 외환위기를 전후해 시기 구분 없이 한국경제를 분석할 경우 한국은 내수 측면에서 보면 임금 주도 경제의 성격이 강하다고 할 수 있지만, 소득분배와 순수출 간의 관계를 고려할 경우 약한 임금 주도 경제 성격의 체계라고 할 수 있다(Onaran and Galanis, 2012). 이처럼 외환위기 이후 한국의 생산체제가 '약한 임금주도성장 체제'의 성격이라면, 소득주도성장 전략에서 주장하는 것처럼 임금을 높이고 사회지출을 늘리는 것이 한국에서 기대했던 성과(경제성장)를 내오지 못할 수도 있다는 것을 의미한다.

2) 권위주의 개발국가의 유산, 부채와 자산기반복지

이 절에서는 한국에서 소득 증가가 소비 증가로 이어지지 않고 부채 증가를 수반해 부동산 투기로 이어지는 문제에 대해 살펴본다. 1999~2015년 자료를 분석한 결과에 따르면 한국에서 임금 소득 증가는 가계부채의 증가를 동반한 것으로 나타났다(정상준, 2017: 171). 특히 2014년 이후 자료를 보면 가계의 가처분소득 증가가 가계부채 증가를 동반하는 수준을 넘어 가계부채의 증가율이 가구의 가처분소득 증가율보다 더 높게 나타났다(관계기관합동, 2017). 2016년 가계의 가처분소득 증가율은 3%를 조금 넘는 수준이었지만, 가계부채의 증가율은 이보다 3배나 높은 9%를 상회했다. 물론 가계부채의 증가가 소비로 연결되었다면 한국은 미국·영국 등 자유주의 생산-복지체제와 같은 부채가 성장을 주도하는 '부채주도성장체제'일 수도 있다.[5] 가계의 부채가 증가한다는 것은 가계의 유동성 제약이 완화된다는 것으로, 가계의 소비 증대를 유발할 수 있기 때문이다(Nickel, 2004; Ludvigson, 1999). 스페인의 경우처럼 가계부채의 증가는 소득불평등이 소비불평등으로 이어지는 연결고리를 약화시켜, 가구가 일정 정도의 소비 수준을 유지하도록 하는 역할을 할 수도 있다(Pardo and Santos, 2014). 저소득층 가구가 상위 준거 소득계층과의 소비 차이를 만회하기 위해 부채를 늘려 소비를 할 수도 있기 때문이다.

하지만 한국에서 가계부채는 주택매입과 상가, 오피스텔 등 수익형 부동산 투자를 위한 부채이며(관계기관합동, 2017), 이러한 점에서 한국은 부채주도성장체제와는 거리가 있다. 한국에서는 소비를 위한 부채가 크지 않다는 점을 고려하면 부채가 소비를 증가시킬 가능성은 낮아 보인다(정상준, 2017). 2008~2014년과 1987~2014년을 분석한 두 연구에서도 가계부채는 소비와 음의 상관관계에 있는 것으로 나타났다(심혜인·류두진, 2017; 최남진·주동현, 2016). 더욱이 가계부채가 일정 수준을 넘어가면 원리금 상환 압박이 심해지면서 소비에 부정적인 영향을 미칠 수도 있다. 일본의 사례를 분석한 연구에 따르면 부동산 버블 이후 토지와 주택을 구매하면서 발생한 부채가 가계소비에 부정적 영향을 미쳤다(Ogawa and Wan, 2007).

이처럼 소득상승이 자산구매를 동반해 부채가 상승한다면 이러한 부채 상승은 소비에 부정적 영향을 줄 가능성이 높고, 임금이나 사회지출 증가가 소득주도성장에서 예상했던 것과 같은 수준의 총수요 증가로 이어지지 않을 가능성이 있다. 가계의 한계소비성향과 가계의 소득 대비 부채상환비율도 이러한 현실을 확인해 준다. 〈그림 3-2〉에서 보는 것과 같이 2006년

---

5 마르틴 슈뢰더(Martin Schröder)는 복지체제와 생산체제를 결합해 보수주의-조정시장, 사민주의-조정시장, 자유주의 세 가지 복지-생산체제로 구분했다(Schröder, 2013).

〈그림 3-2〉 한계소비성향과 가구 소득 중 부채상환 비율의 변화(2006~2016)

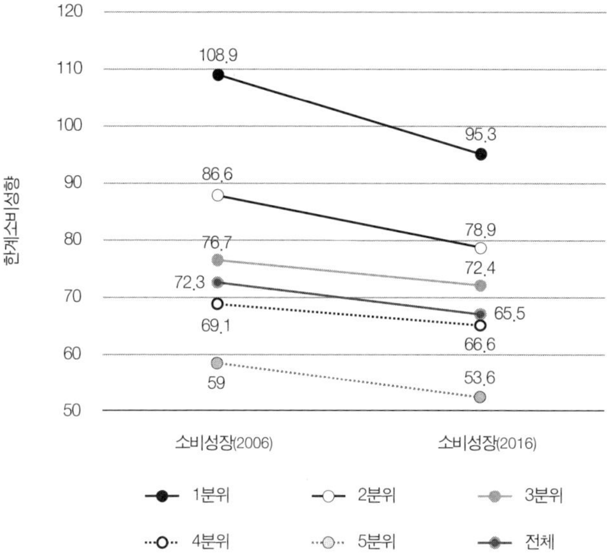

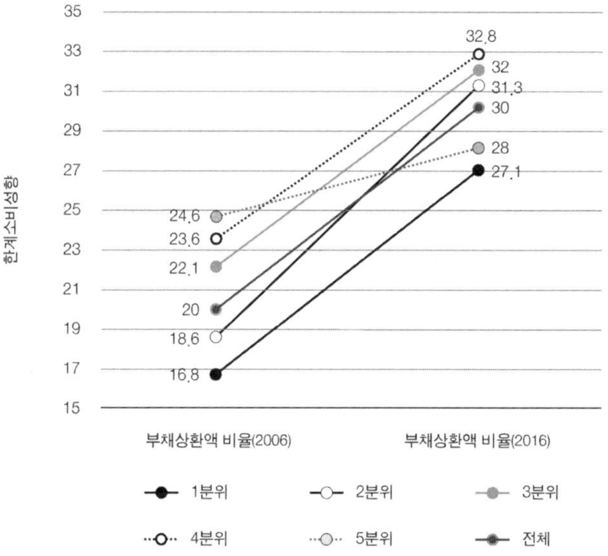

자료: 윤홍식 외(2018).

과 2016년을 비교했을 때 가구소득 중 부채상환비율은 소득 상위 20%를 제외한 나머지 80% 가구에서 큰 폭으로 높아졌다(윤홍식 외, 2018). 더욱이 같은 기간 가구소득이 연평균 3.5% 증가했는데도 가구의 한계소비성향은 전 소득분위에서 감소했다(김정훈 외, 2017; 윤홍식 외, 2018). 가구의 소득증가에도 가구의 소비성향은 증가하지 않고 부채상환과 같은 비소비지출의 증가로 이어졌다.

이러한 현상은 부동산이 한국 복지체제에서 갖는 독특한 지위와 관련된다. 한국 복지체제는 부동산으로 대표되는 사적 자산이 공적 사회보장제도를 대신해서 개인과 가구가 직면한 사회적 위험에 대응하며 기능적 등가물로 역할을 했기 때문이다(윤홍식, 2017b; 2017c). 한국처럼 실업, 질병, 노령 등 사회적 위험에 대응하는 공적 사회보장제도가 충분히 발달해 있지 않고, 주택(부동산) 가격이 상승하는 복지체제에서 가구의 소득 상승이 소비가 아닌 부채 증가를 수반한 투기적 성격의 자산구매로 이어는 것은 자연스러운 경로라고 할 수 있다.[6] 또한 자산형태별 연간 투자수익률을 보아도 2016년 기준으로 정기적금은 1.67%에 그친 데 반해 오피스텔은 5.80%, 중대형상가는 6.34%, 소형 상가는 5.93%라는 점을 고려하면(관계기관합동, 2017), 개인과 가계의 관점에서 가처분소득의 증가분에 부채를 더해 부동산에 투자하는 것은 경제행위자의 합리적 선택이라고도 할 수 있다.

지난 보수정부(2008~2016)가 부동산시장의 규제를 완화하며 부동산시장 활성화 정책을 편 것은 사실이지만, 소득 증가가 소비로 연결되지 않고 부채 증가를 수반한 부동산 투기로 이어지는 구조는 한국 복지체제의 오랜 역사적 유산이지 보수정부가 만든 것은 아니다. 사실 한국 복지체제의 역사에서 임금 상승이 가구의 가처분소득을 증가시켜 총수요를 증가시키고,

6 투기형 부채는 생활에 필요한 소비를 위해 발생하는 부채가 아니라 미래에 자산 가격이 상승할 것을 예상해 부채로 자산을 구입하는 경우이다.

총수요의 증가가 경제성장에 기여했던 집단적 경험은 노태우 정부 시기가 유일했다(윤홍식, 2017b).

반면 박정희 정부가 주도한 권위주의 개발국가 이래 지속되었던 주택가격의 상승은 집값이 계속 인상될 것이라는 기대감을 키웠기에, 소득 증가가 소비로 이어지지 않고 오히려 가계부채 증가를 수반하며 부동산 투자를 유발했다. 급등한 주택가격은 가계의 담보 능력을 더 높여 부채의 추가적인 상승을 유발하는 악순환 고리를 만들었다. 물론 가계부채를 고려해도 한국은 여전히 임금주도성장체제인 것으로 나타났지만, 소득 상승이 유발하는 소비 증대 효과는 제한적이었다(정상준, 2017).

결국 한국에서 소득주도성장이 소비 증가를 통한 성장이라는 선순환 고리를 만들기 위해서는 소득 상승이 개인의 사적 안전망이라고 할 수 있는 부동산과 같은 자산구매로 이어지는 경로를 차단할 정책적 개입이 선행(또는 최소한 병행)될 필요가 있다. 한국 사회는 이승만 정권 시기에 이루어진 (불철저했지만) 토지개혁과 노태우 정권이 추진한 토지공개념 정책이 한국경제의 성장 동력이 되었던 역사적 경험을 갖고 있다(윤홍식, 2017b).

3) 누구의 소득(복지)을 어떻게 높여야 하나?

만약 외환위기 이후 한국경제의 저성장이 노동소득분배율 악화로 인한 총수요의 감소와 관련된 것이라면 정책 방향은 분명하다. 더욱이 노동소득분배율 감소가 한국경제의 수출경쟁력 강화에 도움이 되지 못한다면 비자본소득(임금과 사회지출)을 늘려 총수요를 진작시키는 것이 오히려 경제성장에 기여할 것이다. 하지만 비자본소득을 늘려야 한다는 것에 동의한다해도 구체적으로 누구의 소득을 늘릴 것인가라는 문제가 들어가면 쉽지 않는 선택이 소득주도성장 전략을 기다리고 있다.

앞서 제시한 〈그림 3-2〉을 보면 외환위기 이후 15년 동안 상위 30%의 노동소득분배율은 증가한 반면 하위 70%는 무려 38.0%나 감소했다. 자영업자의 노동소득분배율은 더 극적인 변화를 보여주는데 같은 기간 동안 무려 57.7%나 감소했다. 이러한 사실은 한국에서 소득주도성장이 단순히 임금인상을 통해 노동소득분배율을 높이고 사회지출을 확대한다고 해서 실현될 수 없음을 확인해 준다. 고소득층의 한계소비성향이 저소득층의 한계소비성향보다 낮다는 점을 고려하면 한국에서 소득주도성장은 상대적으로 한계소비성향이 높고, 외환위기 이후 소득 저하를 경험한 저소득층과 자영업자에게 집중될 때 실현 가능하다는 것을 의미한다. 실제로 1990년부터 2010년까지의 '가계동향조사'를 분석한 자료에 따르면 고소득층의 한계소비성향이 지속적으로 낮아졌다(임병인·윤재형, 2014).

하지만 저소득층의 임금을 높이고, 사회지출을 저소득층과 영세자영업자에게 집중한다는 것은 생각처럼 간단한 문제가 아니다. 먼저 저임금노동자의 임금을 높여야 하는 주체는 재벌 대기업이 아니라 영세한 고용주라는 점이다. 외환위기 이후 재벌 대기업과 중소기업의 양극화 현상이 심화되고 이것이 투자 부진을 야기했다는 점을 고려하면(김상조, 2010), 임금인상이 가장 필요한 영세사업장에서 임금을 높일 가능성은 낮아 보인다. 대기업과 중소기업의 효율성 격차 또한 2011년 기준으로 비교 대상 56개국 중 6번째로 큰 것으로 나타났다(최석현 외, 2012: 2).

그렇다고 임금 대신 이들에 대한 현금 지원을 확대해서 저임금노동자 가구의 가처분소득을 늘리는 것도 바람직하지 않다. 최근의 정부 정책처럼 최저임금 인상분을 정부가 보조해 주거나, 청년실업 대책의 일환으로서 중소기업에 한시적으로 임금을 보존해 주는 방식의 사회지출이 생산력이 낮은 기업의 임금 보조 성격을 띠게 되면 사회지출은 시장에서 퇴출되어야 할 기업을 존속시키는 문제를 유발할 수도 있기 때문이다. 시장에서 퇴출되어야 할, 생산성이 낮고 저임금에 의존하는 기업이 광범위하게 존재하는 한 소득 상승을 통해 지속 가능한 성장을 이끄는 경쟁력 있는 성장체제를 구축하는 것은 불가능하다.

이처럼 소득주도성장 전략을 한국 사회에 적용하는 데 딜레마는 임금 수준이 경쟁력과 상대적으로 무관한 기업은 비교적 높은 임금을 이미 지급하고 있는 대기업이고, 임금을 높여야 하는 기업은 저임금에 기초를 둔 낮은 가격이 핵심 경쟁력인 중소기업이라는 점이다. 결국 소득주도성장의 성패는 경쟁력이 취약한 부문의 임금을 높여 생산성이 낮은 기업을 퇴출시키고, 한국의 고용구조를 생산성이 높은 부문으로 전환하도록 산업구조 개혁을 이루어낼 수 있는지에 달려 있다.

사회지출과 관련해서는 복지정책을 소득계층에 관계없이 모든 계층에 제공할 것인지, 아니면 〈그림 3-2〉에서 보았던 것처럼 노동소득분배율이 격감한 소득 하위 70%와 자영업자에게 집중할 것인지를 고민해야 한다. 물론 복지정책은 단순히 경제성장과의 관계를 중심에 놓고 결정할 문제는 아니다. 국가가 시민의 인간다운 삶을 보장한다는 것은 경제성장 여부의 문제를 넘어 국가의 기본적인 책무이기 때문이다. 사회지출은 시민의 기본생활과 관련된 돌봄, 교육, 의료, 주거, 노후소득보장 등의 영역에서는 소득계층에 관계없이 급여를 제공하는 것이 타당해 보인다. 더욱이 사회지출의 확대는 고용주에 대한 노동자의 협상력을 높여준다는 점에서 저임금에 기초한 생산력이 낮은 기업의 퇴출을 촉진하는 역할을 수행할 수도 있다. 실제로 사회지출과 생산성은 정의 관계에 있다는 많은 연구가 제출되어 있다(Alper and Demiral, 2016; Cimoli, 2014).

결국 '누구의 소득을 어떻게 높일 것인가'의 문제를 해결하기 위해서는 현재 한국 복지체제의 지출구조를 반영할 필요가 있다. 한국 복지체제는 민주화 이후 사회보험을 중심으로 공적 복지를 확대해 왔다. 이러한 현상을 지적하는 이유는 한국 복지체제의 특성에 대한 고려 없이 사회지출을 늘릴 경우, 공적 사회보장체계가 상대적으로 안정적인 직장의 임금 높은 정규직 노동자를 중심으로 제도화된 '역진적 선별주의 복지체제'를 강화할

수도 있기 때문이다(윤홍식, 2017b; 2017c).[7]

또 하나의 중요한 논점은 임금, 현금, 현물 중 어떤 방식의 지출이 더 효과적으로 소비를 진작시킬 수 있는지를 판단할 필요가 있다는 것이다. 물론 임금과 사회지출(현금과 현물)을 필요한 만큼 높이고 증가시킬 수 있다면 좋겠지만, 정치경제적 제약을 생각하면 임금과 사회지출을 동시에 높이는 것은 쉽지 않다. 당장 최저임금 인상을 포함해, 임금인상은 경쟁력이 취약한 영세기업의 구조조정을 촉진시킬 수 있기 때문에 임금인상정책은 산업 전반의 구조조정, 적극적 노동시장정책과 함께 시행되어야 한다. 경쟁력이 취약한 영세기업의 퇴출로 발생한 잉여노동력이 새로운 산업에서 일할 수 있도록 적극적인 노동시장정책이 병행되어야 하고, 무엇보다도 재훈련된 노동력이 일할 수 있게 경쟁력 있는 중소기업을 만들어야 한다. 그렇다면 당분간 생산성 증가율을 넘어서는 임금인상은 산업 구조조정 계획이 추진되며 실효성 있는 적극적 노동시장정책 프로그램이 출발하기 전까지 최소화하고, 그 대신 중소 사업체의 부담이 상대적으로 덜한 임금 하위 70%의 노동자 가구와 영세자영업자 가구의 실질 가처분소득을 증가시킬 수 있는 사회지출을 전향적으로 확대할 필요가 있다. 물론 최저임금 인상에 따른 중소기업에 대한 임금 보조는 중소업체에 종사하는 임금 노동자에 대한 '사회적 임금' 성격의 지원으로, 한시적으로 유효성을 지닐 수 있다.

문제는 사회지출이 공급과 수요 측면에서 경제성장과 관련된 효과가 사회지출의 유형에 따라, 복지-생산체제의 유형 따라 차이가 있다는 것이

---

7 물론 사회보험지출의 절반 가까이가 건강보험지출이라는 점을 고려하면 '역진적 선별주의'는 조금 과도하다는 비판이 있을 수도 있다. 그러나 사회보험은 안정적 기여를 할 수 있는 정규직 고용에 기반을 두고 있다는 점, 건강보험을 제외한 다른 사회보험의 실질적 용률에서 정규직과 비정규직, 임금노동자와 비임금노동자의 차이가 확연하다는 점을 고려하면, 급여의 보편성 측면에서 한국 복지체제의 성격을 역진적 선별주의라고 규정하는 것은 큰 무리가 없어 보인다. 더욱이 향후 건강보험에 상병수당이 도입된다면 건강보험 또한 역진적 선별성을 갖는 또 하나의 사회보험이 될 수 있다.

다. 먼저 이른바 독일·스웨덴과 같은 조정시장경제에서는 사회지출의 증가가 경제성장에 긍정적인 영향을 주는 반면, 자유시장경제에서는 부정적 영향을 주는 것으로 나타났다(이영수, 2016). 더 구체적으로 조정시장경제에서도 스웨덴과 같은 균형적 성장 모델은 사회지출이 소비 증가를 통해 경제성장에 기여하는 정도가 상대적으로 숙련된 노동력에 의존하는 독일에 비해 더 큰 것으로 나타났다(Baccaro and Pontusson, 2016: 198~202). 즉, 한국의 복지체제와 생산체제 성격에 따라 사회지출이 공급과 수요 측면에서 미치는 영향은 달라질 수 있다는 의미이다. 그런데 현재 한국이 어떤 복지-생산체제인지는 매우 논쟁적인 이슈로 남아 있다.

다음으로 대부분의 복지체제에서 현금보다 사회서비스가 경제성장에 친화적인 사회지출인 것으로 나타났다(윤홍식 외, 2018). 문제는 한국의 사회지출에서 소득보장 대 사회서비스의 비중은 이미 4 대 6 정도로 사회서비스 비중이 높다는 점이다. 물론 이러한 불균형은 한국의 사회서비스 지출이 크기 때문이 아니라 전체적인 사회지출 수준이 낮기 때문에 나타난 현상이다. 2013년 기준으로 OECD의 GDP 대비 사회지출 비율이 8.3%라는 점을 고려하면 한국의 사회서비스 지출 규모(2014년 기준 5.4%)는 낮은 수준이다. 사회서비스와 현금의 균형적 확대가 필요한데 노인빈곤율에서 보이듯 당분간 기본적 생활을 보장한다는 측면에서 현금지출에 조금 더 집중하는 것은 불가피해 보인다.

또한 소득주도성장 전략의 기본 목표 중 하나가 증가된 가처분소득이 직접 소비로 이어지게 하는 것이라는 점을 감안하면 소득지원의 대상으로는, 상대적으로 현금 수요가 큰 아동이 있는 가구와 구직난과 노령으로 소득 활동이 어려운 청년세대와 노인세대가 우선적으로 고려될 필요가 있다. 다만 복지제도의 보편성이 훼손되지 않도록 기초연금, 아동수당, 청년(구직)수당은 인구사회학적 기준(아동 유무, 연령, 구직 여부 등)에 따라 보편적으로 지급되는 것이 바람직해 보인다.[8] 사회서비스의 경우 양질의 서비스를 보편적·효율적으로 제공해야 가구의 가처분소득을 증가시키는 것과 함께 공급측면의 효과(인적자본의 향상)도 기대할 수 있다(윤홍식 외, 2018). 다만 보편적 서비스가 곧 무상을 의미하는 것은 아니기 때문에 사회서비스는 서비스가 필요한 개인과 가구가 경제적 이유로 서비스를 이용하지 못하는 문제를 해소한다는 관점에서 소득 수준에 따라 비례적으로 부담하는 것도 고려해 볼 수 있다. 예를 들어, 필요한 사회서비스를 모두 이용하는 가구의 총비용이 가구소득의 특정 비율(예를 들면 스웨덴처럼 가구소득의 3%)을 넘지 않는 범위에서 소득 수준에 따라 비용을 부담하게 할 수도 있다.

마지막으로 복지체제의 관점에서 한 가지 중요한 점을 언급하면 소득 증가가 소비 증가로 이어지기 위해서는 개인이 불특정한 미래에 실업, 질병, 노령, 돌봄 위기 등 사회적 위험에 직면해도 반드시 '기본적인 삶'이 보장된다는 확신이 있어야 한다는 점이다. 만약 미래 상황이 불안하다면 소득이 늘어나도 늘어난 소득을 소비에 사용하기보다는 미래의 사회적 위험에 대비하는 용도로 사용해 '저축의 역설'이 나타날 가능성이 높다. 실제로 2000년대 이후 한국 사회에서 중산층과 고소득층의 소비성향이 감소하는 이유 중 하나는 경제에 대한 불확실성이 커졌기 때문이다(임병인·윤재형, 2014: 601~602). 그러므로 비급여 축소를 중심으로 건강보험의 보장성 강화, 실업부조 제도화, 기초연금 인상, 적극적 노동시장정책, 보편적 돌봄체계 구축 등 공적 사회보장을 강화하는 것은 미래에 대한 불안을 감소시켜 '저축의 역설'을 피해 (가처분) 소득 증가가 소비 증대로 순환될 수 있는 구조를 만드는 중요한 전제라고 할 수 있다.

---

8 이에 대한 반론도 있다. 가처분소득이 늘어 소비가 증가해도 소비가 모두 국내 생산과 연결되는 것은 아니기 때문에 (생활용품 대부분이 중국으로부터 수입된 저렴한 제품이라는 점을 감안하면) 소득증가분이 그대로 국내 생산물의 소비 증가로 이어지기는 어려울 것이라는 주장은 설득력이 있다. 하지만 노동소득분배율 변화가 수출입과 무관하다는 연구 결과를 생각하면(이상헌·주상영, 2016) 가구의 가처분소득 증가가 수입 증가로 이어질 것이라는 주장은 실증적 검증이 필요해 보인다.

4) 자동화와 숙련의 문제

임금 증가는 단순히 총수요를 증가시키는 수요 측면의 효과만 있는 것이 아니라 생산성 증가에도 긍정적 영향을 미치는 것으로 알려져 있다(Lavoie and Stockhammer, 2012). 이러한 결과는 임금 상승이 장기적으로 생산성을 높여 경제에 긍정적 영향을 미칠 수 있다는 것을 의미한다. 1982년 이후 네덜란드에서 생산성이 둔화된 원인의 90%는 실질임금의 감소 때문인 것으로 알려졌다(Naastepad, 2006). 저임금일자리를 양산한 네덜란드의 일자리 기적은 생산성 위기의 동전의 양면이었다(Storm and Naastepad, 2013). 일본도 지난 20년(1992~2014) 동안 (노동생산성은 연평균 1.5% 내외였는데도) 실질임금이 오르지 않았다. 이에 따라 비용을 절약했지만, 경제침체에서 벗어나지 못하는 '비용의 역설'이 발생했다(주상영, 2017: 121). 이미 실질임금 상승이 소비와 투자를 촉진해 노동생산성을 증가시켜 경제성장을 이룬다는 칼도어-버둔 효과(Kaldor-Verdoorn effect)는 100편에 가까운 논문을 통해 경험적으로 입증되었다.

하지만 문제는 단순하지 않다. 칼도어-버둔 효과의 핵심은 임금 상승이 노동절약적 기술 진보를 유발해 노동생산성을 증가시킨다는 것인데, 한국의 문제는 노동력의 숙련을 동반하지 않는 노동절약형 기술 진보가 노동소득분배율을 낮추고, 사회보장제도의 보편성을 저해하는 원인 중 하나라는 점이다(윤홍식, 2017b). 이런 상황에서 임금 상승을 통한 기술 진보는 이미 수출 부문의 높은 자동화율을 더욱 높여 노동자의 숙련과 생산 기술이 분리되는 구조를 심화하고 경쟁력 높은 수출 부문에 종사하는 소수의 노동계급에게 안정적 고용, 임금, 공사적 사회보장기제를 제공했던 한국 복지체제의 역진적 선별성을 강화할 수 있다. 실제로 한국에서 노동소득분배율의 개선은 소비를 확대하는 경로가 아닌 기업의 노동절약형 투자를 촉진시켜 수출을 증대시키는 것으로 나타났다(전병유·정준호, 2016).

결국 한국에서는 노동 숙련을 강화하는 제도적 장치가 마련되어야 소득 증대가 총수요를 증가시키며 성장을 이끄는 선순환이 이루어질 수 있다. 핵심은 소득주도성장이 노동숙련에 기초한 생산력을 높이는 산업구조 개혁을 수반해야 한다는 것이다.

5) 노동의 교섭력

임금을 높이고 사회지출을 늘림으로써 소비를 증가시키고, 소비 증가가 생산을 증가시키는 선순환을 성공적으로 이루기 위한 핵심 조건 중 하나는 노동계급으로 대표되는 강력하게 조직된 정치적 주체의 존재이다. 하지만 한국의 조직화 수준은 매우 낮다. 1987년 민주화 이후 노동조합 조직률이 일시적으로 증가해 1989년 역대 최고치인 18.6%에 달했지만, 1990년 보수대연합이 결성되면서 노조조직률은 급락했고 1997년 외환위기 이후 대체로 11%대 수준에 머물고 있다(김유선, 2016; 2008). 흥미로운 점은 민주화 이후 상대적으로 노동조합을 결성하기 용이한 정치사회적 조건이 만들어졌는데도 노조조직률이 독재정권 시기와 비교해 높아지지 않았다는 점이다. 더욱이 노조조직률은 보수로부터 친(親)노동정권이라고 비판받았던 김대중·노무현 정부 기간과 친시장주의 정권인 이명박·박근혜 정부 기간 간에 큰 차이가 없다. 오히려 이명박·박근혜 정부 9년 동안 노조조직률은 12.0%로 김대중·노무현 정부 10년의 조직률 11.7% 보다 0.3%p 높았다.

임금노동자 계급 내에서 제조업 노동자의 감소와 사무직과 일용노무직 노동자의 증가, 비정규직의 증가로 대표되는 노동시장유연화는 이러한 현상을 불완전하게나마 설명해 준다(통계청, 2017b). 실제로 분기별 추이를 분석한 자료에 따르면 임시일용직으로 대표되는 비정규직의 비율은 1983년을 기점으로 증가하기 시작해 1987년 민주화 이후부터 1993년까지 일시적으로 감소하다가 다시 증가했다(김유선, 2014). 정규직에 비해 비정규직의 낮은 노조조직률을 고려한다면 왜 독재정권 이후에도 노조조직률이 높아지지 않았는지를 부분적이지만 설명할 수 있다.[9] 다른 측면에서 보면 비정규직과 같은 나쁜 일자리 증가는 숙련과 기술이 분리된 조립형 전략에 기초한 한국 산업화 과정의 필연적 결과일 수 있다(정준호, 2016; Levy and Kuo, 1991). 실제로 1990년대 초부터 2000년대 중반까지 노동시장의 변화를 보면 상위 일자리는 증가한 반면 중간 수준과 하위 수준의 일자리는 감소하는 J 자형 곡선이 나타난다(전병유, 2007).

이처럼 한국의 성장체제가 소득주도형 성장체제라고 하더라도 한국 사회는 이를 실행할 수 있는 조직된 주체가 취약하다. 2017년 최저임금 인상을 둘러싼 논란에서 보이듯 조직된 노동이 취약하고, 노동이 대중으로부터 고립된 사회에서는 부분적인 임금인상조차 매우 어려운 과제이다. 더욱이 소득 상승이 곧바로 소비 확대로 이어지는 중소기업과 서비스업에 종사하는 노동자의 조직화 수준이 매우 낮다는 점을 고려하면 한국에서 일회적 또는 한시적 복지확대나 최저임금 인상과 같은 정책을 제외하면, 소득주도성장을 지속적으로 추진할 정치적 기반은 매우 취약하다고 할 수 있다. 결국 성공적인 소득주도성장을 이루기 위해서는 국가가 목적의식적으로 노동자의 교섭력을 강화할 수 있는 제도적 장치(조직률을 높이든 단체협약 적용률을 높이든)를 마련해야 한다.

9 고용노동부가 작성한 자료에 따르면 2015년 현재 공무원의 노조조직률은 66.3%에 달하는 데 반해, 민간 부분은 9.1%에 그쳤다(고용노동부, 2016). 물론 이러한 변화는 산업별 고용 인원에서 제조업 부문의 감소와 SOC 및 서비스 부문의 증가로 대표되는 한국 산업구조의 변화를 반영하고 있다(한국경제 60년사 편찬위원회, 2010).

5. 정리와 함의

지금까지 우리는 문재인 정부의 핵심 국정운영 전략으로 '알려진' 소득수도성장과 관련된 논의를 한국 복지체제의 관점에서 정리했다. 소득주도성장 전략에 대한 다양한 논점을 제시했지만 소득주도성장 전략은 1980년대 이래 공급 중심의 성장전략이 장기침체를 유발하고, 불평등을 심화시켰다는 점을 고려하면 수요 측면을 강조한 시의적절한 대안 담론으로 보인다. 특히 소득주도성장 전략은 한국 복지체제의 관점에서 사회지출이 인적자본을 향상시켜 성장에 기여한다는 사회투자 전략의 협소한 공급 측면의 논리와 사회지출을 안정화 장치로 보았던 전통적 접근을 넘어 소비와 생산을 선순환시키는 중요한 성장 동력으로 위치시켰다는 점이 중요하다.

하지만 우리는 이상의 논의를 통해 단순히 임금을 높이고, 사회지출을 늘린다고 해서 총수요가 증가하고 투자와 생산이 증가해 경제가 성장하는 것은 아니라는 점을 확인했다. 더욱이 경험적 연구에 따르면 대외 부문과 부채를 분석에 포함할 경우 한국 성장체제의 임금주도성은 약해지는 것으로 나타났다. 이러한 이유로 실질임금의 증가와 사회지출 증가가 소비와 투자의 증가로 이어지고, 이러한 과정이 노동생산성 증가로 이어지면서 경제성장과 선순환하기 위해서는 정부의 정교한 정책 개입이 필요하다. 질 높은 공적 사회보장제도가 보편적으로 갖춰지지 않은 상태에서 2008년 금융위기 이후 지속된 경제의 불확실성은 가구의 가처분소득 증가가 소비 증가로 이어지는 경로를 막았다.

또한 한국과 같이 자산축적이 공적복지의 역할을 대신해 온 개발국가 복지체제에서 소득 상승이 자산 구매와 부채 상승으로 나타나지 않고, 소비 확대로 이어지기 위해서는 주택과 같은 부동산 가격의 안정이 필수적이며 주택 소유를 대신할 수 있는 사회보장제도의 확충이 필요하다는 것도 확인했다. 누구의 임금을 높이고 사회지출을 확대할지도 정교한 정책적 판단을 요구하는 부분이다. 자영업자와 임금소득 하위 70%의 소득이 급감했다는 점을 고려할 필요가 있다. 단기적으로는 한국 복지체제의 광범위한 사각지대를 해소하기 위해 보편적 수당과 의료, 교육, 돌봄, 주택 등 기본적인 서비스를 확대하고, 장기적으로 노동자를 배제한 기술혁신을 지양하며, 노동자의 숙련과 기술혁신을 일치시키고, 이를 기초로 공적 사회보장 대상을 보편적으로 확대하는 전략이 필요하다. 특히 북서유럽 복지국가에서 사회보험은 숙련노동자의 노동력을 유지하기 위한 제도로 도입되었다는 점을 고려했을 때(씰렌, 2011), 사회보험의 보편적 확대는 한국 사회에서 노동력의 숙련을 향상시키는 것과 함께 숙련에 기초한 고용창출이 동시에 담보되는 과정이어야 한다. 사회지출 확대를 통해 인적자본을 향상시키는 방식 또한 이러한 한국 사회에서 숙련을 높이는 방식과 밀접하게 결합될 필요가 있다.

생산성과 관련해서는 단기적으로 자동화를 강화하는 임금 주도 방식을 제한적으로 실행하는 대신 사회적 임금을 높이는 방식, 즉 복지지출의 확대를 통해 가구의 실질 가처분 소득을 높이는 방식을 고려해 볼 필요가 있다. 사회지출이 노동력의 숙련을 강화는 방식과 연결될 수 있다면 임금인상의 비중을 줄이는 대신, 사회지출 확대를 통해 숙련 향상과 소비 확대를 도모할 수 있을 것이다. 하지만 결국 소득주도성장과 관련해 한국 복지체제의 역진적 선별성을 해체하고 보편적 사회보장체제를 구축하기 위한 가장 중요한 과제는 한국의 경제체제를 숙련과 기술이 분리된 자동화에 기초한 수출주도형 성장체제에서 벗어나 숙련과 기술이 결합된 내수 중심의 성장체제로 전환시킬 수 있는 강력한 정치적 주체를 형성하는 것이다. 또한 후기산업사회에서 숙련에 대한 새로운 정의와 이에 조응하는 새로운 교육훈련도 필요해 보이며, 사회지출 확대와 임금 상승이 새로운 숙련체제와 어떻게 결합될지에 대한 전략적 고민을 해야 한다.

마지막으로 앞서 언급한 것처럼 한국 복지체제의 관점에서 보면 복지국가의 근간이 되는 지속 가능한 성장을 위해 소득주도성장 전략은 신자유주의를 대신할 경쟁력 있는 담론으로 보인다. 하지만 소득주도성장의 성공적인 출발은 어쩌면 단순히 노동소득분배율을 개선하고 사회지출을 늘리면 생산과 소비가 선순환하는 성장체제가 만들어진다는 순진한 고정관념에서 벗어나는 것일지도 모른다. 모든 담론은 그 담론이 실현될 수 있는 역사적 유산과 그 유산에 기초한 필수적인 전제가 충족되어야 하기 때문에 우리는 한국 사회가 그 전제를 충족하고 있는지 냉철히 판단할 필요가 있다. 더욱이 우리는 아직 한국 사회가 어떤 복지체제인지, 어떤 생산체제인지, 복지체제와 생산체제가 어떤 방식으로 결합되어 있으며, 한국 복지체제의 유산이 무엇인지도 정확히 인식하지 못하고 있다.[10] 그러므로 소득주도성장 전략을 전면화하기 이전에 풀어야 할 시급한 과제는 소득주도성장 전략이 성공적으로 실현될 수 있는 한국 복지체제의 고유한 조건을 새롭게 구성하는 일이다. 우리에게 필요한 것은 단순히 변수 간 상관관계가 아니라 임금소득과 사회지출이 성장으로 연결되는 성장체제를 구축하기 위한 (재원 확보 방안을 포함해) '이행경로와 이행조건'을 한국에 맞게 재구성하는 것이다. 자기 자신이 어디에 서 있는지조차 정확히 인식하지 못하는 사회에서 변수와 방법론에 따라 상이한 결과가 나타나는 전략을 전면화할 수는 없다.

10 극심한 초저출산, 숙련과 기술이 분리된 성장체제, 역진적 선별성이 강한 공사적 보장체제, 민간 중심의 서비스 전달체계 등이 북서유럽 복지체제와 상이한 한국 복지체제의 대표적인 유산이라고 할 수 있다. 이 중 저출산 문제는 단순히 노동력 부족이라는 문제를 넘어 소득주도성장 전략의 핵심 개입 지점인 소비를 제약하는 중요한 장애요인이라는 점에서 특별히 주목할 필요가 있다.

참고문헌

고용노동부. 2016.11.4.「2015년 전국 노동조합 조직현황」. 보도자료.

관계기관합동. 2017.『가계부채 종합대책』.

김상조. 2010.「재벌 중심 체제의 한계: 경제력 집중 심화 및 폐쇄적 지배구조의 폐해와 극복 방안」. 안현효 엮음.『신자유주의 시대 한국경제와 민주주의』, 131~180쪽. 선인.

______. 2012.『종횡무진 한국경제: 재벌과 모피아의 함정에서 탈출하라』. 오마이북.

김유선. 2008.『한국의 노동조합 조직연구: 조합원수(조직률) 분석을 중심으로』. 한국노동연구원.

______. 2014.「민주 정부 10년, 비정규직 규모와 실태」. 이병천·신진욱 엮음.『민주정부 10년, 무엇을 남겼나』, 481~510쪽. 후마니타스.

______. 2016.「비정규직 규모와 실태: 통계청, '경제활동인구조사 부가조사'(2016.8) 결과」. ≪KLSI Issue Paper≫, 9.

김정훈·민병길·박원익. 2017.「소득 주도 성장의 쟁점 및 정책적 시사점」. ≪이슈&진단≫, 296쪽.

김진일. 2013.「소득분배가 경제성장에 미치는 영향: 칼레츠키안 거시 모형을 통한 분석」. ≪경제발전연구≫, 14(1), 151~166쪽.

김현정·김우영·김기호. 2009.「가계부채가 소비에 미치는 영향: 미시자료를 중심으로」. ≪경제분석≫, 15(3), 1~36쪽.

라보이, 마크(Marc Lavoie). 2016.『포스트 케인스학파 경제학 입문: 대안적 경제 이론』. 김정훈 옮김. 후마니타스.

로버츠, 마이클(Roberts, M). 2017.『장기불황』. 유철수 옮김. 고양시: 연암서가.

브레너, 로버트(Robert Brenner). 2002.『붐 앤 버블: 호황 그 이후, 세계 경제의 그늘과 미래』. 정성진 옮김. 아침이슬.

스틸, 벤(Benn Steil). 2015.『브레턴우즈 전투』. 오인석 옮김. 아산정책연구원

심혜인·류두진. 2017.「가계부채와 국내소비: 실증분석 및 금융정책적 시사점」. ≪한국증권학회지≫, 46(1), 249~273쪽.

씰렌, 캐쓸린(Kathleen Thelen). 2011.『제도는 어떻게 진화하는가: 독일 영국 미국 일본에서의 숙련의 정치경제』. 신원철 옮김. 모티브북.

스토캐머, E.(E. Stockhammer). 2017. 소득주도 성장론의 좌표와 쟁점: 소득주도 성장의 경제-사회정책적 논의 좌담회 녹취록. 2017년 10월 11일 한겨레신문사 회의실.

윤소영. 2010.「2007-09 금융위기: 마르크스주의적 분석과 대안」. 윤소영·윤종희·박상현 지음.『2007-09년 금융위기 논쟁』, 9~106쪽. 공감

윤홍식. 2018.「이승만 정권시기 복지체제」. ≪사회복지정책≫, 45(1).

______. 2017a.「기본소득, 복지국가의 대안이 될 수 있을까? 기초연금, 사회수당, 그리고 기

본소득」. ≪비판사회정책≫, 54, 81~119쪽.
______. 2017b. 「민주화 이후 30년, 한국 복지체제의 변화와 전망」. 한국사회정책학회 춘계 학술대회(2017.5.26. 중앙대학교 경영경제관).
애플비, 조이스(Joyce Appleby). 2012. 『가차없는 자본주의: 파괴와 혁신의 역사』. 주경철·안민석 옮김. 까치글방
엥달, 윌리엄(William Engdahl). 2015. 『화폐의 신: 누가, 어떻게, 세계를 움직이는가』. 김홍옥 옮김. 도서출판 길.
오나란, Ö (Ö Onaran). 2017. 소득주도 성장론의 좌표와 쟁점: 소득주도 성장의 경제-사회정책적 논의 좌담회 녹취록. 2017년 10월 11일 한겨레신문사 회의실.
윤홍식 외. 2018. 『복지, 성장, 고용의 선순환을 위한 복지정책 방향 연구』. 보건복지부.
이병희 외. 2014. 『노동소득분배율과 경제적 불평등』. 한국노동연구원.
이병희. 2015. 「노동소득분배율 측정 쟁점과 추이」. ≪월간 노동리뷰≫, 205(1), 25~42쪽.
이상헌. 2014. 「소득주도성장: 이론적 가능성과 정책적 함의」. ≪사회경제평론≫, 43, 67~99쪽.
이상헌. 2017. "소득주도 성장론의 좌표와 쟁점: 소득주도 성장의 경제-사회정책적 논의 좌담회 녹취록". 2017.10.11. 한겨레신문사 회의실.
이상헌·주상영. 2016. "한국의 기능적 소득분배와
임병인·윤재형. 2014. 「우리나라의 단기소비함수 및 소득계층별 한계소비성향 추이 비교·분석」. ≪산업경제연구≫, 27(2), 585~605쪽.
전병유. 2007. 「한국 노동시장의 양극화에 관한 연구: 중간일자리 및 중간임금계층을 중심으로」. ≪한국경제의 분석≫, 13(2), 171~230쪽.
전병유·정준호. 2016. 「자산과 소득불평등의 총수요효과와 성장체제」. ≪사회과학연구≫, 55(1), 263~303쪽.
전승훈·박승준. 2011. 「공적이전소득이 사적이전소득에 미치는 영향 분석」. ≪한국경제연구≫, 29(4), 171~205쪽.
정상준. 2017. 「임금주도 수요체제와 가계부채: 한국경제의 SVAR분석」. ≪사회경제평론≫, 52, 153~184쪽.
정준호. 2016. 「한국 산업화의 특성과 글로벌 가치사슬」. 이병천 외 엮음. 『한국의 민주주의와 자본주의: 불화와 공존』, 70~111쪽. 돌베개.
주상영. 2013. 「노동소득분배율 변동이 내수에 미치는 영향」. ≪경제발전연구≫, 19(2), 151~182쪽.
주상영. 2017. 「한국의 소득주도 성장: 여건 분석 및 정책적 논의」. ≪예산정책연구≫, 6(2), 117~149쪽.
최남진·주동현. 2016. 「가계부채 및 부채의 변동성이 소비와 성장률에 미치는 영향」. ≪금융지식연구≫, 14(1), 71~99쪽.
최석현·김군수·이재광. 2012. 「한국의 자본주의와 사회적 경제」. ≪이슈&진단≫, 73, 1~25쪽.
통계청. 2017a. e-나라지표: 국내총생산 및 경제성장률(GDP). http://www.index.go.kr/potal/

main/EachDtlPageDetail.do?idx_cd=2736(검색일: 2017.10.26).
통계청. 2017b. 국가주요지표: 비임금근로자비율. http://www.index.go.kr
______. 2017d. e-나라지표: 조세부담률. OECD. http://www.index.go.kr
하일브로너, 로버트 L.(Robert L. Heilbroner)·윌리엄 밀버그(William Milberg). 2016.『자본주의 어디서 와서 어디로 가는가』. 홍기빈 옮김. 미지북스.
한국경제60년사 편찬위원회. 2010.『한국경제 60년사 I: 경제일반』. 한국개발연구원.
한국노동연구원(KLI). 2016. 2016년 노동통계 Archive. https://www.kli.re.kr
홍장표. 2014.「한국의 노동소득분배율 변동이 총수요에 미치는 영향: 임금주도 성장모델의 적용 가능성」. ≪사회경제평론≫, 34, 101~138쪽.
홍태희. 2009.「한국경제에서 성장과 분배: 바두리·마그린 모형을 중심으로」. ≪질서경제저널≫, 12(3), 43~61쪽.
황선웅. 2009.「비정규직 고용의 확대, 소득분배, 경제성장」. ≪동향과 전망≫, 77, 169~ 201쪽.

Alper, F. and Demiral, M. 2016. "Public social expenditures and economic growth: Evidence from selected OECD countries." *Research in World Economy*, 7(2), pp.44~51.
Bhaduri, A and Marglin, S. 1990. "Unemployment and the real wage: The economic basis for contesting political ideologies." *Cambridge Journal of Economics*, 14, pp.375~393.
Bowles, S. and Boyer, R. 1995. "Wages, aggregate demand, and employment in an open economy: an empirical investigation." In Epstein, G. and Gintis, H(eds.). *Macroeconomic policy after the conservative era*, pp.143~171. Cambridge: Cambridge University Press.
Burke, J. and Epstein, G. 2001. "Threat effects and the internationalization of production." *Political Economy Research Institute, Working Paper Series*, Number 15. Univ. of Massachusetts, Amherst.
Cimoli, M. 2014. "Social expenditure and productivity: A structuralist view on sustainability." Economic Commission for Latin America and the Caribbean.
EC. 2007. Employment in Europe 2007. Brussels: European Commission.
Gordon, D. 1995. "Growth, distribution, and the rules of the game: Social structuralist macro foundations for a democratic economic policy." In Epstein, G. and Gintis, H(eds.). *Macroeconomic policy after the conservative era*, pp.335~383. Cambridge: Cambridge University Press.
Hein, E. and Mundt, M. 2013. "Financialisation and the requirements and potentials for wage-led recovery: A review focusing on the G20." *ILO conditions of Work and Employment Series*, No. 37. Geneva: ILO.
Hein, E. and Truger, A. 2010. "Finance-dominated capitalism in crisis." *Wokring Paper*, No.

06/2010. Institutue for International Political Economy Berlin.

Hein, E. and Vogel, L. 2009. "Distribution and growth in France and Germany-single equation estimations and model simulations based on the Bhaduri/Marglin-model." *Review of Political Economy*, 21(2), pp.245~272.

IMF. 2017. Fostering inclusive growth. G-20 Leader's Summit, July 7-8, 2017. Hamburg, Germany. IMF.

Lavoie, M. and Stockhammer, E. 2013. "Wage-led growth: Concept, theories and policies." In Lavoie, M. and Stockhammer, E(eds.). *Wage-led growth: An equitable strategy for economic recovery*, pp.13~39. New York: International Labour Organization.

Levy, B. and Kuo, W. 1991. "The strategic orientations of firms and the performance of Korea and Taiwan in frontier industries: Lessons from comparative case studies of keyboard and personal computer assembly." *World Development*, 9(4), pp.363~374.

Naastepad, C. 2006. "Technology, demand, and distribution: A cumulative growth model with an application to the Dutch productivity growth slowdown." *Cambridge Journal of Economics*, 29(2), pp.211~246.

OECD. 2014. Report on the OECD framework for inclusive growth. Paris: OECD Publication.

______. 2017a. Real GDP forecast(indicator). doi: 10.1787/1f84150b-en

______. 2017b. OECD.stat. Labour income share ratios(Accessed on June 7, 2017) http://stats.oecd.org/Index.aspx?queryname=345&#

______. 2017e. Revenue Statistics: OECD countries: Comparative tables. https://stats.oecd.org/Index.aspx?DataSetCode=REV#(검색일: 2017.8.11).

______. 2018. Social Expenditure Database: Social expenditure-aggregate data. https://stats.oecd.org/Index.aspx?DataSetCode=SOCX_AGG

Ogawa, K. and Wan, J. 2007. "Household debt and consumption." *Journal of Housing Economics*, 16(2), pp.127~142.

Onaran, Ö. and Galanis, G. 2012. "Is aggregate demand wage-led or profit-led? National and global effects." *ILO Working Papers. Conditions of Work and Employment Series*, No. 40.

Onaran, Ö. and Obst, T. 2016. "Wage-led growth in the E15 member states: The effects of income distribution on growth, investment, trade balance, and inflation." *Post Keynesian Economics Study Group, Working Paper*, 1602.

Onaran, Ö. and Stockhammer, E. 2005. "Two different export-oriented growth strategies: Accumlulation and distributiion in Turkey and in South Korea." *Emerging Markets Finance and Trade*, 41(1), pp.65~89.

Pardo, G. and Santos, J. 2014. "Household debt and consumption inequality: The Spanish case." *Economies*, 2014(2), pp.147~170.

Roberts, M. 2016. "The US rate of profit 1948-2015" Michael Roberts Blog. https://thenextrecession.wordpress.com/2016/10/04/the-us-rate-of-profit-1948-2015/(Accessed on 8 April 2018).

Schröder, M. 2013. *Integrating varieties of capitalism and welfare state research: A Unified typology of capitalisms*. London: palgrave macmillan.

Solow, R. 1958. "A skeptical note on the constancy of relative shares." *The American Economic Review*, 48(4), pp.618~631.

Stockhammer, E. 2013. "Why have wage shares fallen?" In Lavoie, M. and Stockhammer, E(eds.). *Wage-led growth*, pp.40~70. New York: ILO.

Stockhammer, E. and Onaran, Ö. 2004. "Accumulation, distribution, and employment." *Structural Change and Economic Dynamics*, 15(4), pp.421~447.

Storm, S. and Naastepaad, C. 2011. "The productivity and investment effects of wage-led growth." *International Journal of Labor Research*, 3(2), pp.197~217.

______. 2013. "Wage-led or profit-led supply." In Lavoie, M. and Stockhammer, E(eds.). *Wage-led growth: An equitable strategy for economic recovery*, pp.100~124. New York: International Labour Organization.

United Nations. 2010. "Global rebalancing." *Discussion Papers*, No. 200. UN.

World Bank. 2014. *What is inclusive growth?* World Bank.

제2부

/

복지재정정책

제4장

지속 가능한 복지국가를 위한 누진적 보편증세 전략

정세은 | 충남대학교 경제학과 교수

1. 서론

촛불혁명을 통해 집권한 문재인 정부에 대한 국민의 기대는 매우 컸다. 과거 집권 경험도 있으므로 노련하게 개혁과제를 완수할 것이라는 기대였다. 현재 한국경제가 당면한 위기와 과제를 생각해 보면 현 정부가 잘해주기를 바라는 마음은 간절할 수밖에 없다. 한국경제는 외환위기 이후 시작된 저성장, 양극화 추세에 더해 새로운 구조적·경기적 어려움에 동시에 직면해 있다. 저출산·고령화 추세에 따라 생산인구 감소가 본격적으로 시작되었고, 조선·해운·철강 등 주력 수출산업의 구조조정은 세계 경기침체가 장기화되면서 언제 끝날지 알 수 없는 상황이다. 중국과의 사드 갈등이 채 끝나기도 전에 미국이 보호무역주의를 강화하면서 수출 환경이 악화되었다. 이 때문에 제조업에서의 위기, 자영업의 위기가 동시에 진행되고 있다.

소수 대기업의 수출, 장시간 저임금노동에 기대는 과거의 패러다임으로는 이 상황을 돌파하기 어렵다. 그렇다면 이에 대한 방안은 무엇인가? 내수를 살리고, 저인건비가 아닌 기술과 혁신으로 경쟁하는 경제를 구축하며, 국민의 돌봄 수요를 감당할 뿐 아니라 질 좋은 복지 일자리를 확대하는, 수준 높은 복지국가 건설이 중요하다. OECD 평균에 비해 한참 부족한 복지지출은 거꾸로 복지확대를 통해 저성장, 양극화를 해소할 가능성이 크다는 것을 의미한다. 그러나 그 기대에 부응할 만큼의 성과를 내고 있는가?

2020년 초 코로나 사태 발생 이전의 시점에서 집권 이후의 조세재정정책을 평가해 보면 기대한 만큼의 개혁을 달성했다고 판단하기는 어려울 듯하다. 2017년 7월 100대 국정과제와 이후 예산안 및 중기 재정 운영을 통해 드러난 조세재정정책 기조는 이전 정부보다는 재정지출증가율을 높이고 복지 비중을 늘리는 것이지만, 적극적 증세를 통한 대규모의 복지확대를 바라는 진보 진영의 기대에 크게 못 미치는 것이었다. 과거 10년간의 감세와 작은정부 기조에서 벗어나고자 하지만, 여전히 재정보수주의에 사로잡혀 진보정부다운 조세재정정책을 펼치지 못했다. 가장 심각한 실책은 보유세 강화가 투기를 억제하는 근본 대책임에도 유의미한 보유세 강화책을 선제적으로 내놓지 못했다는 점이다. 이 장에서는 현 정부의 조세재정정책의 성과와 한계를 살펴보고 향후의 바람직한 개혁 방안이 무엇인지를 탐색하고자 한다.

2. 소폭의 증세와 소폭의 복지확대 전략

1) 세출 절감을 통한 소폭의 복지확대 전략

문재인 정부는 박근혜 정부와 같이 공약가계부는 발표하지 않았지만, 2017년 7월 19일 대선 당시 제시했던 공약들을 정리한 '100대 국정과제'를 발표했다. 예산을 투입하는 주요 투자계획은 일자리 확대 및 복지확대정책이 주요 내용이며, 이 부문에 2018~2022년의 5년 동안 총 119.7조 원을, 이

〈표 4-1〉 문재인 정부 2018~2022년 총지출 소요 및 재원 대책

소요(조 원)		재원 대책(조 원)	
합계(국비 소요 지출)	178 (151.5)[1]	합계	178
더불어 잘사는 경제	42.3	① 세입 확충 - 초과세수 증대 - 과세 기반 강화	82.6 (60.5) (17.1)
내 삶을 책임지는 국가	77.4		
고르게 발전하는 지역	7		
평화와 번영의 한반도	8.4	② 세출 절감 - 지출 구조조정 - 기금 여유자금 활용과 이차 보전 전환	84.1 (60.2) (35.2)
제도 설계 후 추진[2]	16.4		
지방 이전 재원	26.5		

주: 공약 관련 사업 지출 중 2017년 추경안에 약 4.4조 원을 미리 반영(청년구직수당, 치매안심센터 등)했다.
1) 국세 세입 증가에 따른 지자체 법정 전출분 26.5조 원(내국세의 39.51%) 제외 시 공약 소요에 활용 가능한 국고 재원 규모를 일컫는다.
2) 실업급여 보장성 강화 등 지출 소요는 있으나 정확한 추계가 어려운 사업을 일컫는다.
자료: 국정기획자문위원회(2017).

외에 균형발전, 국방 등을 포함하면 총 151.5조 원을 국비로 지출하기로 했다(국정기획자문위원회, 2017). 여기에 국세 증가에 따른 지방이전 재원 증가를 추가하면 총 178조 원의 지출이 소요된다.

국정과제는 178조 원이라는 재원을 어떻게 마련할 것인가도 밝히고 있는데, 세입 확충이 82.6조 원, 세출 절감이 95.4조 원이다. 세입 확충을 살펴보면 초과세수가 5년간 60.5조 원으로서 세입 확충 계획의 대부분을 차지한다.[1] 세출 절감 방안으로 세출 구조조정 60.2조 원(재량지출은 원점에서

1 초과세수와 세수 자연증가분은 서로 다른 개념인데 국정운영계획에서는 동일한 60.5조 원이 어떤 곳에서는 초과세수로, 다른 곳에서는 세수 자연증가분으로도 표현되어 혼란을 초래했다. 더욱 문제인 것은 60.5조 원이 두 개념 중 어느 것으로도 제대로 설명되지 않는다는 점이다. 초과세수란 정부가 예산을 짤 때 예상보다 더 들어온 조세수입으로서 미리 전망할 수는 없다. 한편 60.5조 원을 세수의 자연증가분이라고 하기에는 너무 작은 액수이다. 자연증가분이란 세율의 조정 없이 경제규모가 커짐에 따라 자연적으로 증가하는 세수증가분인데 5년간 60.5조 원에 그칠 것이라 볼 수 없기 때문이다. 아마도 국정과제를 작성하던 시점에서 판단했을 때 과소 세수 추계로 인해 초과세수 현상이 지속될 것으로 전망한 듯하다(정세은, 2018).

재검토해 10% 수준으로 구조조정을 추진하고, 의무지출은 전달체계 주수 방지 등을 통해 절감), 기금 여유자금 활용 및 이차보전 전환 35.2조 원(여유자금이 많고 기금 목적에 부합하는 공약이 많은 주택도시·고용보험·전력기금의 여유자금 최대한 활용)을 제시했다. 비과세 정비를 포함한 과세 기반 강화 등 적극적 증세 비중은 매우 작다.[2]

국정과제의 주요 투자계획의 내용은 이전 정부보다는 공공일자리 확대, 중소기업 및 청년 지원, 복지확대, 토목 SOC보다는 도심 재생 등에 더욱 맞춰져 있다. 대표적으로 소방관·경찰관을 더 충원하고, 사회복지 공무원을 늘리며, 심각한 청년실업 문제를 고려해 청년의 취업과 창업에 더욱 많은 재정을 투입하기로 했다. 복지의 경우도 기초연금 및 장애인 연금 10만 원 인상, 누리과정 어린이집 전액 국고 지원, 생계·의료·주거급여 부양의무자 기준 완화, 치매안심센터 및 치매안심병원 설립 등을 제시하고 있다.

2) 한·일 무역 갈등 이후 경제활성화를 위한 적자재정 편성

이러한 국정계획에 따라 2018년 예산안과 세제개편안이 수립되었다. 복지지출은 증가하고, 문화·체육·관광 분야, SOC, 환경 부문 지출은 감소한 예산이었다. 보건·복지·노동 분야를 살펴보면 공약 사항으로 제시한 복지지출 확대가 예산에 대부분 포함되었다. '2017~2021년 국가재정운용계획'도 발표되었다. 이에 따르면 재정지출은 같은 기간에 연평균 5.8% 증가하는 것으로 계획되었는데, 박근혜 정부 전 기간 연평균이 3.5%였던 데 비해 다소 높은 수준이었다. 재정지출증가율이 전 정부에 비해 높을 뿐 아니라 복지지출증가율은 그보다 훨씬 빠르게 증가하는 것으로 계획되어 있었

2 적극적 증세안으로는 소득세와 법인세의 상위 구간에 대한 과세 강화가 포함되어 있다. 2017년 세법 개정을 통해 이를 실현했는데 세수증가액은 5년 동안 5.5조 원이 될 것으로 전망되었다.

〈표 4-2〉 5년 재정운용계획의 총지출, 복지 및 경제 부문 지출계획

(단위: 조 원)

		2017	2018	2019	2020	2021	2022	2023	연평균 증가율
총지출	2017	400.5	429	453.3	476.7	500.9			5.8
	2018		428.8	470.5	504.6	535.9	567.6		7.3
	2019			469.6	513.5	546.8	575.3	604	6.5
보건·복지·고용	2017	129.5	146.2	159.4	172.7	188.4			9.8
	2018		144.6	162.2	179	196.4	214.3		10.3
	2019			161	181.6	198.4	213.2	229.1	9.2
경제	2017	57.6	53.2	52.4	51.7	51.3			-2.8
	2018		55	57.5	58.8	60.2	61.7		2.9
	2019			59.1	70.3	76.5	80.4	84.5	9.5
R&D	2017	19.5	19.6	19.7	19.8	20.0			0.7
	2018		19.7	20.4	21.4	22.6	24		5.2
	2019			20.5	24.1	26.7	28.7	30.9	10.8
산업·중소기업·에너지	2017	16	15.9	15.7	15.4	15.1			-1.5
	2018		16.3	18.6	19.4	19.9	20.2		5.5
	2019			18.8	23.9	26.4	28	29.9	12.4
SOC	2017	22.1	17.7	17	16.5	16.2			-7.5
	2018		19	18.5	18	17.7	17.5		-2
	2019			19.8	22.3	23.4	23.7	23.7	4.6

자료: 대한민국정부, 5년 재정운용계획, 각 호(2017, 2018, 2019).

다. 이는 분명히 환영할 만한 일이다.

그러나 적극적 증세 조치가 없으며, 국가채무도 2017~2021년 전 기간에 걸쳐 거의 동일한 수준에 머무르게 계획되어 있다는 점(〈표 4-3〉), 또한 2018년 초과세수 발생이 확실한 상황에 정부가 이를 포함하지 않은 채 예산을 짰다는 점에서 문재인 정부의 재정정책도 이전 정부와 마찬가지로 긴축적이며 기대한 것보다 복지 의지가 약하다는 평가를 받을 수밖에 없었다.[3]

3 2018년에 발생할 것으로 예상되는 초과세수를 본예산에 편성하지 않음으로써 총수입을 과소 추계했으므로 총지출의 증가폭이 제약되었다. 초과세수를 이용해 국정과제를 수행하겠다고 했으므로 초과세수와 국정과제는 당연히 예산안에 포함되었어야 했다.

〈표 4-3〉 5년 중기 재정운용계획의 조세부담률, 재정수지, 국가채무 전망

(단위: GDP 대비 %)

		2017	2018	2019	2020	2021	2022	2023
조세부담률	2017	18.8	19.6	19.9	19.9	19.9		
	2018		19.2	20.3	20.4	20.4	20.4	
	2019			19.6	19.2	19.2	19.3	19.4
국민부담률	2017	25.8	27	27.5	27.7	27.8		
	2018		26.6	27.8	28.1	28.3	28.6	
	2019			26.8	26.7	26.9	27.1	27.4
관리재정수지	2017	-1.7	-1.6	-1.8	-2	-2.1		
	2018		-1.6	-1.8	-2.3	-2.6	-2.9	
	2019			-1.9	-3.6	-3.9	-3.9	-3.9
국가채무	2017	40.4	39.6	39.9	40.3	40.4		
	2018		39.5	39.4	40.2	40.9	41.6	
	2019			37.1	39.8	42.1	44.2	46.4
경상성장률	2017	4.6	4.5	4.9	4.9	4.9		
	2018		4	4.4	4.7	4.8	4.8	
	2019			3	3.8	4.1	4.1	4.1

자료: 기획재정부, 국가재정운용계획(각 연도).

실제로 2018년은 경상성장률 전망 4.5%, 실제 3.7%로 실제 성장률 수치가 전망보다 낮았는데도 초과세수 현상이 발생했다. 2016년과 2017년에 대규모 초과세수 발생을 겪거나 인지한 상태였고, 반도체 호황으로 2018년 법인세 급증을 충분히 예상할 수 있으면서도 2018년 국세 수입 예산안을 2017년 국세 수입 결산액보다 불과 2.6조 원 많은 268.1조원으로 소폭 증액하는 이해하기 힘든 결정을 함으로써 초과세수 현상을 초래했다. 이는 재정보수주의의 결과라고 볼 수 있다(조영철, 2018).

2019년 예산안은 특히, 총수입이 본예산 기준 34.1조 원 확대와 같이 대폭 증가하도록 수립되었다. 2018년 말부터 경제 하강 신호가 나타나기 시

작해 총수입증가율의 하락이 예상되었으나, 세수가 과거 몇 년간 과소 추계되었던 것을 바로잡고 자연증가분을 고려한 결과였다.[4] 총수입 전망치가 대폭 커져 총지출 전망치도 대폭 높게 잡혔다. 2017년 중기 계획에서는 2019년 총지출이 453.3조 원이었는데 2018년 중기 계획에서는 470.5조 원으로 크게 증가했다. 5년간의 총지출 평균 증가율도 2017년에는 5.8%에서 2018년 7.3%로 상향 조정되었다. 이로써 2020년도 예산안, 중기 국가재정운용계획이 발표되었을 때 슈퍼예산이라는 언론의 보도가 나오기도 했다.

이와 같은 지출규모 확대가 재정정책의 기조가 뚜렷이 바뀌었기 때문이라고 볼 수 있을까? 일단 2019년 예산안의 총지출 급증은 2018년 예산안에서의 과소 세수추계를 수정해 세수입 전망치를 확대한 데 크게 기대고 있다는 점을 고려해야 한다. 그러나 다른 한편으로 관리재정수지나 국가채무지표를 보면 2018년의 중기 전망보다 적자 경향이 커진 것은 사실이다. 2023년에 국가채무는 GDP 대비 46.4%가 될 것인데 적극적 증세가 없는 상황에서 의미 있는 수준으로 적자가 늘어난 것은 아니다. 결국 과소추계를 바로잡고 이에 맞춰 정부지출을 늘린 셈이며 절대적 기준에서 재정적자는 발생하지만, GDP 대비 국가채무가 그리 크게 증가하지 않기 때문에 균형재정에 가까운 기조로 볼 수 있다. 즉 기조는 여전히 세입 내에서 지출을 유지하겠다는 것이었다. 프로그램별 증가율을 보면 경제 부문 지출이 2017년에는 중기적으로 감소하다가 2018년에는 증가하는 것으로 바뀐 것을 볼 수 있다. 경기 부진 상황을 고려해 세수추계를 정상화하면서 그렇게 증가한 세수를 활용해 경제 부문 지출을 줄이는 대신 늘리기로 한 것이다.

2020년의 예산안과 2019~2023년 중기 계획을 보면 이러한 변화를 확인

4 2018년 발생한 초과세수가 20조 원가량 발생할 것으로 예상되는 상황에서 세수의 자연증가율을 4% 정도로 보면, 2019년 국세 수입을 300조 원가량 잡은 것이다.

할 수 있다. 총지출은 절대액 기준으로 이전 중기 계획보다 큰 규모로 증가하는 것으로 제시되었는데, 복지지출은 이전과 비슷한 반면 경제 부문 지출이 큰 규모로 증가하게 계획되었다. 2021년 R&D, 산업중소기업에너지, SOC 예산의 합계지출액을 보면, 2017년 중기 계획에서는 51.3조 원이었던 것이 2018년 계획에서는 60.2조 원, 2019년 계획에서는 76.5조 원으로 증가했다. 복지 부문 지출이 3년 사이에 10조 원 더 증가하는 것으로 계획이 수정된 데 비해 경제 부문 지출은 25조 원 더 증가하는 것으로 계획되었다.

경상성장률 전망치는 대거 하향 수정되었다. 2019년 3%이고 2020년부터는 3.8~4.1%이다. 이러한 성장률 하향 수정은 당연히 총수입 전망에 영향을 미칠 수밖에 없다. 그러나 총지출을 하향 조정하는 대신 정부는 재정 여력을 이용해 적자재정 기조를 펴기로 했다. 관리재정수지는 GDP 3.6~3.9%의 적자를 보일 것이고 이에 따라 국가채무는 2020년 GDP 39.8%에서 2023년 46.4%까지 증가할 전망이다. 경기 부진 상태이므로 조세부담률을 올리지 않고 적자재정을 통해 경제활성화에 집중하겠다는 각오이다.

현재 한국의 국가채무가 다른 OECD 국가에 비해 상당히 낮다는 점에서 적극적 재정정책을 추구하기 위해서라면 단기적인 국가채무 증가는 용인될 수 있다. 재정건전성을 지키는 것은 중요하지만, 그것이 국가채무를 현재 수준에서 유지하는 것을 의미하지는 않기 때문이다. 현재 한국의 국가채무 수준이 다른 선진국들에 비해 상당히 낮기 때문에 현재보다 가령 2배 정도 국가채무가 많아진다고 해도 재정건전성이 위협받는 것은 아니다. OECD가 취합해 발표하는 각국의 국가채무 규모를 비교하면 2016년에 OECD 평균이 GDP 대비 113%인 데 비해 우리는 45%였다.

낮은 국가채무 수준에 더해, 국가채무에서 국가자산을 뺀 순 부채는 다른 국가에 비해 더욱 양호하다. 이는 국가채무 중에서 대응 자산을 가진 금융성 채무가 많고 적자성 채무는 적기 때문이다. 〈그림 4-1〉은 국가채무 중 적자성 채무의 추이를 보여주고 있다. 적자성 채무는 노무현 정부 초반, 이

〈그림 4-1〉 국가채무 중 적자성 채무의 규모의 추이

(단위: GDP 대비 %)

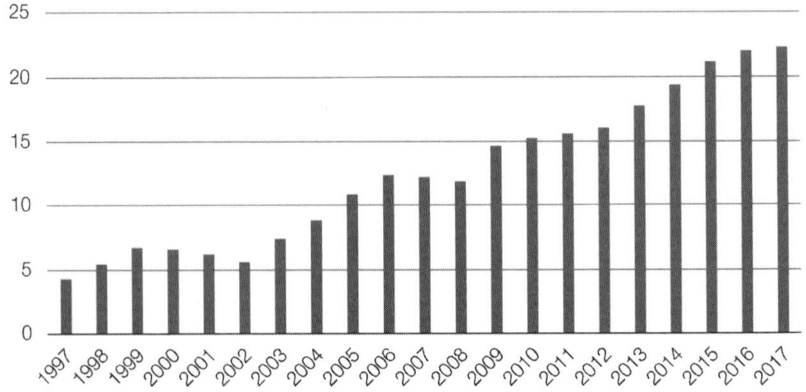

자료: 기획재정부 자료를 사용.

명박 정부 초반, 박근혜 정부 초반에 크게 증가했는데, 2017년에도 GDP 대비 22.4%로서 매우 작다는 것을 알 수 있다. 이렇게 양호한 국가채무 상황은 단기적으로는 적자재정 편성이 큰 문제가 없다는 것을 의미한다.

3. 소극적 조세정의 전략에 대한 비판적 평가

1) 소극적 조세정의 추구와 부동산 안정화 실패

문재인 정부의 조세재정정책의 기조는 코로나 사태 이전까지는 소폭의 조세정의 추구, 소폭의 세출 절감을 통한 소폭의 복지확대였다. 즉 조세정책의 초점은 이명박 정부가 실시했던 감세정책을 상위 구간의 경우 그 이전으로 되돌리고 조세정의 과제를 소폭 추진하되 대규모 증세를 시도하지 않으며 비과세 감면 정책을 활용해 타깃 계층 및 정책에 집중하는 것으로 설계되었다.

〈표 4-4〉 소득세, 법인세의 과표구간과 세율

<table>
<tr><th colspan="3">소득세</th><th colspan="3">법인세</th></tr>
<tr><th></th><th>2008</th><th>2018</th><th></th><th>2008</th><th>2018</th></tr>
<tr><td>0~1200만 원</td><td>8</td><td>6</td><td>1억 원</td><td>13</td><td rowspan="2">10</td></tr>
<tr><td>1200만 원~4600만 원</td><td>17</td><td>15</td><td>1~2억 원</td><td rowspan="6">25</td></tr>
<tr><td>4600만 원~8800만 원</td><td>26</td><td>24</td><td>2~200억 원</td><td>20</td></tr>
<tr><td>88만 원~1.5억 원</td><td rowspan="4">35</td><td>35</td><td>200~3000억 원</td><td>22</td></tr>
<tr><td>1.5억 원~3억 원</td><td>38</td><td rowspan="3">3000억 원 초과</td><td rowspan="3">25</td></tr>
<tr><td>3억 원~5억 원</td><td>40</td></tr>
<tr><td>5억 원 초과</td><td>42</td></tr>
</table>

집권 1년 차인 2017년에는 소득세와 법인세 상위 구간에 대한 세율 인상 개편이 있었다. 이명박 정부의 감세정책 이후 최근까지의 소득세와 법인세 개편을 통해 상위 구간의 부담은 어떤 변화를 겪었을까? 소득세의 경우 이명박 정부에 의해 추진되었던 세율 인하가 본래 의도와는 다르게 하위 구간에 대해서만 실시되었고 박근혜 정부에 의해 상위소득 구간에 대한 과세가 강화된 상태였다. 문재인 정부는 양극화가 심각한 상황을 바로잡기 위해 상위 소득 구간에 대한 과세를 더욱 강화하기로 하여 5억 원 초과에 대해 40%를 적용하던 기존의 체계를 3~5억 원 구간 40%, 5억 원 초과 42%로 조정했다. 한편 법인세의 경우에는 이명박 정부에 의해 전체 구간의 모든 세율을 인하했고 박근혜 정부도 이를 유지했는데, 문재인 정부는 법인세 최고 구간을 신설(3000억 원 이상)해 세율을 25%로 인상함으로써 적어도 명목세율 기준으로 최상위 구간에 대해 적용된 감세를 이명박 정부 이전으로 되돌렸다.

이러한 개혁으로 소득세, 법인세 최고세율은 OECD 평균보다 소폭 높아졌다. 소득세의 경우 2018년 최고세율(지방세 포함)은 OECD 평균 42.5%, G7 평균은 49.7%인데, 한국은 46.2%로서 한국의 소득세 최고세율은 OECD

〈그림 4-2〉 소득세 과표구간별 실효세율 수준의 추이

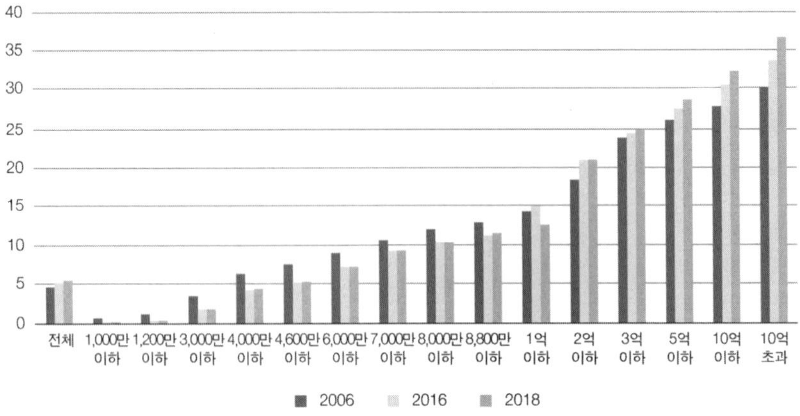

자료: 국세 통계를 이용해 필자가 계산.

〈그림 4-3〉 법인세 과표구간별 실효세율 수준의 추이

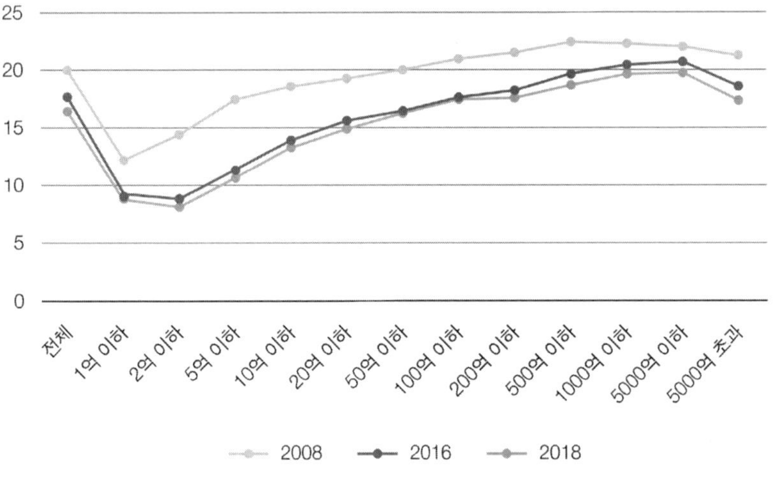

주: 실효세율 = (국내 총부담세액/과표), 감면 비율 = (공제감면액/과표), 세액에 외국 납부세액이 포함되지 않았다.

자료: 국세청 국세 통계를 사용해 필자가 계산.

국가 중 19위가 되었다. 법인세의 경우 2019년 최고세율(지방세 포함)은 OECD 평균 21.7%, G7 평균 21.4%인데, 한국은 27.5%로서 한국의 법인세 최고세율은 OECD 국가 중 11위를 차지했다(국회예산정책처, 2019). 그러나 법인세의 경우 OECD 국가 대부분이 비례세인 데 비해 한국은 포르투갈과 함께 네 개 구간을 갖춘 누진적 구조라는 점, 최고세율 구간에 속하는 기업들도 낮은 구간에서의 낮은 법인세율을 적용받는다는 점에서 최고세율만을 기준으로 한국의 법인세 세율이 상대적으로 높다고 말하기는 어렵다. 더욱이 한국은 소득공제와 세액감면 공제 혜택이 많다는 특징이 있다.

소득세의 경우 이명박, 박근혜 정부의 소득세율 인하가 누진도를 높이는 결과를 가져왔으며, 현 정부의 2017년 개편도 하위 구간에는 큰 변화를 가져오지 않는 대신 상위 구간의 실효세율을 더욱 높이는 결과를 가져왔다. 법인세의 경우 이명박·박근혜 정부가 친기업 정책을 폈던 것은 확실하다. 2008년 이후 행해진 법인세 감세정책으로 인해 전 과표구간에 걸쳐 실효세율이 하락했고, 박근혜 정부하에서도 여전히 실효세율은 2006년보다 낮았다. 한편 2017년 말에 현 정부에 의한 법인세제 개편 이후에도 전 과표구간의 실효세율은 2006년에 미치지 못했으며, 이것은 3000억 원 초과 기업의 경우에도 마찬가지이다. 즉 법인세의 경우 이명박 정부의 감세안 이전으로 되돌아가지 못한 셈이다.

현 정부는 소득세, 법인세 상위 구간의 세부담을 강화하는 것 이외에도 조세정의를 제고하기 위한 몇몇 세제 개편을 실시했다. 2017년에는 상속 및 증여세, 금융소득에 대한 과세가 강화되었으며 일자리와 상생을 유인하도록 세제가 조정되었다. 투자와 관계없이 고용 증가에 대해 공제를 실시하는 고용증대세제를 신설했고 상생협력출연금의 가중치를 높인 투자상생협력촉진 세제가 신설되었다. 2018년에는 근로장려금·자녀장려금 지급 대상 및 금액 대폭 확대, 일용근로자의 근로소득 공제 확대, 성과공유제 중소기업에서 경영성과급을 지급받은 근로자에 대한 소득세 감면 등의 개편이 있었다. 또한 2019년에는 근로소득 공제한도 설정, 과다한 세제 혜택으로 논란이 되었던 등록 임대사업자에 대한 세액감면 축소, 경력 단절 여성 재취업 지원 관련 인정 사유 추가와 재취업 요건 완화 등의 긍정적인 개편이 있었다.

그러나 이와 같은 조세정의의 제고라는 성과에도 부동산 보유세 강화라는 과제에 대해서는 매우 소극적 태도를 견지함에 따라 투기에 의한 부동산시장의 과열, 주택가격 급등이라는 심각한 결과를 야기했다. 2014년 박근혜 정부의 부동산 경기부양정책 이후 오르기 시작한 서울과 일부 지역의 부동산 가격은 문재인 정부가 들어선 이후에도 잡히지 않아 정부는 집권 직후인 2017년 8·2대책이라는 이름으로 전방위적인 1차 부동산 안정화 종합 대책을 내놓았다. 그러나 정작 핵심적 요소인 부동산 세제 강화책이 없었고 부동산 안정화 대책과 동시에 임대주택 등록을 유도하겠다는 명분으로 임대사업자에게 과도한 세제 혜택을 제공하는 등 부동산에 대해 상반된 신호를 보임에 따라 투기세력은 정부 정책기조를 관망하는 상태가 되었다.

이러한 상황에서 집권 2년 차인 2018년 봄에 재정개혁특위가 구성되었다. 이에 대해 복지국가 실현을 바라는 국민들은 재정개혁특위가 의미 있는 수준의 복지국가를 실현할 수 있는 적극적인 증세안, 특히 강력한 부동산 강화안을 제시할 것으로 예상했다. 그러나 이러한 기대와 예상은 실현되지 않았다. 2018년 7월에 재정개혁특위가 기대에 못 미치는 수준의 개편안, 즉 종부세 소폭 강화안과 금융소득 과세 강화안을 제안했으나 기재부에서 이마저도 거부한 것이다. 이를 통해 관망하던 투기세력은, 현 정부에 보유세 강화 의지가 없다고 판단한 것으로 보인다. 이 사건 이후 부동산 가격은 급격히 상승하기 시작했기 때문이다.

이에 정부는 2018년 9월 13일에 3주택 이상에 대해 종부세를 중과세하는 2차 부동산 안정화 종합 대책을 내놓았다. 그러나 이러한 대책으로 잡

〈표 4-5〉 종부세 과표구간과 세율의 추이

(단위: %)

	2005. 12·31법 (종부세 도입)	2008. 12·16법 (이명박 정부 개편)	2019.1.1법 (9·13 대책 반영)		2019.12.16 대책안		2020.7.10 대책안	
			2주택 이하	3주택 이상	2주택 이하	3주택 이상	2주택 이하	3주택 이상
3억 원 이하	1	0.5	0.5	0.6	0.6	0.8	0.6	1.2
6억 원 이하	1.5	0.5	0.7	0.9	0.8	1.2	0.8	1.6
12억 원 이하	1.5	0.75	1.0	1.3	1.2	1.6	1.2	2.2
14억 원 이하	1.5	1	1.4	1.8	1.6	2.0	1.6	3.6
50억 원 이하	2	1	1.4	1.8	1.6	2.0	1.6	3.6
94억 원 이하	2	1.5	2.0	2.5	2.2	3.0	2.2	5.0
94억 원 초과	3	2	2.7	3.2	3.0	4.0	3.0	6.0

주: 종부세법은 2005년 1월 5일 제정·도입 이후 2020년 6월 9일까지 20차례 개정되었다. 2018년 9·13대책에서 다주택자 대상 종부세 중과세율 인상안이 추가되어 2주택 이하와 3주택(조정대상지역 2주택도 해당) 이상으로 구분되었다. 2019년 12·16대책안은 국회를 통과하지 못하고 20대 국회가 마무리되었다.

히는 듯하던 강남의 부동산 가격은 다시금 빠르게 상승하기 시작했다. 그리고 서울의 부동산 가격이 어지러울 정도로 상승한 이후인 2019년 12월 16일 정부는 3차 종합 대책을 발표하면서 비로소 이명박 정부 이전 수준 정도로 종부세 세율을 올리는 결정을 내렸다. 그러나 저금리라는 투기 호조건하에서, 또한 공시가격의 현실화율이 낮고, 이전보다 관대한 공제제도가 도입된 상황에서 단지 명목세율을 과거와 같은 정도로 인상한다고 해서 부동산 투기를 잡을 수 있을지 우려스럽다는 반응이 지배적이었다. 실제로 2020년 들어서도 특히 서울 지역의 부동산 급등 현상이 잡히지 않아 6·7대책과 7·10대책이 연이어 발표되었다. 7·10대책에서는 종부세와 양도세 강화안이 포함되었지만 여전히 고액, 다주택 등 일부만을 집중 타깃으로 하는 것이어서 사회 전역에 퍼진 투기 열풍을 잠재울 수 있을지 의문이다.

부동산 세제를 통한 부동산시장 안정화 실패뿐 아니라 경기 부진을 이유로 슬며시 자산가와 자본에 유리한 세제개편안을 추진하는 일도 벌어졌다. 창업자금 증여세 과세특례의 경우 창업 업종을 확대하고, 자금 사용 기한을 연장하는 등 요건을 완화한 것은 증여세 탈루에 악용될 소지가 있다. 경제 부진에 대한 투자활성화라는 명목으로 양도세 확대 없이 증권거래세를 인하했고, 부의 대물림 현상이 심각한데도 경제활성화 효과가 의심스러운 가업상속공제 확대를 시도했으며, 종교인 과세 무력화 시도, 비과세 금융상품 확대 시도 등 조세정의를 해치는 개편이 시도된 것도 문제이다.

2) 저부담-저복지와 코로나

현 정부는 집권 초반에 대폭적인 최저임금 인상을 통해 소득분배 개선을 추구했지만, 이 정책이 경기 부진으로 인해 자영업자와 중소기업이 어려운 시기에 추진되면서 부작용이 과도하게 부각되었다. 사회안전망이 충분히 갖추어져 있었더라면 최저임금 인상이 야기하는 구조조정이 큰 무리 없이 흡수될 수 있었겠지만 그러기에는 한국의 사회안전망이 아직 충분히 발전해 있지 않은 상태이다.

〈표 4-6〉은 2011년의 한국과 OECD 국가들(평균)의 지출구조를 보여주고 있다. 이에 따르면 한국은 OECD 국가들에 비해 GDP 대비 10%p 정도 적다. 지출 구조를 살펴보면 비복지지출은 2.5%p 더 많고 복지지출은 12.5%p

〈표 4-6〉 2011년 OECD와 한국의 재정지출 구조

(단위: %)

		일반 행정	국방	공공 질서	경제	환경 보호	주거·공동체	여가·문화·종교	교육	복지
총지출 대비 비중	한국	15.2	8.6	4.2	20.1	2.4	3.3	2.2	15.8	28.3
	OECD	13.6	3.6	3.9	10.5	1.6	1.6	2.7	12.5	50.1
GDP 대비 규모	한국	4.9	2.8	1.3	6.5	0.8	1.1	0.7	5.1	9.1
	OECD	5.9	1.5	1.7	4.5	0.7	0.7	1.2	5.4	21.6

자료: OECD Statistics.

〈표 4-7〉 OECD와 한국의 조세부담률 및 국민부담률

(단위: GDP 대비 %)

		2008	2009	2010	2011	2012	2013	2014	2015	2016	2017	2018
OECD	조세부담률	24.3	23.3	23.5	23.7	24.1	24.3	24.6	24.7	24.9	25	
	국민부담률	32.9	32.2	32.3	32.6	33.1	33.4	33.6	33.7	34	34.2	
한국	조세부담률	18.4	17.4	17.2	17.6	17.8	17	17.1	17.4	18.3	18.8	20
	국민부담률	23.6	22.7	22.4	23.2	23.7	23.1	23.4	23.7	24.7	25.4	26.8

자료: 국회예산정책처(2019).

더 작다는 것을 알 수 있다. 즉 한국의 정부지출 규모는 OECD 국가들보다 매우 작은데 이는 복지지출 수준이 매우 낮기 때문이며 그만큼 절대적 기준에서 복지확대가 절실하다. 이에 대해 전승훈(2014)은 2011년 한국의 복지지출 수준이 적정 수준의 67.6%라고 추정했고, 진익·곽보영(2014)도 정부총지출 변수를 포함해 분석한 결과 2011년 기준으로 적정 수준의 65% 수준이라고 추정했다. 2018년에도 OECD 국가들의 사회복지 지출은 평균 GDP의 20%였는데 한국은 11.1%에 불과했다. GDP만을 고려한다면 한국의 복지지출은 GDP 대비 약 10%p는 증가해야 OECD 평균에 이를 수 있다.

현 정부의 복지지출이 증가했다고는 하지만 적정 수준에 비하면 아직까지 한참 부족한 상황이다. 이렇게 복지지출 비중이 작기 때문에 국민들이 세금을 내고 어떤 혜택을 받는지 모르겠다고 불만을 토로하는 것이다. 복지지출이 적은 것은 조세부담률, 국민부담률이 낮은 것과 동전의 양면을 이룬다. 한국의 조세체제는 조세부담률, 국민부담률이 OECD 국가들보다 크게 낮은 상태이다.[5]

5 복지확대가 왜 중요한가? 한국경제가 이제는 다른 선진국들과 비슷한 규모의 국가복지를 제공할 때가 되었다는 당위와 함께 각자도생 시스템으로는 현재 당면한 여러

4. 누진적 보편증세의 단기 과제

정부는 2020년 코로나19에 대응하기 위해 대규모 추경을 실시하면서 이를 대부분 국채 발행으로 조달하기로 했다. 2021년 본예산도 큰 폭의 적자로 짤 수밖에 없을 것이다. 그린 뉴딜과 디지털 뉴딜의 경우 항상적인 경상지출 프로그램이 아니라 단발적인 투자지출 프로그램이고, 그에 해당하는 자산이 발생하는 것이므로 국채 발행을 통해 대응해도 큰 문제가 아닐 것으로 보인다. 반면, 고용안전망과 사회안전망의 강화는 항구적인 지출 증가를 야기할 것이므로 재원 마련 전략이 동반되어야 한다. 고용보험 확대는 기존의 고용보험 부과방식을 유지하되 대상을 소폭 늘리는 단순한 안부터 부과방식과 대상을 대폭 바꾸는 강력한 안이 함께 논의되고 있는데 어떤 개혁안이든지 일반 재정 투입이 어느 정도는 필요할 것으로 보인다.

복지국가를 위한 바람직한 증세안은 무엇인가? 누진증세 대 보편증세라는 낡은 프레임 대신 모든 경제주체가 재원 마련에 기여하되 수직적 공평성을 충분히 실현하자는 누진적 보편증세 기조가 바람직한 원칙으로서

도전 과제에 제대로 대응할 수 없기 때문이다. 한국경제의 가장 큰 문제는 저출산, 양극화이다. 이는 성장잠재력 하락을 야기할 뿐 아니라 장차 국가의 존립 자체도 위협하는 매우 심각한 문제이다. 이 문제에 있어 보육 및 가족복지, 주거복지 등 사회안전망의 확대는 가장 효과적인 대응책이 될 것이다. 한편 한국경제가 당면한 산업구조 고도화 과제도 노동인구의 노동 역량 제고, 직업훈련 확대 등 관련 복지제도의 확대가 반드시 동반되어야 한다. 한편 이러한 국가복지는 그 자체로 새로운 일자리를 낳고 일자리 확대는 연쇄적으로 소득 및 고용창출 효과를 낳을 것이다.

2020년 초 발생한 코로나 사태는 현재의 사회안전망, 그중에서도 고용안전망이 매우 취약한 상태라는 것을 그대로 드러냈다. 그리고 그러한 안전망의 부재는 해당 계층의 삶을 위협할 뿐 아니라 사회전체의 위기 복원력을 작동하기 어렵게 한다. 이에 정부는 위기 발생 이후 추경 편성을 통해 경기를 부양하기 위해 노력할 뿐 아니라 단기적 경기부양을 넘어 전 국민 고용안전망을 도입하겠다고 선언한 바 있다. 코로나 사태로 한국의 복지가 한 단계 업그레이드되는 계기가 될 것으로 보이는데 복지의 확대는 재원 마련 논의를 필요로 할 수밖에 없다.

〈표 4-8〉 2015년 한국과 OECD, 주요 세목의 세수 규모

(단위: GDP 대비 %)

	소득과세		재산과세		소비과세		사회보장기여금	
	소득세	법인세	부동산 보유세	금융 거래세	일반 소비세	개별 소비세	종업원	고용주
한국	4.3	3.3	0.8	2.0	3.8	2.8	2.8	3.1
OECD 평균	8.4	2.8	1.1	0.4	6.9	3.2	3.3	5.2

자료: OECD.Stat(http://stats.oecd.org).

공감대를 얻고 있다. 즉 중산층까지 아우르는 복지국가를 실현하기 위해서는 보편증세-보편복지 국가를 지향하는 것이 바람직하지만, 분배 상황이 매우 악화된 현시점에서 보편증세라는 것을 내세워 저소득층과 고소득층의 세부담을 비슷하게 증가시키는 것은 바람직하지 않고, 국민적 공감대를 얻을 수도 없다. 따라서 '넓은 세원'을 추구하되 수직적 공평성을 제고하는 방향으로 세제개혁을 추구하는 것이 바람직하다. 그리고 이러한 전략을 누진적 보편증세라고 부를 수 있다.

구체적인 세제개편안을 도출하기 위해 먼저 현재 한국 조세체제의 특징을 살펴보자. 〈표 4-8〉에서 볼 수 있듯이 만일 다른 OECD 국가의 평균을 기준으로 각 세목의 GDP 대비 세수 비중을 고려하면 법인세를 제외한 다른 모든 세목은 모두 증세 대상이 될 것이다. 그러나 GDP 대비 규모를 기준으로 한 비교는 왜곡된 판단을 내리게 할 수 있다는 점에 주의해야 한다. 즉 소득세, 법인세, 소비세 등은 GDP가 아니라 가계와 기업에 분배되는 소득에서 지불되므로 가계소득 및 기업소득에 대비한 세수 규모를 비교할 필요가 있다. 이를 위해선 GDP가 가계소득과 기업소득으로 어떻게 나뉘는지, 가계와 기업이 내는 총세부담이 어느 정도가 되는지를 비교해야 한다. 〈표 4-9〉에 따르면 가계소득 및 기업소득을 기준으로 하고 가계와 기업의 세부담 전체를 비교해 보면(E/G) 한국의 경우 가계가 기업보다 상대적

〈표 4-9〉 소득 비중을 고려한 가계와 기업의 세부담 비교(2015)

(단위: %, 배, GDP 대비 %)

	한국	OECD
가계소득비중	62.3	66.3
기업소득비중	24.3	18.8
소득세/가계소득(%, A)	6.9	12.7
소비세/가계소득(%, B)	10.6	15.2
(소득세+소비세)/가계소득(%, C)	17.5	27.9
(소득세+종업원 사회분담금)/가계소득 (%, D)	11.4	17.6
(소득세+소비세+종업원사회분담금)/가계소득 (%, E)	22.0	32.9
법인세/기업소득 (%, F)	13.6	14.9
(법인세+고용주 사회분담금)/기업소득 (%, G)	26.3	42.6
소득세/소비세(A/B)	0.65	0.83
(소득 고려) 소득세/법인세 (A/F)	0.51	0.85
(소득 고려) 소득세+종업원분담금)/(법인세+고용주분담금)(D/G)	0.43	0.41
(소득 고려) 소득세+소비세+종업원분담금/(법인세+고용주분담금)(E/G)	0.83	0.77

주: 가계소득, 기업소득 OECD 자료는 20개 국가 평균이다.
자료: 소득은 2018 경제재정수첩, 조세는 OECD.

으로 세부담이 더욱 크다는 것을 알 수 있다.

결국 OECD 평균을 기준으로 한다면 한국의 조세제도는 모든 세목이 증세의 대상이 될 수 있는 구조이다. 소득세, 부동산 보유세, 소비세의 증세 여지가 있으며 법인세의 경우 사회보험료까지 고려해 크게 볼 때, 기업들의 세부담이 큰 편이 아니라는 점에서 증세의 여지가 있다. 이 중 소비세는 역진성을 고려해 최후의 증세 대상으로 남겨놓는다고 한다면, 소득세, 법인세, 부동산 보유세가 단기적으로 증세 여지가 높다.

누진적 보편증세를 실현하기 위한 첫 번째 과제는 역진적인 조세지출의 과감한 정리이다. 〈표 4-10〉은 2018년 기준 근로소득 과표구간별 근로소득, 소득공제 혜택, 세액공제 감면액, 결정세액, 실효세율을 나타낸다. 이

〈표 4-10〉 2018년 근로소득 과표구간별 소득공제, 세액공제 감면과 실효세율

(단위: 100만 원, %)

과표	과세 대상 근로소득자	면세자	과세 대상 근로소득	소득 공제 혜택	세액 공제 감면	결정 세액	실효세율 (%)
1000만 이하	6,207,104	3,852,800	17	1	0	0	0.2
1200만 이하	1,136,871	345,303	26	1	1	0	0.4
3000만 이하	5,438,180	901,326	38	3	1	1	1.8
4000만 이하	1,191,290	8,163	60	4	1	3	4.4
4600만 이하	514,963	1,091	70	4	2	4	5.4
6000만 이하	830,150	1,094	80	7	2	6	7.1
7000만 이하	343,729	397	93	7	2	9	9.2
8000만 이하	228,296	284	104	7	2	11	10.4
8800만 이하	124,985	170	114	7	2	13	11.4
1억 이하	130,139	205	125	11	2	16	12.8
1억 5000만 원 이하	209,201	394	151	11	2	25	16.2
2억 이하	54,657	146	204	13	2	43	21.0
3억 이하	34,513	108	275	14	3	68	24.6
5억 이하	16,728	10	418	17	3	119	28.5
10억 이하	7,037	5	722	24	4	233	32.3
10억 초과	2,437	0	2017	43	9	738	36.6

주: 소득공제혜택 = (근로소득공제 + 소득공제) × 해당 과표구간 세율이다.
자료: 2019 국제통계를 근거로 작성(2018년 데이터에 해당).

에 따르면 모든 과표구간에서 소득공제 혜택, 세액공제감면 혜택이 발생하며, 특히 상위 구간으로 갈수록 절대액이 증가하는 것을 알 수 있다. 보통 이러한 혜택들은 정부의 여러 정책적 목적 달성을 위한 것이고, 특히 가계의 복지지출에 대해 혜택을 제공하는 것인데, 국가에 의한 복지 혜택이 늘어나는 것과 비례해 이러한 조세지출은 정리하는 것이 바람직할 것이다.

더구나 고소득 가계로 갈수록 가구당 혜택이 커지기 때문에 조세지출을 줄이고 그에 따라 늘어난 세수입을 복지에 사용하면 재분배 효과가 더

욱 커진다. 물론 복지 혜택이 고소득층까지 포괄하는 보편적인 방식이라는 원칙이 관철되어야만 고소득층이 과도한 불이익을 받지 않을 것이다. 비과세감면제도는 일정 수준 이상으로 소득이 증가해도 더 이상 증가하지 못하도록 과감히 개혁하는 방안을 고려할 필요가 있다. 이와 관련해 2019년 세제개편으로 근로소득 공제한도가 2000만 원으로 결정된 것은 환영할 일이다. 근로소득 공제에만 국한하지 말고 향후 다른 소득공제, 세액공제감면 프로그램의 폐지 가능성도 충분히 검토해 보아야 할 것이다. 조세지출을 폐지한 후 5억 원 이상의 구간에서 과표구간을 추가함으로써 누진도를 더 강화할 수 있다.

한편 금융소득과 자본이득에 대한 과세 정상화도 필요하다. 이자 및 배당소득세 종합과세화가 필요하며, 2019년부터 걷기 시작한 임대소득세는 과도하게 산정한 경비율을 줄일 필요가 있을 뿐 아니라 종합소득으로 과세할 필요가 있다. 또한 상장주식 양도차익 과세가 대주주에 대해서만 과세되고 있다. 대주주의 정의가 점차 확대되고 있기는 하지만, IT 기술의 발전에 힘입어 기술적으로 어려운 일은 아닐 것이므로 전면 과세가 필요하다. 근로소득에 비해 약하게 과세되어 온 금융소득, 임대소득, 자본이득을 제대로 과세해야만 수평적 공평성이 달성될 수 있다.

법인세에 대한 과표구간별 감면 비율과 실효세율을 살펴보자(〈표 4-11〉). 공제감면 혜택은 전체 기업이 다 누리고 있기 때문에 감면제도가 중소기업 혹은 대기업 어느 한쪽에 유리하다고 하기는 어렵다. 다만 감면 비율이 동일하더라도 감면액의 절대액이 클 것이라는 점에서 대기업이 누리는 혜택이 더욱 크다고 할 수 있다. 특히 5000억 원 초과 대기업은 감면 비율도 매우 크다는 점에서 이들이 큰 혜택을 누린다고 짐작할 수 있다. 더욱 근본적으로 기업에 대한 지원은 재정지출 면에서도 대규모로 실시하는 것이기 때문에 효과를 확인하기 어려운 비과세감면제도는 줄이는 것이 바람직할 것이다. 비과세 감면 중 특히 가업상속 공제제도는 원래 취지대로 가업을 상

〈표 4-11〉 2018년 법인세 과표구간별 감면 비율과 실효세율

	법인 수	감면 비율	실효세율
전체	354,586	2.5	17.6
1억 이하	227,877	1.2	8.8
2억 이하	60,645	1.8	8.3
5억 이하	53,361	2.9	10.6
10억 이하	20,707	3.5	13.3
20억 이하	10,980	3.3	14.9
50억 이하	6,951	2.7	16.3
100억 이하	2,400	2.1	17.3
200억 이하	1,246	1.8	18.0
500억 이하	856	1.2	19.5
1000억 이하	295	1.1	20.3
5000억 이하	247	1.2	20.6
5000억 초과	64	3.5	18.5

주: 실효세율 = (국내 총부담세액/과표), 감면 비율 = (공제감면액/과표). 세액에 외국 납부세액이 포함되지 않는다.
자료: 국세청 국세 통계를 사용해 저자가 계산.

속하는 소기업 위주로 운영하고, 나머지 중견기업에까지 혜택을 주는 일은 없어야 할 것이다.

조세지출 정리와 함께 세율 조정도 고려해 볼 필요가 있다. 다른 국가보다 기업 간 양극화가 심한 한국적 특수성 때문에 법인세를 누진제로 운영하고 있다는 점을 고려하면, 과표를 더 만들어 수직적 공평성을 강화하는 것도 하나의 방안이 될 수 있다. 예를 들어 현재 200억~3000억 원의 세율이 22%인데 이 과표구간을 나누어 25% 구간을 만들고, 3000억 원 초과에 대해 더 높은 세율을 부과하는 것이다. 법인세 인상이 투자에 부정적일 것이라는 주장이 세율 인상에 반대하는 주요 논거이지만, 이에 대한 대부분의 연구는 유의한 영향을 미치지 않는다는 결과를 제시한다(성효용·강병구, 2008; 이원흠, 2011: 김동훈, 2014; 김동훈, 2015).

소득세·법인세의 비과세 감면 정비와 상위 구간 세율 인상만큼 더욱 강

〈표 4-12〉 주택에 대한 종부세 과표구간과 세율 추이

(단위: %)

	2005.12.31	2008.12.26	2019.1.1	2019.12.16 대책
3억 원 이하	1	0.5	0.5	0.6
6억 원 이하	1.5	0.5	0.7	0.9
12억 원 이하	1.5	0.75	1	1.3
14억 원 이하	1.5	1	1.4	1.8
50억 원 이하	2	1	1.4	1.8
94억 원 이하	2	1.5	2	2.5
94억 원 초과	3	2	2.7	3.2

력히 추진해야 할 것이 바로 부동산 보유세의 강화이다. 부동산 보유세는 재산세와 종부세가 중심이고 여기에 농특세·도시계획세·지방교육세가 더해지는데, 2018년 보유세 징수액 총액은 15조 원이었다. 재산세가 약 10조 9000억 원, 종부세가 약 1조 9000억 원 걷혔다. 이 중 종부세는 2005년에 도입되었는데 도입 이후 제도가 강화되고 공시가격의 시가반영율도 오르기 시작했으나 이명박 정부에 의해 세율이 낮아지고 시가반영율 100% 달성 로드맵이 저지되었으며 공정시장가액비율이라는 새로운 제도가 도입되어 그 역할이 심각하게 훼손되었다(〈표 4-12〉). 종부세 징수액 추이를 살펴보면 2007년 2조 4000억 원을 기록했다가, 2010년에는 1조 원까지 떨어졌는데, 2017년부터 다시 빠르게 증가하기 시작해 2018년에는 1조 9000억 원까지 증가했다. 종부세 징수액은 종부세제도, 공시가격제도, 부동산 가격 변화에 따르는데, 2017년과 2018년 징수액의 증가는 부동산 가격 상승에 기인한 것이다.

한국의 부동산 보유세 부담은 OECD 국가들에 비해 적다. 2017년 기준으로 부동산 보유세는 GDP 대비 OECD 평균이 1.1%, 한국이 0.8%였다. 한국의 부동산 보유세가 OECD의 73% 정도인 셈이다. 한편 민간 보유 부동산 시가총액 대비 보유세 부담을 비교해 보면, 자료를 구할 수 있는 OECD

〈그림 4-4〉 2017년 GDP 대비 부동산 보유세 비중

(단위: %)

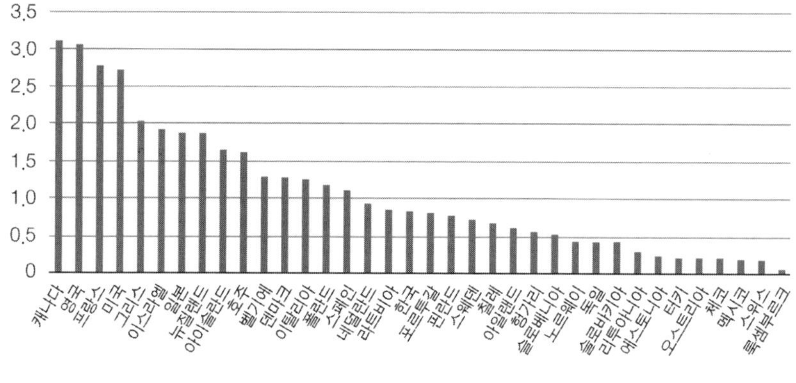

자료: OECD 자료.

〈그림 4-5〉 2017년 민간 보유 부동산 시가총액 대비 보유세 비중

(단위: %)

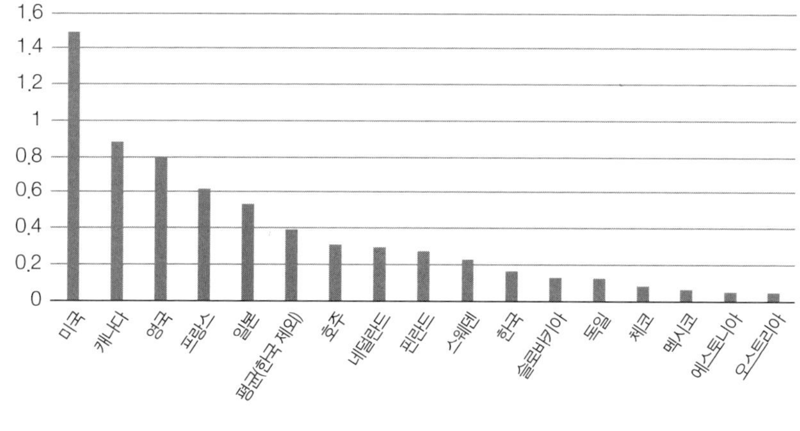

주: 경제 전체의 주택, 주택 외 건물, 토지의 시가총액에서 정부 소유 해당 자산의 시가총액 뺀 것을 민간 소유 부동산 자산액으로 정의한다. 이 자료는 표에 제시된 국가들에 대해서만 제공했다.
자료: OECD 자료를 근거로 필자가 작성.

15개국 평균이 0.396%였는데 한국은 0.167%였다. 이에 대한 OECD 국가들의 자료를 모두 구할 수 없었으나, 다행히 미국·영국·일본·프랑스·독일 등 주요국이 포함되어 있으며 이들을 포함한 15개국에 비해, 한국의 민간 보유 부동산 자산 대비 보유세 비중은 43% 정도이다. 즉 GDP보다 더욱 의미 있는 민간 보유 부동산 기준으로 한국의 부동산 보유세 부담은 더욱 낮은 셈이다.

이렇게 낮은 부동산 보유세 부담은 부동산 보유의 부담을 덜어주어 부동산 투기를 부추기는 요인으로 작용한다. 여기에 더해 1세대 1주택 9억 원까지의 양도세 비과세 정책은 양도 과정에서의 세부담마저 덜어주는 역할을 한다. 이렇게 부동산 보유와 양도의 세부담이 모두 약한 상태에서 자금 조달 금리의 하락, 거래규제의 완화, 다른 매력적인 투자처 부재 등 여러 요인이 추가되면 투기는 쉽게 대규모로 발생할 수 있다. 즉 부동산시장 안정화와 본연의 역할 수행을 위해서는 부동산 세제의 강화가 기본이다.

부동산 보유세 강화를 위해서는 공시가격 현실화가 우선적으로 추진되어야 한다. 현재의 공시가격은 공동주택·단독주택·토지 등 부동산 여러 유형에 걸쳐 모두 매우 낮은 상태일 뿐 아니라, 부동산이 고가일수록 현실화율이 더 낮다는 문제가 있다. 이렇게 공시가격이 시세를 반영하지 못하는 것은 과표라는 근본적인 기준 자체를 결정하면서 정부가 실패하고 있다는 것을 의미한다. 부동산 공시가격이 시세에 거의 근접하면 부동산 보유세 세제를 개편하지 않더라도 보유세는 증가할 것이지만 폭탄 수준이라고 할 수는 없다. 참여연대(2019)에 따르면 공시가격을 90%로 현실화하더라도 종부세 대상 주택 대다수에 해당하는 과표 6억 원 이하의 경우 종부세 부담 증가액이 그리 크지 않다고 분석했다. 6억 원 이상의 경우 부담이 커질 수 있는데, 이렇게 부동산 보유 부담이 크다는 인식이 확산되어야 실수요 위주로 시장이 안정될 것이다.

비과세감면제도의 과감한 정리와 소득세·법인세 상위 구간의 추가, 금융소득과 임대소득의 종합소득세 과세화, 상장주식 매매차익의 전면 과세, 공시가격 현실화를 실현한다면 일단 넓은 세원, 수직적 및 수평적 공평성의 제고라는 목적과 대규모는 아니지만 그래도 의미 있는 수준에서의 증세가 가능할 것으로 생각된다.

5. 결론

현 정부는 적극적 증세를 통한 획기적인 복지확대를 목표하지 않은 채 세출 절감으로 재원을 마련해 복지를 확대하겠다는 전략을 고수해 왔다. '증세 없는 복지확대'라는 비판을 받을 정도로 의지가 보이지 않았다. 이는 재정의 소득재분배 기능에 의존하기보다 최저임금 인상, 비정규직의 정규직화, 공정경제 정책을 통해 1차 소득의 분배 상태를 개선하겠다는 전략에서 기인한 것으로 보인다. 그러나 코로나 사태가 정책 지형을 완전히 바꾸어버렸다. 국가의 고용안전망이 위기에 대한 저항력과 복원력을 결정한다는 것이 분명해졌기 때문이다.

이러한 배경하에서 현재의 복지수준을 한 단계 업그레이드시킬 고용안전망 논의가 급물살을 타고 있다. 심지어 고용보험 확충이 먼저인가, 기본소득 도입이 먼저인가라는 행복한 고민을 하는 상태이다. 이러한 논의들은 그 자체가 복지국가의 실현을 앞당기는 큰 동력이 될 것은 분명하지만, 재원 마련 문제를 동반한다. 이에 대해 당장 증세를 시작해야 한다는 주장도 일리가 있으나 현재는 코로나 사태로 경기 부진 현상이 심각하므로 본격적 증세는 무리이다. 또한 이를 가능하게 할 근본 동력인 국가에 대한 국민들의 신뢰가 아직은 낮은 것으로 보인다. 따라서 당장은 국채 발행과 소폭의 증세, 조세정의 회복 차원에서의 증세가 바람직하며, 이 장에서 제시한 증세 방안들이 그러한 성격의 개혁 방안들이다.

그러나 이러한 개혁이 대규모의 재원 조달로 이어지기는 어려우므로 코로나 사태가 어느 정도 안정되면 복지확대를 목표로 하는 보편증세를 모색할 필요가 있다. 소득세와 법인세 전 구간에서의 세율 인상, 소비세 세율 인상, 종부세뿐 아니라 재산세 강화 등을 고려해야 한다. 그러나 이는 전 국민을 대상으로 하는 것이므로 국민들의 자발적인 동의가 없다면 추진하기 어려운 개혁이다. 복지확대가 목적이라는 점에서 차라리 목적세로 거두는 방안도 검토할 만하다(오건호, 2015).

사회보험은 광의의 조세, 특히 특정 지출에만 사용되는 목적세로 볼 수 있다는 점에서 소폭의 조세정의를 넘어선 보편증세의 과제는 사회보험 개혁과 밀접히 관련된다. 기업의 법인세는 사회보험료가 현재보다 강화되지 않는다는 조건에서만 크게 늘릴 수 있지만, 사회보험료를 크게 확대한다면 의미 있는 법인세 증세는 어려울 수 있다. 그것은 소득세도 마찬가지이다. 다른 선진국들에 비해 사회보험료가 낮다는 점에서 사회보험료를 올릴 여지는 충분히 있지만, 정규직 임금노동자 중심의 노동시장 변화가 심도 깊게 진행되고 있으므로 향후 현재와 같은 방식의 사회보험 시스템이 아니라 일반 재정을 대거 동원하는 재원 조달 체계를 논의할 필요가 있다.

참고문헌

국회예산정책처. 2019. 『조세수첩』. 국회예산정책처.

국정기획자문위원회. 2017. 『문재인 정부 100대 국정과제』.

기획재정부. 각 연도. 『국가재정운용계획』.

______. 2018. 『경제재정수첩』.

김동훈. 2014. 「기업의 투자의사결정에 영향을 미치는 법인세 및 재무요인에 관한 실증연구」. ≪국제회계연구≫, 53, 349~371쪽.

______. 2015. 「법인세가 기업투자와 고용에 미치는 영향분석」. ≪산업경제연구≫, 28(4),

1617~1638쪽.
성효용·강병구. 2008. 「법인세가 기업투자에 미치는 효과분석」. ≪재정정책논집≫, 10(1), 107~128쪽.
오건호. 2015. 「복지증세와 사회복지세」. ≪월간 복지동향≫, 197, 14~20쪽.
이원흠. 2011. 「상장기업에 대한 법인세율 인하정책의 효과에 관한 실증연구」. ≪규제연구≫, 20(2), 93~117쪽.
전승훈. 2014. 「복지지출 국제 비교 및 경제적 효과 분석」. ≪한국경제의 분석≫, 20(1), 165~219쪽.
정세은. 2018. 「문재인정부 조세재정정책 평가 및 바람직한 대안의 모색」. ≪사회경제평론≫, 57, 55~92쪽.
조영철. 2018. 「문재인 정부 경제정책 평가」. ≪경제와사회≫, 120, 134~157쪽.
진익·곽보영. 2014. 「우리나라 사회복지지출 수준의 국제비교평가」. ≪사업평가≫, 14-12, 국회예산정책처.
참여연대. 2019. 「서울아파트 2018~2019년 시세증가액 대비 종부세 부담 증가, 0.8%에 불과해」. ≪조세재정개혁센터 이슈리포트≫.

제5장

재정의 지속가능성

김태일 | 고려대학교 행정학과 교수, 좋은예산센터 소장

복지정책이 당면한 문제는 다양하다. 그중 대부분 국가에서 공통적이며 가장 심각한 문제로 받아들여지는 것이 있다. 바로 복지재정의 지속가능성이다. 선진 복지 국가들이 20세기 중반 황금기를 구가한 이후, 20세기 후반부터 복지국가의 수축기 혹은 재편기에 들어간 것은 재정 부담 때문이었다. 한국의 복지지출 규모는 선진국의 절반에도 못 미치지만, 국가재정의 3분의 1을 넘어서 분야별 지출 중에 가장 규모가 크다. 그리고 유례없이 빠른 고령화 속도와 맞물리면서 향후 복지지출이 급증할 것으로 전망되기 때문에 역시 복지재정의 지속가능성이 논란이 되고 있다.

선진국에서 복지재정 규모는 전체 국가재정의 절반이 넘는다. 그리고 복지를 제외한 나머지 분야의 재정 규모는 일정하게 유지될 것으로 전망되는 데 비해 복지 분야 지출만 계속 늘어날 것으로 전망된다. 그래서 복지재정의 지속가능성은 곧 전체 국가재정의 지속가능성과 동의어가 되는데, 이는 한국도 마찬가지이다.

1. 재정의 지속가능성과 세대 간 형평성

재정의 지속가능성 문제의 본질은 재정 부담의 세대 간 형평성이다.[1] 이를 이해하려면 노령연금의 도입 이유와 원리를 생각해 보면 된다. 일단 노령연금이 도입되기 이전의, 전통적인 가족제도라고 여겨지는 '조부모-부모-자녀' 3대가 함께 사는 가족제도가 일반적이던 시절을 생각해 보자. 대가족제도에서 노후대비는 '내가 내 부모를 부양하면 내 자식은 우리 내외를 부양한다'로 이루어진다.[2] 이와 같이 위 세대와 내 세대의 역할이 다음 세대에서는 내 세대와 아래 세대의 역할로 이어지는 것을 '세대 간 계약(inter-generational contract)'이라고 한다.

이러한 세대 간 계약은 노령연금이 도입되기 이전, 전근대 시기의 노후 보장 혹은 노인부양 방식이었다. 그러나 현대사회에서는 이와 같은 가족에 의한 노인부양은 힘들어졌다(그 이유야 굳이 설명할 필요가 없겠다). 그래서 노령연금이 도입되었고 노인부양은 가족의 책임을 넘어 사회의 책임이 되었다. 한 가족 내에서 조부모-부모-자녀 간에 이루어지는 노인부양의 계승은 이제 노인세대-근로세대-아동·청소년 세대 간의 이어받음이 되었다. 사실 가족은 혈연으로 맺어진 사이라서 계약이라는 표현이 다소 부적절할 수 있다. 하지만 노인부양 책임이 사회로 이전된 지금은 확실히 세대 간의 '계약'이라고 할 수 있다.

'계약'이 파기되지 않고 지속되려면 공정해야 한다. 어느 한쪽이 일방적으로 손해를 보는 계약이 계속 이어질 리 없다. 세대 간 계약도 마찬가지이다. 아래 세대가 위 세대보다 손해를 본다면 그런 계약이 계속해서 존속되

---

1 이 절에서 다루는 세대 간 계약에 대한 설명은 김태일, 『국가는 내 돈을 어떻게 쓰는가』(웅진지식하우스, 2013)의 설명을 인용했다.

2 그리고 핏줄을 이어가는 것은 '내가 자식을 낳아 기르면 내 자식은 자기 자식을 낳아 기른다'로 가능해진다.

기는 어렵다.

한국의 대표적인 노령연금인 국민연금의 경우, 아직은 연금보험료 수입이 급여지출보다 많다. 그래서 연금기금은 계속 쌓이는 중인데 2019년 기준으로 700조 원이 넘는다. 현행 제도를 그대로 유지할 경우(즉, 보험료 인상을 하지 않을 경우), 계속 늘어나는 기금은 2040년경 정점에 달한 후 급속히 감소해 2050년대 후반에는 모두 소진될 것으로 전망된다.[3]

국민연금 기금이 2050년대 후반에 고갈되는 이유는 낸 것보다 많이 받기 때문이다. 근로기간에 보험료를 내고 노령기에 급여를 받는 특성에 따라 아직은, 그리고 당분간은 나가는 지출보다 들어오는 수입이 더 많다. 하지만 낸 것보다 많이 받는 구조라서 결국 2050년대 후반에는 고갈된다.

국민연금의 균형보험료율, 즉 낸 것만큼 받을 경우의 보험료율은 얼마가 되어야 할까? 평균수명을 몇 년으로 가정하는가에 따라 추정치는 달라지지만, 2019년 현재 기준으로는 대략 18% 정도이다(몇 년 전까지는 16% 정도로 추정했으나 예상 평균수명이 늘어나면서 높아졌다).

현행의 국민연금 보험료는 9%로 균형보험료율의 절반인 셈이다. 누군가가 낸 것보다 많이 받으면, 누군가는 낸 것보다 적게 받아야 한다. 2050년대 후반, 기금이 모두 소진된 후에는 그해 들어오는 보험료 수입으로 그해 급여지출을 해야 하는데, 이 경우 보험료율은 20%를 훌쩍 넘어야 한다.[4] 그러면 당시의 근로세대는 낸 것에 훨씬 못 미치는 급여를 받아야 한다. 과

---

3 2018년 국민연금재정추계위원회의 국민연금 제4차 재정재계산 결과에 따르면 2057년에 고갈된다. 그런데 2019년 국회예산정책처 발표에 따르면 그보다 3년 앞당겨진 2054년 고갈될 전망이다. 필자의 견해로는, 앞으로의 경제성장률과 평균수명 연장 등을 고려하면 2054년보다도 더 빨리 고갈될 것으로 생각한다.

4 2018년 제4차 재정재계산 결과에 따르면 2057년 기금 고갈 후 연금 지급을 위한 필요보험료율은 24.6%이다. 이는 점차 높아져서 2088년에는 28.8%가 된다. 그런데 통계청의 2019년 신인구추계를 적용한 김용하 교수의 분석에 따르면 기금 고갈 후 2065년의 필요보험료율은 33.2%가 된다. 이처럼 필요보험료율이 크게 높아지는 것은 주로 계산에 적용한 인구추계가 달라졌기 때문이다.

연 그때의 근로세대가 받아들이려 할까?

그렇다면 이 문제를 어떻게 풀어야 할까? 해법은 자명하다. 내는 만큼 받도록 고쳐야 한다. 물론 워낙 내는 것과 받는 것의 차이가 큰 탓에 당장 낸 만큼만 받도록 바꾸기는 어렵다. 점진적으로 고쳐나가야 한다. 하지만 빨리 고칠수록 세대 간 계약의 형평성도 빨리 달성된다.

국민연금의 세대 간 형평성 문제는 익히 알려져 있다. 그런데 세대 간 계약은 노령연금에만 국한되지 않는다. 정도의 차이는 있지만 모든 정부지출은 세대 간 계약에 근거한다. 혜택이 전체에 미치는 정부지출이라도 이를 위한 재원은 주로 근로세대의 부담(조세와 사회보험료 등)에 의해 조달되기 때문이다. 따라서 정부재정은 노인세대-근로세대-아동·청소년 세대의 '혜택-부담-혜택'이 되풀이되는 계약에 의해 운영된다고 할 수 있다. 그래서 재정의 지속가능성이란 세대 간 계약이 파기되지 않고 계속 이어지는 것을 의미한다.

세대 간 계약이 공정하지 않으면, 즉 부담과 혜택의 세대 간 배분이 형평성 있게 이뤄지지 않으면 계약이 파기될 수 있다. 세대 간 배분의 형평성에 가장 큰 영향을 미치는 것은 인구구조의 변화, 구체적으로 고령화이다.

지금은 대략 근로세대 5명이 1명의 노인을 부양한다. 하지만 국민연금 기금이 고갈되는 2050년대 후반이 되면 노인 1명을 부양하는 근로세대는 2명이 채 안 된다. 따라서 국민연금을 제외하더라도 30여 년 뒤의 근로세대는 지금의 근로세대보다 훨씬 큰 노인부양 부담을 지게 된다. 또한 앞으로는 지금보다 출산율이 높아질 것, 혹은 높아져야 하므로(아니라면 대한민국 자체가 지속 가능하지 않다) 아동·청소년 양육에 대한 부담도 미래세대가 현재의 근로세대보다 크다.

세대 간 배분의 형평성에 큰 영향을 미치는 또 하나의 요인은 경제성장이다. 지금의 노인세대가 근로세대였을 때의 한국 사회는 고도성장기였다. 그래서 지금의 근로세대는 노인세대와는 비교할 수 없을 만큼 여유로운 아동·청소년기를 보냈고 성인이 된 지금도 마찬가지이다. 경제성장 덕에 지금의 재정지출 능력은 이전 세대보다 훨씬 크다(과거 복지지출이 미미했던 것은 취약한 재정 능력 탓이 크다). 그래서 미래의 고령화율이 지금보다 훨씬 높아져도 높은 경제성장이 계속된다면 재정 능력이 지금보다 한층 커질 것이므로 큰 부담이 아닐 수도 있다. 문제는 그럴 가망이 거의 없다는 데 있다. 지금의 근로세대는 앞 세대에 훨씬 못 미치는 수준의 경제력을 다음 세대에 물려줄 수밖에 없다.[5]

노령연금 다음으로 세대 간 형평성을 위협하는 정부지출은 의료보험이다. 의료보험 혜택은 전 국민이 누리지만, 부담은 주로 근로세대가 진다. 여기까지는 국방이나 치안 같은 일반적인 정부지출도 마찬가지이다. 그런데 1인당 의료비 지출은 노인세대가 비노인세대의 4배에 이른다. 몸이 아파서 병원 신세를 지는 경우는 노인이 비노인보다 훨씬 빈번하기 때문이다.[6] 그래서 고령화율이 높아질수록 근로세대의 의료비 부담은 가중된다.

지금까지 논의했듯 재정의 지속가능성을 위협하는 가장 큰 요인은 고령화이며, 정부가 하는 일 중에서 고령화로 인해 지출이 가장 많이 늘어나는 두 가지가 연금과 의료보험이다. 따라서 재정의 지속가능성 유지에 가장 중요한 것은 연금과 의료보험 재정의 지속가능성이다. 이에 관해서는 이 책의 1장을 포함하여 이미 많은 논의가 존재한다. 그래서 여기에서 이를 다시 다루지는 않는다. 그 대신 이 장에서는 사회보험을 제외한 재정, 즉 대부분의 수입이 조세로 충당되는 일반 재정의 지속가능성에 대해 논의한다.

일반 재정 지속가능성의 관건은 나랏빚, 국가채무의 규모이다. 사회보험 재정은 일반 재정과는 독립적으로, 그리고 빚을 지지 않고 운영하는 것이 원칙이다. 그래서 급여지출이 늘어나면 그에 맞춰 보험료율을 높이는

5 그렇더라도 절대적인 경제력은 지금보다는 커질 것이다. 문제는 경제력의 긍정적인 효과가 고령화의 부정적인 효과에 못 미친다는 데 있다.

6 여기에 장기요양 지출까지 더하면 격차는 더 커진다.

것이 원칙이다. 물론 원칙이 늘 지켜지는 것은 아니다. 사회보험 중 공무원 연금은 보험료 수입으로 급여지출을 모두 충당하지 못하지만, 그에 상응해 보험료율을 높이는 대신 일반 재정에서 지원하고 있다. 사학연금이나 국민 연금 역시 미래에 보험재정이 악화되면 보험료율을 충분히 높이는 대신 일반 재정에 의지할 가능성이 있다. 건강보험 재정의 일부도 일반 재정에서 지원하고 있다. 향후 고령화 수준이 높아질수록 연금과 의료보험 지출은 급증할 텐데, 이 경우 연금과 의료보험 재원의 일반 재정 의존 규모도 매우 커질 것이다. 조세수입으로 이를 감당하지 못하면 빚을 져야 한다. 그러면 사회보험 재정 충당을 위해서도 빚을 지는 셈이 된다.[7]

2. 재정의 지속가능성과 국가채무

빚이 많으면 살림을 꾸리기 힘든 건 개인이나 국가나 마찬가지이다. 물론 빚이 미치는 영향은 개인과 국가가 다르고, 그래서 감당할 수 있는 빚의 규모는 다르다(당연히 개인 간에도 그리고 국가 간에도 형편과 능력에 따라 감당할 수 있는 빚의 규모는 다르다).

나랏빚은 어느 정도가 적당할까? 빚이 전혀 없는 게 제일 좋은 것은 아니다. 필요하면 빚질 수 있다. 가령 예전의 IMF 외환위기나 글로벌 금융위기 같은 특별한 경우에는 빚을 져서라도 재정을 풀어 대응하는 것이 바람직하다. 그리고 비록 국가가 기업은 아니지만 지금 투자해서 나중에 회수할 수 있다면, 빚내서 투자재원을 마련하는 것이 타당할 수 있다(하지만 실패 가능성이 크므로 신중해야 한다!).

---

7 기초연금은 일반 재정으로 운영한다. 급속한 고령화에 따라 향후 기초연금 지출은 매우 커질 전망인데 이는 일반 재정에 직접적인 부담으로 작용한다.

나랏빚 관리가 개인이나 기업 빚 관리와 가장 다른 점은, 빚지는 사람(정확히는 빚내서 하는 지출의 혜택을 보는 사람)과 갚는 사람이 일치하지 않는다는 점이다. 개인은 자기가 진 빚을 자기가 갚아야 한다. 본인이 사망하면 상속인에게 재산과 함께 빚도 승계되지만, 상속인은 상속받은 재산으로 빚을 감당할 수 없으면 재산과 빚 모두를 포기할 수 있다. 기업의 경우는 빚을 지는 순간 그에 따른 손익이 주식가격에 반영되므로, 결국 당시의 주주에게 혜택과 부담이 모두 귀속되는 셈이다.

국가는 다르다. 지금 진 빚을 20년 뒤에 갚는다고 할 때, 빚내서 한 재정 지출 혜택은 현세대에 돌아가지만 이를 갚는 부담은 20년 뒤의 납세자(주로 근로세대일 것이다)가 진다. 물론 국가빚은 계속 늘어나는 경향이 있어 지금 진 빚을 언제 누가 갚는지가 명시적이지는 않다. 하지만 빚이 늘수록 재정 운용 부담이 커지므로, 나중 세대일수록 더 많은 부담을 지게 될 것이 분명하다. 즉 국가채무 문제 역시 세대 간 형평성의 문제이다.

채무가 너무 커져서 갚을 수 있는 수준을 넘어섰다고 판단되면, 채권자는 빌려주는 것을 중단하고 기존에 꿔어준 돈을 빨리 회수하려 할 것이다. 그러면 국가부도 위기에 몰리게 된다. 20여 년 전의 외환위기를 떠올려 보자. 당시의 외환위기는 만기가 도래한 외채를 갚지 못할 지경이 되어 발생했다. 부도 위기에 몰렸다가 IMF(International Monetary Fund, 국제통화기금)에서 긴급 자금을 받아 상황을 모면했다. 하지만 그 때문에 큰 대가를 치러야 했고, 그 과정에서 수많은 국민이 고통을 당했다.

외환위기는 국가재정이 불량해서 발생한 것이 아니다. 금융기관 등 민간이 채무를 갚지 못했기 때문에 발생한 것이다. 그래서 재정의 지속가능성과는 문제의 성격이 다르다. 재정 불량으로 국가부도 위기에 몰린 경우로는 글로벌 금융위기 이후의 남유럽 국가들, 즉 그리스·포르투갈·이탈리아를 사례로 들 수 있다. 이들은 국가채무가 급증하면서 재정위기를 겪고 부도 위기까지 몰렸다가 유로존의 공동 대응으로 모면했다.

국가채무 규모가 어느 정도면 재정이 위험해질까? 정답은 없다. 각 국가가 처한 여건과 상황에 따라 다르기 때문이다. 예를 들어 일본의 GDP 대비 국가채무 비중은 그리스, 포르투갈, 이탈리아보다 높다(일본의 국가채무 비중은 OECD 국가 중 1위이며, 그 뒤를 그리스·이탈리아·포르투갈이 잇고 있다). 하지만 일본을 두고 재정위기에 처했다고 하지는 않는다. 미국의 국가채무 비중은 포르투갈 다음으로 높지만, 미국 역시 재정위기에 처하지는 않았다.

일본과 미국은 지극히 예외적인 상황이다. 일본의 국가채무는 대부분 국내(은행)에서 소화하고 있으며, 미국은 세계 공용 화폐인 달러를 발행하는 국가이다. 그리고 일본과 미국은 경제에서 내수 비중이 높고 수출 비중은 낮다. 한국과는 상황이 다르다. 게다가 일본이나 미국의 재정이 위기 상황이 아니라고 해서 문제가 없다는 것은 아니다. 막대한 규모의 채무는 이 국가들의 재정운영에 상당한 부담으로 작용하고 있다.

빚으로도 충당할 수 없어서 부도를 맞는 상황은 그야말로 파국이다. 재정의 지속가능성을 염려한다는 것이 단지 파국만 면하자는 것은 아닐 것이다. 상식 수준에서 지속 가능한 재정이라고 한다면 재정 운영에 큰 부담이 되지 않는 수준에서 국가채무를 관리할 수 있는 것이다. 그렇다면 어느 수준까지의 채무 규모면 재정운영에 크게 부담이 되지 않을까? 이 역시 확정된 답이 있는 것은 아니다. 하지만 대체로 국가채무 규모는 GDP 규모의 60% 이하, 연간 재정적자는 3% 이내를 기준으로 삼는다. 이는 1990년대 EU 통합 당시, 회원국들이 건전재정 유지를 위해 채택한 기준이다.[8] 국가채무 비중을 60% 이내로 정한 것은 당시 EU 통합을 주도했던 주요 국가들의 평균 국가채무 비중이 60% 정도였기 때문이기도 하지만, 이 정도 규모라면 재정 운영에 큰 무리가 없으나 이보다 커지면 재정 운영에 부담이 된다고 판단했기 때문이기도 하다. 이는 두 가지 관점으로 볼 수 있다.

---

8 이는 '안정·성장 협약(Stability and Growth Pact)' 협정으로 구체화되었다.

당시 주요 EU 국가들의 평상시 경상 경제성장률은 5% 정도였다. 경상 경제성장률이 5%이면 국가채무 규모가 5% 늘어나도 GDP 대비 비중은 변하지 않는다. GDP 대비 국가채무 비중이 60%일 때, 국가채무 규모가 5% 늘어난다는 것은 재정적자가 GDP 대비 3%라는 의미이다. 즉 재정적자를 3% 이내로 유지한다는 것은 국가채무 비중을 60%를 넘지 않도록 하라는 의미이다.

한편 국가채무 비중이 60%인 경우, 국채 이자율이 5%(당시 일반적인 EU 국가들의 국채 이자율)면 매년 채무 이자로 내야 하는 돈의 규모는 GDP 대비 3%가 된다. 따라서 재정적자를 3% 이내로 유지하라는 말은 기왕에 존재하는 채무에 대한 이자만큼만 적자로 충당하고, 나머지 재정운용은 균형을 유지하라는 말이 된다. 국채 이자 지급을 제외한 나머지 재정수지를 기초재정수지(primary balance)라고 한다. 즉 재정적자 3% 이내라는 말은 기초재정수지는 균형을 유지하라는 말이기도 하다.

결국 국가채무 규모 GDP 대비 60% 이하, 연간 재정적자 3% 이내라는 EU의 기준은 ①GDP 대비 국가채무 규모를 현 수준에서 더 높이지 말 것, ②국채 이자 지급액 정도만 빚을 질 것이라는 기준을 의미한다.

2019년 기준 한국의 GDP 대비 국가채무 비중은 40%에 조금 못 미친다. 그리고 1990년 이후 2019년까지 30년간 GDP 대비 재정적자 비중이 3%를 초과한 적은 딱 세 번이다.[9] IMF 외환위기 당시인 1998년(4.7%)과 1999년(3.5%), 글로벌 금융위기 때인 2009년(3.8%)이다. 이처럼 예외적인 위기 상황이 아닌 이상, 항상 3% 미만이었다(이때를 제외하면 2%를 넘은 경우도 많지 않다). 즉 2019년까지의 재정 여건을 보면 우려할 만한 사정이 전혀 아니다. 그런데 많은 사람이 한국의 재정 지속가능성을 염려하는 것은 현재 상황 때문이 아니다. 앞으로의 지속가능성을 염려하는 것이다.[10]

---

9 여기서의 재정적자는 관리재정수지 적자를 의미한다.

10 참고로 국가채무는 적자성 채무와 금융성 채무로 구분된다. 적자성 채무는 재정적자를 메우기 위한 것으로 통상의 채무이다. 이에 비해 금융성 채무는 빚에 상응하는 자

3. 재정의 지속가능성과 국가재정운영계획

오늘날의 사회경제 환경에서는 채무를 공들여 관리하지 않으면 빠르게 늘어날 수밖에 없는 구조를 형성하고 있는 탓에 방심하면 머지않아 재정운영에 어려움을 겪을 수 있다. 그래서 국가채무 규모는 장기와 중기 목표를 세우고 관리할 필요가 있다. 예를 들면 2050년경에 어느 정도 규모를 유지하는 게 적절한가에 대해 정답은 없겠지만, 대체로 동의할 수 있는 합리적인 범위 설정은 가능할 것이다. 다만 목표를 설정한다고 해도 '장기'간에 정권과 국회 구성이 계속 바뀌므로 이를 관리하기는 어렵다. 그래서 현실적으로 가능한 것은 중기 목표를 세우고 관리하는 것이다.

'국가재정법' 제7조 1항은 "정부는 재정운용의 효율화와 건전화를 위하여 매년 당해 회계연도부터 5회계연도 이상의 기간에 대한 재정운용계획(이하 "국가재정운용계획"이라 한다)을 수립하여 회계연도 개시 120일 전까지 국회에 제출하여야 한다"라고 규정해 5년 이상의 시계를 갖는 재정운용계획을 세울 것을 강제하고 있다. 그리고 2항에서는 국가재정운용계획에 ① 재정운용의 기본방향과 목표, ②중·장기 재정전망 및 그 근거, ③분야별 재원배분계획 및 투자방향, ④재정규모증가율 및 그 근거, ⑤조세부담률 및 국민부담률 전망, ⑥통합재정수지에 대한 전망과 근거 및 관리계획이 내용이 포함되어야 한다고 명시하고 있다. 포함되어야 할 내용을 보면 재정의 건전성, 나아가 지속가능성을 중요하게 챙기고 있음을 알 수 있다.

한국은 5년 단임의 대통령제를 운영한다. 대통령이 바뀌면, 특히 집권정당도 바뀌면 이전 정권의 국정운영 기조와 방향을 다음 정권이 그대로

산을 함께 가지고 있는 것으로서 정부가 환율 안정을 위해 빚을 내서 일정 수준의 달러를 보유하는 경우가 대표적이다. 금융성 채무는 대응 자산이 있으므로 그 자체가 국민 부담으로 귀결되지 않는다. 한국은 적자성 채무와 금융성 채무가 대략 6 대 4 정도의 비중인데, 점차 적자성 채무 비중이 높아지는 추세이다.

이어가는 것은 기대할 수 없다. 그래서 매년 작성하는 국가재정운용계획도 언제 만든 것이냐에 따라 의미와 중요도가 다를 수밖에 없다.

이에 따라 정권 마지막 해에 세운 계획은 큰 의미를 부여하기 어렵다. 어차피 새 정권이 출범하면 바뀔 것이기 때문이다. 가장 큰 의미를 지니는 것은 정권 출범 첫해에 작성된 것이다. 첫해에 만든 국가재정운용계획 기간은 정권의 임기와 일치한다. 그래서 새로 출범한 정권이 집권 기간인 5년 동안 어떻게 재정을 운용하겠다는 계획을 담는다.

경제 여건과 재정 상황이 바뀌면 계획도 수정될 수 있다. 하지만 국가재정운용계획 작성을 의무화한 입법 취지를 고려하면, 한 정권에서 작성된 재정운용계획은 급격한 여건과 상황 변화가 발생하지 않는다면 세부적인 사항은 수정되어도 기본적인 기조와 방향은 일관성을 유지하는 것이 바람직하다.

이 글을 쓰고 있는 2019년 말은 문재인 정부가 출범하고 절반이 지나가는 시점이다. 그래서 2019년 후반에 발표된 국가재정운용계획과 집권 초반에 만들어진 국가재정운용계획을 비교하면, 문재인 정부가 집권하면서 계획한 재정운용 기조와 방향이, 절반이 지난 지금 시점에서 어떻게 반영되고 있는지 파악할 수 있다. 이를 통해 국가재정운용계획 작성을 의무화한 '국가재정법'의 취지를 따라 과연 재정의 지속가능성을 염두에 두고 중장기적 시계에 의해 재정운용이 이뤄지고 있는지를 평가할 수 있다.

이러한 취지에 따라 이 장에서는 문재인 정부 들어서 지금까지 작성된 세 번의 국가재정운용계획(2019~2023, 2018~2022, 2017~2021)을 비교·분석한다. 초점은 재정의 지속가능성에 있다. 그래서 국가재정운용계획의 내용 중 조세수입과 지출, 국가채무와 관련된 것을 분석한다.

4. 국가재정운용계획에 제시된 조세부담률 수준

복지와 재정을 연구하는 학자들이 한국의 재정에 관해 한결같이 하는 말이 있다. 증세가 필요하다는 것이다. 한국의 낮은 복지지출 수준과 빠른 고령화율을 감안하면 향후 복지지출이 급증할 것은 자명하다. 그래서 재정의 지속가능성을 위해 증세가 필요하다는 데는 거의 모두가 동의한다.

증세는 인기 없는 정책이라서 집권 정당과 정부로서는 부담스럽다. 그럼에도 집권기 이후 장기적인 재정의 지속가능성을 고민한다면 의당 해야 한다. 물론 한꺼번에 대폭 높일 수는 없으므로 조금씩 꾸준히 높여야 한다.

문재인 정부는 복지확대를 천명하고, 이전 정부보다 재정지출을 대폭적으로 확대하겠다고 밝혔다. 이에 따라 상응하는 재원 조달 계획(증세)이 있어야 했고, 그에 맞춰 착실한 증세가 필요했다.[11] 그러나 증세 계획은 보이지 않았다. 물론 증세는 있었다. 법인세와 소득세의 최고 구간 확대, 부동산 관련 세제 개편 등이었다. 하지만 이는 고소득층의 부담을 증가시켜 조세 형평성을 제고하려는 목적이 컸으며, 이에 따른 세수 증대 효과는 높지 않았다.

〈표 5-1〉은 문재인 정부에서 작성한 세 번의 국가재정운용계획에 제시된 조세부담률을 정리한 것이다. 2019~2023년 국가재정운용계획의 2019년도 조세부담률을 2018~2022년 국가재정운용계획의 2019년도 조세부담률과 비교하면 GDP 대비 비중이 약간 낮아졌다. 여기에는 2018년에 예상한 재정수입액에 비해 2019년에 예측되는 재정수입 규모가 다소 줄어든 것도 영향을 미쳤겠지만, 그보다는 GDP 작성 기준이 2019년부터 달라졌다는 것(기준 변

11 증세에는 조세뿐만 아니라 사회보험료 인상도 포함된다. 전술했듯이 재정의 지속가능성에는 일반 재정의 재원인 조세보다 사회보험 재원 확보가 더 큰 문제이다. 다만 사회보험료 인상은 당장의 문제는 아니므로 이하에서는 국가채무와 직접 연관된 조세에 대해 논의한다.

〈표 5-1〉 국가재정운용계획에 제시된 조세부담률

(단위: %)

	2017	2018	2019	2020	2021	2022	2023	차이
2017~2021	18.8	19.6	19.9	19.9	19.9	-	-	1.1%p
2018~2022	-	19.2	20.3	20.4	20.4	20.4	-	1.2%p
2019~2023	-	-	19.6	19.2	19.2	19.3	19.4	-0.2%p

주: '차이'는 각 계획의 마지막 해(5년 차) 비중에서 첫해 비중을 차감한 %p 격차이다.

경으로 분모인 GDP가 약간 커졌다)이 더 큰 영향을 미쳤을 것으로 판단된다.

2019년부터 GDP 작성 기준이 변경되었으므로 2019년, 2018년, 2017년에 작성된 국가재정운용계획의 조세부담률 차이를 동일 연도(예: 2020)와 비교해 판단하기는 어렵다. 하지만 각각의 국가재정운용계획에서 5년 기간의 마지막 해와 첫해의 차이를 비교해 파악하는 것은 가능하다.

5년 기간의 첫해와 마지막 해의 차이를 보면 2017년과 2018년의 국가재정운용계획과 이번에 작성된 2019~2023년 국가재정운용계획은 확연히 다르다. 조세부담률의 마지막 해와 첫해의 차이가 2017년과 2018년에 작성된 것에서는 각각 1.1%p와 1.2%p이다. 이에 비해 2019년에 작성된 것에서는 -0.2%p이다. 2019년의 조세부담률은 19.6%인데, 2023년에는 19.4%로 0.2%p 낮추겠다고 계획한 것이다.

집권 첫해 작성한 2017~2021년 국가재정운용계획이나 이듬해에 작성한 2018~2022년 국가재정운용계획에서 5년 기간의 마지막 해의 조세부담률을 첫해보다 1%p 이상 높이기로 계획한 것은 재정 확충의 필요성을 고려한다면 충분하다고 보기 어렵다.[12] 그런데 2019년에 작성한 국가재정운

12 세법 개정은 국회 권한으로 기획재정부가 조세수입을 예측할 때, 미래에 이뤄질 세법 개정을 반영할 수는 없다. 하지만 당해에 세법이 개정되더라도 이로 인한 세수 증대까지 2년의 시차가 있으므로 이는 반영할 수 있다. 또한 세율 인상 이외의 세원 확보 노력은 계획에 반영할 수 있다.

용계획에서는 오히려 마지막 해의 조세부담률을 첫해보다 낮추는 것으로 계획했다. 이는 재정의 지속가능성을 위해서는 증세가 필요하다는 일반의 인식과 상반된다.

5. 국가재정운용계획에 제시된 재정지출 수준

〈표 5-2〉와 〈표 5-3〉에는 3개 연도 국가재정운용계획에 나타난 재정지출계획이 제시되어 있다. 〈표 5-2〉는 금액 기준이며 〈표 5-3〉은 전년도 대비 증가율 기준이다.

먼저 〈표 5-2〉를 보자. 5년의 국가재정운용계획 기간 중 첫해는 집행이 진행 중인 해이며, 다음 해는 내년도 예산안이다. 통상 국회에 제출된 예산안의 총규모는 아주 조금 감소한 상태로 국회를 통과해 예산으로 확정된다. 따라서 올해 작성된 국가재정운용계획의 첫해 지출 규모와 전년도에 작성된 국가재정운용계획의 다음 해 지출 규모는 거의 같게 마련이다. 확실히 ①과 ②, ③과 ④의 규모는 매우 근사하다.

〈표 5-2〉 5년간 재정지출계획

(단위: 조 원)

	2018	2019	2020	2021	2022	2023
2017~2021	① 429.0	453.3	476.7	500.9	-	-
2018~2022	② 428.8	③ 470.5	504.6	535.9	567.6	-
2019~2023	-	④ 469.6	513.5	546.8	575.3	604.0
차이 1	-	16.3	36.8	45.9	-	-
차이 2	-	-0.9	8.9	10.9	7.7	-

주: 차이 1 — '2019~2023년' 수치에서 '2017~2021년' 수치를 뺀 값이다.
차이 2 — '2019~2023년' 수치에서 '2018~2022년' 수치를 뺀 값이다.

〈표 5-3〉 5년간 재정지출계획(증가율 기준)

(단위: %)

	2018	2019	2020	2021	2022	2023	연평균 증가율
2017~2021	7.1	5.7	5.2	5.1	-	-	5.8
2018~2022	7.1	9.7	7.3	6.2	5.9	-	7.3
2019~2023	-	9.5	9.3	6.5	5.2	5.0	6.5
차이 1	-	3.8%p	4.1%p	1.4%p	-	-	
차이 2	-	-0.2%p	2.0%p	0.3%p	-0.7%p	-	

주: 차이 1 — '2019~2023년' 수치에서 '2017~2021년' 수치를 뺀 값(%p 차이)이다.
차이 2 — '2019~2023년' 수치에서 '2018~2022년' 수치를 뺀 값(%p 차이)이다.

그래서 국가재정운용계획의 일관성을 보려면 연이은 해보다는 좀 더 떨어진 해끼리 비교해야 한다. 예를 들어 세 시기에 작성한 국가재정운용계획의 2020년 지출 규모를 보자. 2017년 작성에서는 476.7조 원으로 계획했으나 2018년 작성에서는 504.6조 원, 2019년 작성에서는 513.5조 원으로 계속 늘어났다. 이는 2021년을 비교해도 마찬가지이다. 세 시기의 계획치를 비교하면 문재인 정부 첫해인 2017년의 지출계획보다 2년 차인 2018년의 지출계획에서 규모가 대폭 증가한 것을 알 수 있다. 그리고 3년 차의 지출계획은 2년 차보다 제법 증가했다. 이는 증가율을 비교한 〈표 5-3〉에서도 확인할 수 있다.

문재인 정부 출범 이후 재정지출증가율은 2018년 7.1%, 2019년 9.5%, 20년 9.3%로, 3년 연속 크게 높아졌다. 그래서 정부 출범 첫해인 2017년과 비교하면 3년 만에 28.2%가 증가했다. 그런데 이러한 높은 수준의 지출 증가는 집권 첫해의 계획에는 없었다. 2019년 작성한 '2019~2023년'과 집권 첫해에 작성한 '2017~2021년'의 연도별 증가율 전망치를 비교하면 2019년에 작성한 것이 상당히 높다. 2019년의 증가율은 3.8%p 높고, 2020년의 증가율은 4.1%p 높다.

한편 2018년에 작성된 것과 2019년 작성된 2020년의 재정지출 계획치를 보면 2019년 작성된 것의 전망치가 2%p 더 높다. 사실 2018년에 작성한 2020년 전망치인 7.3%도 매우 높은 것이다. 2019년에 이미 9.7%(실제는 9.5%) 증가한 규모에 다시 7.3%를 늘린 것이기 때문이다.[13]

6. 국가재정운용계획에 제시된 국가채무 수준

재정수지는 매년 재정수입과 재정지출 차이를 나타낸다. 수입이 지출보다 많으면 흑자이고 적으면 적자다. 재정수지에는 통합재정수지와 관리재정수지가 있다. 통합재정수지는 일반적인 재정수지, 즉 정부 재정수입과 재정지출의 차이다. 관리재정수지는 통합재정수지에서 사회보장기금 수지를 제외한 것이다.

전술했듯 국민연금은 들어오는 보험료 수입이 나가는 급여지출보다 많다. 그래서 국민연금 수지는 항상 흑자이고, 이 때문에 엄청난 규모의 국민연금기금이 적립되어 있다. 지금의 국민연금 흑자는 미래에 갚아야 할 부채에 해당하며 일반적인 재정흑자와는 성격이 다르다. 그래서 재정운용의 건전성 여부를 따질 때 사회보장기금을 포함하면 착시가 생긴다. 이를 피하기 위해 사회보장기금 수지를 제외한 것이 '관리재정수지'이다.

건전한 재정을 위해 관리재정수지가 균형을 이뤄야만 하는 것은 아니다. 그보다는 GDP 대비 채무 비중을 적절히 유지하는 것이 중요하다. 경제가 성장하는 속도만큼 재정적자가 늘어나면 GDP 대비 채무 비중은 동일하게 유지된다. 2019년의 국가채무 규모는 약 740조 원이다. 따라서 2019년

---

13 5년간의 연평균 재정지출증가율을 비교하면 2018년에 작성한 것은 7.3%인 데 비해 2019년에 작성한 것은 6.5%로서 나중에 작성한 것의 연평균 증가율이 더 낮다. 그런데 이는 2018년보다 2019년 재정지출을 긴축적으로 계획했기 때문이 아니다. 이는 5년 계획의 시작 연도와 마지막 연도가 달라서 그렇게 된 것이다. 2018년과 2019년 공통으로 존재하는 2019~2022년 기간의 연평균 증가율을 계산하면, 2018년에 작성한 것은 6.5%이고, 2019년에 작성한 것은 7.0%로서 2019년 계획이 것이 더 확장적이다.

〈표 5-4〉 관리재정수지 적자 규모 전망치

(단위: 조 원)

	2018	2019	2020	2021	2022	2023
2017~2021	28.6	33.0	38.4	44.3	-	-
2018~2022	28.5	33.4	44.5	54.2	63.0	-
2019~2023	-	37.6	72.1	81.8	85.6	90.2
증가율 1	-	13.9%	87.8%	84.7%	-	-
증가율 2	-	12.6%	62.0%	50.9%	35.9%	-

注: 증가율 1 — 2017년 작성 전망치 대비 2019년 작성 전망치 증가율이다.
증가율 2 — 2018년 작성 전망치 대비 2019년 작성 전망치 증가율이다.

의 경상 경제성장률이 3%라면 국가채무가 22.2(=740×0.03)조 원 늘어나도 GDP 대비 채무 비중은 동일하다. 이처럼 국가채무 비중을 늘리지 않을 정도의 적자라면 건전한 재정운용에 해당한다.

〈표 5-4〉에는 관리재정수지 전망치가 제시되어 있다. 문재인 정부 들어 2019년까지 작성된 3년간의 국가재정운용계획 관리재정수지 전망은 모두 매년의 적자액이 전년도보다 커지는 것으로 짜여 있다.

〈표 5-4〉에서 증가율 1은 2017년 작성 전망치 대비 2019년 작성 전망치의 증가율을 나타낸다. 그리고 증가율 2는 2018년 작성 전망치 대비 2019년 작성 전망치의 증가율을 나타낸다. 이를 보면 2017년 전망치보다 2018년 전망치, 2018년 전망치보다 2019년 전망치의 동일 연도에 대한 관리재정수지 적자 규모가 훨씬 크다는 것을 알 수 있다.

2017년에는 2020년의 적자 규모를 38.4조 원으로 예상했다. 그런데 2018년에는 예상 적자 규모가 44.5조 원으로 늘었고, 2019년에는 72.1조 원으로 대폭 늘었다. 2019년의 2020년 적자 전망치는 2018년에 작성한 전망치보다 62.0%, 2017년에 작성한 전망치보다 87.8% 늘어난 것이다. 2021년 적자 예상치 패턴도 2020년과 비슷하다. 이번에는 관리재정수지 적자의 GDP 대비 비중을 살펴보자. 이는 〈표 5-5〉에 제시되어 있다.

〈표 5-5〉 관리재정수지 적자의 GDP 대비 비중

(단위: %)

	2017	2018	2019	2020	2021	2022	2023
2017~2021	1.7	1.6	1.8	2.0	2.1	-	-
2018~2022	-	1.6	1.8	2.3	2.6	2.9	-
2019~2023	-	-	1.9	3.6	3.9	3.9	3.9
격차 1	-	-	0.1%p	1.6%p	1.8%p	-	-
격차 2	-	-	0.1%p	1.3%p	1.3%p	1.0%p	-

주: 격차 1 — 2019년 작성 전망치와 2017년 작성 전망치 격차이다.
격차 2 — 2019년 작성 전망치와 2018년 작성 전망치 격차이다.

2019년에 작성된 적자 규모 전망치가 그 이전에 작성된 전망치보다 큰 것은 〈표 5-4〉에서 이미 확인했으므로 놀랄 일은 아니다. 다만 2019년 전망치의 경우 GDP 대비 재정적자 비중이 2020년 이후 줄곧 3%가 넘게 설정되어 있다는 것은 놀랍다.

전술했듯 한국의 과거 경험을 보면, GDP의 3% 적자는 매우 큰 규모이다. 관리재정수지가 집계된 1990년 이후 지금까지 30년간 GDP 대비 관리재정수지 적자 비중이 3%가 넘은 해는 IMF 외환위기와 글로벌 금융위기 때의 3개 연도밖에 없다.

집권 초반인 2017년에 작성된 계획에서는 5년간 가장 큰 적자 규모가 마지막 해의 2.1%였으며, 2018년에 작성된 계획에서는 5년간 가장 큰 적자 규모가 역시 마지막 해의 2.9%였다. 그런데 2019년에 작성된 계획에서는 2020년의 적자 규모가 3.6%이며, 이후 3년간 계속 3.9%의 적자를 내는 것으로 되어 있다. 어떻게 이처럼 대규모의 관리재정수지 적자를 설정했으며, 불과 1~2년 사이에 이렇게 변했는지 이해하기 어렵다.

〈표 5-6〉에는 GDP 대비 국가채무 비중 전망치가 제시되어 있다. 2019년에 작성된 2019~2023년 국가재정운용계획의 전망치는 2개로 제시했다. 앞서 말했듯 2019년부터 GDP 산정 기준이 바뀌었다. 바뀐 GDP를 기준으로

〈표 5-6〉 GDP 대비 국가채무 비중 전망

(단위: %)

		2017	2018	2019	2020	2021	2022	2023	증가분
2017~2021		40.4	39.6	39.9	40.3	40.4	-	-	0.0%p
2018~2022		-	39.4	40.2	40.9	41.6	41.6	-	2.2%p
2019~2023	현행 기준	-	-	37.1	39.8	42.1	44.2	46.4	9.3%p
	이전 기준	-	-	39.4	42.1	44.4	46.5	48.7	

주: 증가분은 각 연도 국가재정운용계획의 마지막 해와 첫해 비중의 %p 차이다.

산출한 통계는 그 이전과 비교의 일관성이 없다. 그래서 비교의 일관성을 위해 바뀌기 전의 GDP 산정 방식에 의한 전망치도 함께 제시한 것이다.

2019~2023년 국가재정운용계획 5년간 국가채무 비중 증가 폭은 매우 커서 9.3%p 높아진다. 이에 비해 2018년에 작성된 2018~2022년 국가재정운용계획의 5년간 증가 폭은 2.2%p 높아지는 것으로 나타난다. 그리고 집권 첫해에 작성된 2017~2022년 국가재정운용계획의 5년간 증가 폭은 0.0%p로 동일한 비중으로 유지된다. 국가재정운용계획이 작성된 이래 5년 기간의 첫해 대비 마지막 해의 국가채무 비중 증가 폭이 9%p를 넘은 것은 이번이 처음이다. 좀 더 구체적으로 말하면 3%p를 넘은 것도 이번이 처음이다.[14]

7. 문재인 정부의 국가채무관리계획 평가

문재인 정부는 집권 초반부터 적극재정을 펼치겠다고 했다. 그런데도 2017년에 작성한 국가재정운용계획에서는 첫해인 2017년의 국가채무 비중

14 3%p를 넘은 적이 없다는 것은 '계획'이기 때문이다. 뒤에서 설명하겠지만, 실제로는 5년간 국가채무 증가 폭이 3%p를 넘은 경우가 흔하다.

이 마지막 해인 2021년에도 동일하게 유지되는 것으로 계획을 세웠다. 과거의 국가재정운용계획 패턴을 유지한 셈이다. 그런데 둘째 해인 2018년에 작성한 국가재정운용계획에서는 첫해의 국가채무 비중이 마지막 해인 2022년에 2.2%p 증가하는 것으로 계획을 세웠다.

5년 기간 동안 국가채무 비율이 2%p 이상 증가하는 계획을 세운 것은 국가재정운용계획 작성이 시작된 이후 이때가 처음이었다. 하지만 문재인 정부는 적극재정을 펼치겠다고 했으므로 이 정도의 국가채무 증가는 예상할 수 있는 수준이었다(오히려 집권 첫해인 2017년에 세운 것, 즉 5년 기간의 첫해와 마지막 해의 국가채무 비율을 동일하게 유지하겠다는 계획이 문재인 정부의 국정운영 방향과 괴리된 것으로 생각된다).

하지만 세 번째 해인 2019년에 만든 국가재정운용계획에서 5년간 국가채무 비율을 9.3%p 높이겠다는 것은 차원이 전혀 다른 이야기이다. 아무리 적극재정을 펼친다고 해도 납득하기 어렵다. 두 가지 문제점을 지적할 수 있다.

첫째, 어째서 집권 첫해에 세운 계획은 고사하고 2년 차인 2018년에 세운 계획과도 그토록 큰 차이가 있는가. 집권 후 첫 국가재정운용계획을 작성하던 2017년 여름은 중기 시계에서 경기가 거의 정점에 오른 때였다. 따라서 세수 증대와 경제성장에 낙관적일 수 있고 그래서 국가채무 비율을 낮게 설정했을 수 있다. 하지만 1년 뒤인 2018년 여름은 경기가 하강 국면이었으며 2019년부터 세수 증가세가 둔화될 것을 인지한 상태였다. 그래서 2017년과 달리 마지막 해의 국가채무 비율이 첫해보다 2.2%p 높아지는 계획을 세운 것이다. 그런데 2019년 여름의 경기 전망은 2018년 여름보다 더 어둡지만 크게 달라지지는 않았다. 따라서 2018년 계획보다 국가채무 비율이 다소 높아지는 것은 이해할 수 있다. 하지만 2.2%p에서 9.3%p로 무려 4배 이상으로 높아진 것은 이해도 어렵고 설명도 안 된다.

둘째, 재정운용의 기본과 부합하지 않는다. 재정정책으로 경기변동에

〈표 5-7〉 글로벌 금융위기 이후 재정지출 증가 경향

연도	2007	2008	2009	2010	2011	2012	2013
실제 지출액	237.1	257.2	284.5	292.8	309.1	325.4	342.0
추세 지출액	237.1	251.8	273.1	290.1	308.1	327.2	347.5
실제 증가율	-	8.5%	10.6%	2.9%	5.6%	5.3%	5.1%
2008년 작성	-	-	6.5%	6.2%	6.1%	5.8%	-
2009년 작성	-	-	-	2.5%	5.1%	5.0%	4.1%

대응하는 것은 케인스가 제시한 처방이다. 케인스 처방은 경기침체기에는 확장재정을 통해 경기를 부양하고, 경기가 과열되었으면 긴축재정을 통해 경기를 진정시키는 것이다. 그래서 단기적으로는 경기 상황에 따라 적자 혹은 흑자일 수 있지만, 중장기적으로 보면 +와 − 합쳐서 대체로 균형(혹은 건전)재정을 유지된다. 굳이 케인스 이론을 들먹이지 않더라도, 경기침체기에는 재정지출을 늘리더라도 경기가 회복되면 다시 평상시 수준으로 돌아가야 한다는 것이 상식이다.

국가재정운용계획을 만들기 시작한 2004년 이후 문재인 정부가 출범한 2017년까지 14년간 지출증가율이 가장 높았던 해는 2009년 10.6%이고 그 다음이 2008년 8.5%이다. 이때는 글로벌 금융위기에 대응하기 위해 지출을 늘렸다. 그렇다면 글로벌 금융위기를 넘긴 뒤에는 지출 규모가 어떻게 되었을까? 〈표 5-7〉을 보자.

〈표 5-7〉의 '실제 증가율'을 보면 2008년 8.5%, 2009년 10.6%로 큰 폭의 지출 증가가 있었으나만, 다음 해인 2010년에는 2.9%로 증가 폭이 상당히 줄었다. 그렇다고 2010년에 긴축재정이 이뤄진 것은 아니다. 단지 평상시 수준으로 복귀했을 뿐이다. 이명박 정부 첫해인 2008년에 작성된 2008~2012년 국가재정운용계획에서는 연평균 6.2%의 지출 증가를 계획했다. '2008년 작성' 당시 세운 지출증가율 계획치이다. '추세 지출액'은 2007년 지출액에서 매년 6.2%씩 지출 증가가 이뤄진다고 가정했을 때의 매년 지출 규모를 나

〈표 5-8〉 2017년과 2019년 작성 국가재정운용계획의 재정지출 규모와 국가채무 비율

연도		2018	2019	2020	2021	2022	2023
지출액 (조 원)	2019년 작성	428.8 (7.1)	469.6 (9.5)	513.5 (9.3)	546.8 (6.5)	575.3 (5.2)	604 (5.0)
	2017년 작성	429.0 (7.1)	453.3 (5.7)	476.7 (5.2)	500.9 (5.1)	530.0 (5.8)	560.7 (5.8)
	차이	-0.2	16.3	36.8	45.9	45.3	43.3
채무 비율	2019년 작성	-	37.1%	39.8%	42.1%	44.2%	46.4%
	추세1				39.9%	40.2%	40.6%
	추세2				41.0%	42.2%	43.3%

주: ( ) 안은 증가율(%)이다.

타낸다.

2010년의 실제 지출액은 292.8조 원이다. 그런데 매년 6.2%씩 지출 증가가 이뤄진다면 2010년의 추세 지출액은 290.1조 원이다. 2010년의 실제 지출액은 비록 2.9%만 증가했지만, 추세 지출액보다 2.7조 원 더 많은 셈이다.

2008년 작성한 계획에서는 2010년의 지출증가율을 6.2%로 세웠다. 그런데 다음 해인 2009년에 작성한 계획에서는 2010년의 지출증가율을 2.5%로 대폭 낮췄다. 왜 전년도에 세운 계획보다 대폭 낮췄을까? 2008년 작성한 계획에서는 2009년 6.5%, 2010년 6.2%의 증가율을 계획했다. 2년간 누적 증가율은 13.1%이다. 그런데 글로벌 금융위기 대응으로 인해 2009년의 실제 증가율은 10.6%가 되었다. 2009년에 10.6%가 증가했으므로 2년간 누적 증가율이 13.1%가 되려면 2010년의 증가율은 2.3%가 되어야 한다. 그래서 2.3%보다 약간 높은 2.5%로 설정했으며, 실제 증가율은 2.9%가 되었다. 글로벌 금융위기 대응을 위해 일시적으로 재정지출을 늘렸지만 경기회복 후에는 평상시 수준으로 돌아간 것이다.

이번에 작성한 2019~2022년 계획은 과거와는 전혀 다르다. 경기가 회복된 뒤에도 평상시 수준으로 돌아가지 않는 것으로 설정되었다. 〈표 5-8〉을

보자. '2019년 작성'은 2019~2023년 국가재정운용계획의 수치인데, 2018년은 실제 수치이다. '2017년 작성'은 2017~2021년 국가재정운용계획의 수치이다. 단, 2022년과 2023년 수치는 이 기간의 연평균 증가율인 5.8%를 적용해서 구한 것이다.

집권 첫해인 2017년에 작성할 때는 2019년과 2020년의 높은 지출 증가 계획이 없었으며, 연평균 지출증가율은 5.8%로 잡았다. 그런데 실제로 2019년의 지출증가율은 9.5%이며, 2020년의 지출증가율은 9.3%이다. 2019년과 2020년의 재정확대는 경기 진작을 위한 것으로 예외적인 것이다. 예외적인 시기가 지나면 다시 평상시로 돌아와야 한다. 2019~2023년 국가재정운용계획에서는 "20년 이후 세계경제 개선에 따른 수출 회복과 함께 경제 활력 제고, 혁신성장 등 정책 노력에 힘입어 성장세 지속"이라고 전망하고 있다. 그렇다면 2021년의 재정지출은 평상시 수준으로 돌아와야 한다. 그런데 2021년에도 지출증가율을 6.5%로 계획해서 2017년에 작성한 연평균 증가율 5.8%보다도 더 높게 잡았다. 이 때문에 2022년과 2023년의 지출증가율을 5.2%와 5.0%로 낮춰 잡았어도 국가채무 비율이 대폭 높아지게 된 것이다.

재정지출이 2021년부터 평상시 추세로 돌아온다면 2023년의 국가채무 비율은 얼마나 될까? 이는 추세1과 추세2로 추정할 수 있다. 추세1은 2021년 이후 재정지출이 '2017년 작성'대로 이뤄진다고 가정했을 때의 국가채무 비율이다. 이에 따르면 2023년의 국가채무 비율은 40.6%가 된다. 이는 2019년의 37.1%에 비해 3.5%p 높아지는 셈이다. 이것도 높은 편이지만 2019~2023년 국가재정운용계획에서 예정한 9.3%p보다는 한참 낮다.

2021년의 재정지출 규모가 평상시 추세로 돌아오려면 2020년보다 지출 규모가 축소되어야 한다. 그런데 전년도보다 지출 규모를 줄이기는 어렵다. 전년도보다 약간 늘리는 정도가 현실적이다. 이를 고려해 2021년의 증가율을 2%로 설정해 보자. 그리고 2022년과 2023년의 증가율은 2019년 작성 계획대로 5.2%와 5.0%를 적용하자. 그 결과가 '추세 2'이다. 추세 2에서는 2023년의 국가채무 비율이 43.3%가 된다. 이 경우 2019년의 37.1%에 비해 6.2%p 높아지는데, 이는 2019~2023년 국가재정운용계획에서 예정한 9.3%p보다 3분의 1이 감소한 수준이다.

추세 2의 '5년간 국가채무 비율 6.2%p 상승'은 매우 큰 폭의 증가이며, 재정 건전성 측면에서 우려된다. 하지만 문재인 정부가 재정의 적극적인 역할을 천명했으며 최근의 경제 상황이 좋지 않다는 것을 고려하면 걱정은 되더라도 이해할 수는 있는 수준이다. 이에 비해 2019~2023년 국가재정운용계획이 제시한 '5년간 국가채무 비율 9.3%p 상승'은 이해할 수 있는 수준을 벗어났다.

국가재정운용계획과 같은 중기재정계획(MTEF: Medium-term Expenditure Framework) 작성은 1990년대에 선진국을 중심으로 시작되어 빠르게 전 세계로 퍼져나가 이제는 근대적인 재정체계를 갖춘 국가라면 대부분 작성하고 있다. 중기재정계획 작성은 재정개혁의 하나로 시작된 것으로, 주된 목적은 재정건전화이다. 이는 한국도 마찬가지이다. 전술했듯 '국가재정법' 제7조 1항은 "정부는 재정운용의 효율화와 건전화를 위하여 매년 당해 회계연도부터 5회계연도 이상의 기간에 대한 재정운용계획을 수립"하라고 규정하고 있다. 즉 국가재정운용계획을 작성하는 목적은 재정을 효율적으로 운용하고 건전성을 달성하는 것이다.

8. 국가채무 규모는 어느 정도가 적절할까?

2019년 기준 한국의 국가채무 규모는 GDP 대비 40%에 조금 못 미치며, 2019~2023년 국가재정운용계획이 제시한 대로 2023년에 46.4%가 되더라도 다른 선진국과 비교하면 절대 높은 편이 아니다. 하지만 국가채무 증가

속도는 OECD 국가 중에서 빠른 편에 속한다. 지금까지의 국가채무 증가 속도도 빠른 편이지만 2019~2023년 국가재정운용계획에서 예정하고 있는 증가 속도는 더욱 빠르다.

그런데 대체 국가채무 규모는 어느 정도가 적절할까? 전술했듯 건전재정을 위해 EU에서는 재정적자는 GDP 대비 3% 이내, 국가채무는 GDP 대비 60% 이내라는 기준을 채택했는데, 이는 ① GDP 대비 국가채무 규모를 현 수준으로 유지할 것, ② 각 해의 적자 규모는 국채이자 지급액을 넘지 않도록 할 것을 의미한다. ①과 ②의 기준대로 국가채무를 관리하려면 어떻게 해야 할지 따져보자.

GDP 대비 국가채무 규모를 현 수준으로 유지한다면 재정적자는 어느 정도로 관리해야 할까? 2019년 경상 경제성장률은 3%에도 못 미친다. 2019년이 유난히 낮긴 했지만, 앞으로도 잘해야 4~5% 수준일 것이다. 현재의 GDP 대비 국가채무 비율인 40% 정도를 계속 유지하려면, 경상 경제성장률 4%에서는 재정적자 1.6%, 경상 경제성장률 5%에서는 재정적자 2%를 유지해야 한다. 다음으로 매년의 적자 규모는 국채이자 지급액을 넘지 않도록 한다는 기준을 적용해 보자. 저금리에 따라 현재 국채 이자율은 2%에도 못 미친다. 국채 이자율을 높게 쳐서 2%로 잡으면 2019년 기준 이자 지급액은 15조 원 정도가 되는데, 이는 GDP의 1%에도 못 미치는 액수다.

매년의 적자 규모가 국채이자 지급액을 넘지 않게 한다는 기준을 충족하기 어렵다. 현행의 저금리 기조에서 이를 충족하면 GDP 대비 국가채무 규모는 매년 감소하는데 이는 현실적으로 달성하기 어렵다. 그렇다면 GDP 대비 국가채무 규모를 현 수준으로 유지한다는 기준은 어떨까?

한국의 GDP 대비 국가채무 비율은 현재 40% 수준으로서 EU 권고안인 60%에 훨씬 못 미친다. 이를 근거로 일각에서는 재정 여력이 충분하므로 국가채무를 걱정할 때가 아니라 확장재정으로 경제성장을 견인할 필요가 있다고 한다. 과연 그럴까?

문재인 정부 초반까지, 경제부처는 국가채무 규모를 GDP 대비 40% 내외로 유지한다는 기준을 암묵적으로 갖고 있었다. 그 근거는 ① 최근까지 수년간 한국의 국가채무 비율이 30% 후반대이며, 그보다 약간 높은 수준으로 관리하면 되겠다는 것, ② EU가 60%를 제시했는데 한국은 EU 국가들과는 달리 빠른 고령화 및 통일 대비라는 재정수요가 존재하니, 각각을 대비하기 위해 10%p씩 떼어내고 40%를 기준으로 하면 되겠다는 것이었다. 근거가 엄밀한 것은 아니다. 하지만 미래의 재정수요에 대비하기 위해 지금은 국가채무 규모를 늘리는 데 신중해야 한다는 것만은 타당하다.

고령화에 따른 재정 부담은 앞으로가 지금보다 훨씬 크다. 그리고 언제가 될지는 모르겠지만 통일이 이뤄지면 엄청난 재정지출이 필요할 것은 분명하다. 이를 고려하면 지금의 GDP 대비 40%라는 국가채무 규모가 재정 여력이 충분하다는 것을 의미하지는 않는다. 그리고 당분간은 국가채무가 급증해도 괜찮다고 주장하는 것은 당장 우리가 편하려고 미래세대에게 부담을 떠넘기자는 말이다.

물론 GDP 대비 40%라는 현재의 채무 규모를 엄격히 유지하자는 말은 아니다. 앞서 봤듯이 경기가 너무 침체되면 확장 재정을 할 수 있고, 그러면 채무 비중이 늘어날 수 있다. 그러나 이는 예외적인 상황에 대한 대응이어야 하며, 그렇지 않은 경우라면 국가채무 관리에 신중해야 하고, 국가채무 비중 증가는 제한적으로 이뤄져야 한다.

그렇다면 어느 정도의 채무 비중 증가가 신중한 채무 관리이고 제한적인 채무 증가에 해당할까? 이를 판단하기 위해 역대 정부에서 국가채무가 얼마나 늘어났는지 보자.

〈표 5-9〉에서 차기 정부 첫해인 2022년의 GDP 대비 국가채무 비중은 '2019~2023년 국가재정운용계획'에 제시된 전망치이다. '증가분'은 다음 정부의 첫해 채무 비중에서 해당 정부 첫해의 채무 비중을 차감한 것이다. 특정 연도의 재정수입과 지출은 전년도에 결정되므로 다음 정부의 첫해 채무

〈표 5-9〉 역대 정부의 GDP 대비 국가채무 비중 변화

	김대중 정부	노무현 정부	이명박 정부	박근혜 정부	문재인 정부	차기 정부
집권 첫해	1998	2003	2008	2013	2017	2022
채무 비중(%)	15.3	19.8	26.8	32.6	36.0	44.2*
증가분	4.5(2.9)%p	7.0(3.4)%p	5.8(3.5)%p	3.4%p	8.2%p	

주: 2019~2023년 국가재정운용계획에 제시된 2022년의 국가채무 비중이다.
'증가분'은 다음 정부의 첫해 채무 비중에서 해당 정부 첫해 채무 비중을 차감한 수치이다.
자료: 국가통계포털의 연도별 국가채무 통계, http://kosis.kr/index/index.do(검색일: 2019.12.22).

수준은 이전 정부의 책임이라고 할 수 있다. 따라서 이는 각 정부 집권 기간의 국가채무 비중 변화를 보여준다.

김대중 정부와 노무현 정부 때의 국가채무 비중 증가에는 IMF 외환위기 대응 과정에서 지출된 공적자금이 국가채무로 전환된 것도 포함한다. 이는 해당 정부 이전에 발생한 외환위기 대응 과정에서 어쩔 수 없이 발생한 것으로 해당 정부의 재정운용 때문에 발생한 것이라고 하기는 어려울 것이다. 이와 마찬가지로 이명박 정부 때의 채무 증가에는 글로벌 금융위기 대응 지출이 포함되어 있는데, 이 역시 어쩔 수 없는 측면이 있다. 그래서 공적자금 채무전환액과 글로벌 금융위기 대응 과정 지출을 제외하고 '증가분'을 계산한 것이 괄호 안의 수치이다.

외환위기나 금융위기 대응에 따른 채무 증가를 제외하면, 문재인 정부 이전까지는 보수정부든 진보정부든 간에 집권 기간의 국가채무 비중 증가는 3.5%p 이내였음을 알 수 있다.[15] 사실 3.5%p의 채무 비중 증가는 전혀

15 박근혜 정부의 채무 증가 정도는 다른 정부와는 달리 2013~2017년 4년간을 기준으로 한 것이다. 박근혜 정부가 임기를 채웠다면 2013~2018년의 5년간을 기준으로 했을 것이다. 그런데 2018년의 국가채무 비중은 2017년보다 오히려 0.1%p 낮다. 물론 2018년 예산은 문재인 정부에서 짠 것이므로 박근혜 정부가 짰을 때도 동일하게 이 정도 국가채무 비중이 감소했다고 할 수는 없다. 그러나 각 정권의 재정운용 성향을 고려했을 때, 박근혜 정부가 2018년 예산을 짰을 때 채무 비중이 더 높아졌을 것 같

낮은 것이 아니다. 줄일 수 있으면 더 줄여야 한다. 따라서 과거 정부의 경험으로부터 판단하면, 한 정권 내에서 용인할 수 있는 채무 증가 수준의 한계는 대략 3.5%p, 연평균으로 치면 0.7%p 정도로 설정하는 것이 타당할 것 같다.

다시 말하지만, 연평균 0.7%p의 채무 비중 증가가 적정하다는 것이 아니다. 이 정도를 최대치로 하고 채무 증가 수준을 그보다 낮게 관리해야 한다. 참고로 매년 국가채무 비중이 0.7%p 정도 상승한다면 2049년경에 국가채무 비중은 60%가 된다.

2017년 문재인 정부의 국가채무 비중은 36.0%이다. 그런데 5년 뒤인 2022년의 국가채무 비중은 44.2%가 될 것으로 전망하고 있다. 이를 그대로 수용하면 문재인 정부 5년간 국가채무 비중은 8.2%p 증가하는데, 이는 3.5%p의 두 배가 훨씬 넘는 수치이다. 2020년의 국가채무 비중은 39.8%로서 2017년과 비교하면 3.8%p가 증가해 이미 3.5%p를 초과하고 있다.

9. 국가재정운용계획의 국회 통제와 구속력 강화

'국가재정법'이 행정부에서 국가재정운용계획을 작성해 국회에 예산안과 함께 제출하도록 강제한 이유는 중기적 시계에서 재정을 운용해 효율성과 건전성을 제고하는 데 있다. 그렇다면 국회는 예산안을 심의할 때, 과연 국가재정운용계획에 따라 중기적 시계에서 편성되었는지를 따져봐야 한다.

국가재정운용계획에는 5년간의 재정지출 규모가 제시되어 있다. 예를 들어 2020년도 예산안이 국가재정운용계획에 따라 중기적 시계에서 편성

지는 않다. 따라서 비록 박근혜 정부의 채무 증가 수준은 2013~2017년의 4년간을 기준으로 했지만, 5년간을 기준으로 했다고 해도 더 늘어나지는 않았을 것이다.

되었다면, 2020년 예산안의 지출 규모는 2016~2020년 국가재정운영계획에 제시된 5년 차 2020년의 지출 규모에 의해 정해져야 한다. 또한 2017~2021년 국가재정운영계획의 4년 차(2020) 지출 규모, 2018~2022년 국가재정운영계획의 3년 차(2020) 지출 규모도 2016~2020년 국가재정운영계획에 제시된 5년 차 지출 규모에 의해 정해져야 한다.

물론 미래 예측의 한계로 5년 전에 세운 계획이 수정 없이 5년간 그대로 유지될 수는 없다. 하지만 글로벌 금융위기 같은 예외적인 상황이 아니라면 '예산 마진(budget margin)'이라고 부르는 일정한 범위 내에서만 수정하는 것은 가능하며, 또 그래야만 중기재정계획이 의미를 가질 수 있다.

이처럼 일정 범위 내에서의 수정만 허용하도록 중기재정계획을 운영하는 대표적인 국가가 스웨덴이다. 흔히 복지국가의 대명사로 불리는 스웨덴은 1990년대 초 금융·재정 위기를 겪었다. 이를 극복하는 과정에서 재정건전화를 위한 다양한 재정개혁을 실시했는데, 그중 하나가 지출 한도 변경을 제한한 중기재정계획의 도입이다. 스웨덴은 매년의 예산이 중기재정계획에서 세운 지출계획에 일정한 마진을 더한 규모를 초과하지 못하도록 강제한다. 마진은 예측 오차를 허용하기 위한 것으로서 미래로 갈수록 커진다. 스웨덴의 중기재정계획 기간은 3년인데(당해가 1년 차인 우리와 달리 다음 해가 1년 차가 되기 때문에 한국의 방식으로 따지면 4년 기간이다), 1년 뒤는 1.5%, 2년 뒤는 2%, 3년 뒤는 3%식으로 마진을 정한다(Ljungman, 2007).[16]

한국의 국가재정운용계획이 취지대로 운영되려면 스웨덴만큼 강력하게 실시하기는 어렵더라도, 국가재정운용계획에서 설정한 지출계획에 의

---

16 그 밖에도 2000년에는 구조적 재정적자를 GDP 대비 평균 2%(2011년에 1%로 변경)로 설정하는 재정준칙도 도입했다. 그리고 2007년에는 재정의 지속가능성과 재정준칙 준수를 감시하는 독립적인 재정정책위원회를 설치했다(조은영, 2014). 또한 복지개혁 등 재정건전화를 위한 다양한 정책을 실시했고, 그 결과 GDP 대비 국가채무 비중은 1998년에 83.8%에서 10년 뒤인 2008년에는 52.9%로 낮아졌다. 2018년 현재는 58.4%이다. OECD 통계, https://stats.oecd.org/(검색일: 2019.12.25).

해 다음 해 예산 규모가 어느 정도 제한을 받도록 하는 장치가 필요하다.

5년마다 대통령이 바뀌는 한국 정치체계에서 현 정권 때 세운 국가재정운용계획으로 다음 정권의 재정지출을 구속할 수는 없다. 즉 국가재정운영계획에 의한 다음 해 예산 규모 제한은 정권 임기 내에서만 가능하다. 구체적으로 어떤 방법이 가능할까? 필자가 제안하는 것은 예산안을 편성할 때, 예산 규모가 집권 첫해에 설정한 국가재정운용계획의 '지출계획 + 마진(지출 한도)'을 초과하게 설정하려면 국회를 경유하는 절차를 거치는 것이다.[17]

국회 경유 절차로는 두 가지 방식이 가능하다. 하나는 약한 제한이고, 다른 하나는 강한 제한이다. 약한 제한은 다음 해 예산 규모를 집권 첫해 설정한 국가재정운용계획의 '지출계획 + 마진(지출 한도)'을 초과해서 설정하려면 국회가 주도하는 '의견 수렴 절차'를 거치는 것이다. 예를 들어 여당과 야당이 추천하는 전문가와 예결위 위원 등으로 TF 위원회를 구성하고, 여기에서 집권 첫해 설정한 국가재정운용계획의 지출 한도를 벗어나는 예산 규모 변경에 대해 권고안을 내는 것이다. 권고안은 여야가 합의한 단일안이면 좋겠지만, 합의에 이르지 못한다면 양측이 각각의 권고안을 제시할 수도 있을 것이다. 중요한 것은 왜 그런 안을 제시하는지에 대한 근거와 논리가 상세히 담겨 있어야 한다는 점이다.[18]

다음으로 강한 제한은 첫해 설정한 국가재정운용계획의 지출 한도를 초과하는 예산 규모를 설정하려면 국회의 동의를 얻도록 하는 것이다. 스

---

17 물론 현재도 아무런 절차가 없는 것은 아니다. '국가재정법' 제7조 3항은 매년 국회에 제출하는 국가재정운용계획에는 「전년도에 수립한 국가재정운용계획 대비 변동사항, 변동요인 및 관리계획 등에 대한 평가·분석보고서」를 첨부하게 하고 있다. 하지만 이는 계획 변경에 신중을 요구하는 것이 아니다. 오히려 평가·분석 보고서 첨부를 통해 자유로운 계획 변경을 허용한다.

18 중기재정계획의 취지를 좀 더 살린다면, 집권 첫해에 작성하는 국가재정운용계획에서 5년간 지출 한도 설정할 때도 이 TF 위원회가 권고안을 내는 것을 고려할 수도 있다. 하지만 첫해의 국가재정운용계획 작성은 출범하는 정부의 재량에 맡기는 것이 적절할 것 같다.

웨덴의 경우 미리 국회로부터 국가재정운용계획의 지출 한도에 대한 승인을 받으면, 그 한도 내에서 지출해야 한다.[19] 국가재정운용계획의 의의를 십분 살리려면 스웨덴 방식이 타당하다. 그러나 한국의 국가재정운용계획 기간은 스웨덴보다 길지만, 한국의 경제 및 재정 예측은 충분히 정교하지 못하다. 그래서 집권 초에 설정한 국가재정운용계획에 의해 3, 4, 5년 차 예산 규모 한도를 확정하는 것은 아직은 무리다. 그보다는 변경을 허용하되 국회의 동의를 얻도록 하는 것이 더 현실적이다. 이는 집행 중인 당해 예산에 변경을 가할 때, 즉 추가경정예산을 편성할 때 국회 동의를 얻는 것과 유사하다. 물론 이러한 국회의 변경 동의는 예산안 편성 완료 이전, 이를테면 6월 정도에는 이뤄져야 할 것이다.

이 두 가지 방식 중에서 원론적으로 더 타당한 것은 강한 제한이다. 행정부가 편성한 예산안을 심의해서 확정하는 것은 국회의 기본 책무이다. 예산 편성이 제대로 되었는지를 판단하는 기준 중 하나가 중기적 시계에 의해 편성되었는가이다. 중기적 시계에 의해 편성한다는 것은 국가재정운영계획에 따라 편성한다는 것이다. 그렇다면 국회는 행정부의 예산안 편성이 국가재정운영계획에 따라 이뤄지도록 통제하는 것이 마땅하다.[20]

'강한 제한'이 더 타당하고 결국 그렇게 가야겠지만 그 중간 단계로서 '약

---

19 스웨덴의 지출 한도는 사후적인 개념이다. 그래서 예산 편성뿐만 아니라 집행에서도 이를 초과할 수 없다. 그래서 우리의 추가경정예산 같은 것을 편성하더라도 이 한도 내에서 이뤄져야 한다.

20 국가재정운용계획은 노무현 정부 때 이뤄진 3+1재정개혁(총액배분자율편성, 국가재정운용계획, 성과관리제도, 디지털예산회계시스템)의 하나로 시작되었다. 3+1재정개혁은 1990년대 선진국들의 재정개혁을 받아들인 것이다. 획기적인 개혁이며 재정운용의 건전화·효율화를 위해 매우 효과적인 제도 구축이었다. 그러나 제도는 구축되었으나 내실 있는 운영이 이뤄지지 않은 채 현재에 이르렀다. 이 4개 제도는 긴밀히 연계되어 있다. 그중에서 국가재정운용계획의 실효성을 확보하는 것, 즉 국가재정운용계획에 따라 예산을 편성하는 것은 이 4개의 제도가 효과적으로 작동하는 데 핵심이 된다.

한 제한', 즉 국회 내 의견 수렴을 거치는 것이라도 시작하면 좋겠다. 스웨덴처럼 계획 변경 자체를 금하지는 않더라도 계획을 변경할 때 이런 절차를 거치는 것은, 국가재정운용계획의 취지를 살리기 위한 최소한의 조건에 해당한다. 이 정도의 제한 없이 국가재정운용계획 작성이 취지대로 운영되기를 바라는 것은 그야말로 연목구어(緣木求魚)이고 언감생심(焉敢生心)일 뿐이다.

10. 장기재정목표 설정도 필요하다

재정의 지속가능성을 위해서는 5년 임기의 정권이 집권 중 재정건전화에 노력을 기울이는 것이 중요한데 그러려면 집권 첫해에 작성하는 국가재정운용계획의 실효성(구속력)을 높이는 장치를 갖춰야 한다. 여기에 더해 매년의 재정적자를 일정 수준 이하로 제한하는 재정준칙을 도입하면 좀 더 효과적일 수 있다.[21] 하지만 우선은 국가재정운용계획이 취지대로 운영되도록 하는 것이 더 중요하다.

한편, 중기적 시계의 재정건전화 노력과 함께 장기적 시계에서 지속 가능한 재정을 위한 노력도 필요하다. 물론 앞서 논의했듯 장기적인 목표를 설정한다고 해도 정권과 국회가 계속 바뀌므로 이 목표에 따라 재정을 관리하는 것은 어렵다. 하지만 '목표' 자체를 설정하고 발표하는 것은 필요하다. 목표달성을 강제하지 않더라도, 이를 설정하고 공표하는 것 자체로 재정운용에 신중을 기하게 하는 효과가 있기 때문이다.

현행 법규는 장기 재정 전망을 하도록 곳곳에 규정하고 있다. 사회보장위원회는 2년마다 사회보장 장기재정추계를 해야 하며, 기획재정부는 5년

21 매년의 재정적자를 GDP 대비 3% 이내로 하는 EU 권고안도 회원국에 적용되는 재정준칙의 일종이다. 그리고 스웨덴은 이보다 더 엄격한 기준의 재정준칙을 설정해 적용하고 있다.

마다 장기재정 전망을 해야 한다. 하지만 이는 현재 추세가 그대로 이어지면 향후 50년 뒤까지 재정수지와 채무가 어떻게 될 것인지를 추계하는 데 그친다. 추세 예측과 목표 설정은 다르다. 추세 예측에 더해 목표가 설정된다면 추세와 목표의 괴리를 파악할 수 있고, 이를 메우기 위해서는 무엇을 해야 하는지 대안을 논의할 수 있다. 비록 합의된 대안을 도출하기 힘들고 이를 강제하지는 못한다고 해도 이러한 과정 자체가 있는 것과 없는 것은 재정건전화 수준에 실질적인 차이를 수반할 것이다.

참고문헌

기획재정부. 2019.「2020 예산안」.

______. 각 연도.『국가재정운용계획』.「2019~2023 국가재정운용계획」.

김용하. 2019.「시뮬레이션 기법을 이용한 국민연금 제도적 지속가능성 고찰」.≪보건사회연구≫, 39(2), 37~64쪽.

김태일. 2013.『국가는 내 돈을 어떻게 쓰는가』. 웅진지식하우스.

재정개혁특별위원회. 2019.「재정개혁특별위원회 보고서」

조은영. 2014.「북유럽 국가의 금융·재정위기 극복과 시사점」.≪경제현안분석≫, 86. 국회예산정책처.

Ljungman, Gösta. 2007. "The Medium-term Fiscal Framework in Sweden." *OECD Journal on Budgeting*, 6(3), pp.1~17.

The Network of EU Independent Fiscal Institutions. 2018. Medium-Term Budgetary Framework.

제6장

한국 정당의 조세정책 경쟁

강병익 | (재)민주연구원 연구위원

1. 복지국가에서 조세복지국가 논쟁으로의 전환

2010년 지방선거의 무상급식 이슈는 두 가지 의미에서 한국의 복지국가 논쟁에 중요한 변곡점이었다. 하나는 우리가 만들어야 할 복지국가 체제의 방향과 원칙을 논하는, 이른바 '보편적 복지 대 선택적 복지' 논쟁이 본격화되는 계기를 마련했다.[1] 이 논쟁의 쟁점은 급여할당 방식에 있다. 즉, 누가(모두 혹은 특정 집단) 혜택을 받는가와 특정 집단의 경우에도 집단 내 자격 조건을 둘 것인가 말 것인가를 놓고 다툰다.[2] 보편주의 담론은 사

---

1 사실 한국 정당정치에서 보편적 복지를 최초로 주장한 정당은 2000년 창당한 민주노동당이었다. 2004년 총선을 통해 원내 진출에 성공한 민주노동당의 보편적 복지는 모든 사람들이 당연히 누려야 할 '사회적 권리'를 함의하고 있었다. 국가복지의 보편주의를 복지이념으로 한 민주노동당의 정책이념은 무상복지와 부유세를 대표 정책으로 정치적 반향을 일으키는 데는 성공했지만, 구체적인 국가정책에 반영되는 데는 소수당으로서 한계에 직면할 수밖에 없었다. 하지만 이 보편주의 복지이념은 이후 지역 수준의 복지운동과 연계되어 정당의 정책 능력과는 별개로 무상급식 운동이라는 하나의 대중운동으로 이어졌다.

2 2010년 지방선거는 우리나라 선거 역사상 복지 쟁점이 '쟁점투표(issue-voting)'로서 선거 의제를 주도한 최초의 선거였다는 점에서도 이례적이었다. 동아시아연구원이 한국리서치에 의뢰해 전국 유권자 1200명을 대상으로 제5회 동시지방선거 1주일 전

회적 권리로서의 복지, 즉 사회적 위험은 모든 사람에게 차별 없이 발생할 수 있다는 점과 선별적 복지는 낙인효과를 동반해 오히려 인간의 존엄성을 해칠 뿐만 아니라, 선별에 드는 행정비용이 더 많은 낭비를 낳는다는 점을 강조한다. 반면 선별주의 담론은 모두에게 동일한 급여를 제공하는 것은 복지낭비이며, 복지욕구가 가장 많은 사람들을 대상으로 하는 것이 효과적이며 적절하다는 점에 방점을 둔다(길버트·테렐, 2007: 160~162). 이미 서구에서는 구시대적인 것으로도 평가받는 이 논쟁[3]이 선거를 중심으로 본격화되었다는 것은 복지국가 체제에 관한 생각들이 정책의 틀을 통해 '정치화' 되고 있음을 의미하는 것이기도 했다.

한국 복지국가 논쟁에서 무상급식 이슈는 조세정책(tax policy)에 관한 논쟁으로 이어지면서 또 다른 변곡점이 되었다. 보편적이든 선별적이든 간에 복지재정의 확대는 국가재정의 뒷받침이 있어야 지속 가능하다는 점에서 자연스러운 논점의 변화였다.

조세정책은 국가재정의 기초이자 소득재분배에 직접적인 영향을 미친다. 또한 복지국가의 곳간으로서 공공재원 확보에 근간이 되는 조세정책은 복지국가 성격과 그 수준의 결정과도 밀접하게 연계되어 있다. 한편 조세수준은 사회서비스 고용을 확대할 수 있는 복지국가들의 능력을 설명하는

에 조사한 결과에 의하면 투표 선택에 가장 영향을 준 선거 이슈로 매우 고려한다는 빈도가 친환경 무상급식(35.9%), 4대강 사업(30.4%), 전교조 명단 공개(23.4%) 순서로 나타났다(이현우, 2011: 44~45).

3 유럽 기준에서 보면, 보편주의냐 선별주의냐의 문제는 이미 이념이라기보다는 하나의 사회정책 수단으로 인식된다. 주지하다시피 1960년대 리처드 티트머스(Richard Titmuss)는 사회정책 이념(정책 지향)으로서 제도적 복지 모델과 잔여적 복지 모델로 구분하면서, 보편적 서비스와 선별적 서비스는 선택의 문제가 아님을 지적했다. 보편적 서비스와 선별적 서비스는 상호보완재로 기능할 수 있기 때문(핑커, 2000: 160)인데, 이러한 관점은 이른바 사회정책의 탈근대(postmodernism)논쟁에서 보편주의와 특수주의, 평등성과 다양성, 특정 집단에 대한 지원과 역량 강화의 조합을 통한 전통적인 사회정책의 변화 가능성 모색으로 이어졌다(Thompson and Hoggett, 1996).

한 가지 요인도 된다(Esping-Andersen, 1990: 146). 한국은 OECD 국가들과 비교할 때 조세부담률이 낮고, 상대적으로 누진율이 낮은 국가군으로 분류되며, 이는 한국 복지국가의 저발전과 밀접한 상관성이 있다(남찬섭, 2008; 김미경, 2010; 양재진·민효상, 2013; 윤도현, 2013; 양재진 외, 2015)는 평가의 근거가 되어왔다.

하지만 이러한 저부담-저복지의 특성 속에서도 IMF 경제위기를 겪은 직후인 2000년 이후, 재정지출 양상과 조세정책의 특징을 비교해 살펴보면, 복지지출을 포함한 사회지출이 양적 증가 추세에 있다는 것은 의심의 여지가 없어 보인다. 이러한 경향은 복지재정(일반 회계 기준)이 대체로 경제성장률(GDP 성장률)을 초과하며 확대되었다는 것(〈그림 6-1〉),[4] 조세부담률과 각종 사회보험의 기여금(보험료)을 포함하는 국민부담률 상승률에서 확인할 수 있다(〈그림 6-2〉). 한편 2000년 이후에는 이전과 비교할 때 조세구성의 변화도 동반했다. 즉, 전체 조세비율에서 직접세 비중이 확대되었고, 2014년부터는 간접세 비중을 앞지르기 시작했다(〈그림 6-3〉). 조세 구조상으로는 소득·소비·자산과세 중심의 조세구조 확립되었다(한국조세연구원, 2012: 503~505).

하지만 이러한 복지지출의 확대 추세 속에서도 사회경제적 양극화와 불평등 문제는 여전히 한국 사회를 위협하고 있다. 여기에는 복지지출을 국가 부담의 영역으로만 사고하는 이른바 재정건전성 담론이 정치와 사회에 굳게 똬리를 틀고 있고, 재정확대를 담보할 조세전략에 소극적인 '정치

---

4 사회복지 재정 규모는 일반 예산과 기금으로 나눌 수 있는데, 적립되는 사회보험기금을 제외한 일반 예산을 보면 정부와 국회의 복지지출 확대 의지가 좀 더 잘 드러난다. 이러한 기준에서 보면, 매년 지속적으로 사회복지예산 증가율이 경제성장률을 넘어섰던 것은 아니다. 하지만 경제성장률보다 낮은 사회복지예산 증가율을 보였던 해는 거의 예외 없이 전년도 증가율이 매우 높았다는 점에서 일종의 기저효과가 작동한 것으로 볼 수 있다. 또한 정부의 사회복지예산은 교육과 노동 관련 예산도 모두 포함하고 있다는 점에 유의할 필요가 있다.

〈그림 6-1〉 경제성장률 대 복지재정 증감률 추이

(단위: %)

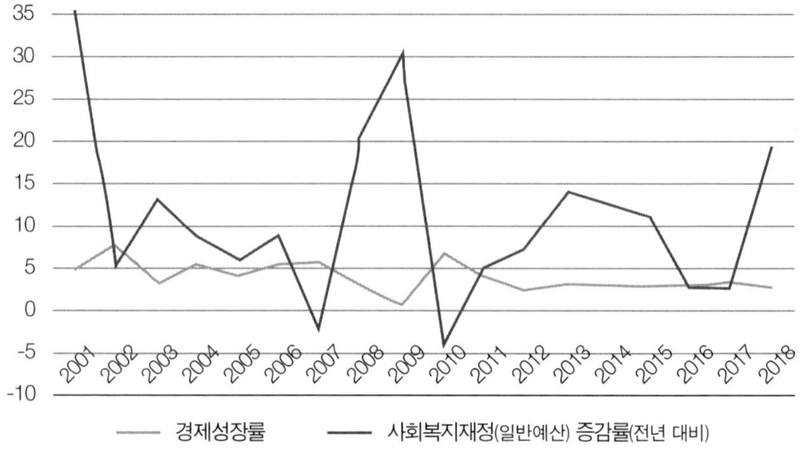

자료: e-나라지표를 근거로 재구성.

〈그림 6-2〉 조세부담률 대 국민부담률 추이

(단위: %)

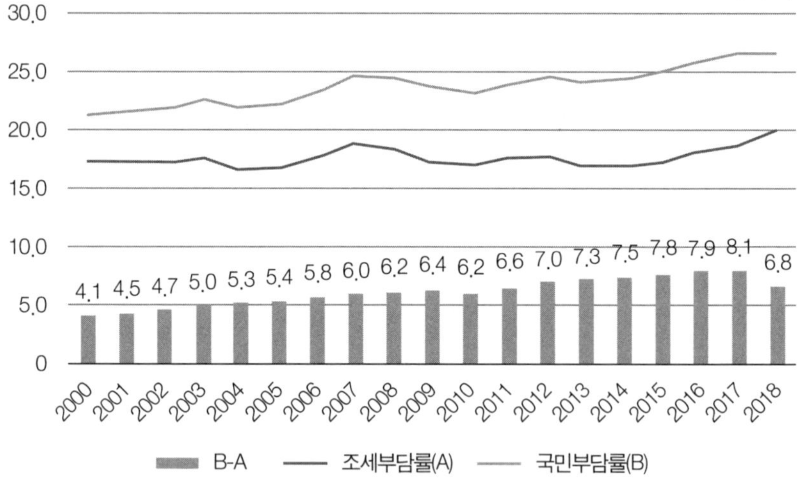

자료: OECD(stats.oecd.org)를 근거로 재구성.

〈그림 6-3〉 국세 중 직접세와 간접세 비중 추이

(단위: %)

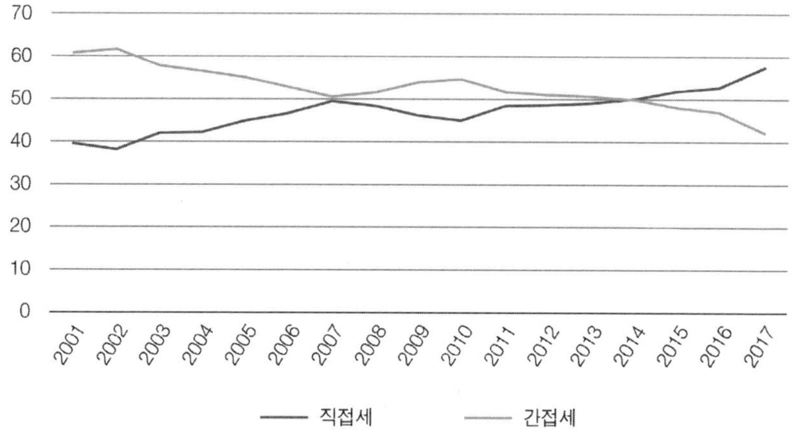

자료: 국회예산정책처 재정경제통계시스템.

의 문제'가 가장 크다고 할 수 있다.

정치와 경제, 복지, 노동 등 국가체제를 구성하는 다양한 제도와 영역 간 상호작용과 그 결과로서 복지국가 체제의 성격을 규정하는 '자본주의 다양성'과 '복지국가 체제의 유형론'적 접근은 어떤 복지국가를 지향하는가와 관련되어 여전히 분석적인 함의를 지닌다. 그런데 국가를 구성하는 사회정책의 안정적이고 지속 가능한 재정 기반의 문제를 제공하는 조세정책과 재정전략 역시 복지국가의 다양한 모습이 형성되는 데 핵심적인 실천 영역이자 정치 과정이라고 할 수 있다. 즉 우리가 현재 어떤 복지국가에 살고 있는지 직관적으로 알 수 있고, 또 어떤 복지국가를 지향해야 하는지를 고민할 때, 가장 중요한 국민적 합의 지점이 조세정책과 재정전략에 응집되어 있다. 세계적인 불평등 문제에 관심을 촉발했던 토마 피케티(Thomas Piketty)의 주요한 해법 역시 정치와 국가였고, 그 핵심에 누진적 조세를 통한 재분배 강화를 제시했다는 점은 사실 새삼스러운 것도 아니다.

조세와 복지는 특정 국면을 기반으로 정책적·담론적 측면에서 서로를 강화하기도 하고, 제약하기도 한다. 복지확대는 사회보험을 포함한 조세재정을 근간으로 한다는 점에서 더 많은 복지를 위해 국민 부담이 높아지는 것은 당연하다고 할 수 있겠지만, 증세는 인기 있는 정책이 아니기 때문에 복지확대에 궁극적인 제약요인으로 작동하는 것이 바로 조세정책이기도 하다. 이는 보편적 복지 논쟁에서 세금 논쟁의 이행, 즉 복지국가 논쟁에서 조세복지국가 논쟁으로 이행이, 양적인 재정확대에도 불구하고 복지제도의 확대를 오히려 제약하는 방식으로 전개될 수도 있음을 보여준다. 이러한 조세 관련 논쟁의 보수성은 한국 정당과 정당체계의 보수성에 기반을 두고 있다는 것도 이 연구에서 확인해 볼 수 있는 대목이다. 이 장은 이러한 문제의식을 바탕으로 복지국가에서 조세복지국가(taxing welfare state)로의 전환이라는 관점에서 주요 정당 간 조세정책 경쟁을 선거공약과 국회 주요 입법과정, 몇 가지 조세의제를 중심으로 살펴보고, 복지확대 과정에서 정당의 조세정치 역량의 중요성을 확인하는 데 초점을 맞추고 있다.

2. 정당과 세금

1) 정당 경쟁과 조세 이슈

조세 이슈는 주로 누구로부터 어떻게 걷는가(공평성)의 문제를 놓고 불거지는데, 이는 조세 원칙과 동일한 맥락에서 형성된다. 공평성(equity) 문제는 다시 과세의 근거로서 수직적 공평성과 수평적 공평성으로 나뉜다. 수직적 공평성은 소득 수준에 따른 차등과세, 즉 소득이 많은 사람이 더 많은 세금을 내야 한다는 원칙을 말하며, 수평적 공평성은 소득 수준이 같다면 동일한 과세 부담을 져야 한다는 의미한다. 이 두 가지 원칙은 큰 틀에서 '능력에 따른 과세' 원칙(ability to pay)으로 수렴된다. 한편 조세는 소득

재분배의 가장 중요한 정책수단이라는 점에서 공공지출을 위한 재원의 역할을 한다. 공공지출은 공적이전을 통한 가처분 소득을 증대시킨다는 점에서 소득불평등 문제를 완화하는 복지국가 재정정책의 핵심적인 부분을 차지한다. 이러한 측면에서 조세 이슈는 과세의 공정성과 소득불평등에 관한 정치적·경제적·사회적 이해관계를 둘러싸고 벌어지는 갈등의 장이라고도 할 수 있다.

국가의 조세-복지정책이 중요한 또 다른 이유는 조세-복지정책의 유형에 따라 시민들의 국가에 대한 경험과 지식이 달리 형성되기 때문이다(Gingrich, 2014: 95). 이는 복지국가를 지탱하는 하나의 사회적 합의 혹은 사회계약으로서 조세복지정책이 자리매김하고 있다는 점을 상기시킨다. 그리고 정당은 이러한 국가정책과 시민들 간 합의와 계약을 매개하고 동원하기 위해 선거와 의회 정책결정 과정을 통해 유력한 정치행위자로 등장하게 된다. 공직(office), 득표(vote), 정책(policy) 추구라는 세 가지 목적을 선거와 의회정치라는 공간을 통해 구현하는 정당(Strøm and Müller, 1999: 5~9)은 "대중의 요구를 공공정책으로 전환시키는 기본적 장치"(Key, 1961: 432)이기 때문이다.

정당 경쟁은 크게 담론과 정책을 둘러싸고 벌어지는데, 앞서 언급했듯이 각 정당의 담론과 정책경쟁은 선거와 의회 공간을 통해 전개된다. 복지의제에 따라서는 수혜를 받는 사람과 비용을 치르는 사람이 명확하게 구분되지 않아, 특정한 복지정책의 실행이 실제 자신과 가족의 생활에 어떤 영향을 미치는지 판단하기 어려운 경우가 있다. 이는 제도의 복잡성에 기인하기도 하고, 복지체제나 민영화와 같은 의제의 추상성에 따른 결과이기도 한데, 세금은 그 체계가 복잡할수록 이러한 문제가 발생하는 대표적인 정책분야다. 이렇게 비용과 혜택이 뚜렷하게 드러나지 않는 상황에서 구사되는 정치적 동원전략을 '담론을 통한 동원'이라고 할 수 있다(강병익, 2017: 33). 담론정치는 담론에 내재하고 있는 '의도된 설득효과(intended perlocutionary effect)'에 그 바탕을 두고 있기 때문(Fairclough and Fairclough 2012: 18)에, 유권자들에게 자신의 이익에 대한 사고를 조작 혹은 재형성하기도 하고, 정책과 제도를 근본적으로 전환하는 역할을 하기도 한다(미야모토 타로, 2011: 71). 정책결정 과정에서의 정치담론은 정책행위자 간, 그리고 정책행위자가 대중을 상대로 정책 프로그램을 설득하고 정당화하는 모든 말들이라고 할 수 있다. 정책에 관한 정치적 해석 틀인 정책 패러다임은 담론의 형태로 대중에게 제시되는데, 이 담론은 단기적인 물질적 이익보다는 장기적인 사회적 이익 속에 물질적 이익을 포괄적으로 인식시키는 역할을 한다. 즉 좀 더 많은 유권자들을 대상으로 더 광범위한 동원을 가능하게 하는 일종의 '정당성(justification)의 정치'로 작동한다(강병익, 2017: 33).

2) 한국 정당의 조세정책 비교

서구 정당의 조세와 지출에 대한 정책적 입장은 좌파일수록 사회지출 확대를 위한 증세정책에 친화적이고, 우파일수록 사회지출 축소를 위한 감세정책을 선호한다(Benoit and Laver, 2006). 누구로부터 어떻게 세금을 걷느냐와 같은 과세 구조의 측면에서 보면, 좌파를 포함한 사민주의 정당은 높은 누진율과 자본 및 부유층에 대한 고율의 소득세를, 우파 정당은 낮은 누진율과 자본 및 부유층에 대한 저율의 소득세를 선호해 왔다(Ganghof, 2006: 3). 하지만 이는 하나의 이념형일 뿐, 서구라고 해도 모든 나라에 일괄적으로 적용할 수는 없다. 예컨대 스웨덴의 사민당 정부는 특별히 누진적인 조세제도를 도입하지 않았을 뿐만 아니라, 조세 항목에 따라서는 역진적이기까지 했다. 스웨덴 사민당의 조세정책에서 중요한 것은 누진율이 아니라 주택, 보건, 복지를 위한 공공지출의 재원 확보를 위해 막대한 세입을 창출하는 조세제도를 구축하는 것이었다(Steinmo, 1993: 2).

또한 신자유주의와 같은 경제 환경과 선거를 중심으로 한 정당 경쟁으로 이러한 이상적인 조세정책의 변화를 가져온 것이 서구 정당정치의 역사

〈표 6-1〉 주요 정당의 조세 관련 선거공약(총선 및 대선, 2012~2020)

<table>
<tr><th></th><th>더불어민주당</th><th colspan="2">미래통합당</th><th>민생당</th><th>정의당</th></tr>
<tr><td>제21대
총선
(2020)</td><td>○비과세 감면 정비
○음성 해외 탈루 소득과 세를 강화
○증권거래세 폐지, 대주주 주식양도 차익 등 과세 강화</td><td colspan="2">○법인세, 상속·증여세 인하
○가족세액공제 확대
○보유세·거래세 인하
○증권거래세 단계적 폐지, 합리적 주식양도세 도입
○고가 주택 기준 조정(공시지가 12억 원, 급격한 공시가격 인상 저지)</td><td>○누진적 종부세 도입
(1가구 1주택자 면제)</td><td>○탄소세 도입
○상속·증여세 할증 과세, 종부세 강화, 다주택 중과세
○초부유세 신설
○사회복지세 도입
○법인세·소득세 증세
○주식양도소득 누진제</td></tr>
<tr><th></th><th>더불어민주당</th><th>자유한국당</th><th>바른정당</th><th>국민의당</th><th>정의당</th></tr>
<tr><td>제19대
대선
(2017)</td><td>○조세정의 실현
○소득세 최고 세율 조정
○자산소득과세 강화
○재벌대기업 과세 정상화
○중상층 서민 자영업자 세제 지원 확대</td><td>○중소기업취업청년 소득세 감면
○근로장려세제 강화
○담뱃값(세) 인하</td><td>○벤처기업 세제 혜택 대폭 확대
○주거취약계층 세제 혜택
○농업기업 세제 혜택</td><td>○공평 과세 구현
○초고소득층 과세 강화
○상장사 대주주 주식 양도 차익 과세 강화
○부동산 임대소득 과세 강화
○거액 자산가 상속·증여세 탈루 차단
○소득세·법인세 최고세율 상향
○비과세 감면 축소</td><td>○사회복지세 신설
○법인세 MB 감세 철회
○소득세 세율체계 전면 개편, 누진세율 강화
○부동산보유세 과세체계 전면 개편·누진세율 강화
○주식양도소득 누진세율 적용
○상속·증여세 강화 및 상속공제 축소
○초과이익공유제·정규직 전환 세제 지원
○탈세 처벌 강화</td></tr>
<tr><th></th><th>더불어민주당</th><th colspan="2">새누리당</th><th>국민의당</th><th>정의당</th></tr>
<tr><td>제20대
총선
(2016)</td><td>○법인세 강화
○MB 이전인 25%로 원상회복
○재벌대기업 법인세 비과세·감면 축소
○재벌대기업 사내유보금 과세 강화</td><td colspan="2">○고소득 전문직 자영업자, 탈세 대기업 변칙 상속 역외 탈세 차단</td><td>○상속세 및 증여세법 개정
○불법 및 편법적인 사익추구 방지
○세금 없는 부의 대물림 방지
○증세는 사회적 공론화를 통해 합의 후 추진</td><td>○사회복지세 도입
○법인세 MB 이전인 25%로 환원
○부동산보유세 지방세로 일원화
○최고 세율 인상
○금융소득종합과세 강화
○초과이익공유제에 세액공제(30%)
○사내유보금 할증과세
○증여세 할증과세, 고액 상속 과세 강화</td></tr>
<tr><th></th><th>민주통합당</th><th colspan="2">새누리당</th><th>통합진보당</th><th>진보정의당</th></tr>
<tr><td>제19대
총선
(2012)
제18대
대선
(2012)</td><td>○조세부담률 적정화
○조세감면 단계적 축소
○법인세 강화, 부자감세 철회
○대주주 양도 차익 과세 강화
○이자소득 및 배당소득 종합과세 기준금액 하향
○음성 탈루 소득 과세 강화</td><td colspan="2">○공평과세와 책임담세
○금융소득종합과세 기준금액 하향·자본소득 과세 강화
○과세표준 1000억 원 초과기업 최저한 세율 인상
○비과세·감면제도 대폭 정비
○고소득자영업자 체납 추징 강화
○소득공제에서 세액공제로 점진적 전환
○조세 수준 결정을 위한 국민대타협위원회 설치</td><td>○소득세·법인세 인상
○3억 초과 50%
○1000억 초과 기업 30%
○금융종합과세 확대
○종부세 정상화
○상속세·증여세 강화
○비과세 감면 축소
○탈세 근절, 차명 거래 방지</td><td>○사회복지세 도입 및 부자증세
○재벌·대기업 과세 강화, 대기업 법인세 최저한세율 인상
○탄소세 도입
○탈세 근절
○차명 거래 방지
○고액체납자 증여세 부과</td></tr>
</table>

자료: 민주통합당(2012), 더불어민주당(2016, 2017, 2020), 민주연구원(2016), 새누리당(2012a, 2012b, 2016), 자유한국당(2017), 미래통합당(2020), 국민의당(2016, 2017), 민생당(2020), 통합진보당(2012), 진보정의당(2012), 정의당(2016, 2017, 2020)에서 정리해 재구성.

이기도 하다. 이를테면 사회경제적 환경이 강력한 변수로 작동할 때 이념적 차이가 정책선호로 전환되기 어렵다. 한국의 경우는 서구와 같은 이념 경쟁형 정당체계와는 다른 형태의 정당체계가 형성되었고, 정당 경쟁에서 사회정책의 중요성은 민주화 이후 비교적 최근에 부각되었다. 조세에 관한 정책이념은 어느 정당이나 공평과세나 경제정의를 내세우고 있으며, 사회경제적 환경과 조세부담에 민감한 언술체계의 형태를 보인다는 특징이 있다. 이는 한국의 거의 모든 정당이 정당강령을 통해 제시된 조세정책의 기본 방향으로 '경제정의', '소득재분배', '형평' 등을 합의하고 있다는 사실에서도 확인할 수 있다. 그래서 정당 간 조세정책의 차이(혹은 공통점)는 선거공약과 국회 입법과정을 통해 확인해 보는 것이 좀 더 효과적일 수 있다.

〈표 6-1〉은 2012년 대선부터 2020년 총선까지 전국지방선거를 제외한 전국 단위 선거에서 주요 정당의 조세 관련 공약을 정리한 것이다. 이를 통해 보면, 조세정책의 방향에 대한 몇 가지 흐름을 정리할 수 있다. 첫째, 모든 정당이 조세정의를 위한 대표적인 공약으로 '공정과세'와 '탈세방지'를 내세우고 있다. 조세정의는 매우 보편적인 조세담론이기는 하지만, 특히 한국은 조세제도가 불공정하다는 오래된 시민들의 불신에 대한 반응이라고 볼 수 있다.

둘째, 거대 양당 모두 선별적인 증세를 선호한다는 것이다. 더불어민주당 계열은 전통적으로 소득세 감세-법인세 인상을 정책기조로 삼아왔다. 미래통합당 계열 역시 감세를 과세정책의 기본 방향으로 제시해 왔으나, 본격적으로 감세를 통한 경제활성화를 내세운 것은 이명박을 대선 후보로 내세운 2008년 제17대 대선부터였다. 2012년 대선은 그 어느 때보다 복지재정 문제가 첨예하게 쟁점화되었던 선거였다. 이는 보편적 복지 대 선별적 복지 논쟁에 덧붙여 MB 정부의 이른바 '부자감세정책'과 전통적인 토건행정인 '4대강 사업'에 대한 재정지출의 반대급부를 그 배경으로 했다.[5] 당시 야당이었던 민주통합당, 통합진보당과 진보정의당은 모두 '부자감세 철회'를 들고 나왔다. 민주통합당은 MB 정부의 부자감세 철회와 법인세 강화, 두 진보정당은 상속·증여세 강화와 목적세로서 사회복지세 등을 복지재정 확대를 위한 재정확보 정책으로 내세웠다. 사회복지세는 따로 다루겠지만, 부유세로 상징되던 부자증세에서 보편적 증세로의 일정한 조세정책 기조의 변화를 보여주는 공약이었다.

셋째, 거대 양당의 "증세없는 복지"에 대한 암묵적 합의를 들 수 있다. 제18대 대선에서 당시 여당인 새누리당의 박근혜 후보는 "한국형 복지국가"라는 슬로건을 통해 같은 당 소속의 이전 정부와 차별성을 드러내고자 했다. 한국형 복지국가의 재정정책은 "증세 없는 복지확대"와 "재정건전성 확보"였는데, 비과세 감면과 축소, 지하경제 양성화 등으로 세원을 확대하고 재량지출 조정을 통한 재원 마련을 제시했다. 당시 제1야당이었던 민주통합당은 MB 정부의 감세정책을 강력히 비판하면서 감세 철회 및 원상회복과 부자증세로 새누리당에 각을 세웠다.

하지만 "재정 안정 없이는 복지도 없다"라는 기조 아래, 기업·고소득자에 대한 비과세 감면 축소, 세출구조 개선과 복지전달체계 혁신(예산 낭비 방지), 지하경제 축소 등(민주통합당, 2012: 274~277) 그 밖의 조세 관련 재정정책 공약은 보수 여당과 대동소이했다. 사실 민주통합당의 이러한 복지재원 기조(재정건전성 유지와 부자증세 철회로 재원 마련)는 2011년 발표한 보편적 복지 3+1(무상급식, 무상보육, 무상의료, 반값등록금)에서도 별 차이가 없었다. 부자감세에도 불구하고 미국발 금융위기의 영향을 받은 2009년을 제외하

---

5 기획재정부에 의하면 이명박 정부 5년 동안의 감세 정책으로 줄어든 세수 규모가 63조 원이었다. 이는 이명박 정부 총재정적자액 96조 원의 66%에 이르는 금액이다(≪한겨레≫, 2012.8.24). 이 중 51%인 32조 원이 중소기업과 서민의 세부담 경감이라고 밝히면서, 고른 감세효과를 강조했다. 하지만 기재부는 OECD 기준을 적용해 중위소득의 150%를 초과하는 집단을 고소득층으로 분류했는데, 이들 집단은 전체 가구의 20%에 해당하는 것으로 감세액수의 절반이 상위 20%의 대기업과 부유층에게 돌아간 셈이었다(≪경향신문≫, 2012.12.12).

면 2010년부터 통합재정수지[세입(경상수입 + 자본수입)-세출 및 순 융자]의 흑자 전환이 이루어진 상태로 재정건전성 악화를 거론하기에는 그 근거가 취약했다.

한국의 거대 양당의 조세재정정책은 재정건전성이라는 프레임을 공유한다고 봐야 할 것이다. 재정안정화나 재정건전성이 중요하지 않다는 것이 아니라, 재정운영은 재정전략이라는 관점에서 봐야 하는데, 마치 1980년대 영국의 마거릿 대처(Margaret Thatcher)가 가계의 재정운영과 국가재정운영을 동일한 것으로 봤던 것과 같이 재정보수주의를 하나의 이념으로 공유하고 있다는 점을 지적하는 것이다.[6] 이러한 측면에서 부자감세 철회와 세금폭탄론은 같은 뿌리의 담론이라고 할 수 있는데, 참여정부 당시 세금폭탄론에 의해 보유세가 좌초된 경험이 있는 이들이, 2013년 이른바 8·8 대책(연말정산을 소득공제 방식에서 세액공제 방식[7]으로 일부 변경하는 것을 골자로 한 박근혜 정부의 세제개편안)을 두고 '중산층 세금폭탄'이라고 강력히 반발한 것은 "자기 프레임이 뭔지도 모르는 정당의 비극"(이봉현, 2013)도 우연한 발언이 아니라는 점을 확인해 주었다.

2016년 총선과 2017년 대선에서도 더불어민주당은 복지확대를 위한 재정확보 방안으로 부자감세 철회와 법인세 강화, 재벌 대기업의 사내유보금에 대한 과세 강화 등을 내세웠다. 이는 분명 보수정당의 탈세 차단 정도에 그친 재정확보 공약보다는 세수 확보에 대한 상대적 의지를 드러낸 것이었지만, 적극적인 재정확대 공약에는 미치지 못하는 소극적인 태도라고 평가할 수 있다.

---

6 이러한 양당의 기조는 2020년 총선을 앞두고 발생한 코로나19발 경제위기에서 갈리게 된다. 더불어민주당은 국가채무 증가를 감수하더라도 재정확대정책을 강력하게 추진하겠다고 한 반면, 미래통합당은 재정건전성을 해쳐서는 안 된다는 입장을 고수했다. 이는 GDP 대비 40% 이하를 국가채무 준칙으로 하는 총선공약으로 이어졌다.

7 세액공제는 고소득자들에게 유리해서 역진적 성격을 지닌 소득공제보다 조세형평성과 세수기반 확대에 부합한다는 평가를 받고 있다.

3. 조세법 개정 과정에서 정당 경쟁

앞서 각 정당의 조세정책의 기본 방향을 선거공약을 통해 정리해 보았다. 이제 국회의 조세 관련 주요 입법 과정에서 정당 간 논의가 어떻게 진행되었는지를 살펴보겠다.

1) 소득세와 법인세

소득세와 법인세는 대표적인 직접세 세목으로, 직접세 세수의 대부분을 차지한다. 2017년을 기준으로, 국세 중 소득세가 28.3%, 법인세가 22.3%로 중앙정부 세입의 절반 이상을 차지하고 있다. 그만큼 정부 재정지출에서 가장 크게 기여하는 세목이 바로 소득세와 법인세라고 할 수 있다.

한국의 소득세는 1949년 '소득세법'이 처음 제정된 이후, 수차례 개정을 거쳐 1974년 12월 대대적인 세제개편으로 현행 종합소득세 체계를 구축했

〈그림 6-4〉 소득세와 법인세 수입 추이(2001~2018)

(단위: %)

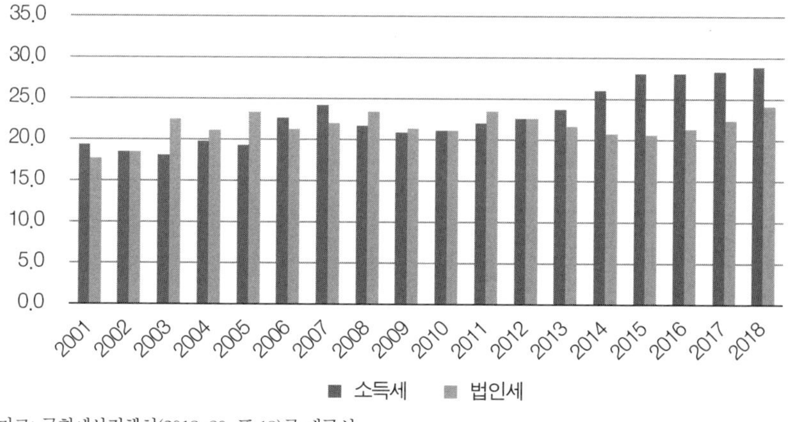

자료: 국회예산정책처(2018: 80, 표 18)를 재구성.

〈표 6-2〉 2002년 이후 소득세법 개정 추이(세율과 과표구간의 변화)

1996		2002		2005		2008		2009	
4단계		4단계		4단계		4단계		4단계	
과표구간	세율(%)	과표구간	세율(%)	과표구간	세율(%)	과표구간	세율(%)	과표구간	세율(%)
1,000만 원 이하	10	1,000만 원 이하	9	1,000만 원 이하	8	1,200만 원 이하	8	1,200만 원 이하	6
4,000만 원 이하	20	4,000만 원 이하	18	4,000만 원 이하	17	4,600만 원 이하	17	4,600만 원 이하	16
8,000만 원 이하	30	8,000만 원 이하	27	8,000만 원 이하	26	8,800만 원 이하	26	8,800만 원 이하	25
8,000만 원 초과	40	8,000만 원 초과	35	8,000만 원 초과	35	8,800만 원 초과	35	8,800만 원 초과	35
2010		2012		2014		2017		2018	
4단계		5단계		5단계		6단계		7단계	
과표구간	세율(%)	과표구간	세율(%)	과표구간	세율(%)	과표구간	세율(%)	과표구간	세율(%)
1,200만 원 이하	6	1,200만 원 이하	6	1,200만 원 이하	6	1,200만 원 이하	6	1,200만 원 이하	6
4,600만 원 이하	15	4,600만 원 이하	15	4,600만 원 이하	15	4,600만 원 이하	15	4,600만 원 이하	15
8,800만 원 이하	24	8,800만 원 이하	24	8,800만 원 이하	24	8,800만 원 이하	24	8,800만 원 이하	24
8,800만 원 초과	35	3억 이하	35	1.5억 이하	35	1.5억 이하	35	1.5억 이하	35
		3억 초과	38	1.5억 초과	38	5억 이하	38	3억 이하	38
						5억 초과	40	5억 이하	40
								5억 초과	42

자료: 국회예산정책처(2018: 94~95, 표 21)에서 일부 발췌.

다. 양도소득, 퇴직소득, 산림소득(폐지)을 제외한 나머지 소득(부동산, 배당 이자, 사업, 근로 등)은 개인별로 종합과세를 실시했는데, 종합과세는 분류과세보다 소득재분배 기능을 높일 수 있다. 이후 소득세와 법인세는 과표구간과 세율 변동의 변화가 약간씩 있어왔다. 전체적으로 소득세는 2008년 금융위기 이후 이명박 정부 시기를 제외하면, 저소득층의 세부담은 줄이고 고소득층의 세부담은 높이는 방향으로 과세구간과 세율 변화가 있었다(〈표 6-2〉).

2000년 이후 발의된 소득세와 법인세 개정안들의 골자를 살펴보면 보수정당인 새누리당과 그 계승 정당인 자유한국당(현 미래통합당)은 세율 인하나 과세 조정 변경 및 구간별 세율 인하, 각종 거래세 인하를 통한 시장 활성화 정책을 추진했다. 반면 민주통합당(새정치민주연합)의 계승 정당인 더불어민주당은 참여정부 시기부터 과표구간 조정을 통한 저소득층 소득세 인하와 고소득층 소득세 현행 유지 혹은 인상, 그리고 이명박 정부를 시작으로 하는 보수정부 집권기부터는 재원 확보와 조세정의 실현을 정당성으로 삼아 법인세 인상안을 제출해 왔다. 이는 보수정권의 불평등 정책을 상징하는 '부자감세론' 비판의 입법 실행 과정이었다(강병익, 2015: 104~105). 자유한국당계 보수정당의 조세정책 기본전략이 포괄적 감세에 있다면, 더불어민주당계 자유주의 정당의 기본전략은 중간층 이하의 소득세 감세와 법인세 인상이라는 이원적 전략을 취하고 있다.[8]

박근혜 정부 집권 1년이 지난 시점인 2014년부터 세법 개정안을 중심으로 증세를 둘러싼 여야 간 대립이 격화되었다. 조세정책 논쟁의 재점화는 정부의 기초연금 공약파기 논란으로부터 시작했는데, 이른바 경제민주화와 복지국가를 대선에서 핵심 공약이자 국가 비전으로 들고 나온 정부의 대표정책인 기초연금이 재정건전성을 이유로 축소되자, 국가재정을 위한 세원 문제가 여야 대결의 쟁점으로 등장했던 것이다.

2013년 말 박근혜 정부와 새누리당은 소득공제의 세액공제 전환과 함께 고소득계층의 세부담을 늘려야 한다는 새정치민주연합 등 야당의 요구를 수용해 최고세율 적용 과표구간을 3억 원 초과에서 1억 5000만 원 초과

---

8 한국 자유주의 정당의 강령과 기본 정책에 나타난 조세정책(재정정책)의 기본 지향은 '공평과세-누진과세-근로자 및 중소기업의 세금 경감'으로 정리할 수 있다. 1970년대 김대중의 '대중경제론'에서 소득불균형을 시정하기 위해 사전적으로는 임금격차 해소, 사후적으로는 조세정책이 불균등한 배분을 시정하는 가장 중요한 정책수단이었고, 민주화 이후 평민당과 통일민주당은 세제개혁의 제1과제로 '간접세 중심에서 직접세 중심으로의 개편'을 제시했다. 새천년민주당부터 반영된 조세정책 담론은 '공평과세'와 '포괄적 소득세제'였고, 충분한 세수입 확보를 위해 지나친 감면세의 축소조정과 신세원 발굴을 명시했다(강병익, 2015: 102~103).

〈표 6-3〉 1999년 이후 법인세 개정 추이(과세구간 및 세율)

<table>
<tr><th></th><th>모든 과세 대상 법인</th><th>조합법인</th></tr>
<tr><td>1999</td><td>16~28%(2단계)</td><td rowspan="5">12%</td></tr>
<tr><td>2002</td><td>15~27%(2단계)</td></tr>
<tr><td>2005</td><td>13~25%(2단계)</td></tr>
<tr><td>2008</td><td>11~25%(2단계)</td></tr>
<tr><td>2009</td><td>11~22%(2단계)</td></tr>
<tr><td>2010</td><td>10~22%(2단계)</td><td>9%</td></tr>
<tr><td>2012</td><td>2억 원 이하 10%
2~200억 원 이하 20%
200억 원 초과 22%
(3단계)</td><td rowspan="2">9%
(당기순이익
20억 원 이상 12%)</td></tr>
<tr><td>2017</td><td>2억 원 이하 10%
2~200억 원 이하 20%
200억 원 이하 22%
3000억 원 초과 25%
(4단계)</td></tr>
</table>

자료: 국회예산정책처(2018: 108, 표 25) 일부 발췌.

로 낮췄지만, 법인세 증세는 완강히 반대 입장을 고수했다. 야당이 낸 법인세법 개정안의 내용은 이명박 정부 이전으로 법인세율 환원, 최저한세율 인상, 고용창출 투자세액공제 등 각종 비과세·감면 폐지였다. 특히 과세표준 500억 원 초과 구간의 법인세 최고세율을 현행 22%에서 25%로 인상하고, 2억~200억 원 구간은 20%에서 22%로의 인상을 요구했다. 이를 통해 매년 약 9조 원의 세수를 추가 확보해 복지에 투입하자는 것이었다(≪한겨레≫, 2014.11.13).

이듬해인 2015년에도 법인세 인상 논쟁이 계속되었다. 정의당은 법인세 인상에 초점을 맞추었고, 새정치민주연합은 대표적인 기업의 비과세 감면제도인 연구개발(R&D)과 고용창출투자 세액공제가 각각 44.6%와 48.7%로 10대 기업에 몰려 있는 만큼, 대기업에 집중된 기업의 비과세 감면제도를 축소('조세특례제한법' 개정)를 통해 실효세율을 상향해야 한다고 주장했다

(≪경향신문≫, 2015.5.31). 기재부는 법인세율 인상이 기업의 투자 축소와 디플레이션을 초래할 수 있다는 '오래된 논리'로 불가하다는 입장이었는데, 새누리당 지도부는 조세 문제에 대한 여야 합의기구의 필요성을 강조하며 유동적인 태도를 보이기도 했다. 이는 2012년 총선과 대선 공약이기도 했지만, 증세와 복지확대 문제에 대해 직접적인 언급을 회피하기 위한 수단이라는 성격이 더 강했다. 법인세 인상은 기재부와 자유한국당의 반대로 지체되었다가 정권교체 후 이른바 '핀셋 증세'의 일환으로 애초 더불어민주당과 정부안에서 다소 후퇴한 형태로 국회를 통과했다. 즉 과표구간 2000억 원 초과 기업에 대해 세율을 인상하겠다는 계획에서 3000억 원 초과로 상향 조정한 것이다. 이로써 대상기업은 129개에서 77개로 대폭 축소되었다(≪한겨레≫, 2017.12.4).

더불어민주당의 부자증세 추진은 2016년 소득세 최고세율을 최대 50%까지 올리는 소득세법 개정안 제출로 본격화되었다. 소득세 과세표준 구간을 5단계에서 13단계로 늘려 누진성을 높여야 한다는 것이었다. 이러한 소득세 누진과세 강화 방침은 누리과정(만 3~5세 무상보육) 예산지원을 목적으로 2017년 소득세법 개정안에 일부 반영되었다.

2) 상속·증여세

상속세와 증여세는 재산에 대한 과세로 부의 대물림과 집중을 방지하기 위한 과세제도다.[9] 특히 세계 금융위기 이후 소득양극화에 이어 자산양극화 현상이 뚜렷이 증가하는 추세 속에 재산과세는 부의 재분배 문제에서 중요한 쟁점으로 떠오르고 있다. 한국의 상속·증여 문제는 재벌의 경영 세

9 상속세는 사망을 과세 시점으로 한다는 점에서 미국에서는 사망세(death tax)라고 한다. 증여는 생존 기간에 재산을 취득하는 경우 그 재산을 과세물건으로 과세하는 데서 상속세와 구별된다.

습과 밀접한 관련이 있는데, 이른바 세습 과정에서 세정 당국에 의한 공평과세와 조세정의가 제대로 지켜지고 있느냐에 대해 언제나 의문이 제기되어 왔다.

근래 상속·증여세 문제가 불거진 것은 2세대 재벌 총수의 사망 혹은 경영권 이전에 따른 3세대의 기업승계 과정도 있었지만, 2016년 당시 더불어민주당 의원들을 중심으로 발의한 상속세 및 증여세법 일부 개정안에 대한 기업 측의 격렬한 반발 때문이었다. 이 법안은 보수정부 당시 감세정책의 일환으로 확대 추진된 가업상속공제제도의 대상을 다시 축소하는 것을 골자로 했다. 야당이 '부자감세'라는 이유로 매출액 2000~ 3000억 원 사이 중견기업의 가업상속공제 혜택을 축소한 것을 두고 해당 업체들은 전형적인 '포퓰리즘'이라며 강하게 반발했다. 대기업 위주의 경제구조에서 중견기업의 가업 승계를 유도해 경제에 활력을 불어넣어야 하는데 오히려 부자감세 프레임을 씌워 일자리 창출에 찬물을 끼얹는 것이었다(≪매일경제≫, 2016.8.9).

박근혜 정부의 가업상속공제 요건 완화 시도는 2014년에 한 번 부결된 바 있었다. 당시 정부 개정안은 현행 '매출액 3000억 원 이하, 10년 이상 계속 경영한 중소·중견 기업'을 대상으로 하는 가업상속공제 적용 요건을 '매출액 5000억 원 이하, 5년 이상 계속 경영한 중소·중견 기업'으로 완화하는 내용이었다. 당시 새정치민주연합과 정의당은 "전체 50여 만 개 기업 중 2000여 개를 제외한 모든 기업의 사주 일가가 상속세를 면제받을 수 있는 길이 열리게 된다"라며 강력하게 반대했고, '기업특혜'를 의식한 새누리당 의원들이 대거 기권하는 바람에 개정에 실패했다. 오히려 국회는 기업이 해당 사업연도의 소득 중 투자·임금·배당 등으로 사용하지 않은 소득에 대해 법인세를 10% 추가 과세하는 내용의 법인세법 개정안을 통과시킴으로써 정부의 법인세 감세 추진에 제동을 걸었다(≪경향신문≫, 2014.12.3).[10]

10 그렇다고 상속세 강화에 일관된 입장을 견지해 온 것은 아니었다. 2013년에는 새정

제20대 국회(2019년 12월 현재)에서 상속세와 증여세법 일부개정안(이하 개정안)으로 18개 법안이 발의되었는데, 이 중 16건은 경총과 대한상의를 중심으로 재계의 상속세 문제를 본격적으로 제기한 2019년도에 발의된 것이었다. 재계는 세계 최고의 상속세율로 가업상속 포기가 잇따르고 있다는 내용의 경제지를 동원[11]하여 상속세 인하를 위한 전방위적 로비를 펼쳤다. 제20대 국회에서는 기업상속 시 연부연납지급 대상을 가업상속에서 중소기업까지로 확대하고, 가업상속공제 사후관리의 기간을 단축하고 기준을 완화하는 개정안이 여야 합의로 기획재정위원회를 통과했다. 기획재정위원회 조세소위원회에서 상속세 폐지 또는 완화가 자유한국당 의원들이 주도로 제기되기도 했고, 여당의 일부 의원들도 기업 상속세 부담에 대해 공감을 표하기도 했다.

4. 복지확대를 위한 조세정책 아이디어

1) 부유세

부자증세의 대표적인 이름이라고 할 수 있는 '부유세(wealth tax)'는 한국에서 민주노동당의 대표 정책으로 알려져 있지만, 사실 1971년 당시 김대중이 '대중경제론'에서 한시적인 사회보장기금 재원으로 제시한 것이 시초이다.[12]

치민주연합이 가업상속공제를 늘리는 법안을 발의한 바 있다.

11 "가업상속세 엄밀히 따지면 87% 과도한 규제로 기업가정신 위축"(≪매일경제≫, 2019.3.12); "평생 일군 기업, 상속세 무서워 팝니다"(≪한국경제≫, 2019.4.29), "상속세에 망가지는 강소기업들, 또 한숨만…"(≪조선일보≫, 2019.6.12) 등의 보도가 대표적이다.

12 "세제상에 있어서는 상속세의 증가와 고소득계층 및 자산소득에 대하여 다단계적인 누진율이 적용되고, 근로자 계층의 근로소득에 대하여는 조세부담의 완화를 위한 여

주지하다시피 2002년 대선에서 민주노동당은 조세개혁과 공공재정 확충의 대안으로 부유세 도입을 공약으로 제시했다. 무상교육과 무상의료에 대한 재정지원의 현실성을 공평과세와 연결해 복지 현실의 문제점과 조세정의 문제를 동시에 정치쟁점화하는 것이 진보정당으로서의 위상을 정립하는 데 매우 적절한 의제라고 판단했기 때문이다. 민주노동당의 부유세는 정확하게는 초과이득과 순자산에 대한 과세라고 할 수 있다. 그래서 민주노동당은 2004년 원내 진출에 성공한 후, 부유세 1단계로 '이자소득 및 배당소득의 종합과세기준 인하'(2004)와 '1세대다주택 중과세'안(2005), '종합소득과세표준 구간별 적용세율 상향조정'(2005)을 발의했다.

부유세 정책이 그 현실성과 급진성을 중심으로 기존 정당과 보수언론으로부터 공격받기도 했지만, 민주노동당과 진보신당의 분당 이후 진보정당 내부에서 부유세 내용에 대한 이견이 노출되기도 했다. 이정희 당시 민주노동당 대표는 일종의 '단계론'적 입장을 보였는데, 새로운 과세제도로서의 부유세와 진보신당의 사회복지 목적세 등의 방식이 아닌 소득세 최고구간 신설과 상장주식 연대차익과 같은 조세제도의 틈새를 찾는 방안부터 시작해야 한다는 것이었다. 증세라는 방향에는 동의하지만, 그 방식은 조세감면(감세)의 개편, 즉 기존 제도의 개혁부터 시작해야 한다고 주장한 것(이상이 외, 2011: 263~270)인데, 이 주장은 당시 사회복지목적세의 발의를 주도했던 조승수 진보신당 대표의 비판을 받기도 했다.

지구적 수준에서 불평등과 양극화가 악화되는 상황에서 부유세로 상징되는 부의 불평등을 교정하려는 정치적 시도는 비단 한국만의 문제는 아니다. 2016년 미국 대선에서의 버니 샌더스(Bernie Sanders) 돌풍에는 상속세 중과 공약이 자리 잡고 있었고, 2019년 초 알렉산드리아 오카시오코르테스

러 조치가 취해질 것이다. 그리고 과도기적인 것이기는 하지만 부유세·특별행위세 등에 대한 사회보장 기금의 조성이 광범위하게 이루어질 것이다"(대중경제연구소, 1971: 291~292).

(Alexandria Ocasio-Cortez) 하원의원은 연소득 1000만 달러 이상인 고소득자의 최고 한계 세율을 70%로 인상하자고 주장했다. 유력한 대선주자 중 한 명이었던 엘리자베스 워런(Elizabeth Warren) 상원의원은 5000만 달러(약 562억 원) 이상의 자산을 보유한 가구에는 연 2%, 10억 달러 이상에는 연 3%의 부유세를 매기겠다고 공약(≪한겨레≫, 2019.2.14)해 여론의 주목을 받기도 했다. 유류세 인상에 반발해 대규모 시위로 이어진 프랑스의 노랑 조끼 시위도 조세저항에 그치지 않고, 에마뉘엘 마크롱(Emmanuel Macron)의 부유세 폐지 항의로 그 세를 불린 바 있다.

2) 사회복지세

사회복지재원을 위한 목적세로서의 사회복지세 역시 민주노동당에서 최초로 제안한 것이었다. 전술했듯이 부유세가 부자증세에 방점이 찍혀 있다면, 사회복지세는 부자증세에 보편증세를 결합해 '누진적 보편증세'의 원리를 지닌 목적세의 위상을 갖는다. 구체적으로 사회복지세는 기존 소득세, 법인세, 상속·증여세, 종합부동산세 등 누진도를 가진 직접세에 추가로 부가되는 세금(surtax)으로 여기서 조성되는 세입은 모두 복지에 사용되는 목적세이다(오건호, 2014: 249).

누진적 보편증세 주장의 이면에는 이른바 부자증세만으로는 복지확대를 위한 세수확보의 지속가능성과 사회적 합의에 제한적이라는 문제의식이 자리 잡고 있다. 이는 능력에 따른 과세, 즉 응능부담의 원칙이라는 조세원칙을 따르면서, 일종의 계층 간 사회적 연대의 가치를 추구할 때 복지확대를 위한 세원의 안정적 확보가 가능하다는 세수확보 전략을 내포한다. 요컨대 담세 능력이 있는 '중간계층 이상 사회구성원'이 적은 액수라도 "세금을 더 내야 부자증세를 향한 실질적인 압박이 생겨날 수 있다"(오건호, 2014: 249)는 것으로, '조세정치'에서 '증세정치'로의 확산을 주장하는 것이다.

〈표 6-4〉 사회복지세의 과세표준 및 세율

	과세표준	세율	
		2015~2016	2017년 이후
소득세할	소득세액 1,000만 원 이하	-	10%
	소득세액 1,000만 원 초과	1,000만 원 초과분의 20%	100만 원 + 1,000만 원 초과분의 20%
법인세할	법인세액 100억 원 이하	-	10%
	법인세액 100억 원 초과	100억 원 초과분의 20%	10억 원 + 100억 원 초과분의 20%
상속세 및 증여세할	상속세액 및 증여세액	20%	20%
종합부동산세할	종합부동산세액	20%	20%

자료: 의안번호 5693 사회복지세법안(박원석 의원 대표발의), 11.

19대 국회에서 정의당 박원석 의원이 대표발의 한 사회복지세 신설안을 중심으로 보면, 그 주요 내용은 다음과 같다. 첫째, 사회복지세의 목적은 "조세 형평성 제고와 사회복지 사업에 필요한 재원을 확보"하기 위한 것으로, 소득세, 법인세, 상속세 및 증여세, 종합부동산세에 하여 사회복지세를 부가한다. 둘째, 과세 대상인 납세의무자는 앞에 열거된 세목에 대해 "납세의무가 있는 개인 또는 법인"으로 한다. 셋째, "과세표준은 '소득세법'에 따른 소득세액, '법인세법'에 따른 법인세액, '상속세 및 증여세법'에 따른 상속세액 및 증여세액, '종합부동산세법'에 따른 종합부동산세액"으로 한다. 넷째, 세율은 소득세에 부과되는 사회복지세는 소득세액 납부액 1000만 원 이하는 10%, 1000만 원 초과는 20%, 법인세에 부과되는 사회복지세는 100억 원을 기준으로 그 이하는 10%, 100억 원 초과는 20%로 하고, 상속세 및 증여세의 경우는 종합부동산세 세율은 상속세액과 증여세액의 20%, 종합부동산세액의 20%를 각각 그 세율로 하는 것으로 되어 있다. 단, 도입 초기 2년간은 소득세액 납부액 1000만 원 이하와 법인세액 100억 이하는 적용을 유예하는 안을 제시했다.

사회복지세 법안에 대한 국회 논의는 정부와 보수 여당의 적극적 반대, 야당의 침묵으로 정리할 수 있겠다. 당시 분위기를 그대로 전하기 위해 관련 회의 자료를 그대로 인용한다.

"이것도(사회복지세법안) 세수효과는 얼마나 됩니까?" _이만우(새누리당)
"8조 원입니다" _기획재정부세제실장
"정부가 좋아하겠네요. 세수가 8조나 걷힌다는데, 사회복지세 ……." _이만우
……
"세수가 걷히는 게 문제가 아니라 경제가 망가지면 안 되지" _소위원장 나성린(새누리당)[13]
"정부는 기본적으로 복지재원 마련을 위해서는 사회복지세와 같은 세목 신설보다는 재정지출 합리화를 선행하고 비과세·감면 정비라든가 지하경제 양성화 등을 통해가지고 세원을 확대하는 것이 바람직하고요. 지금 제안된 대로 하게 되면 사실상 법인세를 인상하는 꼴이 돼가지고 이렇게 하는 것은 반대합니다" _기획재정부 제1차관 주형환
"소득세도 인상하잖아요" _박원석(정의당)
"예, 소득세도 인상하지만 ……" _주형환
"…… 지금 우리 세법 전체 관련돼서 세수라든지 또 조세원칙에 부합한 세제개편에 관련되는 전반적인 것을 봐야 될 그런 사항입니다. …… 이런 형태(서택스)로 된다는 건 새로운 형태의 세제를 아주 복잡하게 만들고 하기 때문에 …… 우리가 내부적으로 좀 더 거기에 대해 토론하고 공청회를 해야 될 그런 사항입니다" _류성걸(새누리당)
……
"잘못된 시그널을 줄 수 있기 때문에 좀 내부적으로 충분히 논의를 하신 다음에 공청회 하는 것이 맞지 않나 싶습니다" _주형환
"공청회 개최가 무슨 잘못된 시그널을 줘요?" _박원석

---

13 제321회 — 기획재정위원회 조세소위원회 제4차(2013년 12월 17일), 47쪽.

"2개(탄소세와 사회복지세 _필자) 다 개정할지 모른다는 시그널을 주기 때문에 ……" _주형환[14]

3) 사회적 상속세

현대의 불평등은 소득(계층)과 지역, 교육, 주거 등 다양한 형태의 생활 영역과 조우하면서, 복합적·다층적으로 구성되는 특성이 있다. 부의 불평등 문제가 기회불평등을 기반으로 한 세대론과 만나서 하나의 사회정책으로 표출된 것이 이른바 '청년사회상속제'라는 아이디어다. 19대 대선 시기 청년공약으로 제시되었고, 제20대 국회에서 정의당 심상정 의원의 대표발의로 제안된 청년사회상속세는 기회의 균등이라는 상속세 취지를 살려 상속·증여세를 걷은 만큼 20세 되는 청년들에게 균등하게 나눠주자는 내용을 담고 있다.

이 상속 및 증여세를 재원으로 국가가 매년 상속·증여세수에 상당하는 재정을 19세가 되는 모든 청년에게 1인당 1000만 원 이상을 배당하는 청년사회상속을 실시하는 것을 목적으로 한다. 이를 통해 부의 대물림에 따른 불평등을 완화하고, 청년들의 공정한 출발선을 보장하기 위한 제도적 기반을 확보하고자 하는 것이다.[15]

일부 정치인들에 의해 제안된 청년기본소득과도 맥을 같이하는 이 법안은 국회에서 심의조차 되지 못하고 국회 회기 만료로 폐기되었다. 2020년 치러진 제21대 총선에서 정의당은 청년사회상속세를 청년기초자산제라는 이름으로 청년에게 최대 5000만 원까지 지원하는 공약을 발표했다. 대학 4년간의 평균 등록금과 2년간의 주거임대료 혹은 창업 자금을 포함하는 금액으로 이전과 같이 상속·증여세에 종합부동산세 인상분, 부유세를 주요

14 제329회 — 기획재정위원회 조세소위원회 제6차(2014년 11월 23일), 93~94쪽.

15 의안번호 12473 청년사회상속법안(심상정의원 대표발의), 2018.3.14.

재원으로 하겠다는 것이다(정의당, 2020).

공약이 발표되자마자, 보수정당들은 청년표만을 의식한 ‘포퓰리즘’이라 비판했고, 일부 언론은 실현 가능성 없는 공약으로 평가절하 하기도 했다. 소요 예산으로 산정한 한 해(2021) 18조 원의 예산은 2019년 기준으로 산업·중소기업·에너지 예산(18조 8000억 원), 사회간접자본(SOC) 예산(19조 8000억 원), 연구개발(R&D) 예산(20조 5000억 원)과 맞먹는 규모라는 것이다(≪매일경제≫, 2020.1.9). 2018년 기준으로 상속·증여세는 국세 수입의 2.5%를 차지하고, 세액은 7.4조 원 규모이다(국회예산정책처, 2019: 118~119). 기업과 보수정당을 중심으로 한 상속세 폐지 주장과 맞물려, 사회적 상속세 문제는 앞으로도 논쟁의 대상이 될 가능성이 크고, 앞서 언급했듯이 그 실현 가능성을 둘러싼 포퓰리즘 논란에서도 자유롭지 못할 것으로 예상된다.[16] 하지만 상속·증여세가 부동산과 금융자산에 대한 과세인 만큼 그동안 소득불평등에 국한되었던 조세체계의 개편에서 벗어나 불평등의 세습으로 상징되는 ‘수저론’이 지배하는 한국 사회에서 조세의 적극적 역할에 대한 사회적 논의로 확장될지 주목할 만하다.

---

16 정의당의 청년기초자산제(사회적 상속세)의 정책 구성은 액커만과 알스톳의 사회적 지분급여(stakeholder grant)와 유사하다(액커만 외, 2010: 79~110). 노동을 조건으로 하는 급여가 아니고, 자산조사가 없다는 점에서 기본소득과 같지만, 소득세가 아니라 부유세를 재원으로 하고, 일괄 지급(정의당 안은 최초 수급자격 시점에서 3회 분납 제시)한다는 데서 차이가 있다. 무엇보다 기본소득은 전 생애의 생활 안정을, 사회적 지분급여는 기회의 균등에 초점을 맞추고 있다는 데서 그 목적이 다르다고 할 수 있다(판 파레이스 외, 2018: 88). 또한 액커만과 알스톳은 기본소득이 소비주의에 빠지기 쉽고, 청년들의 절박함에 부응하지 못한다는 점을, 판 파레이스는 사회적 지분급여가 한탕주의에 빠질 수 있음을 지적한다. 하지만 기본소득을 연금으로, 사회적 지분급여를 주식배당 소득 등으로 활용할 수 있다는 점에서 공통분모가 존재하기도 한다. 정의당의 이번 제안은 이른바 세습자본주의에 대한 문제 제기와 그 대안으로 의미가 있지만, 지속가능성을 위한 정책적 세심함은 좀 더 고려해야 할 것이다. 예컨대 사회적 상속이라는 점에서 수급자 사망 시 지급액의 환수를 통해 재정의 지속가능성에 기여하는 등의 제도 자체의 재정적 기반에 대한 설득 논리가 필요하다.

5. 정당의 조세정치 역량에 달린 조세복지국가 논쟁

세율을 낮추는 것이 세계적 추세라거나 경제가 성장하면 자연스럽게 세수도 확대된다는 주장을 알리바이로 삼아 기성 정치는 조세 문제를 우회하려는 경향이 있다. 무엇보다 세금은 정치인의 무덤이라는 말을 정당과 정치인들이 금과옥조로 여기는 것이 가장 큰 이유일 것이다. '더 많은 복지'는 정당과 정치인들에게 매력적인 공약이지만, 이를 가능하게 하는 과세는 되도록이면 건들이지 않으려 하는 것이 바로 복지정치의 딜레마이다. 하지만 조세정책과 조세제도의 결정은 관료들에 의한 기술의 영역이 아니라, 궁극적으로 정치적 결정 과정, 즉 유권자와 이익집단의 압력 사이에서 해결책을 제시하는 정치의 영역이라는 점에서 언제까지나 못 본 척할 수 없는 문제라는 것도 분명하다(Smith, 2015: 101~102).

세금 내는 것이 무조건 싫다는 국민들의 생각도 예전과 달라지고 있다. 2011년부터 복지확대를 위한 증세 필요성에 대해 공감하는 의견이 반대하는 의견을 앞서기 시작했다. 이 역시 보편적 복지 논쟁의 영향으로 보인다. 물론 세금 납부의 주체를 자신으로 생각하며 기꺼이 증세에 기여하겠다는 이른바 보편증세로까지 국민들의 의견이 모아지지는 않고 있는 것도 현실이다. 복지와 조세에 관한 이러한 일종의 딜레마는 여론조사를 통해서도 그 단면을 엿볼 수 있다. 복지를 위해 증세가 필요하다는 데는 다수의 국민이 찬성하지만, 누구에게 세금을 더 걷어야 하는가의 문제에서는 보편증세보다는 부자증세를 더 선호한다(≪한겨레≫, 2018.10.18). 더 나은 복지를 위해 세입확대가 필요하지만, 소득과 자산이 많은 사람들이 먼저 부담해야 한다는 것이다. 이는 이른바 조세의 수직적 형평성에 대한 불신에 기인한다. 즉 국민들은 한국의 조세 구조가 고소득층에 유리하다고 생각(박명호, 2016: 35)하는 데서 증세부담 역시 고소득층에게 우선적으로 주어져야 한다고 생각한다. 정당은 유권자들 즉 시민사회의 이해를 반영하기도 하지만,

시민들의 이익을 조직하기도 한다. 서두에 언급한 정당의 담론정치는 정책을 놓고 벌이는 단순한 찬반게임이 아니라, 서로 다른 이해관계를 묶어세우고, 지지층의 기반을 넓히는 일종의 정치 역량이라고 할 수 있다.

문재인 정부와 여당은 중부담-중복지를 조세부담과 복지확대의 균형점으로 설정하고 있다. 하지만 중부담-중복지가 일정 수준의 복지정책 확대를 위한 과정 속에서 하나의 전략은 될 수 있어도, 정책목표로 설정하는 것이 바람직한지에 대해서는 의문이다. 지금까지 한국의 복지정치를 둘러싼 정당 경쟁에서 증세는 의사결정을 하지 않음으로써 결정(non-decision making)하는 적극적인 회피의 영역이었다. 이제 복지를 둘러싼 정당 경쟁은 기존 조세체계의 변화이든, 새로운 조세의 도입이든 조세-복지문제에 대한 적극적인 정책과제를 제시하지 않고는, 단기적인 정치적 이익을 취할 수 있을지는 몰라도 조세와 분배의 사회적 합의체제를 근간으로 하는 선진형 복지국가의 책임 있는 정치세력으로 인정받기는 힘들 것이다. 이미 양극화와 불평등은 기회냐 결과냐를 떠나서 우리 삶의 고통으로 똬리를 튼 지 오래되었고, 근본적이고 담대한 재정전략 없이는 우리 사회의 지속가능성도 보장할 수 없기 때문이다.

참고문헌

강병익. 2015. 「한국의 정당은 불평등에 어떻게 대응했나?: 사회보장법, 비정규직보호법, 조세정책을 둘러싼 정당경쟁」. ≪민주사회와 정책연구≫, 28, 82~114쪽.

______. 2016. 「한국 정당의 복지정치 유형: '정책역량'과 '동원전략'을 중심으로」. ≪정치·정보연구≫, 20(2), 27~60쪽.

≪경향신문≫. 2015.5.31. "법인세 더 걷어라" "소득세 부담 강화" 조세전쟁 점화"

≪경향신문≫. 2014.12.3. "여야 지도부 합의한 '상속세 완화 법안' 불발".

국민의당. 2016. 『제20대 국회의원 선거 국민의당 정책공약집』. 국민의당 정책위원회.

_____. 2017.『제19대 대통령선거 정책공약집』.
국회예산정책처. 2018.『한국 조세정책의 발전과정과 현황』. 국회예산정책처.
_____. 2019.『2019 조세수첩』. 국회예산정책처.
길버트, 닐(Neil Gilbert)·폴 테렐(Paul Terrell). 2007.『사회복지정책론: 분석 틀과 선택의 차원』.
대중경제연구소. 1971.『김대중씨의 대중경제』. 범우사.
더불어민주당. 2016.『더불어 잘사는 공정한 대한민국: 제20대 국회의원선거 정책공약집』.
_____. 2017.『나라를 나라답게: 제19대선 정책공약집』.
_____. 2020.『더 나은 미래, 민주당이 함께 합니다: 제21대 국회의원선거 더불어민주당 정책 공약집』.
≪매일경제≫. 2016.8.9. "386개 중견기업 상속세폭탄 우려".
≪매일경제≫. 2020.1.9. "정의당 "모든 20세에 3000만원 지급…이건 좋은 포퓰리즘 공약"".
미야모토 타로(宮本太郎). 2011.『복지국가 전략』. 논형.
미래통합당. 2020.『내 삶을 디자인하다: 제21대 국회의원선거 정책공약집(중앙공약)』.
민생당. 2020.『선관위 제출용 민생당 10대 공약보고』.
민주연구원. 2016.『선거공약 총람: 2012~2016』.
민주통합당. 2012.『사람이 먼저인 대한민국: 제18대 대선 정책공약집』.
바른정당. 2017.『제19대 대통령선거 바른정당 정책공약집』.
박명호. 2016.「납세에 관한 일반 국민들의 인식 변화 분석」. ≪재정포험≫, 12월호, 26~44쪽.
새누리당. 2012a.『2012 총선 새누리 진품약속』. 새누리당 정책위원회.
_____. 2012b.『제18대 대통령선거 새누리당 정책공약』
_____. 2016.『제20대 국회의원 선거 새누리당 정책공약집』. 새누리당 정책위원회.
액커만, 브루스(Bruce Ackerman) 외. 2010.『분배의 재구성: 기본소득과 사회적 지분 급여』. 너른복지연구모임 옮김. 나눔의집.
오건호. 2014.「복지재원 증세 방안 검토: 기존 재원방안 평가와 사회복지세 도입」.『2014 사회정책연합 공동학술대회 자료집』, 227~259쪽.
이봉현. 2013.8.13. "자기프레임도 모르는 정당의 비극: 새누리의 '세금폭탄' 차용한 민주당, 재미볼까?". ≪프레시안≫.
이상이 외. 2011.『복지국가 정치동맹: 10인의 민주진보진영 리더에게 묻다』. 밈.
자유한국당. 2017.『대한민국을 다시 일으키는 힘』. 자유한국당 정책위원회.
정의당. 2016.『20대 총선 정의당 정책공약집』. 정의당 정책위원회.
_____. 2017.『제19대 대통령선거 정의당 정책공약집: 노동이 당당한 나라』.
_____. 2020.1.9. "21대 총선 '청년기초자산' 공약 설명".
_____. 2020.『2020 정의로운 대전환: 제21대 국회의원선거 정의당 정책공약집』.
진보정의당. 2012.『심상정 진보정의당 대통령후보 20대 공약』.
판 파레이스, 필리프(Philippe Van Parijs) 외. 2018.『21세기 기본소득』. 홍기빈 옮김. 흐름출판.
핑커, 로버트(Robert Pinker).『사회이론과 사회정책』. 김형식·박순우 옮김. 인간과복지.

통합진보당. 2012. 『함께살자 대한민국 상상하라 코리아연방: 18대 대선 정책공약해설집』. 통합진보당 정책기획위원회.
≪한겨레≫. 2014.11.13. "'복지 위한 증세' 3대쟁점 ① 법인세".
≪한겨레≫. 2017.12.4. "법인세 인상 적용기업 '129곳서 77곳'으로 줄어".
≪한겨레≫. 2018.10.18. "10명 중 6명 "복지 증세를…최상위층 더 내야"".
≪한겨레≫. 2019.2.14. "'불평등은 부자의 책임' 미국·프랑스 달구는 '부유세'…한국은 어떻게".
한국조세연구원. 2012. 『한국세제사(제1편 연대별)』. 한국조세연구원.

Benoit, Kenneth and Laver, Michael. 2006. *Party Policy in Modern Democracies*. London and New York: Routledge.
Fairclough, Isabela and Fairclough, Norman. 2012. *Political Discourse Analysis*. New York: Routledge.
Ganghof, Steffan. 2006. *the politics of income taxation: a comparative analysis*. Colchester: ECPR Press.
Gingrich, Jane. 2014. "Structuring the vote: welfare institutions and value-based vote choices," Staffan Kumlin et al.(eds). *How Welfare States Shape the Democratic Public: Policy Feedback, Participation, Voting, and Attitudes*. Cheltenham: Edward Elgar.
Key, V. O. 1961. *Public Opinion and American Democracy*. New York: Alfred A. Knopf Inc.
Smith, Stephen. 2015. *Taxation: A Very Short Introduction*. Oxford: Oxford University Press.
Steinmo, Sven. 1993. *Taxation and Democracy: Swedish, British and American Approaches to Financing the Modern State*. New Haven: Yale University Press.
Strøm, Wolfgang and Müller, Kaare. 1999. "Political Parties and Hard Choices," Wolfgang Strøm and Kaare Müller(eds.). *Policy, office, or votes?: how political parties in Western Europe make hard decisions*, pp.1~35. Cambridge: Cambridge University Press.
Thompson, Simon and Hoggett, Paul. 1996. "Universalism, selectivism and particularism: Towards a postmodernism social policy." *Critical Social Policy*, 16, pp.21~46.

제3부

/

노동시장정책

제7장

문재인 정부 노동개혁의 이상과 현실

권순미 | 한국고용노동교육원 교수

1. 문재인 정부의 노동정책을 어떻게 평가할 것인가?

문재인 정부의 국정기획자문위원회가 발표한 노동 분야 국정과제는 매우 원대했고, 대선공약 사항을 비교적 잘 반영했다. '고용 없는 성장'과 극심한 노동시장 양극화를 극복하기 위해 '일자리 정부'를 자임한 문재인 정부는 단지 '더 많은 일자리'가 아니라, '더 좋은 일자리' 창출을 공약했다. 정부 출범 1호 업무 지시는 대통령 직속 일자리위원회의 설치였다. 일자리위원회 위원장인 대통령은 "좋은 일자리를 늘리고, 노동시간과 비정규직은 줄이며, 고용의 질은 높이는 '늘리고, 줄이고, 높이고' 정책으로 일자리 문제를 해결하겠다"라고 말했다(일자리위원회, 2017). 취임 후 첫 외부 일정으로 찾은 인천공항공사에서는 "5년 임기 내 공공부문 비정규직 제로 시대를 열겠다"라고 약속했다. 그러나 한국 사회가 직면한 최대 문제 중 하나인 이중노동시장(dual labor market)을 극복하기 위한 정부의 행보는 출범 2년 반이 지난 지금, 애초 목표했던 경로에서 상당히 벗어나 있다. 이중노동시장

* 이 장은 「문재인 정부 노동개혁의 이상과 현실: 포용적 안정화에서 연성 이중화로」, ≪한국사회정책≫, 27(1)(2020)를 수정·보완한 것이다.

에 맞선 문재인 정부의 정책은 과연 무엇이었으며, 그 특징은 무엇인가? 공약한 정책과 실행된 정책은 무엇이 어떻게 다른가?

그동안 문재인 정부의 노동정책에 대한 연구는 크게 두 갈래로 나뉜다. 하나는 정부의 노동정책을 '급진적 개혁안'(노중기, 2018) 혹은 '사민주의적 개혁안'(Kwon and Hong, 2019)으로 평가하고, 이것이 가능한 이유를 촛불정국과 같은 정치경제적 맥락에서 찾는 것이다. 그러나 문재인 정부 출범 초기에 진행된 이 연구들은 공약 중심의 정책평가에 그칠 수밖에 없었다. 다른 하나는 집권 전반기 노동공약의 이행 수준을 평가하는 것이다. 이 작업은 김유선(2019a), 노광표(2019), 김종진(2019), 이창근·정경윤(2019) 등 노동계 인사들이 주도했다. 그러나 후자의 연구는 각론 중심의 이행 여부에 초점이 맞추어지다 보니, 문재인 정부의 전반적인 노동정책의 특징을 포착하는 데는 소홀했다. 이 장에서는 그 공백을 메우고자 한다. 노동시장과 사회적 불평등에 대응하는 주요 선진국의 전략을 국제 비교의 관점에서 살펴본 후 문재인 정부의 노동정책을 공약과 실행 부분으로 구분해 살펴보려 한다.

2. 노동시장과 사회적 불평등에 대응하는 다양한 전략

1) 선진국의 대응전략

탈산업화와 긴축경제 시기에 선진국 대부분은 고용률 제고와 경제성장을 위해 경쟁적으로 노동시장 자유화를 추진했다(Emmenegger et al., 2012; Fleckenstein and Lee, 2017). 비교적 엄격한 고용보호와 관대한 사회보장제도를 갖춘 것으로 평가받던 '조정시장 경제'의 유럽 국가들도 예외는 아니다. 스웨덴·독일·프랑스 등은 1990년대 이후 점진적이기는 하지만, 노동시장 탈규제, 실업급여 수급 요건의 강화, 실업급여의 축소 등 일련의 개혁을 단행했다(Palier

〈표 7-1〉 노동시장과 사회분할에 대응하는 네 가지 방식

구분	자유주의 유연화	보수주의 이중화	사민주의 포용적 안정	신패러다임 유연안정화
고용보호	모두에게 낮음	내부자에게 높음 외부자에게 낮음	모두에게 높음	모두에게 낮음
활성화 ·근로 연계 복지 ·인적자본 투자	·높음 ·낮음	·낮음 ·높음	·낮음 ·높음	·낮음 ·높음
사회보장	·모두에게 낮음 ·수당 삭감	·내부자에게 높음 ·외부자에게 사회보장 강화	모두에게 높음	모두에게 높음

자료: Obinger et al(2012: 179).

and Thelen, 2012; Dostal, 2012; Fleckenstein and Lee, 2017). 노동운동은 탈규제 정책에 강력히 저항했지만, 자본의 의도는 대체로 관철되었다. 그 결과 노동시장의 내부자-외부자 분할은 점차 심화되고 있다(Rueda, 2005).

이런 국제적 추세에도 불구하고, 노동시장 불평등 패턴은 복지체제에 따라 다양하며 정책 유형도 이에 따라 차이를 보인다(Obinger·Starke and Kaasch, 2012). 오빙거 외(Obinger et al., 2012)가 자유주의 복지체제는 유연화 전략(flexibility strategy)으로, 보수주의 복지체제는 이중화 전략(dualization strategy)으로, 사민주의 복지체제는 포용적 안정화 전략(encompassing security strategy)으로 대응했다고 주장한다. 이들은 이 외에도 새로운 패러다임으로 2000년대 이후 OECD와 EU가 초국적 과정에서 제안한 유연안정성 전략(flexicurity strategy)을 추가해 노동시장과 사회분할에 대응하는 네 가지 유형을 〈표 7-1〉과 같이 제시했다.

자유주의 복지체제는 유연화 전략으로 대응했다. 이 국가들은 내부자와 외부자 모두에게 고용보호 수준과 사회보장 수준이 낮고, 긴축경제 시기에는 복지급여를 삭감하려는 경향이 있으며, 활성화 정책은 투자를 많이 해야 하는 적극적 노동시장정책보다는 근로연계복지를 특징으로 한다(Obinger·Starke and Kaasch, 2012). 영미의 자유주의국가는 고용 증대와 재정

건전성을 유지하기 위해 노동시장을 유연화하고 복지제도를 후퇴시키는 방향으로 나아갔다(Iversen and Wren, 1998). 국가의 재분배 정책 개입을 최소화하고 사회적 위험을 시장에서 개인이 해결하도록 한 것이다. 따라서 영미 국가에서는 개인의 시장소득 수준에 따라 극심한 양극화가 발생한다. 정치적인 측면에서 보자면, 약한 노조와 우파 정부 집권하에서 정부를 통한 사회적 보호를 기대하기가 더 어려워진다.

반면 사민주의 복지체제는 모두를 위한 고용안정과 사회보장을 추구하는 포용적 안정화 전략으로 불평등에 대응한다. 스웨덴 같은 사민주의 복지국가는 보편주의, 관대한 급여 수준, 위험의 포용적 사회화, 연대임금 정책, 완전고용 정책, 적극적 노동시장정책이 시행되면서 불평등은 노동시장과 사회보장 영역에서 모두 줄어든다(Esping-Andersen, 1999). 사민주의 복지국가는 "유연화 전략과 대조적으로 포용적 안정화 전략은 탈규제와 시장화를 모두 거부한다. 이러한 전략은 사민주의 모델이 과거에 달성한 것을 지키려는 노력이다. 이러한 궤적을 따를 가능성이 가장 높은 정치적 환경은 좌파 코포타리즘(left corporatism)이다"(Obinger·Starke and Kaasch, 2012: 180).

이중화 전략은 사회보험 중심의 보수주의 복지체제에서 주로 사용된다. 내부자는 높은 고용보호와 사회보장을 누리지만, 외부자는 이 모두로부터 배제된다. 이중화 전략은 다시 두 유형으로 세분화할 수 있다(Obinger·Starke and Kaasch, 2012). 하나는 연성이중화(smoothed dualization)로, 정부가 비정규직과 같은 외부자에게 적극적 노동시장정책을 실시하고 사회보장을 개선하는 반면, 주변부 노동력에는 여전히 어느 정도의 자유화를 허용하는 것이다. 다른 하나는 경성 이중화(pronounced dualization)이다. 이는 외부자에 대한 지원 정책이 내부자의 특권적 지위를 위협할 가능성이 있을 경우, 좌파 정당조차도 외부자의 이익보다는 내부자의 이익을 우선적으로 보호하는 전략이다. 연성 이중화 전략이 이중노동시장을 다소나마 완화하는 효과가 있다면, 경성 이중화 전략은 더욱 공고화하는 효과가 있다. 독일과 오스트리아의 경우, 극심한 경제위기 시기를 제외하고 대체로 연성 이중화 전략을 사용해 왔다(Eichhorst and Marx, 2011; Obinger·Starke and Kaasch, 2012).

마지막으로 유연안정성 모델은 탈규제적 유연화를 특징으로 하는 앵글로색슨 국가와 엄격한 고용보호를 특징으로 하는 남부 유럽 국가들과는 다른 경로로, 낮은 수준의 고용보호제도와 활성화 정책(activation policy), 그리고 비교적 관대한 사회보장 정책이 상호 유기적으로 결합되어 있는 것이 특징이다. 유연안정성 개념은 "노동시장, 작업조직 노동관계의 유연성을 강화하는 동시에 노동시장의 취약 집단과 외부자에게 고용보호와 사회보장을 제고하는 정책전략"으로 정의할 수 있다(Wilthagen and Rogowski, 2002: 250). 유연안정성 모델의 대표 사례인 덴마크와 네덜란드의 고용정책은 공통적으로 적극적 노동시장정책과 실업급여를 연계시킨 활성화 정책에 의해 뒷받침된다. 두 나라에서 '활성화'라는 용어가 등장하기 시작한 것은 '유연화'가 인기를 끌던 1980년대 중반 무렵이다. 이는 복지국가가 변화된 경제구조에 적응하는 과정에서 취하는 사회급여정책의 좀 더 구체적 표출이자 노동의 (재)통합을 적극적으로 장려하는 제도로 이해된다(Clegg and Wijnbergen, 2011: 333). 활성화 정책은 교육훈련정책과 긴밀히 연관된다. 사회 파트너들은 교육정책의 입안과 시행에 깊숙이 관여하며, 이들의 개입은 제도적으로 보장된다. 교육훈련은 피용자만이 아니라 실업자들에게도 광범위하게 제공된다.

2) 한국의 대응전략

에스핑안데르센(Esping-Andersen, 1990)이 제시한 탈상품화와 계층화를 기준으로 볼 때, 한국의 복지체제를 어떻게 유형화할 것인지는 매우 논쟁적인 사안이다.[1] 한국의 복지체제는 영미 국가들과 마찬가지로 탈상품화 수준이 낮다. GDP 대비 공적 사회 지출은 2005년 6.2%에서 2018년 11.1%

로 약 5%p 늘어났지만, 아직 OECD 평균(20%)에 미치지 못하는 미약한 수준이다. 게다가 한국의 노동시장체제는 극단적으로 불안정성하고 임금 불평등이 심하다(정이환·김유선 2011). 노동시장 중심부는 대기업과 공공부문 정규직들이 차지하고 있고, 주변부는 중소 영세기업, 비정규직들로 채워져 있다. 김유선(2019b)에 따르면, 비정규직 비율은 임금 노동자의 약 41%(821만 명)에 달하며, 이들의 월평균 임금은 정규직의 51.8%에 불과하다. 비정규직은 국민연금 가입률 33.8%, 고용보험 가입률 40.2%로 정규직의 각 94.9%, 84.0%와 대비된다. 그 밖에 비정규직들은 정규직들이 마땅하게 누리고 있는 퇴직금, 상여금, 시간외수당, 유급휴가, 교육훈련제도에서 배제되어 있다. 이중노동시장이 이중복지로 이어지는 구조인 것이다. 이렇듯 노동시장과 복지체제의 강한 분절성 혹은 계층화 효과를 놓고 볼 때, 한국은 보수주의 복지체제와 매우 유사하다(강명세, 2002; 양재진, 2005). 요컨대 한국의 노동시장은 영미형의 불안정성과 보수주의 복지국가의 분절성이 결합된 극단적 형태에 속한다고 볼 수 있다. 그러므로 정부의 노동시장정책은 유연화 전략과 이중화 전략 사이에서 결정될 가능성이 높다.

한국의 보수세력은 이중노동시장의 원인을 주로 노동시장 경직성과 '정규직 과보호'에서 찾는다. 이들은 친기업적 시장 환경을 조성하기 위해 노조를 무력화하고 노동시장 전반의 유연성을 제고하는 전략을 추구한다. 이에 반대하는 노조는 정책결정 과정에서 배제된다. 보수정부의 노동유연화 전략의 최대 피해자는 스스로를 보호할 권력자원이 거의 없는 중소 영세기업 노동자들, 비정규직들이다. 그렇다고 해서 보수정부가 외부자에 대한 안전을 완전히 방기하는 것은 아니다. 과도한 노동시장의 불안정이 집권세력에 대한 정치적 불만을 증폭시키거나 선거 경쟁에서 불리하게 작용할 수 있기 때문이다. 따라서 보수세력도 노동시장유연화를 대가로 외부자

1 한국 복지체제 유형화와 관련한 논쟁 등은 김연명(2002, 2013)을 참고.

에 대한 최소한의 사회안전망을 제공하려고 노력한다. 다만, 이때에도 보수적 재정 운영을 통한 최소 복지국가를 선호하는 경향이 있다.

중도좌파 정부의 경우 연성 이중화 전략을 선호할 가능성이 높다. 이들은 고용불안정이 사회적·정치적 불안정의 주요 원인이 될 수 있다는 점을 인지한다. 하지만 노동시장유연화는 탈산업화와 기업경쟁력이 강조되는 세계화 시대에 피할 수 없는 선택이라고 본다. 그 대신에 이들은 보수세력과의 정책 차별화를 위해 외부자를 보호하는 데 좀 더 적극적이다. 외부자를 위한 사회안전망과 고용 촉진을 위한 교육훈련 기회의 제공, 이를 뒷받침할 적극적 재정정책은 보수정부보다는 중도좌파 정부하에서 실현될 가능성이 높다. 특히 중도좌파세력은 보수세력에 비해 노조에 우호적이다. 노조가 자신들의 정치적 지지기반이라고 믿기 때문이다. 따라서 중도좌파 정부는 노조 배제 전략보다는 노조를 정책결정에 참여시킴으로써 정부의 노동정책을 관철하거나 정당화하려는 경향이 있다. 이런 맥락에서 정부의 노동정책 특징을 파악하려면 고용정책, 활성화 정책, 임금 및 사회보장 정책만이 아니라 노사관계 정책도 같이 살펴볼 필요가 있다.

그렇다면 문재인 정부에는 어떤 정책 선택지가 있었는가? 두 가지를 가정해 볼 수 있다. 하나는 과거를 답습하는 것이다. 내부자-외부자 분할에 대응하는 주요 선진국의 노동시장정책이 경로 의존적이었음(Obinger·Starke and Kaasch, 2012)을 고려할 때, 문재인 정부의 정책도 과거 중도좌파 정부들과 마찬가지로 연성 이중화 전략을 벗어나지 못할 가능성이다. 다른 하나는 기존 경로를 벗어난 선택이다. 정책결정을 둘러싼 급격한 외부 충격이나 정치적 변화는 관성에서 벗어난 정치적 선택을 가능하게 한다. 문재인 정부는 촛불혁명과 박근혜 대통령 탄핵이라는 특수한 정치적 국면 속에서 탄생했다. 촛불혁명의 주체는 다중 시민이었지만, 그 중심에는 조직된 노동과 진보적 시민단체가 있었다. 이러한 정치적·역사적 특수성은 문재인 정부가 과거 어느 정부보다 과감하게 친노동정책을 펼칠 것이라는 기대를 심어주기에 충분했다.

3. 문재인 정부의 노동공약: 포용적 안정화 전략

문재인 정부의 노동공약은 유연화도 연성이중화도 아닌, 포용적 안정화 전략에 가까웠다. 즉, 노동시장 내부자들이 기존에 누려오던 높은 고용 안정성과 복지를 유지하면서도 외부자의 내부 노동시장 진입을 촉진하고 이들의 복지를 획기적으로 개선하겠다는 것이었다. 이는 대선공약과 국정기획자문위원회의 '국정운영 5개년 계획', 일자리위원회와 관계 부처가 만든 '일자리정책 5년 로드맵' 등에서 확인할 수 있다. 주요 노동공약을 고용정책, 활성화 정책, 임금 및 사회보장 정책, 노사관계 정책의 네 범주로 나누어보면 〈표 7-2〉와 같다.

고용정책은 일자리-분배-성장의 선순환 구조를 정착시키기 위한 양질의 일자리 창출을 최우선 목표로 삼았다. 양질의 일자리 창출이야말로 소득주도 성장과 저성장·양극화·저출산 등 한국 사회가 직면한 구조적 문제 해결의 핵심이라고 보았기 때문이다. 세부 정책으로는 대통령 직속 일자리위원회의 설치, 공공부문의 81만 개 일자리 창출, 민간 일자리 50만 개 창출, 공공부문 비정규직의 정규직 전환 등이다. 공공부문 80만 개 일자리 창출의 특징은 대규모성에 있다. 이는 2012년 대선에서 노무현 후보가 공약한 공공 일자리(40만 개)의 두 배에 달한다(노중기, 2018). 주 52시간 노동시간 단축과 상생형 일자리를 통한 50만 개의 민간 일자리 창출도 새로운 시도라 할 수 있다.

문재인 정부는 비정규직 보호를 위한 과감한 재규제 정책을 약속했다. 공약에는 역대 정부에서 한 번도 시도한 적이 없었던 '상시·지속, 생명·안전 업무'에 종사하는 비정규직에 대한 사용사유제한제도와 비정규직 과다사용 대기업에 '비정규직 고용부담금제도'를 도입한다는 내용이 포함되었다. 비정규직의 사용을 입구부터 막고, 남용하는 기업을 제재하겠다는 강력한 의지의 표현이었다. 또한 박근혜 정부가 시도했던 대표적인 유연화 정책인 '쉬운 해고' 지침(공식 명칭은 '공정인사 지침'), 취업규칙 불이익 변경

〈표 7-2〉 문재인 정부의 주요 노동공약

구분	주요 공약
고용정책	·일자리 중심 국정운영 인프라 구축(대통령 직속 일자리위원회 설치) ·공공부문 81만 개 일자리 창출 ·공공부문 비정규직(간접고용 포함) 정규직 전환 ·비정규직 OECD 수준 감축 ·비정규직 사용사유제한제도 도입(상시·지속, 생명·안전 업무) ·비정규직 차별금지특별법 제정 ·비정규직 과다 고용 대기업에 '비정규직 고용부담금제도' 도입 ·노동시간 단축, 노사상생형 일자리 모델 확산으로 민간 부문 일자리 50만 개 창출 ·2대 지침(저성과자 해고, 취업규칙 해석 및 변경) 폐지
활성화 정책	·근로장려세제 확대 ·청년구직촉진수당 신설 ·신중년 전직·재취업 위한 원스톱 서비스 제공 인프라 확충 ·여성 새일센터 단계적 확충 ·미래세대 투자 확대(어린이집 누리과정 전액 국고 지원, 국공립 유치원 확대, 온종일돌봄체계 구축, 2022년까지 고교 무상교육 실시)
임금 및 사회보장 정책	·2020년까지 최저임금 1만 원 실현 ·공정임금제로 임금격차 해소 ·중층적 고용안정망 구축(고용보험 확대, 실업급여 보장성 강화, 한국형 실업부조제도 도입, 산재보험 확대) ·알바존중법 도입
노사관계 정책	·ILO 핵심협약 비준 ·산별교섭 등 초기업 단위 단체교섭 촉진 위한 제도 마련 ·노동인권교육 강화 ·원청의 공동사용자성을 강화하는 근로기준법, 산업안전보건법 개정 ·공공기관 노동이사제 도입 및 민간 확산

자료: 더불어민주당(2017), 국정기획자문위원회(2017), 일자리위원회·관계부처합동(2017).

지침을 폐기하기로 했다. 한마디로 고용정책 공약은 보수정부의 유연화 정책을 뒤집는 것이었다. 반면에 외환위기 이후 노동계가 요구해 온 고용안정성에 대한 요구를 대폭 수용했다.

고용정책에 비해 활성화 정책은 대선 기간 동안 큰 주목을 받지 못했다. 활성화 정책의 핵심은 4차 산업혁명에 대비해 평생직업능력개발체계를 구축하고, 구직·전직·퇴직에 대비한 생애맞춤형 취업지원제도를 시행한다는 것이었다. 대표적인 정책은 고용보험에 가입하지 않은 미취업 청년들(NEET 포함, 18~34세 적용)이 정부의 공공고용 서비스에 참여하는 것과 같이 자기주도적 구직활동을 할 경우, 취업성공패키지 3단계[2]와 연계한 청년 구직촉진수당을 신설하고(2017년부터), 2020년부터 저소득 근로빈곤층을 포함한 한국형 실업부조로 발전시킨다는 계획이었다. 여성에게는 새일센터의 단계적 확충과 직장 내 차별 없는 여성 일자리 환경을 약속했다.

임금정책으로는 2020년까지 최저임금 1만 원의 실현을, 사회보장정책으로는 중층적 사회안전망 구축을 주요 공약으로 제시했다. 임금 불평등 축소에 직접적인 영향을 미치는 최저임금정책에서 '2020년까지 1만 원 인상'은 민주당만이 아니라 정의당과 바른정당도 같은 공약을 내놓았다. 자유한국당과 국민의당은 '2022년까지 1만 원으로 인상'하겠다고 공약했다. 이는 대통령 임기 5년 동안 매년 15.7%를 올려야 달성 가능한 목표였다.

중층적 사회안전망 구축은 사회보험 사각지대에 있는 외부자들을 보호하는 것을 목표로 했다. 먼저 고용보험 가입 대상을 확대하고, 실업급여 지급 수준 및 지급기간을 상향해 실업급여의 보장성을 강화하기로 했다. 고용보험 확대의 주요 대상은 예술인·특수고용노동자, 65세 이상 고령자, 자영업자이다. 예술인, 감정노동자, 특수고용노동자의 산재보험 적용도 확대하기로 했다. 아르바이트 현장에서 일하는 청소년 노동자들을 위한 알바존중법의 도입도 약속했다. 3개월 계속 근로를 제공하는 청년알바(초단시간 계약 포함, 근무 기간 90일 이상)에게 실업급여를 확대 적용하고 퇴직금을 지급한다는 내용이었다.

'노동존중 사회'를 표방한 문재인 정부는 노동기본권 신장과 노동자의 권리 보장을 위해 노사정 사회적 대화를 통한 노사관계제도의 개선을 공약했다. ILO 핵심협약 비준, 산별교섭 등 초기업 단위 교섭체계 개선, 노동인

---

2 저소득 취업취약계층에 대해 개인별 취업활동계획에 따라 '진단·경로 설정(1단계) → 의욕·능력 증진(2단계) → 집중 취업 알선(3단계)'에 이르는 통합적인 취업 지원 프로그램을 제공하고, 취업한 경우 '취업성공수당'을 지급함으로써 노동시장 진입을 체계적으로 지원하는 종합적인 취업지원체계이다.

권교육의 강화, 공공기관 노동이사제 도입 등이 그것이다. 이 공약들은 정규직만이 아니라 스스로를 보호하기 어려운 실업자와 해고자, 미조직 비정규직, 청소년 알바 등의 외부자들을 광범위하게 노조로 포괄하려는 목적이 있었다. 민주화에도 불구하고, 한국의 노사관계는 권위주의체제 때와 마찬가지로 자본 우위성이 보장되는 '기울어진 마당'이다. 2019년 8월 기준 정규직의 조직률은 19.8%이고, 비정규직의 조직률은 2.5%에 불과하다(김유선, 2019b: 30). 낮은 조직률은 무엇보다 기업의 노조 배제 전략에 기인한다. 비정규직은 한국 사회에서 가장 보호받아야 할 집단이지만, 스스로를 보호할 권력자원이 가장 적은 집단 중 하나이다(권순미, 2012). 이런 상황 속에서 문재인 정부의 노사관계 정책은 외부자의 노조 가입 비용을 낮춤으로써 노조 가입률과 교섭력을 제고하는 데 초점을 맞췄다.

일부 대선공약은 시행도 하기 전에 국정기획자문위원회의 '문재인 정부 국정운영 5개년 계획'에서 삭제되었다. '비정규직 고용부담금제도' 도입이 이에 해당한다. 그러나 대체로 대선공약의 주요 사항은 국정과제에 반영되었다. 문재인 정부의 노동공약은 지난 20년간 국제경쟁력 강화를 명분으로 경제효율성, 노동유연성, 노동운동 배제에 집중했던 보수정부의 노동정책을 역전시키는 '정책의 대전환'으로 볼 수 있다. 또한 과거 중도좌파 정부들이 노동시장유연화의 대가로 사회안정성과 노동기본권 보장을 내세웠다면, 문재인 정부는 외환위기 이후 노동시장 안정성(labor market stability), 사회안정성(social security), 노동기본권 보호를 동시에 추구한 최초의 정부라고 말할 수 있다.

4. 문재인 정부 이전의 노동정책

1) 김대중·노무현 정부의 연성 이중화 전략

문재인 정부 이전의 노동시장정책은 유연화와 연성이중화 사이를 오갔다. 보수정부는 유연화에, 중도좌파 정권은 연성이중화에 더 초점을 맞췄다. 하지만 어떤 정책도 노동시장 불평등을 완화하는 데 성공하지 못했다. 극심한 경제위기 상황에서 출범한 김대중 정부는 민간기업의 대규모 구조조정, 공기업민영화, 노동시장유연화로 난국을 돌파하고자 했다. 정리해고제와 근로자파견제를 도입하는 조건으로 교원과 공무원의 노조 결성, 노조의 정치활동 보장, 고용안정 재원의 확충, 노조 전임자 임금 지급 등 노동계의 요구를 대폭 수용한 '정치적 교환'이 이루어졌다(박동, 2001). '국민기초생활보장법'의 시행(2000년 10월 시행), 4대보험의 보장성 강화 등 외부자를 보호하기 위한 사회안전망도 확충했다.[3] 그러나 이런 보호 조치들은 급격한 유연화 전략에 따른 이중화 효과를 상쇄할 만큼 충분하지 못했다.

노무현 정부도 김대중 정부와 유사하게 노동시장유연화의 정책기조를 유지하면서 외부자에 대한 사회적 보호와 사회통합적 노사관계를 지향했다. 그러나 출범 직후 몇 달을 제외하고 노정관계는 대립 양상을 벗어나지 못했다. 협력적 노정관계가 파탄 난 결정적 계기는 '기간제 및 단시간근로자 보호 등에 관한 법률'(이하 비정규직법) 개정과 노사관계 로드맵 관련 법 개정 시도였다(노중기, 2006; 조돈문, 2006). 정부가 주도한 비정규직 3법(기간

---

3 고용보험은 1998년 10월부터, 산재보험은 2000년 7월부터 1인 이상 모든 사업장으로 확대 적용되었다. 국민연금은 1999년 4월부터 도시 지역으로 확대 적용되었고, 2003년 7월부터는 5인 미만의 영세사업장, 근로자 1인 이상 법인, 전문 직종 사업장을 포괄하는 한편, 임시·일용직과 시간제근로자의 가입 자격은 좀 더 완화했다. 건강보험도 2001년 7월부터 5인 미만 사업장 노동자의 직장 건강보험 가입이 가능해졌다.

제 및 단시간근로자 보호 등에 관한 법률, 파견근로자 보호 등에 관한 법률, 노동위원회법)에는 비정규직과 정규직과의 차별 금지, 근로기간 2년 초과 시 정규직 전환 등이 포함되어 있었다. 정부는 이를 '비정규직 보호법'이라고 주장했지만, 노동계는 이를 비정규직 확산을 합법화하는 조치로 보고 강렬히 저항했다. '비정규직법'을 입안할 당시 노무현 정부가 즐겨 사용한 유연안정성 모델은 유연성을 제고하기 위한 수사에 불과했다(정원호, 2019). 결국 김대중·노무현 정부의 노동정책은 그 의도와는 달리 이중노동시장을 공고화하는 데 일조했다(Song, 2012).

2) 이명박·박근혜 정부의 유연화 전략

이명박·박근혜 정부는 노골적으로 친기업적 유연화 정책을 밀어붙쳤다. 이명박 정부는 노동 관련 최우선 국정과제로 '노사관계 선진화'를 제시했다. 이를 위해 노조 전임자 임금 지급 금지에 따른 근로시간 면제제도, 복수노조 허용에 따른 교섭창구 단일화제도 등이 도입되었다. 이 의제들은 노조의 교섭권과 파업권, 산업별 노조체제를 약화할 수 있는 중요한 의제였음에도 불구하고 정부와 여당의 일방적 '힘의 정치'로 마감되었다(김용철, 2017: 345). 공공부문에서는 인사·경영권 침해 조항 개정, 유급휴일 축소, 연봉제 도입, 노조활동 축소 등을 포함한 단체협약의 개정이 강제되었다(조효래, 2013). 또한 '활기찬 시장경제'를 뒷받침하기 위해 정부·여당은 비정규직 사용 기간을 2년에서 4년으로 늘이는 것을 핵심 내용으로 하는 '비정규직법' 개정안을 발의했다. 비록 양대 노총과 야당의 반대로 입법화에 실패했지만, 이 시도는 박근혜 정부에서 재현되었다. 새누리당과 박근혜 후보는 중도좌파의 전유물로 간주되던 경제민주화, 사회양극화 해소, 복지 확대, 고용안정성 등을 대선공약으로 수용했다. 그러나 선거에 승리하자, 몇 차례에 걸쳐 애초의 개혁적 성향의 노동정책 공약들을 변경 혹은 폐기

시켰다(김용철, 2017: 356~357). 일례로 대선에서 상시적이고 지속적인 업무를 하는 공공기관의 비정규직을 정규직화하고, 비정규직의 고용안정을 위해 '기간제법'을 개정하겠다고 공약했지만, 2개월 후 인수위원회의 '국정과제'에서 이 약속은 사라졌다. 최저임금 미만의 비정규직 노동자에게 사회보험(고용보험 및 국민연금)을 확대하겠다는 공약은 100% 정부 지원에서 50% 지원으로 축소되었고, 2013년 5월의 '정부국정과제'에서는 지원사업의 '확대추진'이라는 추상적 구호로 변경되었다(김용철, 2017: 351~352). 임기 중에는 이명박 정권과 마찬가지로 기간제 및 파견 노동자의 사용 기간을 2년에서 4년으로 연장하고, 파견 대상 업무를 확대하는 내용의 '비정규직법' 개정을 시도했다.[4]

노동시장유연화와 '법치주의'를 앞세워 노조를 무력화하려는 시도는 두 보수정권 집권 기간 내내 집요하게 펼쳐졌다. 이명박 정부는 전국공무원노조를, 박근혜 정부는 전교조(전국교직원노동조합)를 법외노조화했다. 노조에 해직자가 포함되어 있다는 것이 주된 이유였다. 공공부문의 노사가 자율적으로 체결한 단체협약은 경영권과 인사권을 위협한다는 이유 등으로 정부로부터 시정명령을 받기 일쑤였다. 노조에 대한 공격은 여기서 그치지 않았다. 2016년 1월, 박근혜 정부는 저성과자 해고 기준을 완화하는 '쉬운 해고'와 취업규칙 변경 기준을 완화한 '취업규칙 해석 및 운영지침'을 만들었다. '쉬운 해고' 지침은 '업무 능력이 현저히 낮거나 근무 성적이 부진한' 노동자를 해고할 수 있도록 하는 내용이다. 취업규칙 지침은 기업이 '사회통념상 합리성' 기준에 맞으면 노조의 동의 없이도 임금피크제를 도입할 수 있도록 한 것이 핵심이다. 기존에는 노동자에게 불리한 임금체계 개편은 원칙적으로 노조의 동의를 받아야 했다. 박근혜 정부는 '쉬운 해고' 지침을 공무원에게도 적용하기 위해 '국가공무원법'과 '지방공무원법' 개정안을

---

4 그러나 야당과 노동계의 반발로 두 보수정권 모두 비정규직법 개정에 실패했다.

발의하기도 했다.[5] 외부자는 물론이고 내부자도 고용불안에 떨어야 했던 시절이었다.

5. 문재인 정부 노동개혁의 실제: 연성 이중화 전략

문재인 정부 집권 1년 동안은 포용적 안정화 기조가 유지되는 듯했다. '일자리 정부'를 자임한 정부답게 출범하자마자 대통령 직속 일자리위원회가 만들어졌고, 청와대에는 일자리 상황판이 설치되었다. 2개월 후에는 '공공부문 비정규직근로자 정규직 전환 가이드라인'을 통해 상시·지속 업무에 종사하는 20만 5000명의 비정규직을 정규직으로 전환하겠다고 발표했다. 대통령이 다녀간 인천공항공사의 노조·사용자·전문가협의회는 비정규직 1만 명을 정규직으로 전환하는 데 합의했다(3000명 직접고용, 7000명 자회사 고용). 2017년 12월, 이마트 노사는 대기업 유통업체 최초로 주 35시간 근무제 도입에 합의했고, 파트타임 노동자 1000명을 정규직으로 전환하는 데 합의했다. 공공부문의 정규직 전환정책이 민간 부문에도 좋은 신호를 준 사례였다. 최저임금 인상률은 취임 첫해인 2017년에 16.4%(2018년도 시급 7530원)로 결정되었다. 1988년 최저임금이 시행된 이래 세 번째로 높은 인상률이었다.[6] 최저임금의 영향을 받는 노동자는 463만 명으로, 전체 노동자의 23.6%로 역대 최고였다(박관성, 2018). 근로시간을 단축하는 '근로기준법' 개정도 이루어졌다. 주 40시간제(최장 52시간)는 2018년 7월 300인 이상 사업장에 적용되었다. 사실상 무제한 노동이 가능했던 특례 업종은 26개

5 정부가 2016년 6월과 10월에 각각 입법 발의한 국가공무원법·지방공무원법 개정안은 20대 국회 회기 만료로 자동 폐기되었다.

6 가장 높은 인상률은 1991년 노태우 정부 시기의 12.3%이고, 두 번째로 높은 인상률은 김대중 정부 시기의 16.5%이다(최저임금위원회 사이트)(검색일: 2019.12.1).

업종에서 5개 업종으로 축소되었다. 박근혜 정부가 일방적으로 추진했던 공공부문 성과연봉제 도입과 무분별한 해고를 가능하게 하는 인사관리규정 및 취업규칙 개정 지침도 취임 첫해에 폐기되었다.

그러나 날이 갈수록 공약과 실제 사이의 괴리가 발생했다. 소득주도성장의 상징인 최저임금 인상은 2019년 10.9%(8350원)로 떨어지더니 2020년에는 2.8%(8590원)로 급락했다. 공약 실현이 무산된 것이다. 2019년부터는 최저임금 범위에 정기 상여금, 식비, 교통비 등 복리후생비를 산입해 최저임금 인상 효과를 약화시켰다. 이에 따라 2019년에는 31~40만 명의 저임금 노동자들이 최저임금 수혜 대상에서 제외되었다(이창근·정경윤, 2019: 48).

근로시간 단축 공약도 대폭 후퇴했다. 300인 이상 기업의 1주 최대 52시간 상한 도입(2019년 7월), 특례 업종 축소, 관공서 공휴일 규정의 민간 부문 확대 적용, 1년 미만 근무 연차유급휴가 보장 등에서 진전을 이뤘지만, 30인 미만 사업장 특별연장근로 8시간 허용, 휴일노동 중복할증 폐지에 이어 탄력적 근로시간제 확대로 빛이 바랬다(이창근·정경윤, 2019). 2020년부터 시행 예정이던 50인 이상 300인 미만 사업장에 대한 주 52시간 상한제는 노동계의 반발에도 불구하고 근로시간을 어기더라도 처벌하지 않는 계도 기간을 부여하는 방식으로 일방적으로 연기되었다. 정부는 또 재난이나 이에 준하는 사고가 발생했을 경우에만 허용하던 특별연장근로 요건을 업무량 급증과 같은 경영상 사유에까지 확대하기로 했다(관계부처합동, 2019).

1) 고용정책

실제 시행된 고용정책은 연성 이중화 전략의 전형을 보인다. 노동시장 내부자들의 고용은 대체로 보호되었지만, 노동시장 외부자에 대한 고용보호는 매우 제한적이었다. 수치상으로 보면, 공공부문의 좋은 일자리 창출과 정규직 전환정책은 상당한 성과가 있었다. 2019년 6월 기준으로 공공부문 일자리는

〈표 7-3〉 공공부문 일자리 81만 명 확충 추진 상황(2019년 6월 말 기준)

구분	목표	추진 실적	비고
합계	81만 개	388,791명 (48.0%)	
현장민생 공무원	17.4만 명	60,929명 (35.0%)	경찰, 소방, 근로감독관, 부사관 등
사회서비스 일자리	34만 명	107,168명 (31.5%)	보육, 요양, 장애인, 보건의료 등
간접고용의 직접고용 전환 등	30만 명	220,694명 (73.6%)	직접고용 전환(184,726명), 공공기관 인력 충원(34,941명), 기타 (1,027명)

자료: 노광표(2019: 9).

38만 8791개가 만들어졌고, 계획 대비 달성률은 48.0%이다.[7] 정부가 소방 및 집배원 인력 증원안을 국회에 제출했지만 야당의 반대로 충원되지 않은 점을 감안하면, 정부만의 책임은 아니다(노광표, 2019: 9). 그러나 한국의 공공부문 고용 비중이 OECD 회원국 중 꼴찌 수준임[8]을 감안하면 여전히 대다수 노동시장 외부자들은 고용보호에서 배제되어 있는 셈이다.

고용정책의 또 다른 중심축은 공공부문 비정규직의 정규직 전환정책이다. 이는 노무현 정부에서부터 추진되어 왔지만, 문재인 정부의 정규직 전환정책은 그 조건을 대폭 완화했다는 데 특징이 있다. 2017년 7월에 발표한 정부의 가이드라인(관계부처합동, 2017)은 "연중 계속되는 업무(연중 9개월 이상)로서 향후 2년 이상 지속될 것으로 예상되는 상시·지속적 업무"를 제1 전환 원칙으로 삼았다. 이에 따라 과거에는 정규직 전환 대상에서 배제되었던 파견·용역 등 간접고용과 주 15시간 미만 일하는 초단시간 비정규직

7 비정규직에서 정규직으로 전환된 경우를 제외하면 16만 8097명이 충원되었고, 계획 대비 달성률은 32.7%이다.

8 통계청(2018)에 의하면 2016년 한국의 공공부문 일자리는 236만 5000개로 총취업자 수 대비 8.9%에 불과하다. 그중 일반정부 일자리는 201만 3000개(총취업자 수 대비 7.6%), 공기업 일자리는 35만 3000개(총취업자 수 대비 1.3%)이다(통계청, 2018). OECD 회원국 평균은 18%로 한국은 회원국 중 꼴찌 수준이다.

〈표 7-4〉 정규직 전환 결정과 전환 현황(2019년 6월 기준)

(단위: 개소)

구분	기관		인원		
	대상 기관	전환 결정 기관	전환 계획 인원*	전환 결정 인원 (계획 대비)	전환 완료 인원 (결정 대비)
합계	-	-	174,935	184,726 (105.6%)	156,821 (84.9%)
기간제	835	830 (99.4%)	72,354	71,091 (98.3%)	70,115 (98.6%)
파견 용역	656	489 (74.5%)	102,581	113,635 (110.8%)	86,706 (76.3%)

주: * 총전환 대상자(20만 5000명)에서 60세 이상 청소·경비 노동자 등 약 3만 명은 제외했다.
자료: 고용노동부(2019: 6).

이 전환 대상에 포함되었다. 또한 정규직 전환 대상 중 생명안전 업무는 직접고용을 원칙으로 했다. 정규직으로 전환된 후에는 체계적인 인사관리와 처우 개선을 하도록 했다. 특히 복지포인트, 명절상여금, 식비, 출장비, 통근버스·식당·체력단련장 이용 등의 복리후생에서 기존 정규직과의 불합리한 차별을 금지했다.

정규직 전환 규모는 17만 5000명에 60세 이상 고령자 3만 명을 합친 20만 5000명(공공부문 상시 비정규직의 64.9%)이다(고용노동부, 2017). 상시 지속 업무자 중 교사와 강사, 60세 이상 고령자, 의사 등 고도의 전문적인 직무 등에 종사하는 14만여 명은 전환이 어려운 합리적인 사유가 있다고 보아 전환 예외 대상자로 두었다. 〈표 7-4〉에서 볼 수 있듯이 2019년 6월 현재 수치로 보는 정규직 전환 정책 이행 실적은 양호한 편이다. 60세 이상을 제외할 경우 전환 결정 대비 전환 완료 인원은 총 15만 6821명이며, 달성률은 84.9%이다. 그러나 정규직 전환정책에서 국민부담 최소화와 기관 자율성을 강조하다 보니, 전환 방식은 기관의 예산 상황, 기관장의 의지, 노조의 교섭력 등에 따라 매우 다양하게 나타났다. 모회사가 직접 고용해 기존 정규직과 동일한 임금·인사 체계를 적용하는 통합형 전환(서울교통공사의 무기계약직)이 있는가 하면, 별도 직군을 신설하거나 자회사를 통한 전환 등 직접고용을 회피하는 사례가 많이 발생했다.

2) 활성화 정책

활성화 정책은 근로연계복지를 대폭 강화하는 방향으로 제도 개혁이 이루어졌다. 문재인 정부는 2018년에 '일하는 복지'의 기본 틀을 재설계하는 차원에서 근로장려금(EITC)제도를 개선했다. 노동시장 참여를 촉진하기 위해 연령 요건을 폐지하고(30세 미만의 단독 가구에게도 지급), 재산 요건을 완화했다(현행 1.4억 원 미만에서 2억 원 미만으로 완화). 소득 요건도 완화하여, 단독가구의 소득 상한을 중위소득의 65% 수준에서 100% 수준으로 확대했고, 홑벌이·맞벌이 가구의 근로장려금을 중위소득 50%에서 65% 수준으로 확대했다(기획재정부, 2018). 이로 인해 근로장려금 적용 가구는 총 334만 가구로, 기존보다 168만 가구가 더 증가하게 되었다(관계부처합동, 2018).

또한 근로능력과 구직의사가 있는 모든 취업 취약계층에게 취업 지원 서비스를 제공하는 것을 목적으로 실업부조적 성격과 구직촉진수당의 성격이 혼합된 '국민취업지원제도'[9]를 도입하기로 했다. 이른바 '한국형 실업부조제도'이다. 가령, 저소득 구직자나 18~34세의 청년층 중 가구소득 수준이 일정 수준 이하인 경우에는 구직촉진수당(50만 원 × 최대 6개월)을 제공한다. 구직촉진수당의 수혜자는 취업활동계획에 따라 구직활동을 이행할 의무를 지닌다. 이 같은 내용을 담은 '구직자 취업촉진 및 생활안정지원에 관한 법률안' 이 노사정 합의를 거쳐 2020년 5월에 국회를 통과했고, 2021년 1월부터 시행될 예정이다. 제도가 시행되면 고용보험 사각지대에 있는

---

9 정부는 이 같은 내용을 담은 '구직자 취업촉진 및 생활안정지원에 관한 법률안'을 2019년 9월에 국회에 제출했다(고용노동부, 2019).

저소득 실업자와 구직자들의 생계유지와 구직활동에 얼마간 숨통이 트일 것으로 보인다. 그러나 은민수(2019)가 지적했듯이, 까다로운 수급 요건, 낮은 수급액, 짧은 수급기간으로 인해 제도의 실효성에 대해서는 의문이 남는다.

이와 함께 '국민내일배움카드제'가 2020년 1월부터 시행된다(고용노동부, 2009c). 2008년 이후 시행된 '내일배움카드제'는 실업자와 재직자를 구분해서 운영되어 왔다. 이는 특수형태근로종사자·자영자·불완전취업자의 증가, 실업과 재직 간 변동 증가 등 노동시장의 변화를 제대로 반영하지 못했다. '국민내일배움카드제'는 실업자·재직자의 직업훈련을 통합함으로써 훈련 사각지대를 해소하려는 것이다. 이와 더불어 훈련 지원기간을 연장하고(실업자 1년, 재직자 3년에서 공통 5년으로), 필요한 시기에 정부 지원 훈련비를 탄력적으로 활용할 수 있으며, 지원 한도를 상향하는(200~300만 원에서 300~500만 원으로) 등의 제도개선도 이루어졌다. 훈련 참여자는 훈련비 일부를 자부담해야 하지만, 저소득계층이나 국가기간전략산업직종 훈련자는 자부담이 없다. 그런데도 2017년 현재 GDP 대비 적극적 노동시장정책에 대한 정부지출은 0.32%로, OECD 국가의 평균(0.52%)에 못 미친다.

3) 임금과 사회보장정책

소득주도성장의 핵심 정책인 '2020년 최저임금 1만 원 실현'은 실패했다. 경기 부진 속에 최저임금노동자의 약 85%를 고용하고 있는 소상공인과 중소 영세기업, 보수세력의 극심한 반발에 부딪혀서이다. 좀 더 정확하게는 이러한 반발이 예상됨에도, 이를 극복할 정부 여당의 세밀한 로드맵, 담론, 정치력이 부족했다. 정부는 소상공인과 중소 영세기업의 부담 완화를 위해 최저임금 준수와 고용보험 가입을 조건으로 '일자리안정자금' 지원, 사업주의 사회보험료 부담 완화, 부가가치세·카드수수료 인하, 금리우대,

창업 지원 등의 조치를 취했다. 하지만 경기 부진과 일자리 실적의 저조 속에 "최저임금 때문에 고용 참사가 일어난다"라는 비판 여론을 극복하지 못하고 정책 후퇴를 거듭했다. '동일가치노동, 동일임금'의 실현, 정규직과 비정규직 사이의 불합리한 차별을 해소할 법제도적 노력은 시도조차 하지 못했다.

문재인 정부는 (연성) 이중화 전략을 사용한 보수주의 국가들처럼 내부자-외부자를 분절화하는 사회보장제도의 근간을 유지한 채, 그동안 사회보험에서 배제되었던 취약계층을 좀 더 적극적으로 제도 내로 포괄하고자 했다. 1995년 도입된 고용보험제도는 고용안전망으로서 중요한 역할을 수행해 왔다. 그러나 저소득 구직자, 음식점업·도·소매업 등 자영업자(임의가입)와 프리랜서, 특수고용노동자 등 새로운 형태의 노동자는 고용보험의 사각지대에 놓여 있었다. 기여 능력이 약하거나 '근로기준법'상 '노동자성'을 인정받지 못해서이다. 이처럼 고용보험에서 제도적으로 배제된 사람들은 전체 취업자 중 약 45%에 달한다. 이에 문재인 정부는 고용안전망 강화 차원에서 새로운 '고용보험법'을 2019년 10월부터 시행하고 있다. 개정된 '고용보험법'은 ① 실직자의 생계 지원을 통한 재취업 활동 촉진을 위해 실업급여의 지급 수준을 평균임금의 50%에서 60%로 인상하고, ② 실업급여 지급기간도 실직자의 연령과 고용보험 가입기간에 따라 현행 90~240일에서 120~270일까지 확대하며, ③ 초단시간 근로자도 24개월 동안 180일 이상 근로하면 실업급여를 받을 수 있도록 실업급여 수급권을 강화했다.[10] 또한 2020년 코로나19 팬데믹 국면에서 문재인 대통령은 '전 국민 고용보험 시대'의 기초를 놓겠다고 선언했다. 이것은 전통적 임금노동자 중심의

10 기존에는 실업급여 수급 요건이 이직 전 18개월 이내에 유급 근로일이 180일 이상이어야 하므로 주 2일 이하 또는 주 15시간 미만 근로하는 초단시간 노동자는 18개월 동안 유급 근로일이 최대 156일에 불과해 실업급여를 받을 수 없었다(고용노동부, 2019).

고용보험제도에서 프리랜서, 특수고용직, 자영업자 등 비임금 불안정 취업자를 포괄하는 보편적 고용보험제도로의 전환을 의미한다. 그러나 '전국민 고용보험제도'가 실현되려면 경제활동인구의 소득 정보 시스템 구축과 그에 기반을 둔 고용보험 적용·징수 체계 개편이 선행되어야 한다. 보험료 부과방식과 징수체계가 새로 정비된다 하더라도 임의가입이 아닌 당연가입을 제도화하고 기여와 수급권의 엄격한 연계를 완화하지 않는 이상, 제도 확대의 실효성은 약할 것으로 전망된다. 현행 제도하에서도 자영업자는 임의로 고용보험에 가입할 수 있다. 그러나 2020년 3월 기준 자영업자의 고용보험 가입률은 0.38%에 불과하다. 보험료 전액을 본인이 부담해야 하는 데다, 보험에 가입하기 위해 선택한 기준소득에 따라 다른 사회보험료나 조세부담을 져야 하기 때문이다. 게다가 벌이가 좋은 자영업자는 보험에 가입할 유인이 적고, 하루 벌어 하루 먹고 살기 빠듯한 영세 자영업자들은 당장의 보험료 납부가 버거워 납부를 회피하는 역선택도 발생한다. 이와 같은 현상이 노동자가 아닌 '개인사업자'(자영업자)로 분류되고 있는 특수고용노동자들에게서도 재현될 가능성이 크다.

산재보험 가입자격도 확대되어 특수형태근로종사자가 제도적 보호대상이 된다. 기존에는 보험설계사 등 9개 직종에 한해 산재보험이 적용되었으나 이들은 전체 특수고용직의 규모(약 221만 명)에 비하면 규모가 제한적이다. 이에 정부는 특수고용직과 같은 새로운 형태의 고용에 대한 안전망을 강화하기 위해 2020년에는 방문서비스 종사자와 화물차주, 2021년에는 돌봄서비스 노동자와 정보통신(IT) 프리랜서까지 총 13개 직종으로 산재보험 가입을 확대하기로 했다. 그러나 산재보험 가입 대상이 여전히 '전속성'이 강한 특정 직종에 제한되어 있고, 보험료 전액을 사용자가 부담하는 것이 아니라 노사가 절반씩 부담해야 하며, 원칙적으로는 당연가입이지만 특수고용노동자가 원하면 적용제외를 신청할 수 있어서 실제 가입률은 그리 높지 않을 것으로 전망된다.

4) 노사관계 정책

유연화 전략을 관철하고 기업 우위의 노사관계를 공고화하기 위해 노조에 적대적 태도를 취했던 보수 정부들과 달리, 문재인 정부는 소득주도성장을 실현할 우군으로 노조를 포섭하고자 했다. 이를 위해 사회적 대화의 정상화, 노동이사제의 도입, 초기업별 교섭체계로의 변화를 희구했다. 먼저 사회적 대화 기구인 경사노위(경제사회노동위원회)에 노동시장 외부자들의 이익이 과소 대표되지 않도록 여성, 청년, 비정규직의 계층별 대표를 참여시켰고, 민주노총의 적극적인 동참을 촉구했다. 그러나 민주노총의 경사노위 불참 선언과 경사노위를 통한 정부의 조급하고 무리한 정책결정 방식(가령, 탄력근로시간제 처리 과정)으로 인해 노동정책의 정당성과 정부의 정책 추진력은 크게 약화되었다. 경사노위를 통한 ILO 핵심협약 비준 논의는 이를 둘러싼 노사의 이해가 극명하게 갈려, 합의안 대신 공익위원 권고안만 발표되었다. 공익위원안을 바탕으로 정부는 2019년에 이어 2020년 6월에 '노동조합 및 노동관계조정법', '공무원의 노동조합 설립 및 운영 등에 관한 법률'(공무원노조법), '교원의 노동조합 설립 및 운영 등에 관한 법률(교원노조법)' 개정안을 제출했다. 이 개정안들은 ① 실업자·해고자의 기업별 노조 가입 허용, ② 소방공무원, 대학 교원의 노조 가입을 허용, ③ 사용자가 복수노조와 개별 교섭에 동의하는 경우 성실교섭 및 차별금지 의무 부여 등과 같은 노동권 강화 조항이 담겼다. 동시에 사용자의 대항권을 강화하는 내용도 포함되었다. ①해당 사업장의 근로자가 아닌 조합원은 기업별 노조 임원 자격이 제한되며, ②단체협약 유효 기간 연장(3년), ③쟁의행위 시 사업장 내 생산·주요 업무 시설의 점거 금지 등이다. 따라서 이 법안은 노동계와 경영계 양쪽으로부터 비판을 받고 있다.

공공기관의 공공성, 경영투명성, 노사 파트너십의 제고를 목적으로 한 노동이사제는 2018년까지 도입을 완료해 민간 부문으로까지 확산시키려했으나 계획이 무산되었다. 정부는 노동이사제를 '근로자참관제' 시범 운영으로 후퇴시켰다. 현재는 자치단체장의 시행 의지가 강한 일부 지역에서만 시행되고 있다. 서울시, 부산시, 광주시, 성남시, 인천시, 경기도 산하 출연·출자기관이 이에 해당한다.

기업별 교섭을 뛰어넘는 산업별 교섭체계로의 전환은 거의 진척된 것이 없다. 산업별 교섭을 주도해야 할 대기업 노조가 기업별 노조주의에 안주하려는 성향이 강하고, 노조가 산업별 교섭을 요구한다 할지라도 사용자의 교섭단 구성을 강제할 법적 장치가 부재하기 때문이다. 그나마 성과라면, 경사노위에 금융산업, 해운산업, 버스운수산업, 공공기관의 업종별 위원회가 구성되어 업종별 공통 의제를 통해 사회적 대화를 진행해 왔다는 점이다.

6. 결론

문재인 정부의 노동시장 불평등 완화정책은 포용적 안정화에서 연성이중화로 후퇴했다. 공공부문이 선도해 민간 부문으로까지 확산시키고자 했던 좋은 일자리 창출, 비정규직의 정규직 전환, 노동이사제 도입 등은 공공부문에서만 부분적으로 시행되고 있다. 정부의 노동정책이 민간기업으로까지 확산되려면 '근로기준법'·'비정규직법'·'집단적노동관계법' 등이 개정되어야 하나, 그 전망은 불투명하다. 상시·지속 업무의 정규직화와 생명·안전 분야의 직접고용이라는 대원칙이 공공부문에서조차 제대로 준수되지 않거나, 처우 개선 없는 '무기계약직'으로의 전환 사례가 속출했다. 충분한 예산 확보 없이 기관 자율에 맡겨놓았기 때문이다.

문재인 정부의 사회정책은 과거 어느 정부보다 노동시장 외부자를 향해 있다. 주된 대상은 실업자, 비정규직, 노인, 청년, 특수고용노동자, 영세

자영업자들이다. 통계청(2019)의 발표에 따르면, 소득분배 상황을 나타내는 2018년도 지니계수, 소득 5분위 배율, 상대적 빈곤율 지표 모두 개선되는 추세를 보였다. 시장소득을 기준으로 했을 때는 지니계수와 소득 5분위 배율 모두 나빠졌음에도 균등화 처분가능소득 기준으로 분배 개선 효과가 나타난 것은 기초연금 인상, 아동수당 지급, 실업급여 인상 등 각종 복지급여 확대가 공적 이전소득 확대에 기여한 데 기인한다. 확장적 재정정책 없이는 불가능한 일이다. 아직까지 일반정부 부채 비율(2018년 기준 40.1%)이 OECD 평균(109%)을 크게 밑돌아 재정적 여유가 있지만(기획재정부, 2018), 저성장 기조 속에 증세 없는 확장적 재정정책은 지속 가능하지 않다.

사실 포용적 안정화 전략은 강한 세수에 기반을 둔 보편적 복지주의, 산업별 노조에 기반을 둔 포괄적인 노조운동과 좌파의 강한 정치력에 기반을 둔 사민주의 복지국가에서나 실현 가능한 전략이다. 이와 달리 세수 기반이 취약하고 사회보험에 의존하는 복지국가, 기업별 노조와 전투주의에 기반한 노동운동, 좌파의 정치력이 취약한 한국 사회에서 포용적 안정화 전략은 문재인 정부 임기 동안 실현 가능한 정책이라기보다 이상에 가까운 것이었다. 바꿔 말하자면, 문재인 정부의 야심 찬 공약들이 제대로 이행되지 않은 것이 단지 "불철저한 정책철학과 미흡한 실행 능력"(이병훈, 2019) 탓만은 아니라는 것이다. 한국 사회에 뿌리 깊은 대기업 재벌 중심의 경제구조, 이중노동시장과 계층화된 복지제도와 같은 구조적 제약이 포용적 안정화 전략을 근본적으로 방해하는 요소들이라고 할 수 있다. 이 때문에 문재인 정부의 연성 이중화 전략조차 실제 노동시장 양극화를 완화하는 데 얼마나 기여할 수 있을지는 미지수이다.

그러나 여러 정책적 후퇴에도 불구하고, 문재인 정부의 노동정책이 민주화 이후 가장 친노동적 성격을 띤다는 점은 부인하기 어렵다. '노동존중사회'라는 담론과 정책기조 속에 고용노동부의 불법파견, 원청 기업의 사용자성, 사용자의 부당노동행위 등에 대한 판단 기준은 과거 어느 때보다 엄격해졌고, 근로감독권이 강화되었다. 비록 알바존중법이 제정되지는 않았지만, 청소년에 대한 노동인권교육이 유례없이 활성화되어 이들의 권리의식도 크게 신장되었다. 노조조직률의 증가와 민주노총의 제1노총으로의 도약도 '노동존중사회' 없이는 불가능했을 것이다.[11] 여러 한계에도 집권 전반기 문재인 정부의 노동정책은 노동시장 내부자의 고용안정성마저 위협했던 보수정부들과 달랐고, 노동시장 유연성과 사회안정성을 정치적으로 교환했던 과거의 중도좌파 정부들과도 달랐다고 평가할 수 있다.

참고문헌

강명세. 2002.「한국 복지국가의 형성, 확대와 재편」. ≪국가전략≫, 8(1), 27~55쪽.

고용노동부. 2017.10.25. "공공부문 비정규직 20.5만명 정규직 전환". 고용노동부 보도자료.

______. 2019.「2018년도 노동조합 조직 현황」.

______. 2019.7.24 "2년간 공공부문 정규직 전환결정 18만 5천 명, 90.1%(1단계) 달성". 고용노동부 보도자료.

______. 2019.9.10 "'일자리 안전망 강화'를 위한 국정과제 관련 법률안 등 국무회의 의결". 고용노동부 보도자료.

______. 2019.11.20. "2020년 1월, 국민내일배움카드 시행". 고용노동부 보도자료.

관계부처합동. 2017.「공공부문 비정규직 근로자 정규직 전환 가이드라인」.

______.2018.「소상공인·자영업자 지원 대책」.

______. 2019.12.11. "정부, 주52시간제 현장안착을 위한 보완대책 발표". 관계부처 합동 보도자료.

국정기획자문위원회. 2017.「문재인정부 국정운영 5개년 계획」.

권순미. 2012.「비정규노동자의 사회복지 배제 매커니즘: 한국과 일본의 사례」. 한국복지국가연구회 엮음.『한국 복지국가의 정치경제』, 392~471쪽. 아연출판부.

---

11 2018년 말 현재 노조조직률은 11.8%로 2016년 말 박근혜 정부 때와 비교하면 1.5%p 상승했다. 민주노총은 창립(1995년 11월) 이후 23년 만에 처음으로 한국노총을 젖히고 제1노총으로 등극했다(고용노동부, 2019). 증가한 조합원들은 주로 공공부문에 소속되어 있고, 다수가 비정규·청년·여성이다(민주노총, 2019).

기획재정부. 2018.「근로장려금 개편방안」.

______. 2019.12.26. “2018년 일반정부 부채(D2)와 공공부문 부채(D3)의 GDP 대비 비율이 각각 전년과 동일한 수준으로 유지”. 기획재정부 보도자료.

김연명. 2002.『한국복지국가성격논쟁 I』. 인간과 복지.

______. 2013.「한국 복지국가의 성격과 전망: 남부유럽복지체제와의 비교를 중심으로」. ≪한국사회복지조사연구≫, 36, 27~59쪽.

김용철. 2017.『한국의 노동정치: 변화와 동학』. 마인드맵.

김유선. 2019a.「문재인 정부 노동정책 2년 평가와 과제」. 민주노총.『촛불혁명 2년, 문재인 정부 2년, 무엇이 달라졌고 우리는 다시 무엇을 준비해야 하나?: 문재인정부 2주년 경제산업·노동정책 평가 및 2020년 총선의제 관련 기획토론회 자료집』, 65~81쪽.

______. 2019b.「비정규직 규모와 실태: 통계청, ‘경제활동인구조사 부가조사(2019.8)’ 결과」. ≪KLSP Issue Paper≫, 118.

김종진. 2019.「노동시장 환경변화와 노동정책 과제 모색. 사회정책연합학술대회 발표」, 11~12, 259~270쪽. 한국보건복지인력개발원.

노광표. 2012.「공공기관 선진화정책 평가와 대안적 정책의 모색: 국가의 시장화 혹은 새로운 국가의 복귀」. ≪산업노동연구≫, 18(2), 243~272쪽.

______. 2019.「문재인정부 1기 노동정책 평가 및 향후 과제」. ≪KLSI Issue Paper≫, 16.

노중기. 2006.「노무현 정부의 노동정책: 평가와 전망」. ≪산업노동연구≫, 12(2), 1~28쪽.

______. 2018.「문재인 정부 노동정책 1년: 평가와 전망」. ≪산업노동연구≫, 24(2), 1~28쪽.

더불어민주당. 2017.『제19대 대통령선거 더불어민주당 정책공약집』.

민주노총. 2019.12.25. “민주노총 제1노총으로 막중한 책임감 느낀다”(보도자료).

박동. 2001.「한국에서 사회협약 정치의 출현과 그 불안정성 요인분석」. ≪한국정치학회보≫, 34(4), 161~177쪽.

양재진. 2005.「한국의 대기업중심 기업별 노동운동과 한국 복지국가의 성격」. ≪한국정치학회보≫, 39(3), 395~412쪽.

이병훈. 2019.「문재인정부의 노동정책 변화에 관한 연구」. ≪한국사회정책≫, 25(4), 101~130쪽.

이창근·정경윤. 2019.「문재인 정부 2년, 노동정책 평가」. ≪민주노총정책연구원 이슈페이퍼≫.

일자리위원회. 2017. “위원장 인사말.” https://www.jobs.go.kr/ko/cms/(검색일: 2019.12.20).

일자리위원회·관계부처 합동. 2017.「일자리정책 5년 로드맵」.

정원호. 2019.3.15. “유연안정성, 제대로 알고 거론하자”. ≪프레시안≫.

정이환·김유선. 2011.「노동시장 유형분류와 한국 노동시장체제의 성격」. ≪경제와 사회≫, 92, 275~304쪽.

조돈문. 2006.「자유시장경제모델로의 이행과 노무현정권의 노동정책: ‘사회통합적 노사관계’와 예정된 실패」. ≪민주사회와 정책연구≫, 10, 184~216쪽.

최저임금위원회.『연도별 최저임금 결정현황』. http://www.minimumwage.go.kr/stat/statMiniStat.

jsp(검색일: 2019.12.1).
통계청. 2018. 『2016년 기준 공공부문 일자리통계』.
______. 2019. 『2019년 가계금융복지조사 결과』.

Clegg, Daniel and Christa van Wijnbergen. 2011. "Welfare institutions and the Mobilization of Consent: Union Responses to Labour Market Activation Policies in France and the Netherlands." *European Journal of Industrial Relations*, 17(4), pp.333~348.
Dostal, Jorg Michael. 2012. "The German Political Economy Between Deregulation and Re-regulation: Party Discourses on Minimum Wage Policies." *The Korean Journal of Policy Studies*, 27(2), pp.91~120.
Eichhorst, Werner and Paul Marx. 2011. "Reforming German Labour Market Institutions: A Dual Path to Flexibility." *Journal of European Social Policy*, 21(1), pp.73~87.
Emmenegger, Patrick, Silja Häusermann, Bruno Palier and Martin Seeleib-Kaiser. 2012. "How We Grow Unequal." in P. Emmenegger et al. *The Age of Dualization: The Changing Face of Inequality in Deindustrializing Societies*, pp.3~26. New York; Oxford: Oxford University Press.
Esping-Andersen, G. 1990. *The Three Worlds of Welfare Capitalism*. Princeton: Princeton Univ. Press.
______. 1999. *Social Foundations of Postindustral Economies*. Oxford: Oxford University Press.
Fleckenstein, Timo and Soohyun Christine Lee. 2017. "The Politics of Labor Market Reform in Coordinated Welfare Capitalism: Comparing Sweden, Germany, and South Korea." *World Politics*, 69(1), pp.144~183.
Iversen, Torben and Anne Wren. 1998. "Equality, Employment, and Budgetary Restraint: The Trilemma of the Service Economy." *World Politics*, 50(4), pp.507~546.
Kwon Soonmee and Ijin Hong. 2019. "Is South Korea as Leftist as It Gets? Labour Market Policy Reforms under the Moon Presidency." *The Political Quarterly*, 90(1), pp.81~88.
Obinger, Herbert, Peter Starke, and Alexander Kaasch. 2012. "Response to Labor Market Divides in Small States since the 1990s." in P. Emmenegger et al. *The Age of Dualization: The Changing Face of Inequality in Deindustrializing Societies*, pp.176~200. New York: Oxford: Oxford University Press.
OECD. 2019. "Public Spending on Labour Markets(indicator)." doi: 10.1787/911b8753-en (검색일: 2019.12.27).
Palier, Bruno and Katheleen Thelen. 2012. "Dualization and Institutional Complementaries: Industrial Relations, Labor Market and Welfare State Changes in France and Germany." in P. Emmenegger et al. *The Age of Dualization: The*

Changing Face of Inequality in Deindustrializing Societies, pp.201~225. New York; Oxford: Oxford University Press.

Rueda, D. 2005. "Insider-outsider Politics in Industrialized Democracies: The Challenge to Social Democratic Parties." *American Political Science Review*, 99(1), pp.61~74.

Song, Jiyeoun. 2012. "Economic Distress, Labor Market Reforms, and Dualism in Japan and Korea." *Governance*, 25(3), pp.415~438.

Wilthagen, T. and R. Rogowski. 2002. "Legal Regulation of Transitional Labour Markets." Günther Schmid & Bernard Gazier(eds.). *The Dynamics of Full Employment: Social Integration through Transitional Labour Markets*. pp.233~276. Cheltenham, UK: Edward Elgar.

제8장

문재인 정부의 최저임금정책

임금인상의 사회적 기반과 평가

김현경 | 고려대학교 국정설계연구소 연구교수

1. 서론

한국의 최저임금제의 역사도 이제 30여 년이 되었다. 그러나 근래 들어 소득양극화와 저임금·불안정 노동의 확산이 중요한 사회문제로 떠오르면서 최저임금제를 둘러싼 논란과 갈등이 격화되는 양상이다. 한편에서는 최저임금 인상을 빈곤 노동층의 실질임금을 높일 수 있는 수단이자 소득양극화에 대한 완화 방안으로 보고 적극 활용할 것을 주장한다. 다른 편에서는 최저임금의 급격한 인상이 가져올 부작용을 우려하며 이에 반대한다. 이러한 충돌은 매년 노사 대표가 참여하는 최저임금위원회에서 최저임금을 심의할 때마다 반복되어 왔고, 문재인 정부 들어서는 최저임금 인상의 수준뿐만 아니라 제도 자체의 개편도 중요한 쟁점이 되었다.

2017년 19대 대선 국면에서 주요 후보들이 모두 최저임금 시급을 1만

* 이 장은 김현경, 「한국의 최저임금 결정 과정과 사회·정치적 기반의 분석: 문재인 정부의 최저임금정책을 중심으로」, ≪세계지역연구논총≫, 38(2)(2020)를 수정·보완한 것이다.

원 수준으로 인상하는 데 동의했던 것은, 불평등과 저임금노동 문제의 심각성에 대한 사회적 공감대 확대를 그 배경으로 한다. 문재인 대통령 역시 대선공약으로 2020년까지 최저임금 1만 원 달성을 약속했고, 노동계의 요구대로 가구생계비 등을 최저임금 결정 기준에 포함시키겠다는 구상을 밝혔다. 또한, 문재인 정부가 표방한 '소득주도성장'의 중요한 정책 수단으로서 최저임금 인상이 최우선 과제로 전면에 부상했다. 하지만 이러한 목표를 달성하기 위해 2018년에 시간당 7530원으로 16.38% 인상, 2019년에 8350원으로 10.9% 인상이 결정되는 과정에서는 매우 격렬한 사회적 갈등이 표출되고 확대되었다. 최저임금의 인상폭을 둘러싸고 제기된 가장 큰 우려는 자영업자와 영세기업이 감당할 수 없는 수준의 인건비 상승으로 경영 악화를 가져오고, 이는 저임금근로자에 대한 수요에도 악영향을 미쳐 고용 상황을 악화하는 부정적인 효과가 발생한다는 것이다. 결국 최저임금의 급격한 인상은 저임금근로자의 소득 안정이라는 본래의 목표도 달성하지 못한 채, 자영업자와 영세기업만 한계 상황으로 내몰 것이라는 예측이었다. 이런 사회적 논란과 갈등 속에서 경제 여건이 악화하자 결국 정부가 최저 인상 속도 조절로 선회하면서, 2020년 적용 최저임금 인상폭은 크게 후퇴해 불과 2.9% 인상된 8590원으로 결정되었다.

이 장은 문재인 정부의 최저임금정책을 평가하고, 최저임금 인상의 배경과 쟁점을 살펴보고자 한다. 특히, 최저임금 인상이 고용과 소득에 어떤 효과가 있는지에 대해 경제학적인 분석이 아닌 최저임금 인상을 누가 지지하고 반대하는가, 즉 사회적 기반과 개인 차원에서의 정책 선호 결정요인에 주의를 기울였다. 최저임금 인상의 목표는 명확하다. 임금의 최저선을 높임으로써 저임금노동자의 생계를 보장한다는 것이다. 그러나 최저임금의 인상이 저임금노동자의 고용에는 부정적인 영향을 미칠 수 있다는 점이 노동경제학계의 오랜 논쟁거리였다. 최저임금 인상이 고용 및 임금에 미치는 효과에 대한 실증적 분석은 긴요한 과제이기는 하나 이 장의 목적은 아니며, 이와 관련된 이론적 논쟁 중 어느 한 입장 – 최저임금 인상이 저임금노동의 고용에 부정적인 효과가 있다거나 없다는 쪽 – 을 출발점으로 삼지 않는다. 이러한 논쟁은 경제학자들 사이에서도 결론이 나지 않은 상태이며 이를 둘러싼 사회적 논란이 있다는 것을 전제로, 최저임금 인상에 대한 개인의 인식과 선호는 어떻게 결정되는지에 초점을 맞추고자 한다.

이를 위해 2018년 '한국종합사회조사'에 포함된 최저임금 인상 관련 문항을 활용해 최저임금 인상에 대한 선호의 결정요인을 분석한다. 또한 최저임금위원회의 의뢰로 2007년부터 매년 실시되는 '최저임금 적용효과에 관한 실태조사'의 보고서를 활용해 저임금근로자에 대한 의존도가 높은 사업체와 소속 근로자의 최저임금 인상에 대한 인식의 차이와 추이도 살펴본다. 뒤이어 문재인 정부의 최저임금 결정 과정을 살펴봄으로써 문제점을 평가하고, 마지막으로 최저임금제도의 개선 방향과 관련된 쟁점에 대해 간략히 논한다.

2. 최저임금 결정 과정의 특징

1) 제도적 특징

최저임금을 결정하는 방식에는 크게 네 가지가 있다. 첫째, 노사정협의체(임금위원회)를 통해 최저임금을 결정하는 방식, 둘째, 단체협약(collective bargaining)을 통해 결정하는 방식, 셋째, 의회 입법에 의해 결정되는 법정 방식(statutory minimum wage), 넷째, 노사 측이 직접 심의에 참가하지 않고 정부가 결정하는 방식이다(ILO, 2016; 최저임금위원회, 2018: 109). 우리는 이 중 첫 번째 방식, 즉 최저임금위원회(Minimum Wage Commission)에서 결정되는 방식을 택하고 있다. 1953년 제정된 '근로기준법'에 최저임금제의 근거가 있었으나 한국에서 최저임금제를 시행하기 시작한 것은 1987년 '헌법' 개정과 함께 '최저임금법'이 제정된 이후부터다. 이로써 설립된 최저임금위원회(당시 명칭은 최저임금심의위원회)는 노사를 각각 대변하는 근로자위원, 사용자위원[1] 및 정부가 선임하는 공익위원 각 9명, 총 27명으로 구성된다. 이는 국제노동기구(ILO: International Labor Organization)가 권고하는 사회적 대화(social dialogue)의 원칙을 명시적으로 제도화한 노사정 협의 방식이다(ILO, 1970).

최저임금을 결정할 때 기준으로 삼는 것은 근로자의 생계비, 유사 근로자 임금, 노동생산성, 소득분배율이라는 네 가지 항목이다.[2] 애초에는 앞의 세 가지 원칙을 적용했으나, 2005년 법 개정을 통해 소득분배율이 추가되었다. 이 중 최근에 가장 논란이 된 것은 최저임금의 산정 기준이 되는 생계비를 어떻게 추산할 것인가 하는 문제이다. 현재는 비혼단신노동자의 실태생계비를 기준으로 삼는데, 노동계는 많은 최저임금노동자가 가구 생계를 책임지는 핵심 소득원인 실정을 고려해 1인이 아닌 가구원 수를 반영한 가구생계비를 기준으로 삼아야 한다고 주장하고, 경영계는 이에 대해 반대

---

1 근로자위원과 사용자위원은 노동계와 경영계가 추천하는데, 대표성(representation)이 중요한 문제이다. 영국, 독일, 스웨덴의 최저임금제 도입 과정을 연구한 Meyer(2016)의 연구는 저임금노동의 증가로 기존의 노조와 저임금노동자 간 이해관계의 분열이 발생해 이것이 노조의 최저임금 선호에 영향을 미칠 가능성이 크다는 점을 지적한다. 가령 한국에서는 한국노총과 민주노총이 추천한 근로자위원이 전체 노동, 특히 저임금노동의 이해를 대변하기 어렵다는 대표성 문제가 존재할 수 있다. 사측의 대표성 역시 비슷한 문제가 있을 수 있다. 최근 최저임금 인상이 영세업장에 큰 타격을 미치게 되어 사측 대표성에 대한 문제가 제기되었다. 2018년 적용 최저임금안에 대해 소상공인연합회가 제출한 이의제기서는 "소상공인연합회는 최저임금법에 의한 최저임금위원회의 사용자측 위원을 추천할 수 없음"과 사용자 위원 구성상 소상공인과 중소기업의 목소리가 잘 대변되지 못하는 문제점을 지적(소상공인연합회, 2017)하는 등 사측 대표성에 대해 불만을 표출했다.

2 '최저임금법' 제4조(최저임금의 결정기준과 구분) ① "최저임금은 근로자의 생계비, 유사 근로자의 임금, 노동생산성 및 소득분배율 등을 고려하여 정한다. 이 경우 사업의 종류별로 구분하여 정할 수 있다"(2005년 5월 31일 개정).

하고 있다.

현행 최저임금제의 또 다른 중요한 특징은 업종과 지역을 구분하지 않고 단일한 최저임금액을 적용한다는 점이다. 한국의 최저임금제에 영향을 주었고 종종 비교 대상이 되는 일본의 경우에는 지역별·산업별로 차등 적용한다. 일본은 지역별 차등 최저임금에 더해 지역 내에서 최저임금보다 높은 업종별 최저임금을 정할 수 있도록 하는, 지역과 업종에 따른 최저임금이라는 이원적 최저임금제를 시행하고 있다(최저임금위원회, 2018a: 87; 2018b: 12; Nitta and Woo, 2019). 한국에서도 생계비 격차를 고려한 지역별 구분 적용이 1986년 최저임금제 도입 당시에 고려되었으나, 지역감정 유발 등 지역 간 최저임금제가 가져올 정치적 부작용에 대한 우려로 집권당인 민정당에서 반대한 바 있고, 업종별 구분 적용은 저임금산업 최저임금에 하방 압력을 가해 임금격차를 심화하고 저임금 일자리를 양산하게 된다는 이유로 노동계가 반대해 오고 있다(최저임금위원회 2018a: 87). 사실 전국 전(全) 업종 단일 최저임금은 시장개입을 통해 저임금노동자에게 최소한의 임금 수준을 보장하겠다는 최저임금제도의 본래 취지에 가장 부합한다고 볼 수 있다. 일본에서도 노동계는 단일최저임금에 찬성하는 입장을 밝히고 있지만, 반대급부로 경영계가 요구하는 최저임금 수준의 하향 조정에 대해서는 불가하다는 입장이라 원칙적인 찬성론에 머물고 있다(최저임금위원회, 2018b). 한국의 '최저임금법'은 업종별로 다른 최저임금을 정할 수 있도록 명시했고, 최근 최저임금 인상 수준이 과도하다는 인식에 따라 업종별 또는 고용 규모별로 차별화된 최저임금에 대한 경영계의 요구가 거세다.

이상은 한국 최저임금제의 핵심적인 특징이다. 이해관계가 첨예하게 대립하며 임금뿐만 아니라 고용에 미치는 파급효과가 큰 최저임금이라는 사안을 사회의 중요한 축인 노사의 참여를 보장해 사회적 대화를 통해 합의를 도출하고자 하는 우리의 최저임금 결정 방식은, 오히려 사회적 대화가 아닌 사회적 대결과 갈등을 증폭시키는 효과를 낳기도 한다. 매년 최저임금 심의 과정마다 이러한 사회적 갈등은 반복되고 있다. 최저임금 심의·의결 과정에서 노사 측 대립과 갈등, 공익위원의 중재 또는 개입을 통해 결정되는 과정은 최저임금위원회가 매년 발간하는 최저임금위원회 활동보고서가 비교적 성실하게 기록하고 있다. 그러나 제도와 과정에 대한 기술(description)을 넘어 최저임금 결정구조의 '정치적' 성격에 관한 좀 더 분석적 연구는 찾아보기 어려운데, 이인재(2018)의 논문은 매우 예외적이다. 이 논문은 최저임금 결정에 참여하는 행위자의 선호에 초점을 맞춘 결정구조를 모형화해 1988년부터 2019년까지의 최저임금 심의 결과를 통하여 그 타당성을 검증하고자 한 시도로, 몇 가지 흥미로운 발견을 요약하면 다음과 같다.

2) 최저임금 결정의 정치적 성격

먼저 최저임금위원회에서 최저임금 결정을 할 때 노사 간 합의가 이루어지는 경우는 많지 않고, 합의가 아닌 표결로 결정되는 경우가 많으며, 불만을 가진 측이 퇴장하거나 표결에 불참하는 경우도 적지 않다(이인재, 2018: 108). 실제로 정부가 선임한 공익위원들의 중재(arbitration)와 개입이 중요하다. 이인재의 연구에 따르면 결국 최저임금은 공익위원 중위투표자(median voter)에 의해 결정되는 것으로 보아야 한다. 왜냐하면 노사 간 합의가 이루어지지 않으면 다수결에 의해 결정되고, 이때 크게 두 가지 경우가 있을 수 있는데 둘 다 공익위원 중위투표자의 선호가 중요해지기 때문이다. 첫째, 노사가 제시한 최종안을 두고 표결하는 경우이다. 노측과 사측은 각각 자신들의 안에 투표할 것이므로, 공익위원 9명 중 중위투표자의 표가 결정적(decisive)이다. 둘째, 노사 측의 이견이 좁혀지지 않아 최종적으로 공익위원들이 별도의 공익안을 제시해 이를 표결에 부치는 경우, 공익안은 반드시 노측과 사측 중 어느 한쪽의 찬성을 획득할 수밖에 없고, 결국 공익위원 중 중위투표자의 선호가 반영된 공익안이 가장 우세한(prevail)

안[3]일 것이므로, 이 안이 과반수를 획득해 채택된다.

공익위원은 정부가 선택하므로 결국 최저임금위원회에서 결정되는 최저임금 수준이 정부의 선호를 반영할 것임을 쉽게 예상할 수 있다. 또한 정부의 당파성(partisanship)에 따라 선호하는 최저임금의 수준에 차이가 있을 가능성이 크다. 즉 보수적인 정부는 낮은 최저임금을, 진보적인 정부는 높은 최저임금을 선호할 것이며, 이러한 선호가 최저임금 인상 결정에 반영된다고 보는 것은 합리적인 가설이다. 이인재(2018)는 1988년부터 2019년까지의 기간 중 노사합의로 결정된 8회와, 노측 안 및 사측 안이 제시되지 않은 2회를 제외한 나머지 기간의 명목인상률이 정부의 당파성에 따라 달라지는지 T검정을 통해 분석했는데, 최저임금제도의 안정기(제도 도입 후 10년 경과 시점인 1999년 이후)에 보수정부의 평균 인상률은 6.6%인 반면, 진보정부는 11.28%로, 정부의 당파성에 따른 인상률 격차가 확연히 드러났다(이인재, 2018: 124).

이 외에도 흥미로운 발견이 몇 가지 있는데, 하나는 정부의 성격에 따라 노측과 사측이 제시하는 인상률도 같은 방향으로 함께 오르내리는 경향이 있다는 점이다. 다시 말해 노사 모두 보수정부일 때보다 진보정부일 때 평균적으로 높은 인상률을 제시했다. 정부의 성격에 따른 인상률 기댓값(즉 진보정부는 높은 수준에서 최저임금을 결정하려 할 것이고, 보수정부는 그 반대라는 예측)이 다르고, 이를 바탕으로 노측과 사측의 인상률 선호가 형성된다는 이야기이다. 또한 노측 안 또는 사측 안이 채택될 확률이 크게 차이나지 않으며, 정부의 성격에도 별로 영향을 받지 않는다는 점을 발견했다.

---

3 고전적인 중위투표자 모델(median voter theorem)에서처럼 공익위원의 수가 홀수, 단봉선호체계(single-peaked preferences), 이슈가 단차원(uni-dimensional issue)이라는 가정하에서 공익위원 중 중위투표자(9명의 공익위원을 선호하는 인상 수준에 따라 순위를 매길 수 있다면 5번째 공익위원이 중위투표자가 된다)가 선호하는 안이 공익안으로 채택된다(이인재, 2018: 119).

3. 최저임금 인상의 사회적 기반: 누가 지지하고 누가 반대하는가

1) 선행 연구

누가 (더 높은) 최저임금을 지지하고 누가 반대하는가. 최저임금의 경제적 효과에 대해서는 노동경제학계의 많은 실증연구가 존재한다. 최저임금은 많은 나라에서 중요한 정책 수단으로 사용되고 있으나 빈곤정책으로서의 효과성에 대한 의문(남재량, 2016), 저임금노동에 의존하는 영세사업체의 생산 비용에 미치는 부정적 효과, 저임금노동의 고용에 미치는 부정적인 영향 등으로 최저임금을 통해 달성하려는 목적에 역행하는 부작용에 대한 지적이 상당히 존재한다. 뉴마크와 워셔의 연구(Neumark and Wascher, 2008)는 최저임금의 효과에 대한 여러 경험적 자료를 검토한 후 "최저임금은 빈곤층을 돕고자 하는 사회정책으로서는 효과적이지 않은" 수단이라 결론 내렸다. 이처럼 최저임금의 효과성에 대한 비판과 학계의 격렬한 찬반 논쟁이 수그러들지 않음을 고려할 때 흥미로운 것은, 그럼에도 불구하고 최저임금에 대한 높은 대중적 지지가 여러 나라에서 보편적으로 발견된다는 것이다.

미국에서의 최저임금에 대한 여론조사 결과는 대중의 높은 지지를 일관되게 보여준다(Neumark and Wascher, 2008: 250; Bartels, 2006). 연방 최저임금 외에 주별로 최저임금을 정할 수 있는 미국에서 시민들이 원하는 최저임금은 주별 최저임금의 실제 수준보다 평균 2달러 높은 것으로 나타났다(Simonovits, Guess and Nagler, 2019). 또한 미국에서 최저임금은 진보(liberals)와 보수(conservatives)를 가르는 대표적인 정파적(partisan) 이슈이다(McCarty, Poole and Rosenthal, 2006). 소속 정당, 주(state)별 노조가입률 등이 연방 최저임금법안에 대한 상원의원들의 투표 행위를 설명할 수 있는 요인이며(Krehbiel and Rivers, 1988), 민주당 출신 대통령과 민주당의 의회 권력의 크기는 더 높은 최저임금 수준과 상관관계가 있다(Bartels, 2006).

정당과 보수-진보 이념 외에 중요한 요인으로 지목된 것은 집단행위자로서 노조의 역할이다(Kau and Rubin, 1978). 최저임금법안에 대한 의원들의 투표 행태에 영향을 미치는 요소로서 이익집단, 노조, 고임금산업, 저임금산업, 소상공인, 저임금노동자 등으로 구분해 상대적 영향력을 분석한 연구들에서, 노조는 최저임금법안의 가장 강력한 옹호자로서 의원의 투표 행태에 영향을 미치는 것으로 확인되었다. 동시에 고임금노동과 저임금노동 간에 이해의 균열을 시사하는 증거도 보이는데, 고임금 지역을 대표하는 의원들은 최저임금을 강화하는 법안에 찬성하는 경향이 있고, 소상공인 단체나 저임금기업이 밀집한 지역을 나타내는 변수는 최저임금 강화법안에 대한 반대표와 연관이 있는 것으로 분석되었다(Newmark and Wascher, 2008).

스웨덴, 독일, 영국의 최저임금제 도입 과정을 비교한 마이어의 연구(Meyer, 2016)는 노조를 최저임금의 옹호자로 보는 단순한 시각을 버리고, 저임금노동 증가에 따른 노동시장 경쟁의 심화라는 조건이 노동의 이해 균열과 노조의 최저임금 선호에 미치는 영향에 주목했다는 점에서 최저임금제에 대한 더욱 정교한 정치경제적 접근을 보여주었다고 평가할 수 있다. 스웨덴은 여전히 법정 최저임금이 없고, 독일과 영국은 2015년과 2016년에 비로소 도입한 나라들인데 이전까지 최저임금에 반대하던 노조 단체가 최저임금 찬성으로 돌아선 계기가 바로 저임금노동시장의 경쟁 심화였다는 설명이다. 좀 더 자세히 설명하면, 우선 최저임금과 노조의 권력자원 간 양의 상관관계에 대한 그간의 주장은 대부분 미국의 경험을 바탕으로 제시되었는데, 시선을 다른 나라로 돌리면 이에 대한 의문이 발생한다.

〈표 8-1〉에서 볼 수 있듯이 스웨덴, 핀란드, 덴마크, 노르웨이와 같이 노조가입률이 높고 노동의 정치적 자원이 큰 국가에서 오히려 최저임금제를 시행하지 않음을 확인할 수 있다. 국가의 개입을 통해 저임금노동의 임금 수준을 끌어올리기보다는 단체협약 방식을 통해 적정한 수준의 임금을

〈표 8-1〉 최저임금제 시행 여부와 노조가입률 및 단체협약적용률

국가명	최저임금제 유무	노조가입률(%)	단체협약적용률(%)
오스트리아	무	26.3	98
벨기에	유	50.3	92.9
프랑스	유	8.8	94
스웨덴	무	65.6	90
핀란드	무	60.3	91
덴마크	무	66.5	82
이탈리아	무	34.4	80
네덜란드	유	16.4	76.7
노르웨이	무	49.2	69
독일	유	16.5	54
스위스	무	17.1	49.6
호주	유	15	59.1
아일랜드	유	24.5	34
캐나다	유	25.9	28.1
영국	유	23.4	26
뉴질랜드	유	17.3	19.8
일본	유	17	16.4
미국	유	10.1	11.2
한국	유	10.5	13.1

자료:Meyer(2016) 및 Visser(2019)로부터 국가별 각 항목의 최근 연도 수치를 추출.

보장하는 국가들이며, 이를 가능하게 한 것은 노조의 강력한 통제력과 협상력이다. 노조는 오히려 최저임금제의 도입이 노조 가입의 유인을 약화할 것을 우려해 최저임금제 도입에 반대해 왔다는 것이 마이어의 설명이다. 반대로 2015년 독일에서 최저임금을 도입한 것은, 당시 노조가 저임금 일자리의 확산을 막기에 역부족이었으므로 최저임금제 도입을 통한 임금 보장을 원하는 저숙련·저임금노동을 대표하는 노조의 목소리가 커진 것이 이유였다고 한다.

마이어의 기여는 최저임금제를 둘러싼 이해관계에 관한 가설을 노조라는 행위자를 중심으로 설정하고, 이를 국가 간 사례비교 연구를 통해 분석한 거의 최초의 시도라는 데 있다. 그러나 독일이라는 특정한 정치적·사회

적 맥락을 벗어나 이러한 설명이 유효할 것인지는 불분명하다. 또한 노조라는 집단행위자의 정책 선호도 중요하지만, 최근 한국의 경우에서 볼 수 있듯이 최저임금의 인상이 종종 중요한 선거 경쟁의 소재가 된다는 점에서, 무엇이 최저임금에 대한 개인 또는 유권자의 선호에 영향을 미치는지에 대한 연구가 필요하다고 할 수 있다.

다시 말해 누가 최저임금을 선호하고 반대하는지에 대해 아직 연구되지 않은 부분이 많다. 다만 기존 연구는 최저임금정책이 여타의 복지정책이나 재분배정책과 마찬가지로 자기 이해관계(self-interest)에 따라 선호가 형성될 수 있는 영역이라는 점을 시사한다. 우선 최저임금이 직접적으로 보호하고자 하는 집단 즉 저임금노동자의 경우, 최저임금이 소득 인상에 미치는 효과가 크거나 고용에 미치는 부정적 효과(disemployment effect)가 미미할 것으로 기대될 경우 최저임금 인상을 지지할 수 있다. 그러나 고용에 미치는 부정적 효과가 크다고 인식하거나 소득 인상보다는 고용안정 또는 저임금 일자리 경쟁의 감소에 더 강한 선호를 지닌다면, 높은 최저임금에 대해 유보적인 태도를 보이거나 오히려 부정적인 선호를 지닐 수 있다.

또한 자영업자나 영세업체 사업주의 경우 최저임금 인상에 대해 반대할 가능성이 높다.

노조에 가입되어 있는 노동자 혹은 고임금노동자와 같은 노동시장 내부자(insider)는 최저임금 인상의 직접적인 영향을 받는 집단은 아니다. 사회정책 또는 재분배정책의 선호에 대한 최근의 몇몇 연구들은 협소한 물질적 자기이해라는 메커니즘을 넘어서 선호에 영향을 미치는 비물질적 요인 또는 이타적 동기가 재분배정책 선호 형성에 영향을 미친다는 점을 지적한다(Cavaille and Trump, 2015; Rueda, Dimick and Stegmueller, 2016, 2018; Rueda and Stegmueller, 2019). 재분배정책에 대한 반대 집단으로 상정되어 왔던 고소득자나 중산층, 부유층도 자신의 경제적 이해뿐만 아니라 사회 전체의 불평등, 빈곤층에 대한 동정심과 같은 타인지향적(other-oriented) 이유에서 반대가 아닌 지지를 보낼 수 있다. 자신의 경제적 이해와 연관성이 적은 정책이라면 이러한 타인지향적 동기의 효과가 더욱 크게 나타날 것이다. 따라서 최저임금 인상과 관련해, 노동시장 내부자들은 최저임금 인상이 고용에 미칠 부정적 효과를 우려할 필요가 없으므로, 재분배 또는 친노동정책에 대한 일반적인 찬성의 연장선상에서 찬성할 가능성이 있다.

최저임금이 고용과 임금 사이의 상쇄효과(trade-off)를 가져올 수 있다는 점을 감안할 때, 개인의 선호 방향을 명확히 예측하기 어려운 측면이 있다. 무엇보다 한국의 최저임금정책의 사회적 기반에 관해서는 아직 본격적인 연구가 이루어지지 않은 상태이다. 2017년 큰 폭의 최저임금 인상이 결정되는 과정에서 있었던 사회적 논쟁을 통해, 최저임금정책에 대한 이해관계가 가장 직접적이며 강력한 선호를 가지는 집단은 소상공인과 같은 자영업자, 저임금노동자의 비율이 높은 영세기업으로 추론할 수 있지만, 여론조사 결과를 통해 이를 분석한 연구는 이재완(2019) 정도에 불과하다.

이 절에서는 최저임금 인상의 사회적 기반을 이해하기 위해 두 가지 자료를 활용한다. 첫째, 2018년도 '한국종합사회조사'에 포함된 2018년도 적용 최저임금 인상에 대한 평가를 묻는 문항을 활용해 최저임금 인상에 대한 개인적 선호를 분석한다. 최저임금 인상에 대해 묻는 항목이 다른 해의 조사에는 포함되어 있지 않아 조사 시점에 따른 효과를 분석할 수는 없으나, 사회적으로 큰 논란이 있었던 문재인 정부 첫해의 최저임금 인상 결정에 대한 평가이므로 의의가 작지 않다고 생각된다. 둘째로, 최저임금위원회가 매년 심의를 위해 참고 자료로 삼는 「최저임금 적용효과에 관한 실태조사 보고서」를 활용해 저임금근로자를 고용하는 사업체와 소속 근로자가 최근 몇 년간 최저임금 인상 수준에 대해 어떤 인식을 보이는지 살펴보고자 한다.

2) 최저임금 인상에 대한 인식

종속변수인 2018년도 '한국종합사회조사'의 "올해 초 정부는 최저임금을 시급 6470원에서 시급 7530원으로 작년에 비해 16.4% 인상시켰습니다. 이에 대해 귀하는 어떻게 생각하십니까?"라는 문항에 대한 응답을 역코딩해 ① 지나치게 높다, ② 약간 높다, ③ 적절하다, ④ 좀 더 인상되어야 한다, ⑤ 훨씬 더 인상되어야 한다로, 1에서 5로 갈수록 최저임금 인상에 대한 찬성이 커지는 것을 뜻하도록 했다.

최저임금 인상 선호와 관련해 앞에서 논의한 바와 같이 두 가지 가능성을 중심으로 독립변수를 생각해 볼 수 있다. 첫째, 최저임금으로 직접적인 이득이나 손해를 보는 집단이 누구인가 판단할 필요가 있다. 최저임금의 인상으로 직접적인 손해를 보는 집단은 저임금노동자를 고용하고 있는 자영업자와 영세업체의 고용주로서 이들은 최저임금 인상에 대해 부정적으로 인식할 가능성이 크다. 반면 이득을 보는 집단은 저임금노동자들인데, 다만 최저임금 인상으로 인해 해고나 저임금 일자리 감소 가능성을 우려할 경우 최저임금 인상에 대해 유보적인 선호나 부정적인 태도를 지닐 수 있다는 점을 고려해야 한다. 따라서 자영업자 및 임시직·일용직·시간제 근로 변수는 물질적 자기이해를 나타내는 변수이다.

둘째, 최저임금에 대해 직접적인 이해관계가 없는 이들은 최저임금을 재분배 수단(Freeman, 1996) 또는 복지정책의 하나로 이해해 이를 기반으로 최저임금에 대한 태도를 형성할 수 있다. 즉, 이념적 진보성, 재분배 또는 복지확대에 비교적 우호적인 정당에 대한 지지, 노조 가입 여부 등이 최저임금 인상에 대해 지니는 태도에 영향을 미칠 수 있다. 이념적으로 진보적일수록, 복지확대에 우호적인 정당을 지지할수록 또한 노조 가입자일 경우 최저임금 인상을 지지할 가능성이 있다.

자영업자의 경우 집단 내 이질성이 커 최저임금 인상에 따른 인건비 민

〈표 8-2〉 기술통계

변수	관찰 수	평균	표준편차	최솟값	최댓값
최저임금 선호(1=지나치게 높음~5=훨씬 더 인상되어야)	1004	2.97	1.00	1	5
연령	1030	51.04	18.92	18	97
성별(남성=1)	1031	0.45	0.50	0	1
교육 수준	1029	3.46	1.67	0	7
가구소득	895	8.75	6.07	0	21
자영업	1031	0.16	0.37	0	1
영세자영업(5인 미만)	1031	0.15	0.36	0	1
상용직	1031	0.29	0.46	0	1
임시직/일용직	1031	0.13	0.34	0	1
시간제근로	1031	0.10	0.30	0	1
노조 가입	1031	0.05	0.22	0	1
정당 지지 (더불어민주당, 정의당, 민주평화당=1)	1031	0.64	0.48	0	1
이념(1=매우 보수~5=매우 진보)	999	3.23	1.00	1	5

감도가 상이할 수 있으므로, 무급 가족종사자, 고용원 없는 자영업자 및 5인 미만 고용의 자영업자를 최저임금 인상에 대해 선호할 가능성이 높은 영세 자영업자로 보고 이 변수의 효과를 따로 살펴본다. 또한 고용 형태에 따라 최저임금 선호가 달라지는지 살펴볼 필요가 있다. '한국종합사회조사'는 임금근로자를 고용 형태에 따라 분류하는 방식(정규직/비정규직)을 따르지 않고 종사상 지위에 따른 분류 방식을 채택해 임금근로자의 경우 상용직·임시직·일용직 중 해당 여부를 묻는다. 반드시 그렇지는 않으나 상용직은 정규직 또는 이중노동시장에서 내부자에 해당할 수 있고, 임시직과 일용직은 외부자에 해당할 수 있으므로, 임시직과 일용직은 하나로 묶어, 선호의 차이를 살펴본다. 시간제근로자 역시 최저임금 인상에 대해 직접적인 이해를

〈표 8-3〉 2018년도 적용 최저임금 인상 수준에 대한 인식

	2018년 적용 최저임금 인상 평가				
	(1)	(2)	(3)	(4)	(5)
연령	-0.002 (0.003)	0.000 (0.003)	-0.001 (0.003)	0.000 (0.003)	-0.001 (0.003)
성별(남성=1)	-0.163** (0.074)	-0.165** (0.075)	-0.163** (0.076)	-0.167** (0.074)	-0.165** (0.075)
교육 수준	-0.030 (0.030)	-0.028 (0.030)	-0.032 (0.031)	-0.028 (0.030)	-0.033 (0.031)
가구소득	-0.003 (0.007)	-0.004 (0.007)	-0.005 (0.007)	-0.004 (0.007)	-0.005 (0.007)
자영업	-0.060 (0.105)	-0.073 (0.105)	-0.031 (0.107)		
영세자영업				-0.055 (0.106)	-0.020 (0.108)
상용직	0.252*** (0.093)	0.230** (0.093)	0.259*** (0.094)	0.237** (0.092)	0.263*** (0.093)
임시직/일용직	0.328* (0.195)	0.317 (0.196)	0.324* (0.196)	0.323* (0.195)	0.328* (0.195)
시간제근로	-0.405* (0.224)	-0.395* (0.224)	-0.389* (0.224)	-0.399* (0.224)	-0.391* (0.224)
노조 가입	0.272* (0.162)	0.272* (0.162)	0.252 (0.164)	0.273* (0.162)	0.252 (0.164)
정당 지지		0.331*** (0.079)		0.330*** (0.078)	
이념			0.135*** (0.037)		0.135*** (0.037)
Constant cut 1	-1.578*** (0.220)	-1.281*** (0.231)	-1.145*** (0.256)	-1.284*** (0.231)	-1.146*** (0.256)
Constant cut 2	-0.798*** (0.214)	-0.487** (0.227)	-0.359 (0.253)	-0.491** (0.227)	-0.360 (0.252)
Constant cut 3	0.396* (0.214)	0.720*** (0.228)	0.837*** (0.254)	0.716*** (0.227)	0.836*** (0.253)
Constant cut 4	1.373*** (0.221)	1.702*** (0.235)	1.808*** (0.260)	1.699*** (0.235)	1.806*** (0.260)
Log-likelihood	-1206.8	-1197.9	-1171.8	-1198.0	-1171.8
Observations	876	876	852	876	852

주: *** $p < 0.01$, ** $p < 0.05$, * $p < 0.1$

갖는 그룹이라 할 수 있다. 소득 면에서는 최저임금 인상의 직접적인 혜택을 볼 수 있으나, 고용 면에서는 최저임금 인상으로 부정적인 효과를 체감하게 될 그룹이므로 이들이 최저임금 인상에 대해 지니는 인식이 긍정적일지 부정적일지는 불확실하다.

이념은 '매우 보수적'(1)에서 '매우 진보적'(5)까지 1에서 5 사이 척도의 자기 평가(self-placement)이며, 정당 지지는 더불어민주당, 정의당, 민주평화당을 지지하거나 선호한다고 응답한 경우를 1로 그 외의 경우를 0으로 코딩했다. 소득 수준은 22개 범주로 구분되는 월평균 가구소득이며, 노조가입자, 자영업자, 임시직, 일용직, 시간제근로자는 각각 1로 코딩된 더미 변수이다. 연령과 성별(남성=1) 및 교육 수준도 통제변수로 포함했다. 이러한 변수들의 효과를 고려해 순위 프로빗 모형으로 추정한 결과를 〈표 8-3〉에서 제시했다.

가장 흥미로운 결과는, 물질적 자기이해 변수와 관련해 우선 최저임금 인상에 가장 거세게 반대하는 집단으로 알려진 자영업자 변수가 최저임금 인상에 대한 찬반 태도와 큰 관련이 없는 것으로 나타났다는 점이다. 자영업자 그룹 내의 이질성을 고려해 5인 미만을 고용하거나 고용원이 없는 경우(모델 4와 5의 '영세자영업' 변수)로 한정지어 살펴보아도 마찬가지이다. 이는 통념과 상반되는 결과로 추후 다른 자료를 통해 확인할 필요가 있는 부분이다.

반면 임금노동자들은 상용직과 임시직 및 일용직에 관계없이 최저임금 인상에 대해 찬성하는 것으로 나타났다. 모든 모델에서 상용직의 최저임금 인상에 대한 지지는 통계적으로 유의미하게 나타났고, 임시직 및 일용직의 경우도 모델 2를 제외하고는 모두 통계적으로 유의미하며 상당한 차이를 나타냈다. 그러나 시간제근로자의 경우 최저임금 인상에 대해 부정적인 태도를 보이는 것이 확인되었다. 모든 모델에서 추정계수가 음(陰)의 값을 띠며 통계적으로 유의미하다. 이는 임금근로자들은 일반적으로 최저임금 인상에 따른 소득증가 효과에 대한 기대로 인상에 찬성하지만, 시간제근로자는 소득증가 효과보다는 고용감소 효과에 대한 우려 때문에 최저임금 인상에 반대하는 경향을 보인다고 해석할 수 있을 것이다.

다음으로 재분배정책으로서의 최저임금 선호, 즉 이념적 지향성이 최저임금 선호에 미치는 효과를 알아보기 위한 변수인, 정당 지지와 주관적 자기 이념 평가 모두 최저임금 인상 선호와 상당히 긴밀한 관계가 있는 것으로 나타났다. 더불어민주당과 정의당 등에 대해 호감을 지닌 응답자들은 최저임금 인상에 대해서도 크게 찬성하는 경향이 있으며(모델 2와 4), 자신을 진보적이라고 생각할수록 최저임금 인상에 대해 지지를 보내는 것으로 나타났다(모델 3과 5). 즉, 최저임금 인상 이슈를 재분배 또는 복지정책으로 인식하는 경향이 상당히 존재한다고 해석할 수 있다.

최저임금이라는 이슈 자체가 한 사람의 이념적 지향성을 구성하는 요소일 수 있으므로 이념 변수로 최저임금 선호를 설명하려 할 경우 환원론에 빠질 수 있다. 이에 따라 모델 1에서는 이념 및 정당 지지 변수를 제외하고 다른 변수들의 효과를 분석했는데, 모든 변수는 대부분 유사한 추정계숫값을 보였다. 상용직, 임시직·일용직, 시간제근로, 노조 가입 모두 추정계숫값에 거의 변화가 없었고, 통계적으로도 모두 유의미하다. 다시 말해 상용직과 임시직·일용직 노동자 및 노조에 가입한 이들이 최저임금 인상을 지지하고 시간제근로자들은 반대하는 경향은, 이념과 정당 지지 효과를 통제하든 통제하지 않든 간에 일관되게 나타난다는 것이다.

마지막으로 주목할 만한 부분은, 남성들의 최저임금 인상에 대한 평가이다. 모든 모델에서 성별 변수는 통계적으로 유의미했는데, 이는 남성들이 2018년 최저임금 인상에 대해 지나치다고 평가하는 경향이 있었음을 뜻한다. 이는 여성이 남성에 비해 복지나 재분배에 찬성하는 경향이 있다는 것과 관련이 있을 수도 있고, 남성이 가구 내 단독 생계부양자 또는 주 소득원으로서 긍정적 임금인상 효과보다는 부정적 고용 감소 효과에 더 민감하기 때문일 수도 있다.

물론 여기에서 제시한 분석은 단일 연도 서베이 분석 결과이므로 분석 결과의 강건성과 일반화 가능성에 많은 한계가 있음은 염두에 두어야 한다. 추후 다른 자료를 통해 이 절에서 제시하고 있는 해석을 면밀히 재검토해야 할 필요가 있겠으나, 최저임금 인상을 둘러싼 선호가 중립적이거나 무작위적으로 형성되는 것은 아니라는 점은 분명해 보인다.

3) 최저임금 적용효과에 관한 실태조사에 나타난 인식 비교

최저임금위원회는 최저임금 심의 시 참고자료로 사용하기 위해 2007년부터 매년 '최저임금 적용효과에 관한 실태조사'를 수행하고 있다. 이 실태조사는 저임금근로자를 고용하고 있는 사업체 및 소속 근로자를 대상으로 하고, 그 보고서와 데이터 일부는 가공해 공개하고 있다.[4] 안타깝게도 원자료는 외부에 공개하지 않아 응답자 개인 변수를 활용한 회귀분석이 불가능하고, 공개되어 있는 응답구성비만 활용할 수 있다. 사업체는 사업체 노동실태현황자료와 고용형태별근로실태조사 자료를 근거로 저임금 영역에 속하는 사업체들의 산업 대분류와 사업체 규모 모집단 분포를 추정하고, 이에 따라 사업체 표본을 선정한다(최저임금위원회, 2018d). 다시 말해 '최저임금 적용효과에 관한 실태조사'의 경우 앞에서 말한 '한국종합사회조사'와 달리 최저임금에 직접적인 영향을 받는 집단(저임금노동자와 그 고용주)만을 대상으로 한 조사이다. 2018년도 보고서(2017년 11월 조사)의 경우 사업체 2447개 소, 근로자 5096명이 포함되었다. 이 조사에 포함된 최저임금의 인상 수준에 대한 인식을 묻는 항목을 통해 최근 몇 년간의 인식에 변화가 있

---

4 '최저임금 적용효과에 관한 실태조사'는 최저임금위원회 홈페이지에 2008년도 보고서부터 게시되어 있고, 데이터는 사업체를 대상으로 한 것만 2010년도 자료부터 사업체 규모 및 업종별 응답구성비가 국가통계포털(KOSIS)에 공개되어 있다.

는지, 또한 고용주와 고용원 간에 인식의 차이가 어느 정도인지 대략적이나마 가늠해 볼 수 있다. 아쉬운 점은 조사는 2007년부터 수행되었지만, 설문 항목의 보기에 변화가 있어 앞선 시기의 것은 활용하기 어려워 장기간에 걸친 추이를 볼 수 없다는 것이다. 차년도에 적용될 최저임금의 인상 수준에 대해 어떻게 생각하는지에 대한 물음에, 2015년 이전의 보기는 ① 매우 부적절, ② 별로 적정하지 않은 수준, ③ 잘 모르겠음, ④ 그런대로 적정, ⑤ 매우 적정으로 제시해, 응답자가 부정적인 평가를 할 경우 인상 수준이 지나치게 높기 때문인지 낮기 때문인지를 알 수가 없다.

다행히 2015년도 조사부터는 ① 매우 높은 수준, ② 약간 높은 수준, ③ 보통, ④ 약간 낮은 수준, ⑤ 매우 낮은 수준으로 보기를 수정해, 선호의 방향과 강도를 판별할 수 있으므로 2015년 이후의 인식만 살펴보기로 한다. 〈그림 8-1〉과 〈그림 8-2〉에 표시된 각 연도의 데이터는 차년도에 적용될 최저임금의 적정성에 대한 평가를 의미한다. 가령 2015년도 결과는 2016년도 적용되는 최저임금에 대한 인식을 뜻하고, 2016년은 2017년 적용 최저임금에 대한 인식을 뜻한다.

두 그래프는 해당 연도의 차년도에 적용될 최저임금 인상액의 적정성을 묻는 질문에 대한 응답 결과이다. 이를 비교해 보면 사업주와 고용원 간 인식의 격차가 상당히 크다는 것을 발견할 수 있다. 사업주의 경우 2016년과 2017년 사이 차년도 인상액 수준이 '매우 높다'고 대답한 비율이 12.09%에서 35.4%로 크게 높아진 것을 볼 수 있다. 이는 물론 2018년도 적용 최저임금 인상률이 16.4%로 뛰어오른 것을 반영한다. 다시 10% 이상 인상된 2019년도 적용 최저임금에 대한 우려는 더욱 커져 이 비율은 46.48%에 이른다. 〈그림 8-2〉에서 볼 수 있듯이 근로자의 경우 사업주와 비교해 인상 수준에 대해 높다고 대답한 비율이 전반적으로 낮은 가운데, 2017년도에 결정된 높은 인상폭에 대해서는 '약간 높은 수준'이라 대답한 비율이 25.04%, '매우 높은 수준' 비율은 1% 정도에서 6.15%로 증가한 것을 볼 수 있다.

〈그림 8-1〉 최저임금 인상의 적정성에 대한 인식(사업체 대상)

(단위: %)

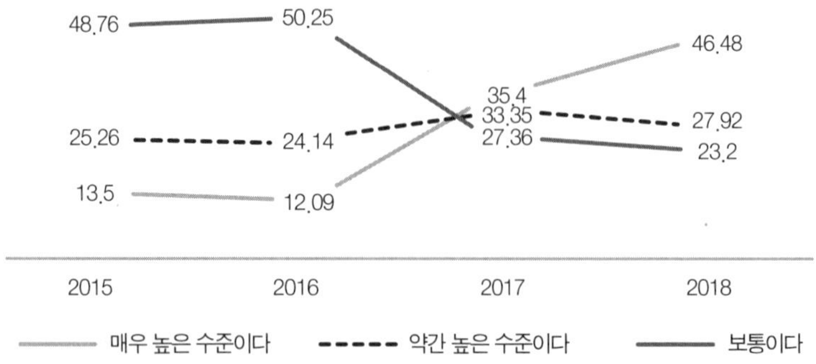

자료: 국가통계포털(KOSIS), 「최저임금 적용효과에 관한 실태조사 보고서」(각 연도).

〈그림 8-2〉 최저임금 인상의 적정성에 대한 인식(근로자 대상)

(단위: %)

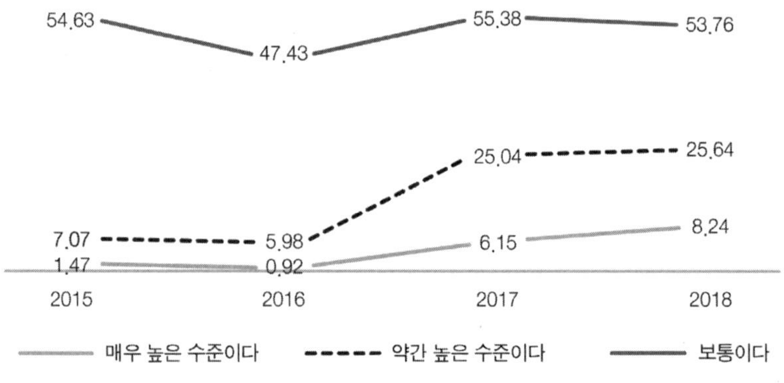

자료: 국가통계포털(KOSIS), 「최저임금 적용효과에 관한 실태조사 보고서」(각 연도).

정리하면, 2018년도 적용 최저임금 인상 수준에 대해 높다는 평가가 사업주와 근로자 모두에게서 크게 증가했고, 사업주에게서는 증가폭과 강도가 훨씬 더 크게 나타났다. 또한 인상 수준에 대한 사업주와 근로자의 인식에서도 상당한 차이가 있는 것으로 드러났다.

4. 문재인 정부의 최저임금 결정

문재인 정부 집권 첫해인 2017년, 최저임금 인상액이 역대 최대치(1060원 인상, 전년 대비 16.4%)인 7530원으로 결정되면서, 격렬한 사회적 논란을 불러일으켰다. 특히 자영업자와 영세기업 등이 감내할 수 있는 수준을 넘어선 인상으로 경영 악화와 폐업을 야기하고 이는 저임금 일자리의 감소를 초래해 오히려 저임금근로자에게 악영향이 갈 수 있다는 우려가 제기되었다. 이러한 논란 속에서 2018년도에는 10.9%의 인상률(8350원)이 결정되었으나 2019년도에는 2.87% 인상(8590원)에 그치며 인상폭이 크게 감소했다. 결과적으로 연평균 10.06%의 인상률로, 김대중 정부와 노무현 정부 시기의 평균인 9.49%를 크게 벗어나지 않는 수준에서 인상률이 결정된 셈이다.

더군다나 16.4%의 인상률이 결정되고 나서는 급격한 인상에 따른 충격을 완화하고 경영계와 소상공인들의 반발을 무마하기 위해 최저임금 산입범위 확대라는 '게임의 법칙(rule of the game)' 변경을 강행함으로써, 최저임금 인상이 지니는 의미와 효과가 반감되었다. 이와 더불어 재정 투입을 통한 최저임금 인상분 지원으로 최저임금 인상을 보완하려 한 정부의 노력 역시 단기적인 것으로서 지속 가능하지 않아 실효성에 의문이 있고, 집권 첫해에 일어난 것과 같은 최저임금 인상에 따른 사회적 논란을 피하기 위해 최저임금 인상 추진을 포기하고 근로장려세제(EITC) 확대와 같은 다른 사회정책으로 눈을 돌림으로써 초반부의 무리한 최저임금 인상 추진, 일관성 부족, 정책 수단 간 상대적 효과성에 대한 세심한 고려 및 통합적 접근의 부재라는 비판을 피하기 어려워졌다.

결과적으로 명목최저임금 수준의 대폭 인상이 지니는 가시성(visibility)

에 비해, 저임금노동자의 보호라는 실질 목표달성 효과는 그에 훨씬 못 미치고, 동반된 큰 부작용을 생각하면 이러한 불일치는 정책의 선한 의도만으로 관대한 평가를 내리기 어렵게 한다. 특히 이는 최저임금 인상의 명분과 찬성 여론에 기대어 선불리 추진했다가 후퇴 또는 퇴행해 버리는 정책 추진의 성급함을 보여주는 것은 아니었나 생각되는 부분이다.

1) 인상률의 급격한 편차와 최저임금 산입 범위 확대에 따른 부작용

문재인 정부 첫해의 최저임금 인상 결정에서 가장 중요한 요인은 대통령의 약속인 2020년 최저임금 시급 1만 원 달성이라는 목표였다. 노동계가 최저임금 1만 원을 최초안으로 제시하기 시작한 것은 2015년부터이며, 이는 저임금노동시장의 고착화와 함께 이에 대한 해결 요구와 문제의 심각성에 대한 사회적 공감대가 확산되었던 것을 배경으로 한다(오상봉, 2018). 2017년 최저임금위원회에서 노측은 대통령의 이러한 약속에 기초해 시급 1만 원 안(54.6% 인상)을 최초안으로 제시했고, 사측은 이전 10년간 동결 또는 인하를 주장해 왔던 것에서 선회해 최초안으로 인상안(2.4%)을 제시했다. 이를 바탕으로 노사측은 협상을 통해 7530원안(노측)과 7300원안(사측)을 최종안으로 제출하면서 이견을 좁혔고, 표결로 노측 안이 채택되었다.[5] 정부가 선호하는 인상 수준에 대한 기댓값이 협상 당사자들에게 익히 알려져 있는 상황에서 높은 인상 수준은 예견된 것이었다. 이에 한국경영자총협회, 소상공인연합회, 중소기업중앙회 등은 최저임금안에 대한 이의제기서를 제출하며 반발했다. 특히 큰 우려가 제기된 것은 지불 능력에 한계가 있는 소상공인과 영세중소기업의 경영난을 심화할 가능성이 농후하다는

---

5 27명의 위원이 전원 출석해 근로자안 15표, 사용자안이 12표를 얻어 근로자안이 가결되었는데, 공익위원 9명 중 6명이 근로자안에 찬성표를, 3명이 사용자안에 찬성한 것으로 보인다.

점이었다. 이미 최저임금 미만 근로자(최저임금에 미달하는 임금을 받고 있는 근로자)가 소상공인과 영세 중소기업에 집중되어 있어 최저임금 인상으로 어려움이 가중될 것이라는 주장이었다.

한편 최저임금 인상에 대한 큰 반발은 최저임금제의 제도개선 논의를 촉발했고, 정부는 이듬해 노동계의 큰 반발에도 불구하고 최저임금 산입 범위를 확대하는 '최저임금법' 개정을 강행하게 된다(≪한겨레≫, 2018.5.22). 즉, 최저임금의 급격한 인상에 대한 우려를 받아들여 정치적 부담을 느낀 정부가 그 효과를 반감시키기 위한 방책으로 제도개선을 추진한 것이다. 결과적으로는 높은 명목인상률과 산입 범위 확대를 교환한 셈으로, 사회적 논란을 불러일으키며 추진했던 최저임금 인상의 취지를 무색하게 만드는 결정이었다.

최저임금 산입 범위 확대는 이전부터도 경영계에서 요구해 오던 것이었으나 2018년 최저임금이 크게 오르면서 쟁점화되었다. 이전에는 최저임금 충족 여부를 판단하는 임금 범위에서 상여금과 수당, 복리후생비 등은 산입하지 않았다. 경영계의 입장에서 볼 때, 이는 기본급 비중이 낮고 상여금 등의 비중이 높은 호봉급 중심의 한국의 임금체계에서 최저임금 결정 시 고려하는 임금 수준을 과소평가하는 효과를 낳는다. 따라서 경영계는 가파른 최저임금 인상이 고용주의 부담을 크게 가중시키고, 실질적으로 최저임금 수준보다 상당히 높은 임금을 받음에도 최저임금 영향권에 포함되는 경우가 발생한다며 산입 범위 확대를 요구했다(이종수, 2018; 오상봉, 2019).

반면 노동계에서는 최저임금 산입 범위를 확대하는 것은 실질적으로는 임금 삭감을 뜻하며, 최저임금 인상이 무의미해진다고 크게 반발했다. 정의당과 양대 노총이 반대하는 가운데 정부 여당은 '최저임금법' 개정안을 통과시키며 경영계의 요구를 들어주었다. 2017년에는 진통을 겪으며 최저임금 인상을 밀어붙이고, 이듬해에는 역으로 최저임금 인상의 효과를 무력화하는 조치를 취한 것이다.

이에 대한 항의로 2019년 적용 최저임금 심의를 위한 최저임금위원회에 노동계가 불참하면서 다시금 심의 과정은 파행을 겪었다. 사용자 측 역시 전년도 인상폭에 큰 불만을 표명하며, 사업별 구분 적용 다시 말해, 열악한 업종에 더 낮은 최저임금을 적용해 줄 것을 요구하다가 받아들여지지 않자 불참을 선언했다. 결국 사용자위원들이 불참한 가운데(민주노총 추천 근로자위원 4명도 불참) 근로자 측 안과 공익위원안 사이에서 표결을 통해 공익위원안인 8350원(10.9% 인상)이 채택되었다.

2020년 적용 최저임금 결정 과정도 순탄치 않았다. 특히 이때는 정부가 최저임금 논란을 해결하기 위한 방편으로 2018년 산입 범위를 확대한 데 이어, 최저임금 결정구조를 대대적으로 손보는 개편안을 공표한 후라 더욱 그러했다. 개편안의 핵심은 최저임금위원회를 구간설정위원회와 결정위원회로 이원화해, 전문가들로 구성된 구간설정위원회가 경제 상황 등을 객관적으로 평가해 최저임금이 현실과 괴리되거나 예측 가능한 범위를 벗어나지 않도록 인상률 범위를 정하고, 결정위원회는 이 안에서 인상 수준을 결정하도록 한다는 것이다. 이는 노사 간의 극렬한 대립을 줄이면서 좀 더 객관적이고 현실적인 결정이 이루어지도록 하는 것을 목적으로 한다. 그러나 최저임금위원회라는 노사정협의기구를 놔두고 정부가 경제 상황 등을 결정 기준에 추가한 일방적인 개편안을 추진하고 발표한 것에 대해 노동계는 최저임금 속도 조절을 위한 제도 개악으로 보았으므로, 2020년도 적용 최저임금 결정을 위한 심의 과정은 다시금 난항에 부딪혔다. 결정체계 개편 입법은 향후 과제로 미루고 2020년도 최저임금 심의는 현행 절차에 따라 결정되었는데, 결국 통과된 인상률 2.9%의 최저임금은 악화된 경제 여건 때문이라고 하지만 대통령이 약속한 1만 원 인상 목표를 포기했음을 의미하는 것이다. 결론적으로 최저임금 인상 1만 원이라는 목표를 무리하게 설정하고 추진하다가 사회경제적 부작용에 맞닥뜨리자 제도를 바꾸거나 급속히 후퇴

〈표 8-4〉 문재인 정부 최저임금 결정 과정

[단위: 시간당 명목최저임금(원)]

적용 연도	구분	최초안	최종안	결정
2018	근로자위원	10,000 (54.6%)	7,530 (16.4%)	근로자안
	사용자위원	6,625 (2.4%)	7,300 (12.8%)	7,530 (16.4%)
2019	근로자위원	10,790 (43.3%)	8,680 (15.3%)	공익안
	사용자위원	7,530 (0%)	미제출	8,350 (10.9%)
2020	근로자위원	10,000 (19.8%)	8,880 (6.4%)	사용자안
	사용자위원	8,000 (-4.2%)	8,590 (2.9%)	8,590 (2.9%)

주: 괄호 안은 인상률이다.
자료: 최저임금위원회(2018c) 및 기타 언론보도.

하는 방식을 취함으로써, 효과에 비해 높은 사회적 비용을 치르는 결과를 낳았다.[6]

2) 최저임금 인상의 부작용에 대한 대응: 일자리안정자금과 근로장려금

문재인 정부는 최저임금 인상을 추진하면서 그 부작용을 해결하기 위한 방식으로 재정 투입을 병행하는 특징을 보였다. 첫해의 높은 인상률에 대한 영세사업자의 우려와 반발을 무마하기 위해 정부가 동시에 제시했던 것은 3조 원 규모의 일자리안정자금 지원이었다. 일자리안정자금이란 최

6 최저임금위원회(2018a: 284) 현장방문 보고서에 수록된 한 근로자의 토로는 이에 대한 불만을 단적으로 보여준다. "… 결과를 놓고 보면 사실 안 올라가는 것이 더 나았을 것 같습니다. …… 최저임금을 이만큼 과도하게 올려줬을 때는 다들 좋아라 했지만, 이제 올려놓고 혼란이 생기고 있습니다. 상여금을 최저임금에 산입시킨다고 하니깐 우리로선 분노가 찬다는 것입니다. 차라리 올리지 말든가 …… 이런 얘기를 해도 될지 모르겠지만, 다 정치적인 쇼가 아닌가 합니다."

저임금 인상으로 부담 능력이 충분하지 못한 영세업체의 경영난과 고용유지의 어려움을 고려해, 최저임금을 준수하고 고용보험에 가입된 30인 미만 고용 사업주에게 노동자의 임금 일부분을 지원해 주는 정부재정사업이다. 즉, 사업주 대상의 보조금이다. 그러나 이러한 방식에는 중요한 문제점이 있었다.

첫째, 한시성이다. 최저임금 인상의 충격을 줄이기 위해 고안된 한시적인 사업으로, 매년 예산안에 편성되어야 하는 일자리안정자금의 지속 여부 및 지원 규모를 알기 어렵다. 다년간 재정이 확보된다 하더라도, 이러한 방식으로 최저임금 인상을 지탱할 수는 없는 노릇이다. 둘째, 이러한 한시성과 불안정성으로 때문에 사업주가 고용을 줄이고자 하는 유인이 존재하는 한 고용보장 효과는 떨어질 수 있다. 셋째, 사업주에게 주는 보조금이기 때문에 최저임금 대상자인 노동자에게 최저임금 인상분만큼의 실질적인 임금인상이라는 혜택이 돌아가지 않을 수 있다.[7]

2020년 적용 최저임금의 결정 과정에서 정부가 강조점을 둔 정책은 일자리안정자금에서 근로장려금으로 옮겨갔다. 근로장려금은 근로연계형 소득지원제도로, 저소득 근로가구에 소득세 환급세액인 근로장려금을 지급하는데, 소득이 늘어나는 만큼 지원받는 액수도 증가해 저소득 측의 노동 의욕을 고취시키면서 소득지원을 강화하기 위한 제도이다(김상봉, 2018). 한국에는 2005년에 도입되어 2008년에 처음으로 시행되었다. 다른 사회보장정책과 비교해 근로장려금의 가장 큰 특징은 근로연계성(workfare)과 조세지출(tax expenditure)이라는 것이고, 기초생활보장제도와 사회보험의 사각지대가 광범한 한국의 상황에서 근로빈곤층 또는 저소득근로자를 겨냥한 제도이다. 정부의 최저임금정책이 큰 비판에 부딪히자, 최저임금 인상을 최소화하는

7 대표적으로 용역업체를 통해 고용된 경비원과 미화원의 경우 휴게 시간을 늘리고 근로시간을 줄여 임금총액은 올리지 않으면서 정작 일자리안정지원금은 아파트 관리비를 낮추는 데 사용될 수도 있다는 논란이 있었다(≪한국경제≫, 2018.7.20).

동시에 일자리안정자금도 축소하고, 그 대신 근로장려금을 대폭 확대하는 방향으로 전환한 것이다(≪중앙일보≫, 2018.7.17; ≪이데일리≫, 2019.7.14). 근로장려금제도를 개편해 지급 대상과 지원액을 대폭 확대함으로써 최근 몇 년간 연간 1조 원 정도이던 근로장려금 예산은 2019년 약 5조까지 늘어났다(≪중앙일보≫, 2019.8.15; 김상봉, 2018). 최저임금 인상이나 일자리안정자금을 통한 재정지원책에 대해 비판적인 보수 측에서는 그 대안으로 시장 왜곡 효과와 도덕적 해이 우려가 적은 근로장려금을 대안으로 주장했고, 정부도 이를 수용해 비판과 논란을 피하면서 최저임금 후폭풍을 진화하고자 하는 방향으로 선회한 것이다. 문재인 정부가 이전에도 소득주도성장을 추진하기 위한 도구로서 근로장려금을 사용하지 않은 것은 아니지만 최저임금정책의 문제점이 불거지면서 저소득층 일자리 및 소득정책으로 최저임금의 인상을 밀어붙이는 대신 근로장려금을 크게 확대한 것이다.[8]

근로장려금이 빈곤 문제를 완화하고 소득분배를 개선하는 데 얼마나 큰 역할을 할 것인지는 실증연구들이 밝혀낼 부분이지만 한 가지 지적해야 할 것은, 정책은 중립적이지 않으며 정책의 메뉴 중에서 선택지를 고르는 데 그 효과에 대한 세심한 고려 없이 정치적 효과나 가시성이 중요한 결정 요인이 된다면 치러야 할 비용이 있다는 것이다. 최저임금의 경우 바로 그 가시성이 크다는 것 때문에 부각되다가, 같은 이유 때문에 포기되고 그 대신 다른 카드인 근로장려금이 대안으로 선택되는 과정에서 치른 사회적 비용이 적지 않았다. 해커(Hacker, 2002)의 연구가 설득력 있게 주장한 바와 같이, 개별 사회정책의 목적이나 내용만이 문제가 아니라, 사회정책에 대

8 기획재정부는 근로장려금 확대 개편에 대해 "근로장려금과 최저임금은 … 저임금근로자 또는 가구에 대한 소득보전이라는 측면에서는 상호 보완적인 제도"로, "최저임금 인상에 대한 보완대책으로서 일자리 안정자금과 EITC 확대 개편이 저임금근로자·가구, 영세자영업자 등을 보다 폭넓게 지원하게 될 것으로 기대된다"라고 밝혔다(정책브리핑, 2018).

한 접근의 근본적 성격도 중요하다. 사회정책을 이해하려면 전체론적이고 통합적인(holistic) 시각을 취할 필요가 있다. 해커는 미국의 복지제도를 분석하며 왜 미국에서 특히 근로장려금과 같은 조세지출(tax expenditure)이 선호되는지에 대해 주목하고, 특히 가시성이 낮은 정책이 선호되는 이유가 정책의 결과를 판단하기가 상대적으로 어려워 그에 대해 비난하거나 혹은 책임 소재를 따지기 어려운 데 있다고 지적했다(Hacker, 2002: 35). 이 같은 지적은 문재인 정부의 최저임금정책(최저임금 인상과 산입 범위 개편)과 근로장려금 정책의 결정 과정을 설명하는 데도 타당한 부분이 있다.

5. 향후 쟁점과 평가

문재인 정부 들어 최저임금의 인상 수준뿐만 아니라 결정제도 자체에 대한 문제 제기와 변화에 대한 요구가 분출되면서 논의가 본격화했다. 앞서 설명했듯이 2017년 최저임금 인상 과정에서 불만을 품은 노사 양측 모두 각자 다른 의제를 제시하며 제도 개편을 주장했고, 제도 개편에 대한 논의를 진전시키기 위해 제도개선 전문가 TF를 구성하기로 합의했다. TF가 다룬 의제는 여섯 가지로서 최저임금 산입 범위 개선 방안, 가구생계비 계측 및 반영 방법, 업종·지역별 등 구분 적용 방안, 최저임금 결정 구조·구성 개편, 최저임금 준수율 제고, 최저임금 인상이 소득분배 개선 및 저임금 해소에 미치는 영향에 대해 논의하고 권고안을 도출했다. 이 중 산입 범위 조정은 이미 개정이 이루어졌고, 나머지 의제 중 쟁점이 되는 최저임금 결정구조 개편과 최저임금의 차등 적용에 대한 논의를 간략히 검토해 본다.

1) 최저임금 결정구조의 변경

최저임금 결정구조를 전문가로 구성된 최저임금구간설정위원회가 상하한선을 결정하고, 노·사·공익위원으로 구성된 결정위원회는 이 구간 안에서 결정하는 이원화 방안을 제도개선 전문가 TF가 권고했고, 이를 바탕으로 정부는 개편안을 마련해 발표했다. 이러한 개편안이 나오게 된 배경은 바로 2018년 최저임금 인상에 따른 논란이었다. 이는 최저임금 결정에서 노사의 자율성을 최대한 보장하는 노사협상의 결정구조에서 경제 상황을 고려해 일정 범위로 제한하는 방식으로 전환하겠다는 의도라는 해석이 있다. 그러나 앞서 현재의 최저임금 결정구조가 가지는 정치적 성격, 다시 말해 정부가 임명하는 공익위원의 선호가 결정적인 영향력을 갖게 되는 특성을 살펴본 바와 같이 외형상으로 노사의 자율성이 최대한 보장되는 것처럼 보여도 실질적으로는 정부의 선호에 가까운 안이 채택됨을 알 수 있다. 실제로도 지금까지 최저임금위원회에서 공익위원은 노사 간 이견이 클 때 구간을 제시하는 역할을 종종 해왔다. 다만 노사를 배제한 채 구간설정위원회에서 구간을 결정해 버린다면, 노사가 범위 결정에 어떠한 발언권도 갖지 못하고, 넘어온 구간 안에서 중간값으로 인상액을 결정하게 될 가능성이 높으므로 실질적으로 구간결정위원회가 최저임금 수준을 결정하게 되는 것과 마찬가지가 된다(오상봉, 2019: 33). 노동계는 개편안에 대해 이미 반대를 표명한 상황이다. 무엇보다 노사정협의의 장인 최저임금위원회를 벗어나 정부가 일방적으로 개편안을 마련한 데 대해 불만의 목소리가 높다. 대립의 장일지언정, 사회적 파트너들의 참여를 보장하는 최저임금위원회의 민주적 대표성에 높은 가치를 두는 것이다.

무엇보다 저임금노동시장 문제가 해결되지 않는 한 최저임금의 실질적 효과와는 별개로 이에 대한 대응책으로서 인상에 대한 요구는 지속될 수밖에 없다. 이 때문에 최저임금위원회가 잦은 파행을 겪어왔고, 앞으로도 마찬가지 상황이 반복될 것으로 예측되는 상황이다. 무엇보다 절실한 것은 **저임금노동의 문제를 해결하기 위해 더 근본적인 개혁과 폭넓은 합의 형성에 정치적 자본을 투자하는 것이다.** 일방적으로 결정구조를 손보는 단편적인 방식으로는 문제를 해결하기보다 오히려 사회적 갈등과 노동 문제 악화를 불러일으킬 수 있다.

2) 업종별·규모별 차등 적용 문제

최저임금의 업종별 또는 규모별 차등 적용은 경영계에서 강력하게 요구하고 있는 사항이다. 업종별 차등 적용은 기준을 설정하기가 어렵기 때문에 실행하기 쉽지 않아 실질적으로는 규모별 차등이 고려되고 있다. 경영계에서는 상이한 경영 여건과 부담 능력을 고려해 구분 적용하면, 저임금근로자의 고용 축소를 완화해 생계 보호에 도움이 될 것이고, 경제 상황이 다른 지역별 구분 적용, 청년이나 고령자에 대한 감액 적용도 취업 기회 확대를 위해 필요하다는 입장이다(최저임금위원회, 2017b). 이에 대해 노동계는 최저임금의 취지에 역행하는 것이며, 가장 취약 부문의 저임금노동을 확대하는 역할을 할 것이라며 강하게 반대하고 있다. 제도개선 TF 역시 이에 대해서는 부정적인 의견을 낸 바 있어, 차등 적용으로 변경하는 것은 현실화되기 어려워 보인다. 오상봉(2019)에 따르면 경제활동인구조사를 기준으로 도매 및 소매, 숙박 및 음식점, 사업시설관리 및 사업지원, 보건 및 복지, 단체·수리 및 기타 개인서비스업 등 5개 업종에서의 최저임금 미만율이 62%, 10인 미만 사업체 비율은 64%에 이르고, 고용 형태별 근로실태조사 기준으로는 5인 미만 사업체의 미만율이 67%에 이른다. 바로 이 부문들이 최저임금 차등 적용 시 더 낮은 최저임금을 적용받을 가능성이 높고, 영향을 받는 근로자 비율을 고려한다면, 사실상 최저임금을 낮추는 것과 다름이 없다는 것이다. 거기에 더해 현재 주장되고 있는 최저임금 차등 적용에 대한 중요한 지적은 다른 국가에서 일반적으로 채택하고 있는 차등 적용이란 최저임금을 설정한 후 추가로 특정 부문에서 기준 최저임금보다 높은 최저임금을 설정하는 것을 뜻하지, 그 반대의 방식이 아니라는 점이다 (최저임금위원회, 2019: 38).

6. 결론

이 장은 최저임금 결정 과정의 성격을 규명하고, 문재인 정부의 최저임금정책을 평가하고자 했다. 기본적으로 문재인 정부가 표방한 소득주도성장론의 정책수단 중 하나에 불과한 최저임금 인상이 다른 모든 정책 논의를 잠식해 버릴 정도로 과다한 논쟁을 불러일으키면서 문재인 정부의 사회정책 및 노동정책을 상징하는 것이 되어버린 데 대해 유감을 갖지 않을 수가 없다. 그 이유는 첫째, 높은 사회적 비용을 치른 데 비해 취약 노동자 계층의 보호라는 목적을 얼마나 달성했는지 의문이 남고, 둘째, 사회적 갈등을 유발하며 과감한 인상을 추진했지만, 고용 악화와 같은 경제 여건이 악화되자 비판을 견디지 못하고 후퇴해 버리면서 땜질식 처방으로 대체했다는 비판을 피하기도 어려워 보인다.

이는 한국 사회가 당면한 가장 중요한 과제인 불평등 심화, 양극화, 저임금·불안정 노동의 문제에 대해 깊은 고민과 전략 없이 단기적이며 가시적인 대응에 매몰되었기 때문 아닌가 묻게 되는 지점이다. 최저임금 인상의 부작용은 예상할 수 있는 것이었으므로, 이를 최소화하면서 효과를 높이도록 설계하고 실행해야 했는데 그렇지 못했다는 점을 비판한 김태일 (2018)의 지적에 공감한다. 물론 이 장에서 지적한 바와 같이 최저임금 결정은 기본적으로 정치적인 성격을 띤다. 정부의 선호에 따라 변할 수 있도록 제도적 설계가 되어 있고, 실제로 보수정권과 진보정권에서 인상률의 차이도 발견된다. 또한 서베이 분석 결과가 나타내듯이 개인의 사회경제적 특성과 정치적 성향에 따라 최저임금 선호에 차이가 있다는 것도 확인된다. 유권자는 자신의 선호(자신의 경제적 이해관계에 따른 것이든 그 외의 요인이든 간에)에 따라 투표를 통해 유권자가 원하는 정부를 선출하고, 정부는 자신을 선출한 유권자의 표현된 선호가 반영된 정책을 추진한다는 것이 민주주의의 작동 원리라는 점에서 최저임금 결정의 정치적 성격은 자연스러운 것이라 하겠다. 그럼에도 불구하고 문재인 정부의 최저임금정책의 실책은 우리에게 많은 교훈을 남긴다. 축약하면 정책의 목표와 결과 간의 불일치 문제라고 할 것이고, 이는 앞으로의 최저임금정책을 운용하는 데 무엇보다 깊은 고민이 필요한 부분이라 하겠다.

참고문헌

≪경향신문≫. 2018.5.28. "최저임금 산입범위 확대법 국회 본회의 통과".

김상봉. 2018.「근로장려세제 효과성 제고방안」.『국회예산정책처 연구용역보고서』.

김태일. 2018.「소득주도 성장의 평가와 향후 방향」. ≪한국사회정책≫, 25(3), 175~208쪽.

남재량. 2016.「최저임금제도의 빈곤정책으로서 유효성 연구」. ≪제13회 한국노동패널 학술대회 논문집≫, 383~406쪽.

소상공인연합회. 2017.「2018년 적용 최저임금 안에 대한 이의제기서」.

이인재. 2018.「최저임금 결정구조의 경제적 분석」. ≪노동경제논집≫, 41(4), 107~131쪽.

이종수. 2018.「최저임금 산입범위 논쟁의 배경과 전망」. ≪한국노동사회연구소 국내노동동향≫, 2018-2.

이재완. 2019.「자영업자와 최저임금 인상 속도에 대한 선호: 소득 계층의 조절효과를 중심으로」. ≪한국콘텐츠학회논문지≫, 19(4), 403~412쪽.

오상봉. 2019.「최저임금제도의 개편 방안」. ≪월간 노동리뷰≫, 11월호.

≪이데일리≫. 2019.7.14. "최저임금 인상폭 낮춘 근로장려세제 뭐길래".

≪정책브리핑≫. 2018.7.19. "최저임금 대상자 상당수, 근로장려금 수급자에 포함". http://www.korea.kr/news/policyNewsView.do?newsId=148852564(검색일: 2020.2.5).

≪중앙일보≫. 2018.7.17. "근로장려세제(EITC) 두 배로 늘려 최저임금 후폭풍 진화".
_______. 2019.8.15. "'최저임금 대신 사회보장책 확충으로 보완', 정책 전환"
최저임금위원회. 2017a.『2017 최저임금위원회 활동보고서』.
_____. 2017b.『최저임금 제도개선에 관한 연구 TF 보고안』.
_____. 2018a.『2018 최저임금위원회 활동보고서』.
_____. 2018b.「최저임금 제도 관련 일본 출장 결과 보고서」. http://www.minimumwage.go.kr/board/boardList.jsp?bbsType=BB(검색일:2019.12.11).
_____. 2018c.『최저임금 30년사』.
_____. 2018d.「최저임금 적용효과에 관한 실태조사 분석보고서」.
≪한국경제≫. 2018.7.20. "경비원 월급 올려주라고 줬더니 아파트 관리비로 줄줄 샌 '일자리 자금'".
≪한겨레≫. 2018a.5.22. "최저임금 산입범위조정 또 결렬, 24일 재논의".
≪한겨레≫. 2018b.5.28. "정기상여·복리후생비까지 '산입범위 확대' 최저임금법 통과".
Nitta, Michio and J. Woo, 2019. "Comparing Minimum Wage Setting Mechanisms in Japan and Korea Searching for the Sources of Difference." ≪산업관계연구≫, 29(1), pp.107~132.

Bartels, Larry M. 2006. "A Tale of Two Tax Cuts, a Wage Squeeze, and a National Tax Credit." *National Tax Journal*, 59(3), pp.403~423.
Cavaille, Charlotte and Kris-Stella Trump. 2015. "The Two Facets of Social Policy Preferences." *The Journal of Politics*, 77(1), pp.146~160.
Freeman, Richard B. 1996. "The Minimum Wage as a Redistributive Tool." *The Economy Journal*, 106(436), pp.639~649.
Hacker, Jacob H., 2002. *The Divided Welfare State*. Cambridge: Cambridge University Press.
ILO. 1970. *Minimum Wage Fixing Convention* , 131.
ILO. 2016. "Who Should Set Minimum Wages?" in Minimum Wage Policy Guide. http://www.ilo.org/minimumwage(검색일:2019.12.11).
Kau, James B. and Paul H. Rubin. 1978. "Voting on Minimum Wages: A Time-Series Analysis." *Journal of Political Economy*, 86(2), pp.337~342.
Krehbiel, Keith and Douglas Rivers. 1988. "The Analysis of committee Power: An Application to Senate Voting on the Minimum Wage." *American Journal of Political Science*, 32(4), pp.1151~1174.
McCarty, Nolan, Keith T. Poole and Howard Rosenthal. 2006. *Polarized America: The Dance of Ideology and Unequal Riches*. Cambridge: MIT Press.
Meyer, Brett, 2016. "Learning to Love the Government: Trade Unions and Late Adoption of

the Minimum Wage." *World Politics*, 68(3), pp.538~575.

Neumark, David and W. Wascher. 2008. *Minimum Wages*. Cambridge: The MIT Press.

Rueda, David and Daniel Stegmueller. 2019. *Who Wants What?: Redistribution Prefferences in Comparative Perspective*. Cambridge: Cambridge University Press.

Rueda, David, Matthew Dimick and Daniel Stegmueller. 2016. "The Altruistic Rich? Inequality and Other-Regarding Preferences for Redistribution." *Quarterly Journal of Political Science,* 11(4), pp.385~439.

Rueda, David, Matthew Dimick and Daniel Stegmueller. 2018. "Models of Other-Regarding Preferences, Inequality and Redistribution." *Annual Review of Political Science*, 21, pp.441~460.

Simonovits, Gabor, Andrew M. Guess and Jonathan Nagler. 2019. "Responsiveness without Representation: Evidence from Minimum Wage Laws in U.S. States." *American Journal of Political Science*, 63(2), pp.401~410.

Visser, Jelle. 2019. ICTWSS Database. Version 6.1. Amsterdam: Amsterdam Institute for Advanced Labor Studies(AIAS), University of Amsterdam.

제9장

불안정노동층을 위한 실업부조 도입

은민수 | 고려대학교(세종) 공공사회학과 초빙교수

1. 서론

제2차 세계대전 이후 제조업과 안정된 고용에 기반을 둔 복지국가의 황금기를 겪은 이후 자본주의 경제체제는 전통적인 제조업 중심의 경제체제에서 서비스 중심의 경제체제로 탈산업화했다. 탈산업화는 고전적 복지국가의 기반이 되어왔던 사회·경제적 환경을 해체했으며, 특히 노동시장과 고용관계에 큰 영향을 미쳤다. 그동안 안정되었던 고용은 유연하고 불안정한 고용으로, 정규직과 표준화된 임금체계는 다양한 비정규직과 불규칙적이고 유동적인 임금체계로 전환되었던 것이다. 이처럼 노동시장과 고용관계의 불안정성이 확대되면서 기존의 제조업 기반의 사회보장제도들이 과연 달라지고 있는 노동시장과 고용관계의 변화에 적절히 대응할 수 있는지에 대한 의구심이 증폭되었다. 특히 1980년대 이후 두드러진 노동시장의 유연화와 이중화, 저임금노동의 증가, 실업의 장기화는 실업보험의 사각지대에 위치한 저임금·저숙련 근로자들과 실업자들을 위한 실업보호 체계의 변화를 요구하고 있었다.

실업과 관련된 사회보장제도는 현금 이전 정책인 실업급여제도와 구직

서비스 정책으로 나뉘며, 실업급여는 다시 사회보험 방식의 급여와 자산조사 방식의 급여로 구분된다. 그동안 자산조사 방식의 실업부조는 공공부조와 사회보험 방식의 실업보험을 보조하는 역할을 수행해 왔다. 실제로 호주와 뉴질랜드를 제외한 많은 OECD 국가들의 실업보호체계는 사회보험 방식의 실업보험제도를 중심으로 실업부조와 공공부조가 외곽에서 이를 보완하는 형태를 갖추고 있다. 대표적인 구직서비스 정책인 적극적 노동시장정책은 1980년대 이후 실업자 구제와 재취업 등 노동시장정책에 대한 국가의 적극적 접근이 강조되면서 필수적인 실업 관련 제도로 급부상했다.

고용관계와 노동시장의 변화에 대응하기 위해 복지국가들은 자국의 생산체제와 노동체제에 적합한 실업안정망을 찾아 고용보험, 실업부조, 공공부조, 적극적 노동시장정책 간 정책조합을 시도해 왔다. 주로 두 가지 방향으로 정책 설계가 이루어졌는데 하나는 실업, 미취업, 실업급여 소진 등에 따른 최저소득 보장 기능과 직업훈련 및 구직서비스 제공 기능을 연계하는 방향이었다. 다른 하나는 기존의 취업과 '기여'에 기반을 둔 사회보험 방식의 고용보험을 대신해 소득과 '조세'에 기초한 부조적 방식의 제도를 강화하는 방향이었다. 4차 산업혁명과 고용 없는 성장 추세에 비추어볼 때 적극적 노동시장정책과 소득 수준에 기초해 조세를 재원으로 지원하는 부조적 실업급여 방식의 결합을 선택하는 국가들이 계속 증가할 것으로 전망된다.

실업부조는 아예 존재하지 않고, 고용보험의 대상은 매우 제한적이며, 적극적 노동시장정책은 형식적으로 유지되는 우리의 갈 길은 멀기만 하다. 1995년에 도입된 고용보험은 그동안 실업의 위험으로부터 국민들을 보호하는 고용안전망 역할을 충실히 수행해 왔지만, IMF 금융위기 이후 계속 증가하는 미취업자, 장기실업자, 불안정노동자들에 대해서는 속수무책이었다. 현재의 고용보험과 실업급여는 고용과 '기여'를 전제로 사회적 위험에 대응하는 제도이기 때문이다. 그 결과 구직자는 물론이고, 음식점업,

도·소매업 등 자영업자(임의가입)와 프리랜서, 특수고용 형태 근로종사자 등 새로운 형태의 노동자는 고용보험제도의 사각지대에 방치되고 있다. 이들은 전체 취업자 2700만 명 중 약 1200만 명으로, 전체 취업자의 절반에 가까운 비중을 차지한다. 게다가 고용보험에 가입되었다 하더라도 이직을 했을 때 실업급여를 수급하는 비율은 고작 5분의 1 수준(2018년 실업급여 수급자는 139만 명)에 불과하다.[1]

실업 문제의 심각성을 인식하고 있는 현 정부는 국정과제로 '더불어 잘사는 경제' 중 '성별·연령별 맞춤형 일자리 지원 강화'에서 저소득 근로빈곤층을 위한 한국형 실업부조 도입을 약속했으며, 경제사회노동위원회 '사회안전망개선위원회'에서는 노사정합의를 통한 고용안전망 강화 조치에 한국형 실업부조 도입을 명시했다. 그리고 현재 고용노동부를 중심으로 한국형 실업부조인 국민취업지원제도를 2020년 1월부터 도입하겠다며 준비 중이다. 이 장에서는 고용 없는 성장과 비정규직 고용이 확산 일로에 있고 앞으로 더욱 심화될 것이라는 판단에 따라 다양한 불안정노동자층을 지속적으로 지원할 수 있는 방안을 검토하고자 한다. 먼저 현 정부가 한국형 실업부조라는 타이틀로 추진 중인 '국민취업지원제도'를 비판적으로 분석할 것이다. 다음으로 다른 복지국가들의 실업자들을 위한 소득지원제도의 특성을 검토하고, 이를 바탕으로 한국에 적합한 새로운 실업부조 대안을 제시해 보고자 한다.

1 이렇게 수급자가 적은 이유는 이직 사유가 사실상 비자발적임에도 불구하고 형식상 자발적이라는 이유로 실업급여를 지급하지 않거나, 피보험 기간이 미충족되었다는 이유로 실업급여를 지급하지 않기 때문이다(관계부처합동, 2019: 1).

2. 한국의 실업 문제와 국민취업지원제도

1) 한국의 실업 현황과 실업부조의 필요성

국내에서 실업부조제도의 필요성은 대략 2000년경부터 논의가 시작되었으나 2011년 이후 한국노동연구원을 중심으로 본격적으로 제기되었다(김원식, 2000; 장지연 외, 2011; 황덕순, 2011; 이병희, 2013; 방하남·남재욱, 2016). 그들이 공통적으로 언급하는 실업부조의 도입 사유는 노동시장의 유연화와 이중화에 비해 노동시장 내부자와 외부자의 격차 해소, 정규직 중심의 고용보험에 따른 넓은 사각지대, 노동시장 외부자에 대한 최소한의 소득보장 등이었다. 이에 문재인 정부는 '한국형 실업부조' 도입(2020)을 국정과제로 채택(2017.5)하고, '경제사회 노동위원회' 합의(2019.3.5)를 토대로 '국민취업지원제도 추진방안'을 마련했다. 그리고 그 주요 내용을 입법화한 '구직자 취업 촉진 및 생활안정 지원에 관한 법률'안을 국무회의에서 의결(2019.9.10)하고 국회에 제출했으며(2019.9.16), 올해 5월 20일 20대 마지막 국회 본회의에서 통과되었다. 하지만 이번에 극적으로 통과된 이른바 '한국형' 실업부조는 그 내용에서 OECD국가들에서 운용하는 실업부조와는 다른, 일종의 프로그램 수준에 불과해 학계와 노동계, 시민단체들로부터 많은 비판과 지적을 받아왔다.

그렇다면 현재 한국 고용보험의 배제와 그에 따른 사각지대는 어느 정도일까? 장지연과 박찬임의 연구에 따르면 2018년 8월 기준으로 임금근로자 중에서 고용보험에 가입된 사람의 비율은 66.1%이며, 공무원이나 교원 등 법적 적용 제외자는 15.7%이고, 적용 대상임에도 미가입하고 있는 사람은 18.2%이다. 전체 고용보험 적용 대상 근로자 중에서 고용보험에 가입하고 있는 사람의 비율은 78.4%이며, 자영업자를 포함한 전체 취업자 중에서 고용보험 가입자는 49.2%이다(장지연·박찬임, 2019: 10).

〈표 9-1〉 고용보험 적용과 가입 사각지대(2018 기준)

(단위: 천 명, %)

	취업자			
	비임금 근로자	임금근로자		
		적용 제외	미가입	가입
	법적 사각지대		실질적 사각지대	
근로자 수	6,862	3,155	3,645	13,245
취업자 내 비중	25.5	11.7	13.5	49.2
임금근로자 내 비중	-	15.7	18.2	66.1
적용 대상 근로자 내 비중	-	-	21.6	78.4

자료: 장지연·박찬임(2019: 11).

최근 상황은 더욱 좋지 않다. 통계청에 따르면 2019년 8월 기준으로 전체 임금노동자 중 고용보험에 가입한 비율은 70.9%이며, 이 중 정규직은 87.2%, 기간제·시간제·비정형을 합한 비정규직은 44.9%이다. 정규직과 비정규직 간 가입률 차이가 약 2배나 된다. 게다가 2020년 3월 말 기준으로 자영업자의 가입 비율은 0.18%에 불과한 실정이다. 고용노동부의 '고용행정 통계로 본 2020년 3월 노동시장 동향'에 따르면 2019년 3월 고용보험 가입자 수는 1375만 7000명으로 2019년 동월 대비 25만 3000명 증가했지만, 2019년 동월의 약 52만 6000명 증가와 비교하면 크게 둔화되었다. 그에 비해 구직급여 수급자는 2020년 3월에 60만 8000명으로 이는 2019년 동월 대비 약 10만 명이 증가한 수치이다. 고용보험 가입자의 감소나 구직급여 수급자의 증가는 코로나19의 확산으로 경제활동이 위축된 탓으로 보인다. 그러나 더욱 심각한 문제는 코로나19의 부정적 영향이 고용보험에 가입하지 못한 일용직, 특수형태근로, 파견, 용역과 같은 비전형근로자와 요식업·관광업·운수업 종사자 등 비임금근로자(자영업자) 등에게 집중될 것이라는 점이다. 이들은 지인과 금융서비스에 의존하면서 점점 한계 상황에 내몰리고 있다.

〈표 9-2〉 근로 가능 집단의 소득계층별·종사자 지위별 규모와 근로연령층 정책지원 수급자 규모

(단위: 천 명)

구분	중위소득 40% 이하	중위소득 50% 이하	중위소득 60% 이하	비빈곤	전체
상용	200	380	390	11,150	12,440
임시·일용	200	240	250	2,340	3,270
비임금	130	240	210	4,320	5,130
실업·비경활	400	440	420	5,610	7,450
전체	930	1,300	1,270	23,430	28,300

구분	기초생보	자활사업	실업급여	취업성공 패키지	EITC(70세 이하 수급자)
수급자 수	194	63	1,296	344	1,442

자료: 김현경(2019: 38).

〈표 9-2〉는 2017년 기준 근로 연령층(18~64세)에서 학생을 제외한 근로 가능 집단의 소득계층별, 종사자 지위별 규모(통계청, 가계금융복지조사 분석 결과)와 근로 연령층 대상 현금지원제도의 수급자 수이다. 이를 통해 국민기초생활보장제도 근로능력수급자 비중이 2015년 19.4%에서 2018년 14.5%로 감소하고, 자활사업 참여자 수도 2015년 8만 명에서 2018년 6만 2000명으로 감소했음을 알 수 있다. 이는 결국 근로 가능 인구들이 한편으로는 고용보험으로부터, 다른 한편으로는 공공부조로부터 보호받지 못하고 배제되고 있음을 보여주는 동시에 이들에 대해 노동시장정책과 연계되면서도 동시에 생계보조가 가능한 실업부조제도가 왜 필요한지를 보여준다.

2) 한국형 실업부조?: 국민취업지원제도

정부가 준비 중인 국민취업지원제도는 기존의 취업성공패키지와 마찬가지로 두 가지 유형으로 나뉜다. 먼저 'I 유형'은 소득지원이 필요한 저소

득층과 일부 청년층에게 구직촉진수당과 취업 지원 서비스를 모두 제공하며, 'II 유형'은 취업 지원 서비스만 제공한다. 구체적으로 'I 유형'은 요건심사형(의무지출)과 선발형(재량지출)로 나뉘는데, 요건심사형은 가구 기준으로 중위소득 60% 이하의 만 18~64세 구직자 가운데 2년 이내에 취업 경험이 있는 사람에게 최저생계 보장을 위해 6개월 동안 매달 50만 원씩 지급할 계획이다. 다만 선발형으로 ① 가구 재산합계액 6억 원 이하이며 가구 중위소득 60% 이하 구직자(18~64세)는 2년 이내 취업 경험이 없어도 추가 선발해 지원하고, ② 가구 재산합계액 6억 원 이하이며 가구 중위소득 120% 이하의 청년 구직자(18~34세)도 추가 선발해 지원할 수 있다. 그러나 실제 시행은 중위소득 50% 이하를 대상으로 시행할 계획이다. 2년 이내 취업 경험을 면제해 주는 선발형도 예산 범위 내에서 재량에 따라 선발 가능한 것으로 큰 의미는 없다.

'II 유형'은 취업 지원 서비스로서 'I 유형'에 해당하지 않는 청년이나 영세자영업자 등을 대상으로 직업훈련 참여와 같은 구직활동을 할 때 발생하는 비용의 일부를 지원하는 것이 주요 내용이다. 정부는 소득지원과 취업에 필요한 지원 서비스를 제공하고 지원 대상에게는 취업 지원 서비스에 성실히 참여하여 취업하려 노력할 것을 요구하고 있다. 이에 따라 고용노동부장관은 취업 지원 서비스 대상에 대한 진로상담 등을 기초로 취업활동 계획을 수립하고, 수립된 계획에 따라 맞춤형 취업 지원 및 구직 활동 지원 프로그램을 제공한다(직업훈련 및 일 경험 프로그램, 각종 복지·금융지원 연계, 일자리 소개 및 이력서 작성지원 등).

정부안에 따르면 '국민취업지원제도'의 취업 지원 서비스 대상은 근로능력과 구직의사가 있는 모든 취업취약계층이다. '고용정책기본법'상 취약계층이란 학력·경력 부족, 실업의 장기화 등으로 노동시장의 통상적 조건에서 취업이 특히 곤란한 사람, 경제적 어려움으로 취업에 곤란을 겪는 사람 등을 지칭한다. 단, 제대 예정 군인, 북한이탈주민, 한부모가정 등은 소

〈표 9-3〉 국민취업지원제도(한국형 실업부조) 지원 대상 요건

구분		연령	소득(가구)	재산	구직 의사 / 능력	취업 경험	지원 금액
I (수당)	요건 심사형	18~64세	중위소득 60% 이하 (50%로 시작)	6억 이내	O	2년 이내	50만 원씩 최대 6개월
	선발형	18~64세	1) 중위소득 60% 이하 2) 18~34: 120% 이하	6억 이내	O	×	
II (서비스)		18~64세	1) 중위소득 100% 이하 2) 18~34: 120% 이하	×	O	×	구직활동 시 발생하는 비용

자료: 「구직자 취업촉진 및 생활안정지원에 관한 법률안」을 근거로 정리.

득·재산·연령 등이 지원 요건에 해당되지 않더라도 지원이 가능하다(고용노동부, 2019: 8). 취업 지원 서비스 기간은 1년이며, 6개월 범위 내에서 연장이 가능하고 구직촉진수당 수급 대상이 아닌 경우 직업훈련과 같은 취업 지원 서비스 참여와 관련된 비용의 일부를 지원한다.

수급기간 중 소득 활동 발생이 발행하면 신고해야 하며, 신고소득이 월 구직촉진수당을 초과할 경우 지급이 정지되고, 지급정지 횟수가 3회가 되면 취업 지원 프로그램과 수당 지원을 중단한다. 취업 지원, 구직 활동 지원 프로그램 불이행 시에도 구직촉진수당 지급을 중단하며, 거짓이나 부정한 방법으로 구직촉진수당 등을 받은 경우에도 수당지급이 중단된다. 이렇게 부정수급 처분을 받은 자는 지급취소 결정일로부터 5년이 경과한 후에야 구직지원을 신청할 수 있고, 이미 지급받은 수당을 반환함과 동시에 그 액수 이하의 금액을 추가로 반환해야 한다. 취업 또는 창업 등의 사유가 발생하면 수급자에 대한 구직지원은 종료되며 구직지원 종료일로부터 3년 이내 범위에서 대통령령으로 정한 기간이 지나지 않으면 구직 지원 재신청이 불가하다.

국민취업지원제도의 지원 규모와 소요 예산은 〈표 9-4〉와 같다. 이 사업은 2019년 국회 통과와 2020년 7월 시행을 전제로 35만 명을 지원하는

〈표 9-4〉 연도별 지원 규모

(단위: 만 명)

구분			2020	2021	2022
I (수당)	요건심사형		10	25	30
	선발형	일반	9	10	10
		청년특례	1	5	10
II (서비스)			15	10	10
합계			35	50	60
예산			5,040억 원	1조 2,000억 원	1조 3,000억 원

자료: 「구직자 취업촉진 및 생활안정지원에 관한 법률안」을 근거로 정리.

데 소요되는 5040억 원을 시작으로 2021년 50만 명 지원에 1조 2000억 원, 2022년 60만 명 지원에 1조 3000억 원까지 확대할 계획이었다.

3) 한국형 실업부조의 쟁점

첫째, 기존 '취업성취패키지' 정책과의 차별성 문제이다. '국민취업지원제도'는 기존의 취업성공패키지와 청년구직활동지원금 제도를 통합한 것이라고 할 수 있다.[2] 따라서 기존 취업성공패키지와 큰 차이가 없는 제도를 굳이 '한국형 실업부조'라는 거창한 이름으로 도입하려는 의도가 무엇인지 의문이며, 다른 국가들이 이미 오래전부터 시행하고 있는 '실업부조' 제도와 차이가 크다. 기존의 취업성공패키지 'I 유형'에 참여하는 저소득층이 2단계(6개월)를 통해 받을 수 있는 수당은 월 40만 원이며, 국민취업지원제도의 구직촉진수당이 월 50만 원(최대 6개월)이므로 의미 있는 차이가 없다.

2 취업성공패키지 지원은 2019년에 3710억 원(22만 7000명)에서 2020년 2447억 원(15만 명)으로 추정되고, 청년구직활동지원금은 2019년 1582억 원(8만 명)에서 2020년 상반기에만 1642억 원(5만 명)으로 추정된다.

다만 취업성공패키지와 달리 법률적 근거를 마련했다는 차이점만 찾을 수 있을 뿐이다.

둘째, 엄격한 자격요건과 제한된 급여지급 문제이다. 예외적으로 월 50만 원 미만의 불완전취업자를 포함시킨다고는 했지만 기본적으로 국민취업지원제도는 지원 대상을 "근로능력과 구직의사가 있음에도 취업하지 못한 상태에 있는" 취업취약계층으로 한정하고 있다. 이 정도로 개혈될 만큼 한국의 고용위기가 약하지 않다. 한국에서 저임금근로자와 실업자 간 차이는 종이 한 장에 불과하다고 할 수 있다. 게다가 최근 2년 동안 6개월 이상의 ('구직'이 아닌) '취업' 경험을 조건으로 하는데, 이는 지나치게 비현실적인 요건이다. 실업부조를 시행하는 대부분의 국가들은 근로와 기여 경력에 상관없이 근로빈곤층을 지원한다.

지급 대상이 중위소득 60% 이하의 빈곤층인데도 아동 등 부양가구원에 대한 고려가 없고, 수급기간인 6개월도 OECD 국가들과 비교해 보면 너무 짧은 기간이라 지급해 그 효과가 있는지 의문이다. 프로그램 종료 후 미취업한 사람에 대한 조치가 없을 뿐 아니라 재참여 제한기간을 3년으로 설정함으로써 3년 기간 중에 소득이 중단될 우려가 크다.

셋째, 지나친 노동시장 참여 유도의 문제이다. '국민취업지원제도'라는 명칭 자체가 전 국민의 취업을 독려하는 듯한 국민 동원적 느낌을 준다. 대부분의 복지국가들이 탄탄한 고용보험과 실업부조의 소득지원을 기반으로 적극적 노동시장정책과 급여조건적인 활성화(activation) 정책을 추구하는 데 비해 우리의 경우 그동안 고용보험과 기초생활보장제도의 사각지대에 놓여 있는 근로빈곤층에 대한 소득지원은 미미한 채 오로지 직업훈련 프로그램에만 집착해 왔다. 실업자, 구직자, 폐업 자영업자 등 취약계층의 소득보장에 대한 목표보다는 취업 지원과 취업촉진을 지나치게 강조해 왔다고 할 수 있다. 이제는 산업구조의 변화와 일자리 창출의 한계를 인정하고 실업부조의 개념을 확대해 생활에 필요한 최저소득을 개인 단위로 보장하는 방안을 진지하게 고려할 시점이라 생각한다(은민수, 2020).

3. 실업소득보장제도 유형과 사례

1) 실업소득보장제도 유형

실업보험과 실업부조는 실업자에게 현금급여를 제공하는 제도라는 점에서는 동일하지만, 제공하는 목적에는 차이가 있다. 일단 보험원리에 입각한 실업보험은 실업 기간 동안 일정한 소득을 지원함으로써 효과적인 구직활동을 지원하는 데 그 목적을 두는 반면, 복지원리에 입각한 실업부조는 소득중단이나 소득상실로 인한 실업자들의 빈곤화를 억제함으로써 실업의 부정적인 효과를 차단하려는 목적이 있다. 따라서 사용자와 근로자의 보험료로 재정을 뒷받침하는 실업보험에서는 급여수급을 위해 고용과 기여가 증명되어야 하고, 급여액은 피보험 기간과 과거의 임금 수준에 비례하며, 수급기간은 당연히 피보험 기간에 비례한다. 이에 반해 국민들의 세금에 재정을 의존하는 실업부조는 과거의 고용과 기여의 입증이 필요 없고

〈표 9-5〉 OECD 국가별 실업보상제도 유형

실업보상제도 유형	국가
실업부조	호주, 뉴질랜드
실업보험	이탈리아, 터키
실업보험-공공부조	미국, 캐나다, 덴마크, 노르웨이, 네덜란드, 스위스, 체코, 이스라엘, 폴란드, 벨기에, 룩셈부르크, 슬로바키아, 일본, 한국
실업보험-실업부조	영국, 아일랜드, 독일, 그리스
실업보험-실업부조-공공부조	프랑스, 스웨덴, 핀란드 오스트리아, 스페인, 에스토니아, 헝가리, 포르투갈

자료: 이승윤(2017), 이병희(2013), 남재욱(2019) 참조해 정리.

〈표 9-6〉 OECD 주요 국가들의 실업부조(Unemployment Assistance Benefits) 비교 (2018년 기준)

구분	기간	급여	자격조건	가구특성	급여조정
스웨덴	60주	- 일당 365SEK - 최대 평균임금의 21%	최근 1년간 6개월 이상 또는 6개월 중 480시간 이상	- 아동가구에 최대 450일 지급 - 20세 미만 제외	- 취업 중 지급 안함
핀란드	무기한	- 일당 32.4 유로 - 최대 평균임금의 19%	X	- 아동 가구 추가 - 55세 이상 소득조사 생략	- 비정규직: 월 300 유로(평균임금의 8%) 이상: 50% 축소 - 정규직: 제외
호주	무기한	- 2주 538AUD와 유류 보조금 8.80 AUD - 에너지 보조 포함 최대 평균임금의 17%	X	- 아동 및 홀부모가구 추가 - 부부는 독신보다 감액 - 60세 이상 독신 추가	- 2주간 104 AUD(평균임금의 3%): 전액 - 254까지: 50% 감액 - 254이상: 60% 감액
뉴질랜드	무기한	- 한 달 962.4NZD - 최대 평균임금의 21%	X	- 홀부모, 부부, 아동 가구 추가 - 25세 이하 감액	- 주당 80 NZD(평균임금의 7%)까지 전액 - 초과:70% 감액 적용
영국	무기한	- 일주일 73.10GBP - 최대 평균임금의 10%	X	- 18세 미만 감액 - 1824세의 무자녀 가구 감액	- 독신/부부/홀부모에 각각 5/10/20GBP (평균임금의 0.7/1.3/2.6%): 전액 - 그 이상은 감액
독일	무기한	- 한 달 416 유로 지급 - 최대 평균임금의 10%	X	- 배우자, 아동, 홀부모 추가	- 월 100유로(평균임금의 2%) 이하: 전액 - 100~1000유로:80% 감액 - 1000~1200유로: 90% 감액 - 1200유로 이상: 중단
오스트리아	무기한	- 이전 실업급여의 92% - 최대 평균임금의 38%	실업급여 소진자에 국한	- 아동가구 추가 - 부부 추가 - 50세 이상 추가	- 월 438유로(평균임금의 11%):전액 - 초과: 감액 적용
프랑스	무기한	- 일당 16.3 유로 - 최대 평균임금의 15%	실업 시작 기준 10년간 5년 이상	없음	- 취업 후 첫 3달까지 급여 지속 - 이후 급여 중단

자료: OECD(2018)(검색일: 2020.1.5).

정액의 급여가 장기적으로 지급된다(이병희, 2013: 125~126).

실업보험제도는 기본적으로 보험원리에 근거하기 때문에 고용과 보험료 납입 기간이 부족한 실업자나 실업급여를 소진한 실업자에 대한 보호 기능을 기대할 수 없다. 게다가 기여와 급여 간 비례원리로 인해 소득지원이 절실한 저소득층 및 취약계층의 경제적 어려움에 적절한 대응을 할 수 없다는 한계가 있다. 이에 반해 실업부조제도는 고용 경력이 실업보험에 비해 엄격하지 않으며, 지원이 필요한 모든 실업자에게 사회안전망을 제공하고, 급여기간이 대체로 한정되지 않아 지속적으로 지원할 수 있으며, 실업자 개인의 특성이나 가족 특성이 급여 수준에 반영된다는 장점이 있다.[3]

〈표 9-6〉을 보면 국가의 특성에 따라 구체적인 실업부조의 내용에서 차이점을 발견할 수 있다. 그러나 이러한 차이에도 불구하고 대체로 공통적인 부분이 있다. 그것은 일부 국가를 제외한 OECD 주요 국가들이 실업부조의 대상을 단지 실업자에 국한하지 않고 저소득근로자들까지 망라하고 있다는 점, 그렇기 때문에 급여 역시 시장소득 수준에 따라 급여 일부를 감액(환수)하는 방식을 택하고 있다는 점, 대체로 지급기한을 한정하지 않고 무기한으로 설정하고 있다는 점, 급여액이 평균임금의 20% 내외라는 점, 끝으로 연령이나 가족 등의 특성을 반영해 금액을 추가 지급하고 있다는 점이다.

2) 영국의 실업소득보장제도 개혁

영국은 다른 국가들과 달리 사회보험이 사회적 위험별로 분리되어 있지 않고, 국민보험(national insurance)이라는 단일한 사회보험으로 운영된

---

3 그러나 이러한 장점에도 불구하고 실업부조의 소득지원이 오히려 실업 기간의 장기화를 초래할 수 있고, 실업자와 가구 구성원들의 재취업 동기를 약화할 수 있다는 지적도 꾸준히 제기되어 왔다(김성희, 2009: 87~88).

다. 영국의 국민보험에서 제공하는 급여와 기여금(보험료)에 관한 기본 사항은 1992년 '사회보장기여금·급여법(Social Security Contribution and Benefits Act 1992)'에 규정되어 있으나, 실업급여 관련 규정들은 별도로 1995년 제정된 '구직자법(Jobseekers Act)'의 적용을 받는다. 이 구직자 법이 제정되면서 실업자의 소득보장을 위한 구직수당이 정비되었는데, 크게 ① 기여기반(contribution based)의 구직수당과 ② 소득기반(income based)의 구직수당으로 구분된다. 전자는 종래의 실업급여에 해당하고, 후자는 기여와 상관없는 실업부조에 해당한다. 기여기반 구직수당은 최근 2~3년 이내에 1종 국민보험 납입과 근로 경력을 요구하고 있어 전형적인 실업보험의 성격이 강하다. 자영인(self-employed)이나 2종 국민보험 납입자는 해당되지 않는다. 이에 반해 소득기반 구직수당은 2~3년 이내의 고용 여부와 상관없이 자영인이나 국민보험 납입 요건을 충족시키지 못한 구직자 및 불완전 고용 상태에 있는 이들에게도 지급된다. 단, 배우자의 근로시간이 주당 평균 24시간 미만이어야 하고, 본인과 배우자의 저축액이 1만 6000파운드 이하이어야 하고 한다는 점에서 기초적인 생활보장의 성격이 강하다(Jobseeker's Allowance: www.gov.uk).

기여기반 구직수당이든 소득기반 구직수당이든 수급자격상의 공통점은 첫째, 18세 이상 국가연금(State Pension) 수급 연령 이하이며, 둘째, 현재 일을 하지 않고 있거나 주당 평균 16시간 미만 근로하고 있고, 셋째, 전업학생(full-time education)이 아니며, 넷째, 일할 능력이 있어야 하며, 다섯째, 일을 하지 못할 질병이나 장애가 없어야 한다. 그 외 지급 신청 및 지급 절차 등은 기여기반 구직수당과 동일하다. 결국 한 가지 제도 내에서 두 가지의 상이한 수당을 지급하고 있었던 것이며, 실업자에 대한 두 가지 급여인 실업급여와 실업부조를 구직수당이라는 단일한 급여로 대체함으로써 두 급여의 행정체계를 통일시켰다고 할 수 있다(노호창, 2018: 10~20; Jobseeker's Allowance: www.gov.uk).

소득기반 구직수당과 기여기반 구직수당의 기본적인 지원금액은 동일하지만(2020년 5월 현재 기준으로 24세 이하 주당 최대 58.90파운드, 25세 이상 주당 최대 74.35 파운드), 기여기반 구직수당은 개인별 수당인 데 비해 소득기반구 직수당은 가구소득을 기초로 산정된다는 차이점이 있다. 또한 소득기반 구직수당은 피부양자 등 가구의 특성을 반영하는 데 비해 기여기반 구직수당은 이를 반영하지 않는다(이병희 외, 2013: 154; www.gov.uk).

그러나 보수당 당수 데이비드 캐머런(David Cameron)이 2010년 집권에 성공하면서 구직수당과 같은 공공부조 성격의 급여제도가 획기적으로 바뀌었다. 2012년 캐머런의 보수당 정부는 근로세액공제, 아동세액공제, 주택급여, 소득보조, 실업수당 등 기존 6개 기초보장제도를 '유니버셜 크레디트(universal credit)'로 통합해 운영하는 방안을 추진했다. 유니버셜 크레디트는 한마디로 근로연령층(16~64세)을 대상으로 하는 주요 사회부조제도들을 하나의 체계로 묶는 시도라고 할 수 있으며, 영국의 사회보장개혁 중 가장 급진적인 것으로 평가받고 있다. 이와 같은 파격적 개편의 배경으로 기존 복지제도의 낮은 근로 유인과 복잡한 시스템의 비효율성이 지목되었다. 즉 높은 급여감소율에 따라 저소득층의 근로소득 증가가 실질적인 소득의 증가로 이어지지 않는다는 점, 근로세액공제를 받기 위해 필요한 최소 근로시간 규정으로 인해 취업 및 근로시간 연장에 대한 동기가 저하된다는 점, 저소득 취약계층을 지원하는 제도들이 복잡하게 구성되어 부정수급과 과다한 행정비용을 초래했다는 점, 사회보장 급여를 청구하는 시민들은 복수의 다른 급여들을 수급하는 경향이 있다는 비판이 있었다. 따라서 유니버셜 크레디트는 지원체계를 단순화하고 동시에 근로를 강조하면서 수급자의 조건에 맞춰 유연성을 증진하려는 목적에 따라 가구당 근로시간이 많을수록 지원액이 높아지게 설계하고, 수급 조건도 종전보다 엄격하게 제한했다(이현주, 2015: 105~107).

6개의 기존 제도를 통합한 유니버셜 크레디트는 각 제도에서 지원받는

6개의 기존 기초보장제도를 통합한 유니버셜 크레디트

- **소득보조**(income support): 주당 16시간 이하 근로하는 저소득층을 대상으로 일정 수준 이하의 소득을 금전적으로 보조하여 빈곤을 예방하는 것을 목적으로 하는 보충급여제도
- **소득 연계 고용지원수당**(income-related employment and support allowance): 질병이나 장애로 인해 근로가 불가능한 대상자들에게 현금급여뿐만 아니라 개인별 맞춤 고용지원 서비스를 제공하는 제도
- **소득 기반 구직수당**(income based Jobseeker's allowance): 근로능력이 있는 실업자에게 지급되는 소득 대체 공공부조제도로, 소득기반 구직자수당의 수급을 위해서는 재산 기준과 근로시간 상한을 충족해야 함.
- **주거급여**(housing benefit): 지방의회의 공공임대주택에 거주하는 경우에는 급여 대상 임대료(eligible rent)가 즉시 납입되며, 일반 세입자는 개인 계좌를 통해 지원금을 직접 수급
- **근로세액공제**(working tax credit) 및 아동세액공제(child tax credit): 영국의 국세청(HM Revenue & Customs)에서 시행하는 자산기반 환급형(refundability) 세액공제제도

〈표 9-7〉 유니버셜 크레디트 전후의 급여감소율

복지급여	급여감소율(withdrawl rate)	
	유니버셜 크레디트 이전	유니버셜 크레디트 이후
소득보조	100%	65%
구직자수당	100%	〃
주거급여	65%	〃
근로세액공제	41%	〃
아동세액공제	41%	〃

급여의 합이 일정 수준을 넘을 수 없게 설계되었다. 예컨대 성인 2인 가구는 주당 500파운드, 편부모와 아동 1인가구는 주당 500파운드, 성인 1인가구는 주당 350파운드가 급여 상한이다. 이 수준은 영국 중위소득보다는 낮으며, 이전 제도하에서 같은 조건일 때의 총급여보다도 약간 낮은 수준이다. 유니버셜 크레디트의 가장 큰 특징은 급여감액률의 통일과 높은 한계공제율의 인하이다. 기존의 소득보조와 구직수당의 경우 소득 증가에 따른 급여감액률은 100%였으며, 주거급여의 급여감액률은 65%, 근로세액공제와 아동세액

공제의 급여감액률은 41% 등 제각각이었다. 유니버셜 크레디트는 이와 같은 각각 다른 급여감액률을 폐지하고 65%라는 단일한 감액률(single withdrawal rate)을 적용한다.

두 번째 특징은 수급자격 요건의 강화와 근로 유인 확대이다. 수급자에게 수급자 의무 사항을 준수하도록 하고 그 제재를 명확히 제시해 자격 조건을 강화했다. 일하지 않는 배우자, 한부모 등에 대해서도 구직 의무와 조건 부과가 강조되었다. 또한 유니버셜 크레디트의 총급여가 근로자의 중위소득을 초과하지 않도록 설계해 복지급여에 의존하는 것보다 노동시장에 참여하는 것이 더 큰 이익이라는 점을 인식할 수 있도록 제도를 설계했다(이현주, 2015: 109~111).

3) 독일의 실업소득보장제도 개혁

독일은 '하르츠 IV개혁'에 의해 개편되기 전인 2005년 이전까지 실업자의 소득보호를 위해 실업보험, 실업부조, 사회부조로 구성된 3단계 제도를 유지하고 있었다. 먼저 지원 대상을 보면 실업보험은 최근 3년 이내 최저 12개월간 사회보험에 가입한 근로자들에게 적용되었으며, 실업부조는 실업보험급여의 수급권이 만료된 이들에게 적용되었고, 사회부조는 취업경험이 아예 없거나 실업보험과 실업부조 수급액이 최저소득을 보장하지 못하는 경우 지원되었다. 급여를 보면, 실업보험급여(UB)는 정해진 기간 동안 근로소득과 연계된 소득대체를 제공했으며, 실업부조(UA)는 실업보험급여보다 낮은 수준의 급여를 무기한으로 지급했고, 사회부조(SA)는 정액의 기초적인 소득을 보장했다(Regina Konle-Seidl, 2012: 20~21).

그러나 다른 유럽 국가들과 마찬가지로 독일에서도 1990년대까지 장기실업자가 증가하면서 실업부조 부담이 늘어났고, 임금근로자 중에서 실업급여를 수급할 수 없는 이들이 증가하면서 일반 사회부조 수급자도 증가하

〈표 9-8〉 2005년 이후 독일의 급여제도

실업급여(UBI)	실업급여(UBII)	사회부조(근로능력 상실자)
- 필수 조건: 최근 2년간 12개월 이상 사회보험 적용 고용	- 필수 조건: 경제적 곤란, 근로능력	
- 근로소득 연계: 순 소득의 60%	- 세금재원, 자산조사, 정률급여, 무기한, 엄격한 '보충성' 원칙	- 근로능력을 영구 상실한 자로서 경제적 곤란에 처한 생산가능인구
- 급여 기간 제한: 최장 12개월 (58세 초과는 24개월)	- 근로능력이 없는 부양가족(주로 15세 미만)	- 세금재원, 재산조사, 정률 급여 (UB II와 동일), 무기한

자료: Regina Konle-Seidl(2012: 22)를 재정리.

는 상황이었다. 게다가 저소득층에 대한 소득지원이 사회부조와 실업부조로 이원화되어 있어 복잡할 뿐만 아니라 이로 인해 두 제도의 수급자들에 대한 활성화 조치도 미흡하다는 지적을 받았다(이병희 외, 2013: 184). 결국 실효성과 중복성 등 여러 가지 문제점을 안고 있던 두 제도를 개혁하기로 결정한 독일은 2005년 하르츠 개혁을 통해 실업보험이 적용되지 않는 실업자에게 지급하던 두 종류의 급여제도를 실업급여 II라는 새로운 정률의 급여제도로 통합했다. 이에 따라 실업급여II(실업부조)는 만 15세 이상 만 65세 이하인 자 중에서 실업급여 I의 수급권이 없거나 또는 급여가 소진되어 더 이상 실업급여를 받지 못하는 근로능력자들과 15세 미만 부양가족에게 경제적 지원을 하게 되었다. 2018년 5월 기준으로 독일에서 실업급여 I 와 실업급여II(실업부조)를 받은 수급자는 약 482만 명이며, 이 중 실업급여 I을 받은 사람은 약 66만 명이고 실업급여 II를 받은 사람은 약 422만 명이다(황수옥, 2020: 2).

기존의 실업부조와 사회부조가 근로능력이 있으며 경제적 어려움에 처한 생산가능인구와 그 부양가족에게 소득을 지원하는 실업급여 II는 실업급여 I처럼 이전의 생활수준을 보장하는 것이 아니라 빈곤 예방에 중점을 두면서도, 동시에 활성화 정책을 통해 근로능력이 있는 이들의 근로 동기를 증대시키는 데 목적을 두었다. 그 재원도 실업급여 I 과 달리 연방정부

예산에서 조달했다. 실업급여 II는 과거의 실업부조와 사회부조의 일부(근로 가능 인구)를 통합한 것이므로 구직자뿐 아니라 근로소득이 있더라도 일정 수준 미만인 저소득근로자들까지 그 대상에 포함시켜 현금급여를 지원한다는 점에서 최저소득 보장의 성격을 띠고 있다고 평가할 수 있을 것이다(Regina Konle-Seidl, 2012: 24; 이병희 외, 2013:185).[4] 실업급여 II가 근로능력과 경제적 어려움을 전제로 지급되는 제도이기 때문에 여기에 속하지 못한 근로능력을 상실한 자와 65세 이상인 자들이 경제적으로 빈곤을 겪고 있는 경우에는 사회부조제도가 이들을 지원한다.

기여와 수혜가 일치하는 사회보험을 복지제도의 근간으로 삼는 비스마르크식 복지국가의 전형인 독일에서 기여와 수혜가 일치하지 않는 실업급여 II를 도입한 것은 매우 의외이다. 하지만 노동시장에 단기직, 저임금 일자리가 증가하는 현실에서 실업보험으로 보호받을 수 없는 노동자들과 그 가족들을 보호할 수 있는 실업급여 II의 등장은 불가피했을지 모른다.

4. '한국형'이 아닌 '실질적' 실업부조를 위한 제언

1) 실질적 실업부조의 원칙과 방향

탈산업화와 서비스경제로의 이행에 따라 제조업 노동자의 비중은 줄어들고 상대적으로 서비스업 종사자들은 늘어날 수밖에 없는 상황에서, 다양

---

4 실업부조를 받을 수 있는 대상자는 근로능력이 있고 경제적 지원이 필요한 만 15세 이상- 65세 이하인 실업자 또는 미취업자로, 생업능력이 있는 자와 부조가 필요한 자 중 독일에 거주하고 있는 자이다. 이때 생업능력이 있는 자라 함은 통상적 노동시장의 조건 아래에서 최소 하루 3시간 생업활동을 할 수 있는 자를 말하며, 부조가 필요한 자라 함은 노동시장으로의 편입이 어려워 스스로 생계를 유지하지 못하고 생활에 필요한 부조를 지원받지 못한 자를 의미한다(황수옥, 2020: 13).

한 유형의 불안정한 비정규직과 노동시장에 진입조차 하지 못한 미취업자들이 증가하고 있다. 전통적인 제조업 중심의 산업 체제에 기반을 둔 정규직 근로자들을 표본으로 설계된 사회보험 중심의 고용안전망은 이들을 보호하는 데 한계가 있다(보험설계사, 학습지 교사, 퀵서비스 배달기사, 골프장 캐디, 방문판매원, 대리운전자, 목욕관리사, 가사도우미 등). 따라서 특수고용형태근로자, 예술인 등 고용보험이 보호할 수 있는 근로자들을 최대한 고용보험의 의무 가입자로 법제화하고 자영업자와 영세사업장 종사자 등의 가입 확대를 위해 노력해야 한다. 또한 현행 실업급여는 비자발적 이직자에 국한해 급여를 지급하지만, 자발적 퇴직으로 보이지만 실상은 비자발적인 이직이 많은 점을 감안해 실업급여 대상도 적극적으로 해석하고 확대할 필요가 있다.

그럼에도 여러 조건상 고용보험에서 배제된 사람들을 위해 현재 추진 중인 국민취업지원제도가 아닌 제대로 된 실업부조를 도입하기 위한 개혁이 필요하다. 실업부조는 조세로 재원이 조달되며 자산조사를 통해 저소득층 실업자에게 지원하는 현금급여로서, 국가에 따라 실업보험제도와 통합된 경우도 있고 일반 공공부조와 통합된 경우도 있다. 독일은 고용 서비스에 거의 참여하지 않았던, 근로능력이 있는 사회부조 수급자들을 과거의 실업부조와 통합했고, 영국은 아예 유니버셜 크레디트라는 단일한 시스템 속으로 다양한 현금성 급여제도들을 모두 결합하고 있다.

이제 우리도 '한국형' 이 아닌 '실질적' 실업부조를 만들어야 한다. 구직자와 저소득 불안정노동층을 위한 실질적 실업부조를 위해 몇 가지 방향과 원칙을 제안하면 다음과 같다.

첫째, 거미줄처럼 복잡하고 미로처럼 여러 제도로 나뉘어 운영되는 현행 제도들을 매우 단순하게 재편해야 한다. 누가 보아도 한 번에 제도를 이해할 수 있을 정도로 단순화하기 위해 현재의 취업성취패키지, 청년배당소득 혹은 앞의 둘을 합한 국민취업지원제도, 근로장려금(EITC: Earned Income Tax Credit), 자녀장려세제(CTC: Child Tax Credit) 등 고용과 관련된 여러 현금성 급여와 조세지출제도들을 통합해 단순화해야 한다. 예컨대 근로장려금은 그 효과가 의심스러울 뿐 아니라 지금과 같은 경제위기나 불황기를 맞아 취업이 어려워지고 실업자가 증가하는 상황에서는 무용지물에 가깝다. 다른 소득보장제도와 같은 경기안정화 장치 역할을 전혀 수행하지 못하기 때문이다.

둘째, 실업부조를 구직자들만을 위한 제도가 아니라 비정규직, 영세자영업자 등 불안정노동층까지 포괄할 수 있는 제도로 실업부조의 의미와 내용을 확장해야만 한다. 취업과 실업을 반복하며 지쳐가고, 폐업과 창업을 반복하며 망해가는 저소득취업자, 영세자영업자들이 적지 않으므로 이들이 온전한 삶을 유지할 수 있도록 임금 보충적 성격의 실업부조가 사회적 임금으로서 제공되어야 한다.

셋째, 실질적 실업부조를 위해서는 자격요건을 완화하고 지급기간과 지급액 역시 현실화해야 한다. 특히 중위소득 50%부터 시작되는 대상자 요건과 6개월이라는 지급기간, 월 50만 원인 급여액을 상향 조정해야 한다. 또한 미취업상태라는 조건과 2년 이내 구직경험 조건도 현실화해야 할 것이다.[5]

2) 단기적 방안과 장기적 대안

코로나19의 여파로 상상하기 힘들 정도의 실업자와 폐업 자영업자가 쏟아져 나올 것으로 예상되므로 이에 대비해 구직자뿐 아니라 근로빈곤층과

---

5 이 법안이 대상자 추정의 근거로 삼고 있는 한국노동연구원의 조사 결과는 한국복지패널의 12차 자료(2016)를 바탕으로 대상자 추정을 하고 있는데, 여기에서도 가구 중위소득 60% 이하, 재산 6억 원 미만, 근로능력자 조건을 만족시킨 224.6만 명이 연간 구직 경험을 추가하면서 55.7만 명으로 대폭 감소했다. 그만큼 연간 구직 경험 요구는 구직자와 저소득근로자들의 실업부조 수급기회를 박탈하고 있는 것이다.

영세자영업자 등 불안정노동층까지 포괄할 수 있도록 실업부조의 의미와 내용을 확장해야 한다. 저임금의 불안정한 일자리는 언제든 실직으로 이어질 가능성이 높기 때문이다. 그러나 일정한 조건을 충족시켜야 하고 지급 기한이 명확히 한정된 실업부조 역시 저소득 불안정노동층의 장기적 대안일 수는 없다. 향후 예상되는 지속적인 저성장, 고용기회 감소, 고용기간 축소 등을 감안한다면, 불안정노동층에게 일정 수준까지의 소득을 보장해 주는 기초소득 보장제(guaranteed income)을 중장기적으로 준비해야 할 것이다.

먼저 급한 대로 고려할 수 있는 단기적 방안은 국민취업지원제도 법안을 수정하는 것이다. 첫째, 지급 대상에서 의무적 대상인 요건심사형과 재량적 대상인 선발형의 구분을 없애고 "근로능력과 구직의사가 있음에도 취업하지 못한 상태"라는 자격 조건과 "2년 이내 구직 경험" 조건을 삭제해야 한다. 또한 소득과 재산 기준에서 중위소득 50% 이하/재산 6억 원 이내로 시작할 것이 아니라 현재의 노동시장 악화와 구직의 어려움 및 실직 가능성 등을 고려해 법안에서 제시한 자격요건의 상한선인 중위소득 60% 이하/재산 6억 이내의 대상자에서 시작하여 점차 대상을 늘려가야 한다.

둘째, 다른 국가들의 급여수준이 평균임금의 20% 정도이라는 점, 우리의 지급기간이 매우 짧다는 점, 취업촉진뿐 아니라 생활 안정도 도모할 수 있어야 한다는 점을 고려해 약 80만 원(평균임금의 20~25%)으로 상향 조정되어야 한다. 또한 가구특성수당으로 18세 자녀 1인당 추가수당을 지급하고, 지급기간 중 취업 시 잔여액을 전액 일시불로 지급함으로써 근로능력자들의 노동시장 진입을 촉진시킬 필요가 있다.

셋째, 지급기간을 단계적으로 현실화해야 한다. 지급기간 6개월은 구직에 현실적인 도움이 되지 못하므로 최소 1년 이상으로 확대하고, 지급 이후 심사 등을 통해 6개월 이상의 연장을 허용할 필요가 있다. 이후 정책 효과 분석 등을 기초로 지급기간 역시 단계적으로 연장하는 방안을 검토할 필요가 있다.

〈표 9-9〉 실질적 실업부조를 위한 단기적 방안과 장기적 대안

구분	단기적(실업부조)	장기적(기초소득)
지급 대상 (18~64세)	가구 중위소득의 60% 이하/재산 6억 이내 구직자 및 저소득근로자	가구 중위소득의 100% 이하/재산 6억 이내의 모든 구직자 및 소득자
지급 금액	월 80만 원 정액	·최대 월 60만 원 ·급여감액률 적용
급여기간	1년 지원 후 연장 검토	2000만 원(대략 1인 중위소득 100%) 초과 시 급여 중단

넷째, 제도 통합 차원에서 유사한 기능을 하는 제도들의 통폐합을 통해 제도를 단순화하여 선택과 집중을 기할 필요가 있다. 특히 취업성취패키지, 청년배당소득, 근로장려금, 자녀장려세제를 실질적 실업부조로 통합해 그 재정을 활용하는 방안을 제안한다.

그러나 제4차 산업혁명과 디지털자본주의의 도래, 제조업의 기술적 집약화, 줄어드는 고용기회와 짧아지는 고용기간, 길어진 은퇴 후 삶 등의 변화 가능성을 감안하면 가구소득 60% 이하의 구직자와 저소득근로자를 넘어 중위소득 100% 이하까지 포괄할 수 있는 제도 개편이 필요하다.

이를 위해 18~64세의 가구 재산 합계 6억 이내, 가구 중위소득 100% 이하의 모든 구직자와 근로능력자들을 대상으로 월 60만 원(연 720만 원)을 개인 단위로 지급하되, 소득 역전 현상을 방지하고 근로유지를 독려하기 위해 일정한 감액률을 적용한다. 최대 보장 수준인 연 720만 원을 급여중단점(break-even point), 예컨대 연소득 2000만 원(1인가구 기준 중위소득)에 도달할 때까지 지속적 지원함으로써 기초소득급여는 조금씩 줄더라도 기초소득과 근로소득 및 사업소득을 합산한 전체 소득이 높아지도록 설계하는 대안이다.

5. 결론

현재 한국의 취업 경험이 없는 실직자, 실업 이후 실업급여가 종료된 저소득 구직자, 폐업 영세자영업자 등은 극단적인 빈곤상태로 몰려 기초생활보장제도의 대상자가 되기 전까지는 아무런 사회적 보호를 기대할 수 없다. 실직 노동자를 보호하기 위한 고용보험제도가 존재하지만 전통적인 노동자와 자영업자 중 어디에도 속하지 못하는 특수고용노동자 등은 적용 대상에서 제외되고, 엄격한 수급 조건 때문에 자발적 이직자나 취업과 퇴직을 반복할 수밖에 없는 비정규직노동자, 장기구직자 등도 역시 배제되고 있다. 또한 고용보험에 가입되어 있다 하더라도 수개월의 급여 수급기간이 지난 퇴직자는 더 이상 보호받을 제도적 장치가 없으며, 영세자영업자와 프리랜서 역시 국가로부터 방치되고 있다.

앞에서 살펴보았듯이, 우리와 유사한 문제에 직면한 독일과 영국이 공통적으로 실업부조와 공공부조를 통합하는 방향의 개혁을 추진했다. 독일은 2005년 하르츠 IV개혁으로 기존의 실업부조와 근로연령대 인구에 대한 사회부조를 통합함으로써 실업부조의 수급 범위를 확대했다. 영국도 2012년 근로세액공제, 아동세액공제, 주택급여, 소득보조, 실업수당 등 기존 6개 기초보장제도를 '유니버셜 크레디트'로 통합해 운영하는 방안을 추진했다. 근로연령층(16~64세) 대상의 주요 사회부조들을 통합·관리하는 방식을 선택한 것이다. 물론 영국의 보수당과 독일의 사민당이 이렇게 대처한 배경에는 구직 활성화와 행정비용 절감 등의 이유도 있겠지만, 근본적으로는 탈산업사회에서 급여와 기여를 연계시키는 사회보험제도에만 의존할 수 없다는 현실적 판단이 뒷받침된 것으로 보인다. 비스마르크형 사회보험 중심의 실업제도는 장기실업자나 불안정노동자를 대량으로 증가시키는 탈산업사회에서 온전한 기능을 다하지 못하기 때문이다.

이 글을 쓰고 있는 지금까지도 한국은 코로나19라는 재난의 터널을 지나고 있지만, 코로나의 터널을 지나면 더욱 가혹한 폐업과 실업의 터널이 기다리고 있다. 취업성공패키지의 연장선에 불과한 '한국형 실업부조'로 감당할 수 있는 수준이 아닐 것이다. 상대적으로 안정적인 고용과 급여를 받는 실업보험 수급자와 불안정한 고용과 자산 조사에 근거한 부조급여인 6개월간 50만 원에 의존하는 실업부조 수급자 간 계층화는 사회보장의 이중화를 가속화할 뿐이다. 코로나19라는 갑작스러운 위기 상황에 처해 생계유지가 곤란한 저소득층, 영세자영업자, 비정규직, 요식업·관광업·운수업 종사자 등 수많은 국민들이 코로나 위기 상황에서 빠르게 탈출할 수 있도록 도와줄 긴급 처방이 필요하다. 또한 소비 위축과 휴업으로 어려움에 처한 지역경제를 실질적으로 활성화하고 내수시장을 안정화할 수 있는 소득보장과 취업 대책이 절실하다. 현재 논의되고 있는 긴급재난소득은 일시적이고 한시적인 소득보장책이다. 경제적 어려움에 처한 국민들을 지속적으로 보호하기 위해서는 실업부조의 의미를 확대해 단순히 구직자뿐 아니라 불안정노동층과 근로빈곤층을 망라해 저소득근로자들을 포용할 수 있는 '실질적' 실업부조를 마련해야 한다.

참고문헌

고용노동부. 2019.「구직자 취업촉진 및 생활안정지원에 관한 법률안」.

관계부처 합동. 2019.6.4.「'고용안정망을 완성하는' 국민취업지원제도 추진방안」. 보도자료.

김상배. 2013.「프랑스 실업보험제도 개편 내용」. ≪국제노동브리프≫, 6월호, 56~62쪽. 한국노동연구원.

김성희. 2009.「불안정노동층을 위한 실업부조 도입 및 고용보험 확대 방안」. ≪사회법연구≫, 12, 81~121쪽.

김원식. 2000.「실업부조제도의 도입방향에 관한 연구」. ≪공공경제≫, 5(1), 187~228쪽.

김현경. 2019.11.28. ≪한국형 실업부조 국민취업지원제도 평가와 개선방향 모색을 위한 토론회 자료집≫.

남재욱. 2017.「노동시장 변동에 따른 실업 관련 제도의 변화와 성과 연구」. 연세대학교 대학원 박사학위 논문.
노호창. 2018.「영국의 실업부조제도」. ≪국제노동브리프≫, 16(5), 9~22쪽.
보건복지부. 2019.「2019년 주요업무 추진계획」.
은민수. 2017.「NIT(Negative Income Tax) 방식의 기본소득보장: 캐나다의 도입방안에 대한 비판적 분석과 한국에 적용가능한 방안 탐구」. ≪비판사회정책≫, 54, 7~51쪽.
_____. 2018.「한국형 실업부조 법제화 방안 연구」. 한국노동연구원.
_____. 2019.「소득주도에서 복지주도로의 전환: 역진적 조세지출 조정으로 혁신적 기초소득보장」. ≪복지동향≫, 2019년 8월호. 참여연대.
_____. 2019.11.28. ≪한국형 실업부조 국민취업지원제도 평가와 개선방향 모색을 위한 토론회 자료집≫.
_____. 2020.「코로나 이후 '실질적 실업부조'의 도입 필요성과 방향」. ≪복지동향≫, 2020년 5월호.
이병희. 2018.「한국형 실업부조의 도입 방향」. ≪월간 복지동향≫, 242.
이병희 외. 2013.「한국형 실업부조 도입 방안」. 한국노동연구원.
이성기·이승협. 2006. 「독일 노동복지정책 개혁에 관한 연구」. ≪사회복지정책≫, 24, 411~434쪽.
이승윤. 2018.「실업안전망 국제비교연구: 실업보험, 사회부조, 적극적 노동시장정책의 제도조합과 유형화」. ≪한국사회정책≫, 25(2): 345~375쪽.
이현주. 2015.「영국 사회부조의 최근 동향: 유니버셜크레딧의 도입과 그 배경」. ≪보건복지포럼≫, 105~117쪽.
_____. 2017.「고용보험 확대와 실업부조 도입」. ≪월간 복지동향≫, 222, 25~32쪽.
장지연 외. 2011.「고용안전망 사각지대 해소방안」. 한국노동연구원.
장지연·박찬임. 2019.「사회보험 사각지대: 고용보험과 산재보험을 중심으로」. ≪월간 노동리뷰≫.
정영훈. 2018.「일본의 실업부조제도」. ≪국제노동브리프≫, 16(5), 42~59쪽.
참여연대. 2019.「국민취업지원제도 도입 이전에 시급히 해소해야 할 문제점과 제도 개선 방향」. ≪참여연대 이슈리포트≫.
채구묵. 2011.「OECD 주요국 실업급여제도의 유형별 비교」. ≪한국사회학≫, 45(1), 1~36쪽.
최영준. 2009.「자영업자에게 적용되는 영국의 실업부조제도」. ≪국제노동브리프≫, 7(3), 16~21쪽.
황덕순. 2011.「실업자 보호제도의 다양한 유형화와 복지체제의 상관성」. 황덕순 외.『노동시장 구조와 사회보장체계의 정합성』. 한국노동연구원.
황수옥. 2020.「독일 고용보험의 주요 내용」. 참여연대 실업부조 TF 회의자료(2020.6.9).
Konle-Seidl, Regina. 2012.「독일의 실업부조」. ≪국제노동브리프≫, 9월호.

Clasen, Jochen and Daniel Clegg. 2011. *Regulating the Risk of Unemployment: National Adaptations to Post-industrial Labour Markets in Europe*. NY: Oxford University Press.

Dwyer, Peter and Sharon Wright. 2014. "Universal Credit, ubiquitous conditionality and its implications for social citizenship." *Journal of Poverty and Social Justice*, 22(1), pp.27~35.

Nichols, A. and J. Rothstein. 2015. "The Earned Income Tax Credit." *NBER Working paper*, No.21211.

OECD. www.oecd.org. "Unemployment Assistance Benefits".

Pareliussen, Jon Kristian. 2013. "Work Incentives and Universal Credit-Reform of the Benefit System in the United Kingdom." *Economic Department Working Paper*, No.1033. OECD.

https://www.gov.uk/how-to-claim-universal-credit

https://www.gov.uk/browse/benefits/jobseekersallowance

제4부

/

복지태도 변화

제10장

세대와 복지태도

김영순 | 서울과학기술대학교 기초교육학부 교수, **노정호** | 전 국민대학교 정치외교학과 교수

1. 서론

2016년 겨울 대통령 탄핵 국면에 전개된 2개의 시위, 즉 '촛불집회'와 '태극기집회'는 한국 사회에 내재한 세대 간 간극을 극명히 보여주었다. 특히 오랫동안 금전적 보상에 의한 동원의 결과물이라는 의심을 받았던 태극기집회가 상당한 자발성과 정체성에 기반을 둔 것으로 드러나면서, 노년세대와 여타 세대 간의 정치적 의식의 차이는 새삼스럽게 주목의 대상이 되었다. 이 간극은 2019년 이른바 '조국사태'를 계기로도 다시 한번 선명히 드러났다.

한편 최근에는 1987년 이후 국가, 시장, 시민사회를 가로지르는 386세대 네트워크의 권력자원화가 386세대와 청년 및 노인 세대 간의 불평등을 심화했다는 주장(이철승, 2019)이 언론에 집중 조명을 받으면서, 다시 한번 세

* 이 장은 김영순·노정호, 「복지태도에 있어서의 세대효과」, ≪한국정당학회보≫, 16(3)(2017)를 수정·보완한 것이다. 이 장의 공동 저자인 노정호 전 국민대학교 교수는 2019년 초 희귀 질환으로 젊은 나이에 세상을 떠났다. 다시 한번 뛰어난 연구자이자 따뜻한 마음을 지닌 동학이었던 그의 평화로운 영면을 빈다.

대 논쟁이 불붙었다. 즉각 사회문제와 부정의를 세대문제로 환원시키는 '세대주의' 담론은 사실에 부합하지 않으며, 그럼에도 이런 프레임을 짜서 세대 간 대립을 강조하는 것은 불평등 해결에 도움이 되지 않는다는 반론(신진욱, 2019)이 이어졌고, 논쟁은 확산되었다.

이미 신뢰할 만한 근거를 제시하는 여러 연구(신광영, 2009; 신동균, 2013; 윤종인, 2018)는 세대 간 불평등보다 세대 내 불평등이 훨씬 더 크며, 불평등이 세대문제라기보다는 계급문제임을 반복적으로 보여준 바 있다. 그럼에도 세대담론이 계속 생명력을 유지하는 것은, 이 담론을 전략적으로 이용하고자 하는 세력의 존재(전상진, 2019)와 더불어 한국 사회에 세대 간 갈등이 객관적 이해관계의 대립 자체보다는 의식이나 태도, 정체성의 문제와 연관되어 있을 수 있다는 추정을 가능하게 한다. 다시 말해 객관적으로는 세대와 세대의 물질적 이해관계가 충돌하지 않는다 할지라도, 평등·분배·복지에 대한 태도는 세대별로 명확히 구분될 수 있다는 것이다. 이럴 경우 세대갈등이라는 프레임은 작동하기 쉬워지며 정치적 동원의 대상이 되기도 쉽다.

그렇다면 물질적 이해관계의 중요한 영역이라고 할 수 있는 복지문제에서 세대 간의 태도는 어떻게 다를까? 현재 한국의 각 세대는 자신의 이해관계에 부합하는 복지태도를 지니고 있을까? 그 정도는 세대별로 어떻게 다를까? 세대별로 복지와 세금에 대해 보이는 태도는 또 어떻게 다르며 이것이 한국의 복지정치와 복지국가에 던지는 함의는 어떤 것인가? 이 장에서는 이와 같은 물음의 답을 찾아보려 한다.

세대 연구자들은 청년기에 정치사회화 과정에서 만들어진 기본적인 가치관이나 정치적 정향은 나이가 들어도 쉽게 변화하지 않고 지속되며, 이것이 각각의 세대에 서로 구별되는 특징을 부여한다고 본다(Mannheim, 1997; Inglehart, 1977; Jennings and Niemi, 1981). 분단과 전쟁을 겪고, 매우 압축적인 산업화와 민주화를 거친 뒤 다시 세계화와 정보화를 경험한 한국에서, 상식적으로도 세대는 이념을 비롯한 정치 성향을 결정하는 중요한 변수일 것으로 추정된다. 그리고 실제로 많은 연구들은 한국의 선거에서 지역 균열이 약화된 이후 세대가 중요한 균열선으로 부상하고 있음을 반복적으로 보여주었다.

이렇게 세대가 이념과 정치적 정향에 심대한 영향을 미친다면 세대는 복지태도 결정에서도 상당한 영향력을 행사할 것으로 예상할 수 있다. 복지태도를 구성하는 중요한 변수들 즉 집합주의(collectivism), 정부 역할, 재분배, 세금 등에 대한 태도는 이념 및 정치적 정향과도 긴밀한 관계를 맺기 때문이다. 또한 성 역할에 대한 인식은 복지태도에 큰 영향을 미칠 수 있는데, 이 역시 일반적으로 세대에 따라 매우 다른 것으로 알려져 있다. 하지만 이런 예상되는 중요성에도 불구하고 한국에서는 아직까지 복지태도에 미치는 세대효과(cohort effect)에 대한 연구가 아직 본격적으로 이루어지지 않고 있다.

이 장에서는 이런 공백을 메우기 위해 한국인의 복지태도에 세대가 미치는 영향을 확인해 보고자 한다. 먼저 복지태도에 대한 세대효과를 다룬 기존 연구들을 살펴보고, '한국복지패널 제11차 조사'(2016)의 부가조사 원자료를 사용해 세대가 복지태도 결정에서 어떤 영향을 미치는지, 각 복지 프로그램별로 세대 간 선호의 균열이 나타나는지 분석한다. 마지막으로 발견한 것을 정리하고 세대 연구의 쟁점 및 향후 전망과 관련해 그 함의를 정리할 것이다.

2. 세대와 복지태도

세대 개념은 연구자에 따라 매우 다양한 의미가 있다. 커처(Kertzer, 1983: 126~127)는 세대를 다음과 같이 4개 범주로 재정리한 바 있다. ① 조부모

세대, 부모세대, 자식세대 같은 용법에서 나타나는 친족 항렬의 구분 기준(a principle of kinship descent), ② 같은 시기에 태어난 동년배 집단(cohort), ③ 동일한 생애주기(life stage)에 있는 사람들의 집단, ④ '제2차 세계대전 이후 세대'처럼 특정한 역사 시기(historical period)를 산 사람들의 집단이 그것이다.

이 중 복지태도와 관련해 중요성을 지닌 세대 개념은 ②와 ③이라고 할 수 있다. ② 즉 코호트로서의 세대는 같은 시기에 태어나 비슷한 경험을 하면서 사회화된 결과 의식, 태도, 행위 양식의 유사성을 지닌 동년배 집단을 의미한다. 뉴딜세대, 68세대, 베트남전세대, 386세대라는 용법에서 드러나듯 이런 의미의 세대들은 청소년기에 획득한 의식과 가치를 평생 유지하면서 다른 세대와 구분되는 정치적 정향과 태도를 보인다고 하는데, 복지태도에서도 유사한 효과를 기대할 수 있다는 것이다.

반면 ③은 청년세대, 중년세대, 노년세대에서처럼 같은 시기에 태어나 같은 연령대에 있는 사람들의 집단으로 세대를 규정하는 것이다. 선거 연구에서는 나이 듦에 따른 보수화가 주된 관심의 대상이라면, 복지태도에서는 생애주기에 따른 상이한 당면 과제와 그에 따른 복지욕구가 주된 관심 대상이다. 즉 노년세대가 연금이나 건강서비스에 공공지출을 확대하기 원한다면, 청·중년세대는 교육이나 보육에 더 많은 지출을 원할 수 있다는 것이다.

이렇게 본다면 조남경(2017)도 지적하고 있듯, ②의 세대는 복지태도와 관련해 가치를 주요 결정요인으로 보며, ③의 세대는 자기이해를 중시하는 입장과 관련되어 있다고 할 수 있다. 역사적 경험에 따른 세대 간 복지태도 차이에 관심을 둔 이 장에서는 코호트로서의 세대 개념을 채택하고 이와 관련된 복지태도는 '세대효과'로, 그리고 생애주기와 관련된 연령별 복지태도는 '연령효과'로 부르기로 한다.

이 장에서는 좁은 의미의 세대효과, 즉 사회화 과정의 특성 및 그에 따라 형성되는 세대 간 가치관의 차이에 주목하는 선행 연구들의 문제의식을 계승하면서 한국인의 복지태도에서 세대효과가 발휘하는 영향력을 더욱 심층적이고 면밀하게 탐구해 보고자 한다. 세대연구와 관련해 중요한 쟁점 중 하나는 세대 구분의 경계선을 어떻게 잡을 것인가이다. 서유럽이나 미국에 비해 한국은 복지태도에서 세대효과가 강하게 나타날 가능성이 높은 나라라고 할 수 있다. 한국은 분단과 전쟁, 장기간의 군부독재라는, 공동체의 동시대 구성원 모두에게 깊은 영향을 끼친 역사적 사건을 겪은 뒤 세계 최빈국 중 하나에서 중진국으로 도약하는 압축성장을 경험했으며, 이어 민주화·정보화·세계화의 물결을 경험한 매우 예외적인 경우이기 때문이다. 이 모든 역사적 사건들은 사실상 한국의 모든 세대가 강한 세대의식을 가질 만한 나름의 강렬한 역사 체험을 하게 만들었으리라는 추정을 하게 한다.[1] 여기에다 한국은 또한 비교적 단시간에 복지국가로 진입했는데, 이는 복지에 대한 세대 간 견해차 역시 벌려놓았을 가능성이 높다.

그렇다면 이런 한국적 맥락을 고려할 때 복지태도에서 정확한 세대효과의 분석을 위한 적절한 세대 구분은 어떤 것일까? 세대연구가 꽤 이루어진 사회학계나 정치학계에서도 세대 구분은 아직 합의되지 않은 쟁점이다. 이는 무엇보다도 세대를 규정하는 정치사회화 과정과 세대별 정치행위나 가치관에 대한 실증적 연구가 미진하기 때문인데(박길성, 2002; 함인희, 2007), 이런 한계 속에서 선행 연구들은 주요한 정치사적 사건들을 기준으로 세대를 3~4분하거나(황아란, 2009), 7~8분했다(노환희·송정민·강원택, 2013; 이준한, 2014).

정치적 성향이나 이념의 형성은 중요한 역사적 사건에 의해 직접적으로 영향을 받으며, 따라서 한국같이 짧은 주기로 격동이 반복된 나라에서는 세

---

1 함인희에 따르면 "계급의식에 비견할 만한 세대의식은 소위 '세대의 획을 긋는 사건(generation event)에 의해 구성"되며, "따라서 세대별로 상흔을 남기는 역사적 사건이 빈번하게 발생할수록 세대 간 경험의 단절로 인한 세대갈등의 증폭 가능성이 높"다(함인희, 2007: 250).

〈표 10-1〉 세대 구분

	전쟁-산업화세대	민주화세대	정보화세대
출생 연도 (대학 입학)	1959년까지 (1978년까지)	1960~1974 (1979~1993)	1975년 이후 (1994년 이후)
유년기	군부독재 경제개발계획 시작	군부독재 고도성장기	민주화, 세계화 OECD, WTO 가입
청년기	6.25, 5.16, 4.19, 유신	민주화 투쟁	고도 소비사회 진입 정보화 혁명
취업	고도성장기 취업	고도성장 → 취업난	심각한 청년실업
외환위기 영향	구조조정으로 인한 실업 위기 (1997년 38세 이상)	구조조정, 정리해고 일상화, 비정규직 확대 (1997년 23~37세)	취업난 경험, 고용 없는 성장 시대 (1997년 22세 이하)
정치적 가치	현실주의, 성장주의와 민주주의 간의 갈등, 안보우선주의, 친미·반북 성향	민주주의, 민중주의, 진보적 집합주의, 포용적 대북정책과 대등한 한미관계	일상의 민주주의, 탈정치적 문화주의, 실용적 보수주의, 반북성향과 대등한 한미관계
젠더 모델	남성생계부양자 모델 강고	남성생계부양자 모델 위기	남성생계부양자 모델 해체 시작
고령화 대비	매우 취약	취약	현재 중시 경향

자료: 함인희(2007)를 참고해 필자가 세대 경계선을 구분하고 재작성.

대 간 차이를 좀 더 촘촘히 구분하는 것이 의미가 있을 수 있다. 그러나 복지태도를 구성하는 중요한 변수들, 즉 집단주의(collectivism), 성장과 분배, 정부의 소득재분배 역할과 복지책임, 조세, 성역할에 대한 태도 등은 중요한 역사적 사건들에 의해 직접적으로 영향받기보다는 그런 역사적 사건들이 만들어낸 비교적 장기적으로 유지된 정치질서 내지 수립된 제도, 경제적 상황에 영향을 받을 가능성이 크다. 따라서 이 장에서는 선행 연구 중 3분법을 채택하고 있으면서 세대 구분의 근거가 비교적 잘 제시된 함인희(2007)의 세대 구분을 이용하되, 앞에서 제시한 복지태도를 구성하는 변수들에 영향을 주었으리라고 추측되는 중요한 역사적 사건과 시기를 경계로 설정해 전체 세대를 3분하는 접근법을 택하기로 한다.

함인희(2007: 255~256)는 세대별 생애주기와 역사적 경험, 각 세대의 가치관을 기준으로 세대를 산업화세대, 민주화세대, 정보화세대로 3분하고 있다. 그러나 세대 간 경계가 되는 연도를 제시하지는 않았는데, 이 장에서는 정치적 성향과 더불어 복지태도에 영향을 주었을 만한 유년기 및 청년기의 역사적 경험을 고려해 세대를 1960년 이전 출생자(전쟁·산업화세대), 1960년에서 1974년까지의 출생자(민주화세대), 1975년 이후 출생자(정보화세대)로 3분했다.

복지태도와 관련해 볼 때 전쟁·산업화세대는 전쟁과 분단을 겪으면서 냉전과 안보 이데올로기를, 고도성장을 경험하면서 성장주의를 내면화했을 가능성이 높다. 권위주의적이고 투명하지 못한 독재정부를 경험하면서 세금에 대한 불신이 높고, 성역할에 대해서는 전통적인 가부장제적 성별 분업을 당연시하는 경향을 지닌 것으로 알려져 있다. 노후대비는 전반적으로 매우 취약하다. 민주화세대는 학생운동이 대중화되었던 시기에 대학을 다니면서 민주주의와 평등에 대한 신념을 내면화한 세대이나 세금에 대한 불신은 전 세대와 크게 다르지 않다. 성역할에 대해서는 관념적으로는 평등주의적 사고를 습득했으나, 현실에서는 여전히 가부장제와 남성생계부양자 모델이 지배력을 유지했던 세대로 거론된다. 마지막으로 정보화세대는 고도 소비사회에 태어났으나 구제금융위기 이후 격심한 교육 및 취업 경쟁을 경험했고, 고용 없는 성장시대의 취업절벽에 마주한 세대이다. 전 세대들에 비해 성평등의식이 강하고, 결혼·출산을 당연시하지 않으며, 다양한 형태의 가족에 대해 열려 있는 세대이기도 하다(박길성, 2002; 함인희, 2007).

3. 세대효과의 측정

이 절에서는 복지태도의 다차원성을 좀 더 면밀히 들여다보기 위해 '한국복지패널 11차 조사의 부가조사' 원자료(2016)를 사용한다. 특히 연령이 복지태도에 미치는 영향력, 즉 연령효과를 분리한 상태에서 사회화에 기반을 둔 세대효과를 측정해 보고자 한다. 선행 연구들은 연령효과와 세대효과를 구분하지 않았으므로, 세대효과와 연령효과가 혼재된 연구 결과를 보고하고 있다. 즉, 세대효과를 측정하기 위해 세대 구분 더미변수들을 회귀분석모형에 집어넣으면, 이를 통해 분석된 결과는 세대효과뿐만 아니라 연령효과 또한 포함하는 영향력을 나타낸다. 이를 해결하기 위해 여기서는 벨과 존스(Bell and Jones, 2013)의 제안대로, 그룹으로 짜인 세대 더미변수들과 연속적 연령변수를 다변량 회귀분석에 동시에 넣는 방법을 택했다.

둘째, 이 글에서는 22개의 관련 설문 문항을 사용해 포괄적이고 광범위한 복지태도 변수를 설정했다. 대부분의 기존 연구들은 여러 가지 다양한 복지태도 설문 문항 중 일부만을 추출해 분석했는데 이런 방식은 연구의 객관성을 확보하기 어렵다. 복지인식 부가조사는 다른 설문조사들에 비해 훨씬 더 다양하고 광범위한 복지태도 설문 문항을 포함하고 있으며, 이것이 복지태도 연구에서 복지인식 부가조사가 가장 많이 이용되는 이유 중 하나이다.

1) 종속변수: 복지태도

종속변수를 좀 더 자세히 설명하자면, 먼저 복지태도와 관련된 모든 설문 문항에 대한 응답을 재코딩해 높은 응답이 친복지적 태도를 나타내도록 변경했다. 그 후 요인분석을 사용해 이 22개의 개별 설문 문항을 합쳐 복지태도를 총괄적으로 표현할 수 있는 변수를 만들었는데, 요인분석에 의해 발생하는 결측치(missing values)는 선형대치법(linear imputation)으로 보강했다. 22개의 복지태도 개별 문항은 〈표 10-2〉와 같다.

〈표 10-2〉 종속변수의 기술통계량

		N	평균	표준편차	최소	최대
정부역할 att_goveq	소득격차 해소가 정부 책임이다	3428	3.72	0.909	1	5
근로의욕 att_welwill	사회복지를 늘리면 일할 의욕이 저하된다	3442	3.69	1.5	1	7
성장분배 att_grds	성장과 분배 중 무엇이 중요한가	3441	2.5	0.776	1	4
복지증세 att_weltax5	사회복지확대를 위해 세금을 증가해야 한다	3441	2.93	0.906	1	5
예산증세 att_weltax7	복지예산을 늘리기 위해 세금을 더 걷어야 한다	3442	4.22	1.45	1	7
선별복지 att_wellim	복지는 가난한 사람에게 제한적으로 제공되어야 한다	3442	2.72	1.06	1	5
서비스보편성 att_wel_range	사회서비스 대상: 가난한 사람만 ↔ 모든 국민	3442	2.9	1.37	1	5
건보민영화 att_prhlth	건강보험은 최소한 축소, 민간 의료보험 이용해야 한다	3442	3.79	0.947	1	5
무상교육 att_educ	대학교육까지 모든 교육은 무상으로 제공되어야 한다	3442	2.45	1.05	1	5
빈곤 att_poor	정부는 빈곤한 사람들에게 주는 혜택을 줄여야 한다	3433	3.33	1	1	5
근로능력 att_basic	노동능력이 있어도 가난한 사람에게는 국가가 최소 생계 보장해야 한다	3442	2.94	1.05	1	5
보육 att_preschl	유치원, 보육시설 무상 제공되어야 한다	3442	3.45	0.997	1	5
실업 att_unem	정부는 실업자에게 적정한 수준의 삶을 제공해야 한다	3435	3.51	0.91	1	5
보건 aexp_hlth	건강보험 및 보건	3434	3.41	0.773	1	5
연금 aexp_pens	국민연금(기초연금)	3437	3.21	0.799	1	5
교육 aexp_educ	교육	3430	3.35	0.789	1	5
주거 aexp_hous	주거지원	3420	3.26	0.786	1	5
빈곤 aexp_poor	빈곤층 생활 지원	3438	3.42	0.811	1	5
노인 aexp_old	노인 생활 지원	3437	3.35	0.795	1	5
장애인 aexp_disa	장애인 생활 지원	3431	3.58	0.747	1	5
아동 aexp_chld	아이를 키우는 가족지원	3435	3.47	0.804	1	5
실업 aexp_unem	실업대책 및 고용보험(실업급여)	3433	3.38	0.815	1	5
복지태도		3444	0	1	-4.1	3.72

(1) 대주제 복지태도

복지인식 부가조사에는 사회복지 전반에 관한 광범위한 의견을 묻는 항목이 있다. 첫째, "소득격차 해소가 정부 책임이다"라는 문장에 동의 혹은 반대하는지에 대한 5점 척도 문항이 있는데, 이 문항에 관한 응답은 원자료를 역(逆)코딩해 '① 매우 반대한다, ② 반대한다, ③ 중립, ④ 동의한다, ⑤ 매우 동의한다'로 바꾸어 높은 숫자가 친복지적 태도를 나타낼 수 있도록 했다(att_goveq). 둘째, "사회복지를 늘리면 일할 의욕이 저하된다"라는 의견에 동의 혹은 반대하는지에 대한 7점 척도 문항은 그 응답이 '① 매우 그렇다, ② 그렇다, ③ 대체로 그렇다, ④ 보통이다, ⑤ 대체로 그렇지 않다, ⑥ 그렇지 않다, ⑦ 전혀 그렇지 않다'로 되어 있다(att_welwill). 셋째, "성장과 분배 중 무엇이 중요한가"에 대한 4점 척도 문항은 '① 성장만이 중요하다'에서 '④분배만이 중요하다'로 되어 있다(att_grds).

(2) 복지-증세 태도

복지의 증가는 세금의 증가와 필연적으로 맞물려 있으며, 복지인식 부가조사는 이에 대한 매우 유사한 두 가지 설문 문항을 포함한다. 첫째, "사회복지확대를 위해 세금을 증가해야 한다"라는 문장에 동의 또는 반대하는지에 대한 문항은 5점 척도로 조사되었고, 원자료의 응답을 '① 매우 반대한다, ② 반대한다, ③ 중립, ④ 동의한다, ⑤ 매우 동의한다'로 역코딩했다(att_weltax5). 둘째, "복지예산을 늘리기 위해 세금을 더 걷어야 한다"라는 문장에 찬성 또는 반대하는지에 대한 7점 척도 문항이 있는데, 이 문항은 척도만 다를 뿐, 앞서 언급한 5점 척도 문항과 크게 다르지 않다. "예산"이라는 미세한 차이가 있으나, 전문가가 아닌 일반인을 대상으로 하는 설문조사에서 이 정도의 차이는 거의 무시될 수밖에 없다. 이 문항에 대한 응답 또한 원자료의 응답을 '① 매우 반대한다, ② 반대한다, ③ 대체로 반대한다, ④ 보통이다, ⑤ 대체로 찬성한다, ⑥ 찬성한다, ⑦ 매우 찬성한다'의 방식으로 역코딩했다(att_weltax7).

(3) 복지수혜범위 태도

첫째, "복지는 가난한 사람에게 제한적으로 제공되어야 한다"라는 의견에 동의 또는 반대하는지에 대한 5점 척도 설문 항목에 대한 응답은 '①매우 동의한다, ②동의한다, ③중립, ④반대한다, ⑤매우 반대한다'로 구성되어 있다(att_wellim). 둘째, "국가가 사회서비스를 제공할 때 모든 국민을 대상으로 하는 방안과 가난한 사람들만을 대상으로 하는 방안이 있습니다. 어느 방안으로 실시하는 것이 옳다고 생각하십니까?"라는 5점 척도 설문 항목은 응답 원자료를 역코딩해 '①가난한 사람들을 대상 ~ ⑤모든 국민 대상'으로, 높은 숫자가 보편적 복지, 낮은 숫자가 선별적 복지 선호 의견을 나타내는 것으로 변환했다(att_wel_range).

(4) 소주제 복지태도

이 밖에도 복지인식 부가조사는 다양한 방식으로 복지정책에 대한 의견을 묻고 있다. 다음 6개의 설문 문항은 모두 5점 척도이며, 높은 점수가 친복지적인 태도를 반영하도록 만들기 위해, 그중 2개는 원자료의 응답 문항을 그대로 썼고(① 매우 동의한다, ② 동의한다, ③ 중립, ④ 반대한다, ⑤ 매우 반대한다), 4개는 원자료를 역코딩했다(① 매우 반대한다, ② 반대한다, ③ 중립, ④ 동의한다, ⑤ 매우 동의한다). 첫째, '국가가 운영하는 건강보험은 최소한의 서비스로 축소시키고, 나머지는 각자 민간 의료보험을 이용해서 해결해야 한다'라는 의견에 동의 또는 반대하는지에 관한 설문 항목이 있고(att_prhlth), 둘째, '대학교육까지 모든 교육은 무상으로 제공되어야 한다(att_educ)', 셋째, '정부는 빈곤한 사람들에게 주는 혜택을 줄여야 한다(att_poor)', 넷째, '노동능력이 있어도 가난한 사람에게는 국가가 최소한의 생계를 보장해야 한다(att_basic)', 다섯째, '유치원이나 보육시설은 무상으로 제공되어야 한다

(att_preschl)', 여섯째, '정부는 실업자에게 적정한 수준의 삶을 제공해야 한다(att_unemp)'라는 설문 항목을 사용했다.

(5) 복지정책 지출에 대한 의견

마지막으로, 복지인식 부가조사는 다음에 열거된 복지 관련 각 영역의 정부지출이 늘기를 바라는지 혹은 줄기를 바라는지에 대한 의견을 묻는 5점 척도 설문 항목들이 있다. '건강보험 및 보건(aexp_hlth)', '국민연금(기초연금)(aexp_pens)', '교육(aexp_educ)', '주거지원(aexp_hous)', '빈곤층 생활 지원(aexp_poor)', '노인 생활 지원(aexp_old)', '장애인 생활 지원(aexp_disa)', '아이를 키우는 가족지원(aexp_chld)', '실업대책 및 고용보험(실업급여)(aexp_unem)'에 관한 설문 문항에 대한 응답을 '①훨씬 덜 지출, ②조금 덜 지출, ③현재 수준으로 지출, ④조금 더 지출, ⑤훨씬 더 지출'로 원자료를 역코딩해 높은 숫자가 친복지적 태도를 나타낼 수 있도록 했다.

이 연구는 앞서 제시한 22개의 복지태도 관련 변수들을 모두 사용해 세대효과를 분석했다. 개별 복지태도 변수를 사용하기도 했으나, 주된 분석에 이용된 변수는 요인분석을 통해 만들어진 총괄적 복지태도 변수이다. 여러 변수를 합쳐서 하나의 변수를 만들게 되면 복지태도라는 하나의 중요한 이슈를 대표할 수 있는 변수를 만들어낸다는 장점 외에도 설문조사 응답에 필연적으로 내포된 측정오류(measurement error)와 이에 따른 회귀분석에서의 추정편중(bias)을 줄일 수 있다는 장점이 있다. 이 연구에서 사용된 종속변수의 기술통계량은 〈표 10-2〉와 같다.

2) 독립변수와 통제변수

이 연구의 주된 목표는 세대효과 분석이다. 따라서 가장 핵심적인 독립변수는 세대를 구분하는 변수와 연령변수라 볼 수 있다. 앞서 언급한 바와 같이 세대는, 가치관에 중요한 영향을 주었으리라 생각되는 중요한 역사적 경험과 복지태도라는 관심사를 동시에 고려해 ①전쟁·산업화세대, ②민주화세대, ③정보화세대 셋으로 나누었다.

복지태도 분석에서 가장 기본이 되는 통제변수는 성별, 학력, 소득, 고용지위이다. 성별은 여성을 ①로 하는 더미변수로 포함했고, 학력은 ①중졸 이하, ②고졸 이하, ③전문대재 이상으로 구분해 더미변수들로 설정했다. 고용지위 또한 ①상용직, ②임시직·일용직, 자활·공공·노인일자리, ③고용주·자영업, ④무급·실업자·비경활로 구분된 더미변수들로 설정했다. 마지막으로 소득은 가구별 가처분소득(단위: 만 원)으로 측정했는데, log(소득 + 1 - 소득최솟값)이라는 아핀변형(affine transformation)을 통해 로그값을 취하면서 마이너스 소득 및 무소득인 경우가 분석에서 제외되는 상황을 방지했다.

복지태도를 분석하는 데 복지인식 부가 조사가 지닌 또 한 가지 장점은 응답자들의 복지수급 정보를 담고 있다는 점이다. 한국복지패널의 복지인식조사를 제외한 한국의 그 어떠한 설문조사도 응답자들의 복지수급 정보를 담고 있지 못하는데, 복지수급을 받는 사람일수록 친복지 성향을 지닐 수 있다는 지극히 명백한 복지수급 효과를 통제하는 방법은 한국복지패널의 복지인식조사를 사용하는 방법 이외에는 없다. 물론 복지수급 정보를 취합하는 것은 쉽지 않은 일이다. 이 연구에서는 응답자의 공적연금, 고용보험, 산재보험 등 사회보험 현금급여와 국민기초생활보장 및 맞춤형 급여, 기타 정부보조금(장애수당, 기초연금, 한부모가족지원 등등) 수급 총액을 계산해 복지수급액(단위: 만 원)을 측정했다. 이 또한 log(수급액 + 1)의 변형을 통해 로그값을 취하면서 복지수급액이 0원인 경우가 분석에서 제외되는 상황을 방지했다. 그리고 응답자의 복지수급 경험을 나타내는 더미변수를 만들었는데, 이는 응답자의 국민기초생활보장급여, 맞춤형 급여, 근로장려금, 자녀장려금 등의 수급 경험과 생계비 지원, 의료비 지원, 기초연금

〈표 10-3〉 독립변수와 통제변수의 기술통계량

	N	평균	표준편차	최소	최대
산업화세대	3444	0.55	0.498	0	1
민주화세대	3444	0.269	0.444	0	1
정보화세대	3444	0.181	0.385	0	1
연령	3444	58.6	16.6	24	97
가처분소득(log) (단위: 만 원)	3444	9.89	0.191	8.95	13.1
성별(여성=1)	3444	0.584	0.493	0	1
중졸 이하	3444	0.443	0.497	0	1
고졸 이하	3444	0.272	0.445	0	1
전문대재 이상	3444	0.286	0.452	0	1
상용직	3444	0.204	0.403	0	1
임시/일용직, 자활/공공/노인 일자리	3444	0.183	0.387	0	1
고용주/자영	3444	0.154	0.361	0	1
무급/실업/비경활	3444	0.459	0.498	0	1
복지수급액(log) (단위: 만 원)	3444	4.75	2.79	0	9.35
복지 수급 경험	3444	0.761	0.427	0	1
농어촌(도농복합군)	3444	0.19	0.392	0	1
중소도시(시, 군)	3444	0.397	0.489	0	1
대도시(서울, 광역시)	3444	0.413	0.492	0	1
혼인 여부(기혼 = 1)	3444	0.668	0.471	0	1

지원, 학비 지원, 장애인 연금 등 일반 가구, 노인가구, 아동가구, 장애인가구의 복지 서비스 이용 경험을 바탕으로 구축했다. 여러 가지 복지 서비스 중 하나만 이용했어도 1로 표시했으며, 전혀 이용하지 않은 경우만을 0으로 표시했다.

이 밖에도 도시화 정도와 응답자의 혼인 유무 또한 고려했다. 일반적으로 도시화가 진전될수록 국가가 제공하는 복지에 대한 요구가 더 커진다.

도시화 정도는 응답자의 거주지역이 '①농어촌(도농복합군)'인지, '②중소도시(시, 군)'인지, 아니면 '③ 대도시(서울, 광역시)'인지를 바탕으로 측정되었다. 혼인의 유무 또한 복지태도에 영향을 미칠 수 있는 변수인데, 이는 대체적으로 미혼, 미혼모, 미혼부, 이혼경험자 등이 기혼자들에 비해 사회경제적 약자이기 때문이다. 혼인 여부는 혼인한 사람을 1로, 그렇지 않은 사람을 0으로 한 더미변수로 설정했다. 이 연구에서 사용된 독립변수와 통제변수의 기술통계는 〈표 10-3〉과 같다.

4. 분석 결과

총괄 복지태도를 종속변수로 두고, 각 세대 간 복지태도가 어떻게 다른지 살펴보았다. 그 결과 산업화세대, 민주화세대, 정보화세대의 복지태도는 각각 -0.144, 0.09, 0.302로 나타났다. 이 세 점수 간의 차이는 매우 명확했으며(F-값=53.272), 이는 산업화세대가 가장 반복지적이고, 정보화세대가 가장 친복지적임을 의미한다.

그러나 복지태도에 영향을 미치는 다른 요인들이 있기 때문에, 단순히 복지태도의 세대 간 차이를 살펴보는 데는 한계가 있다. 따라서 다변량 회귀분석을 실행했으며, 이에 대한 결과는 〈표 10-4〉와 같다. 모형 (1)은 복지태도 연구에서 기본적으로 포함되는 통제변수만을 포함한 회귀분석 모델이다. 여기에 모형 (2)는 연령변수를 추가함으로써 세대효과를 연령효과와 구분하고자 했다. 모형 (3)은 한국복지패널의 최대 장점 중 하나인 복지수급 정보를 포함하는 모델이다. 마지막으로 모형 (4)는 혼인 여부 더미변수와 도시화 정도를 나타내는 변수들을 포함하는 모델이다.

가장 기본적인 통제변수들만을 포함하는 모형 (1)에서의 결과는 앞서 언급한 각 세대 간 복지태도의 단순 차이와 크게 다르지 않다. 가장 반복지

〈표 10-4〉 세대효과: 총괄적 복지태도

	(1)	(2)	(3)	(4)
VARIABLES	기본	기본+연령	기본+연령+ 복지수급	최종
민주화세대	0.268***	0.178**	0.189**	0.201***
	(0.0591)	(0.0768)	(0.0769)	(0.0765)
정보화세대	0.440***	0.280**	0.211*	0.203*
	(0.0704)	(0.110)	(0.110)	(0.111)
연령		-0.0049*	-0.0079***	-0.0078***
		(0.0026)	(0.0027)	(0.0027)
가처분소득(log)	-0.438**	-0.462**	-0.456**	-0.406**
	(0.200)	(0.211)	(0.200)	(0.190)
성별(여성=1)	-0.176***	-0.183***	-0.177***	-0.188***
	(0.0324)	(0.0329)	(0.0328)	(0.0330)
고졸이하	0.0242	0.00670	0.0085	0.00078
	(0.0508)	(0.0503)	(0.050)	(0.050)
전문대재이상	0.133**	0.113*	0.113*	0.0930
	(0.0656)	(0.0653)	(0.0649)	(0.0655)
임시/일용직 자활/공공/노인일자리	0.0341	0.0307	0.0259	0.0165
	(0.0626)	(0.0627)	(0.0615)	(0.0611)
고용주/자영	-0.108	-0.101	-0.124*	-0.0863
	(0.0680)	(0.0680)	(0.0672)	(0.0682)
무급/실업/비경활	0.107*	0.124**	0.0866	0.0880
	(0.0621)	(0.0630)	(0.0609)	(0.0608)
복지수급액(log)			0.0282***	0.0307***
			(0.0101)	(0.0101)
복지수급경험			0.121*	0.133**
			(0.0629)	(0.0630)
혼인				-0.0855**
				(0.0406)
중소도시(시,군)				0.119**
				(0.0575)
대도시(서울,광역시)				0.156***
				(0.0588)
Observations	3,444	3,444	3,444	3,444
R-squared	0.047	0.048	0.059	0.063

주: *** $p < 0.01$, ** $p < 0.05$, * $p < 0.1$

적인 성향을 보이는 세대는 산업화세대이며, 민주화세대는 산업화세대에 비해 0.268 정도 더 친복지적이다. 정보화세대는 산업화세대에 비해 0.44 정도 더 친복지적으로 나타나, 산업화 < 민주화 < 정보화세대 순서로 친복지적 성향이 나타났다. 그리고 이러한 차이는 연령효과를 통제한 모형 (2)에서도 마찬가지였다. 설문 응답자들은 나이가 들수록 보수화되어 가는 경향을 보였는데, 이러한 연령효과를 통제한 상태에서도 민주화세대는 산업화세대보다 더 친복지적이었으며, 정보화세대는 다른 두 세대보다 더 친복지적이었다. 여기에 복지수급액과 복지수급경험 변수를 통제한 모형 (3)에서는 민주화세대와 정보화세대 간 복지태도의 차이가 눈에 띄게 줄어들었다. 이러한 차이의 감소는 최종 모형인 모형 (4)에서 확연히 나타났다. 민주화세대와 정보화세대 모두 산업화세대에 비해 친복지적인 것만은 사실이다. 그러나 민주화세대와 정보화세대 간 복지태도에서의 차이는 거의 없는 것으로 나타났다(p-값 = 0.979).

회귀분석모형을 다르게 설정하더라도 연령은 복지태도에 크게 영향을 미치는 것으로 나타났다. 나이가 들수록 보수화되어 가는 경향이 뚜렷하게 보인다는 뜻이다. 이는 세대효과 분석에서 연령변수를 통제하지 못하면, 사회화 과정의 차이에 따른 세대 간 차이를 분석하기 어렵다는 의미로도 해석될 수 있다. 이 연구에서는 연령효과 및 복지태도에 영향을 줄 수 있는 다른 요인들의 효과를 통제한 후에도 세대효과는 분명히 존재했다. 산업화세대에 비해 민주화세대와 정보화세대는 더 친복지적인 성향을 띤다.

한편 이 연구는 총괄적 복지태도 변수와 더불어 22개의 개별 복지태도 변수를 종속변수로 둔 분석 또한 실행했다. 먼저 각 복지태도 변수에 대한 세대별 차이는 〈표 10-5〉와 같다. 여기서도 가장 먼저 눈에 띄는 결과는 상당수의 복지태도 변수에서 산업화 < 민주화 < 정보화세대 순서로 친복지적인 성향을 보이고 있다는 것이다. 22개의 개별 복지태도 변수 중 16개의 변수에서 이러한 순서가 나타났으며, 그 16개의 변수에서의 세대 간 차이는 모

두 통계적으로 유의미하게 나타났다. 이 순서가 나타나지 않은 6개의 변수는 2개의 복지-세금 태도 변수(att_weltax5와 att_weltax7)와 1개의 소주제 복지태도(att_basic), 3개의 복지정책지출 변수인 '건강보험 및 보건(aexp_hlth)', '국민연금(기초연금, aexp_pens)', '노인 생활 지원(aexp_old)'인데, 이 중 att_weltax7, att_basic, aexp_old 변수에서만이 세대 간의 차이가 95% 이상의 신뢰 수준일 때 통계적으로 유의미하게 나타났다.

통계적으로 유의미하면서도 산업화 < 민주화 < 정보화세대의 순서를 보이지 않는 복지태도를 살펴보면 몇 가지 흥미로운 점이 발견된다. 첫째, 정보화세대는 가장 높은 수준의 친복지 성향을 보이면서도 복지예산 확대를 위한 증세에 가장 반대한다는 점이다. 선행 연구들이 지적했던 한국인의 복지태도의 비일관성(김영순·여유진, 2011) 혹은 모순성(조남경, 2017)이 정보화세대에게서 다시 한번 명확히 확인되는 것이다. 이 세대가 전쟁·산업화 세대와 달리 전반적으로 교육 수준이 높아, 자기 태도의 논리적 모순성을 인지할 가능성이 높다는 점에서 이는 특히 흥미로운 지점이라고 할 수 있다.

둘째, 대부분의 복지태도 변수에서 산업화 < 민주화 < 정보화세대의 순서를 보이면서도, 몇몇 변수에서는 민주화세대가 가장 친복지적인 모습을 보이고 있다. '노동능력이 있어도 가난한 사람에게는 국가가 최소 생계 보장해야 한다(att_basic)'와 '노인 생활 지원에의 지출증대(aexp_old)'에서 그러한데, 이는 민주화세대가 가난한 사람에 대한 국가의 최소한의 생계보장이라는 측면에서 가장 친복지적이라는 뜻이고, 노인 생활 지원을 위한 정부지출에 가장 우호적이라는 뜻이다. 특히 노인 생활 지원은 산업화세대가 가장 혜택을 볼 수 있는 정부지출인데도 민주화세대가 가장 우호적이라는 점은 흥미롭다.

〈표 10-5〉에서 나타난 분석 결과가 사회화에 따른 세대요인이 아닌 복지태도에 영향을 줄 수 있는 다른 요인들에 의한 차이일 수도 있기 때문에, 〈표

〈표 10-5〉 세대에 따른 복지태도 차이

	산업화 세대	민주화 세대	정보화 세대	F-값	p-값
정부역할 att_goveq	3.61	3.847	3.891	34.527	0
근로의욕 att_welwill	3.375	3.991	4.176	98.483	0
성장분배 att_grds	2.462	2.542	2.551	4.986	0.007
복지증세 att_weltax5	2.922	2.95	2.939	0.329	0.719
예산증세att_weltax7	4.284	4.208	4.022	7.667	0
선별복지att_wellim	2.523	2.866	3.127	92.35	0
서비스보편성att_wel_range	2.701	3.062	3.279	51.798	0
건보민영화 att_prhlth	3.744	3.808	3.918	8.174	0
무상교육 att_educ	2.221	2.644	2.875	118.89	0
빈곤 att_poor	3.233	3.4	3.502	20.688	0
근로능력 att_basic	2.828	3.086	3.043	23.033	0
보육 att_preschl	3.374	3.375	3.769	41.048	0
실업 att_unem	3.452	3.559	3.6	8.318	0
보건 aexp_hlth	3.409	3.388	3.471	2.263	0.104
연금 aexp_pens	3.226	3.183	3.181	1.289	0.276
교육 aexp_educ	3.276	3.392	3.534	26.954	0
주거 aexp_hous	3.194	3.279	3.442	23.947	0
빈곤 aexp_poor	3.357	3.473	3.521	12.522	0
노인 aexp_old	3.316	3.396	3.384	3.801	0.022
장애인 aexp_disa	3.546	3.62	3.625	4.389	0.012
아동 aexp_chld	3.411	3.435	3.723	37.497	0
실업 aexp_unem	3.348	3.389	3.473	5.517	0.004
복지태도	-0.144	0.09	0.302	53.272	0

10-4〉의 모형 (4)를 최종 회귀분석 모델로 삼아 22개의 개별 복지태도에 대한 세대효과를 분석했으며, 그 결과를 〈표 10-6〉에 보고했다. 〈표 10-6〉의 가장 위쪽 패널에는 대주제 복지태도와 복지-세금 태도, 복지수혜범위 태도

〈표 10-6〉 세대효과: 개별 복지태도

	(1) att_ goveq	(2) att_ welwill	(3) att_ grds	(4) att_ weltax5	(5) att_ weltax7	(6) att_ wellim	(7) att_wel_ range			
민주화 세대	0.133*	0.380***	0.123**	-0.0209	0.00307	0.162**	0.0670			
	(0.0700)	(0.114)	(0.0603)	(0.0680)	(0.112)	(0.0814)	(0.105)			
정보화 세대	0.0995	0.327*	0.0401	-0.152	-0.272*	0.316***	0.207			
	(0.100)	(0.169)	(0.0884)	(0.0987)	(0.165)	(0.119)	(0.151)			
	(8) att_ prhlth		(9) att_ educ		(10) att_ poor	(11) att_ basic			(12) att_ preschl	(13) att_ unem
민주화 세대	-0.115		0.387***		0.119	0.339***			0.0147	0.0402
	(0.0755)		(0.0759)		(0.0762)	(0.0816)			(0.0781)	(0.0719)
정보화 세대	-0.0642		0.520***		0.0930	0.187			0.325***	-0.0541
	(0.108)		(0.113)		(0.114)	(0.121)			(0.111)	(0.105)
	(14) aexp_ hlth	(15) aexp_ pens	(16) aexp_ educ	(17) aexp_ hous	(18) aexp_ poor		(19) aexp_ old	(20) aexp_ disa	(21) aexp_ chld	(22) aexp_ unem
민주화 세대	-0.00976	0.0498	0.0747	0.0547	0.135**		0.190***	0.0709	-0.0106	-0.0263
	(0.0565)	(0.0579)	(0.0637)	(0.0595)	(0.0652)		(0.0622)	(0.0609)	(0.0621)	(0.0627)
정보화 세대	-0.00265	-0.0302	0.121	0.103	0.0782		0.164*	0.0309	0.192**	-0.0499
	(0.0840)	(0.0883)	(0.0896)	(0.0883)	(0.0929)		(0.0900)	(0.0860)	(0.0897)	(0.0924)

주: *** $p < 0.01$, ** $p < 0.05$, * $p < 0.1$

에 대한 세대효과가 보고되고 있으며, 중간 패널은 소주제 복지태도, 그리고 가장 아래 패널에는 각 복지정책 영역에서의 정부지출 태도에 대한 세대효과를 보고했다. 중간 패널의 소주제 복지태도와 아래 패널의 복지정책 지출

태도에 대한 결과는 서로 비슷한 복지 영역을 같은 열에 배치했다. 예를 들면 모형 (8)의 건강보험에 관한 소주제 복지태도(att_prhlth) 분석 결과와 모형 (14)의 건강보험지출에 관한 복지태도(aexp_hlth) 분석 결과를 모두 같은 첫 번째 열에 배치했다.

분석 결과 〈표 10-5〉에서 보고된 세대 간 복지태도의 단순 비교분석에서 발견되었던 산업화 〈 민주화 〈 정보화세대 순서로의 친복지 성향은 다른 요인들의 효과들을 통제했을 때 더는 유의미하게 나타나지 않았다. 그러나 여전히 대부분의 복지태도 변수에서 민주화세대와 정보화세대가 산업화세대보다 친복지적인 성향을 보이는 것으로 나타났다. 22개의 모든 개별 복지태도에서 이러한 태도의 차이가 통계적으로 유의미한 것은 아니었다.

그런데 다시 한번 눈에 띄는 것은 〈표 10-5〉의 분석에서 발견되었던 정보화세대의 모순성·이중성은 다른 변수들을 통제한 상태에서도 여전히 나타나고 있다는 점이다. 〈표 10-3〉에서 보고한 바와 같이, 정보화세대는 일반적으로 친복지적인 성향을 보인다. 그런데 〈표 10-6〉의 모형 (5)에서 보이는 바와 같이, 정보화세대는 다른 요인들을 통제한 상태에서도 복지예산 증대를 위한 증세에 가장 비우호적인 태도를 취한다.

민주화세대의 '이타성'과 산업화세대의 자기이해 배반적인 반복지적 태도도 다시 한번 눈길을 끈다. 〈표 10-5〉의 '빈곤한 근로능력자에게도 최소 생계 보장(att_basic)'과 '노인 생활 지원(aexp_old)'에서 민주화세대의 친복지 성향이 두드러지게 나타났다. 그리고 이는 〈표 10-6〉의 모형 (11)과 모형 (19)에서 볼 수 있듯이, 다른 요인들을 통제하더라도 여전히 유효한, 의미 있는 발견이다. 민주화세대는 빈곤층에 대한 국가의 최소한의 생계보장이라는 측면과 노인 생활 지원을 위한 정부지출에 매우 호의적이다. 노인 생활 지원으로부터 가장 큰 혜택을 받을 수 있는 세대가 산업화세대임에도 민주화세대가 이 부분에서 가장 친복지적인 성향을 보이고 있는 것이다. 이뿐만 아니라 정보화세대도 산업화세대보다 노인 생활 지원에 더 친복지적인 성향을 보이고 있다.

이 외에도 〈표 10-6〉은 매우 흥미로운 사실들을 보여준다. 개별 복지태도 변수 상당수에서 민주화세대와 정보화세대가 산업화세대에 비해 (통계적으로 유의미하건 유의미하지 않건 간에) 더 친복지적인 성향을 나타내지만, 두 세대가 친복지성을 보여주는 영역은 상당히 다르다. 즉 소득격차 해소에 대한 정부의 역할, 성장과 분배의 중요성, 근로능력자에게도 최소 생계보장, 빈곤층 생활 지원에서는 민주화세대의 친복지 성향이 두드러지게 나타나며, 복지의 근로의욕 저하효과, 교육지출, 영유아 보육에서는 정보화세대의 친복지 성향이 두드러지게 나타난다는 것이다. 복지의 근로의욕 저하효과와 노인 생활 지원에서는 민주화세대와 정보화세대가 모두 산업화세대와는 뚜렷이 구분되는 친복지 성향을 보이고 있었다.

이를 통해 첫째, 민주화세대는 정부의 재분배 역할과 빈곤층에 대한 지원에 특히 우호적인 태도를 취한다는 것을 알 수 있다. 소득격차 해소를 위한 정부의 역할을 중시하는 한편, 성장보다는 분배가 중요하다는 태도를 보이고 있다. 또한 빈곤층에 대한 정부의 생계보장 및 지원에도 우호적이다. 둘째, 정보화세대는 전통적인 재분배와 빈곤층 지원보다는 신(新)사회적 위험(new social risk)과 관련된 사회서비스적 복지에 더 우호적인 태도를 보인다. 선별적 복지보다는 보편적 복지를 원하고, 아이를 키우는 가족지원을 원하며, 보육시설, 유치원, 초·중·고등 교육의 무상 제공에 우호적이다. 이러한 정보화세대의 특징은 앞서 언급한 비일관성·모순성의 특징이 더욱 두드러진다. 셋째, 산업화세대는 다른 세대들에 비해 특히 복지의 증가가 일할 의욕을 저하시킨다고 믿고 있다. 노정호(Roh, 2013)에 따르면, 한국인들은 일하지 않아도 얻을 수 있는 복지 혜택이 게으름을 유발한다는 인식이 다른 OECD 국가의 사람들과 비교해 볼 때 높은 편인데, 〈표 10-6〉 모형 (2)의 결과는 전쟁·산업화세대에서 특히 이러한 성향이 두드러진다는 것을 보여준다.

5. 해석과 전망

이상에서 기존 연구들이 시도하지 않은 다양한 방법으로 한국인의 복지태도에 세대가 미치는 영향을 분석해 보았다. 이제 세대효과에 대한 좀 더 정교하고 다차원적인 분석을 통해 우리가 발견한 사실들을 해석하고, 그것이 한국 복지국가의 발전에 시사하는 점들을 정리해 보도록 하겠다.

첫째, 세대별로 복지태도의 분화는 매우 뚜렷이 나타난다. 이 장에서는 세대효과를 면밀히 살펴보기 위해 총괄적 복지태도 변수와 더불어 22개의 개별 복지태도 변수를 종속변수로 둔 분석 또한 실행했는데, 친복지 성향은 대부분 일관되게 산업화세대 < 민주화세대 < 정보화세대의 양상을 띠었다. 이런 결과는 우리가 세대 간 경계선을 획정하면서 상정했던 세대 특성과 궤를 같이하는 것이다.

상술하면 전쟁·산업화세대는 전쟁과 분단, 압축성장을 경험하면서 냉전 이데올로기와 선성장-후분배주의를 내면화했을 가능성이 높은 세대이다. 오랫동안 권위주의 정부를 경험하면서 정치권력이나 정치 엘리트들에 대한 불신이 전반적으로 높고, 정부의 재분배 역할에 대한 체험이 어려운 상태에서 각자도생적 가족주의 가치관을 습득한 세대이기도 하다. 사회적 연대나 소득재분배, 정부에 대한 신뢰를 가지기 어려운 세대인 것이다. 반면 민주화세대는 그 여론 주도층이 학생운동의 대중화 시기에 대학을 다니면서 민주주의와 민중주의, 집합주의 및 평등주의적 신념의 세례를 받았고 이런 신념에 입각한 담론들이 세대를 대표하고 지배하는 경향을 보여왔다. 정보화세대는 민주주의가 정착되고 복지확대가 시작된 시기에 청년기를 경과하면서, 정부의 소득재분배 역할과 복지책임에 대한 긍정적 담론, 권리로서의 복지 개념, 그리고 여타 OECD 국가들과 비교한 한국의 복지 낙후성과 복지확대 필요성에 대한 담론을 자주 접하면서 성장한 세대라고 할 수 있다. 이 장의 결과에서 뚜렷하게 확인되는 전쟁·산업화세대의 약한 친복지성과 민주화세대 및 정보화세대의 강한 친복지성은 이런 각각의 세대 경험에 기반을 둔다고 보아야 할 것이다.

둘째, 연령효과를 통제한 후에도 뚜렷이 나타나는 전쟁·산업화세대의 약한 친복지 성향 내지 반복지적 태도는 이 세대의 역사적 경험의 영향이 매우 강렬하고, 오래 지속되는 것임을 시사한다. 이들은 현재 고연령층이고 빈곤층이 많아 복지를 가장 필요로 하는 집단이다. 반면, 퇴직자와 빈곤층이 많아 증세 시 조세부담은 그리 많이 주어지지 않을 집단이다. 그런데도 이들은 정부의 재분배 역할이나 복지-노동유인의 상쇄효과에 대해 다른 세대보다 월등히 보수적인 태도를 지님은 물론이고, 심지어 노인 생활지원에 대해서도 민주화세대보다 지출 확대에 소극적인 모습을 보여주고 있다.

이 세대가 이렇게 '계급배반 투표'(강원택, 2013; 한귀영, 2013)에 비견될 만한 자기이해 배반적 복지태도를 통해 나이 듦 속에서도 부식되지 않는 세대효과를 보여준다는 점은 복지태도 결정에서 사회화의 경험과 이 과정에서 형성되는 가치와 신념이 얼마나 중요한지도 확인시켜 준다고 할 수 있겠다. 또한 전쟁·산업화세대의 이런 약한 친복지 성향은 오랫동안 한국인의 복지태도에 비계급적 윤곽(김영순·여유진, 2011)을 만들어내는 데도 기여했었을 것이라고 생각된다.[2] 빈곤층이 많이 분포한 전쟁·산업화세대에서 이렇게 약한 친복지 성향이 나타난다면, 이는 결국 복지태도의 계급적 윤곽을 흐릿하게 만들 수 있기 때문이다.

셋째, 선거 연구들에서 입증되었던 민주화세대의 진보성과 '386세대효과'가 복지태도에서도 일부 확인된다. 우리의 연구 결과에서 민주화세대는 친복지적 성향을 띠는 것으로 나타난다. 게다가 이들이 친복지적 태도를 보

2 많은 연구들(조정인, 2012; 이현주 외, 2013; 김윤태 외, 2013)은 복지정치가 활성화된 2010년 이후 자료에서는 한국인 복지태도에서 계급성이 드러난다고 보고하고 있다. 이 점 역시 향후 추이를 지켜보아야 할 대목이다.

이는 항목들은 자기 이해적이기보다는 이념적 진보주의의 특징을 지닌다. 즉 이들은 소득격차 해소를 위한 정부의 역할을 중시하고, 성장보다는 분배가 중요하다는 태도를 보이면서, 노동능력 유무와 상관없는 빈곤층에 대한 지원에서 어떤 세대보다도 우호적인 태도를 보이고 있다. 선행 연구들은 한국에서 복지태도의 차이를 가져오는 것은 사회인구학적 요인이 아니라 정치적 좌우 성향과 민주화에 대한 지지도라거나(김상균·정원오, 1995), 한국 상층 계급의 친복지적 태도는 교육 수준이 높은 민주화세대의 독특한 이데올로기적 태도일 가능성이 높다(김영순·여유진, 2011)는 해석을 내놓은 바 있는데, 이 장의 연구 결과는 이런 해석들과 직간접적으로 연결되는 것이라고 할 수 있겠다. 다만 최근에는 이제 50대가 된 386세대가 젊은 세대보다 여러 면에서 더 보수적이라는 연구 결과도 보고되고 있는 만큼(최샛별, 2018), 이들의 복지태도가 향후 연령효과에 따라, 그리고 최근 유권자들의 정서적 양극화 속에서 어떻게 변화할지 지켜볼 필요가 있을 것이다.

넷째, 연구 결과 가운데 가장 눈길을 끄는 것 중 하나는 복지와 세금에 대한 정보화세대의 비일관성이다. 복지확대를 원하면서 세금증대를 원하지 않는 것을 과연 비일관성 혹은 모순성이라고 부를 수 있는가에 대해서는 논란의 여지가 없지 않다. 그러나 복지확대의 주된 재원은 세금이며, 사회보험료 역시 일종의 '준조세'로 받아들여지기도 하기 때문에 이런 태도를 비일관성으로 해석하는 데는 큰 무리가 없다고 보인다.[3] 어쨌든 복지태도의 비일관성, 비통합성 문제를 본격적으로 제기한 김영순·여유진(2011)이 주목했던 것은 경제적 하층에서 비일관성이 가장 높게 나타난다는 사실이었다. 이들의 연구는 이를 저소득층 중에 교육 수준이 낮고 사회적 네트워킹이 제한된 고령층이 많아 논리적 모순을 깨닫기 어렵고, 이데올로기적 통합

3 좀 더 부정적으로 본다면 '이기성'이나 '무책임성'이라 할 수 있으며, 중립적으로 바라본다면 '경제적 합리성'이라고 할 수 있을 것이다.

성을 성취하기 어렵기 때문이라고 해석했었다. 그러나 정보화세대의 비일관성은 이런 방식으로 해석하기 어렵다. 이 세대는 전쟁·산업화세대와 달리 전반적으로 교육 수준이 높고, 다양한 미디어에 노출되어 자신의 태도의 논리적 모순성을 인지할 가능성이 높다고 보아야 할 것이기 때문이다.

조남경(2017)은 자신의 분석 결과에서 발견되는 정보화세대의 복지태도의 '모순성'을 '차별에 찬성하는 젊은 세대'에 대한 오찬호(2013)의 관찰을 끌어와 설명하고 있는데,[4] 이 장에서 발견한 정보화세대의 복지태도의 비일관성 역시 이런 맥락에서 해석해야 할 것으로 보인다. 즉 IMF 구제금융 이후 성장하면서 신자유주의적 가치관의 세례를 받았고, 격심한 교육 경쟁을 경험했으며, 취업을 위한 '스펙 쌓기' 과정에서 자기 계발에 탈진할 정도로 주력해야 했던 이 세대는 복지 혜택은 필요하나 그 재원 조달을 위한 증세는 감수하기 싫다는 태도를 보이고 있다는 것이다.[5] 특히 이들이 강한 친복지성을 보이는 항목들이 민주화세대와는 달리 진보적 이념성을 지니기보다는 자기 이해적 측면을 지닌다는 점도 이들의 실리주의적 일면을 드러낸다. 이들은 전통적인 재분배와 빈곤층 지원보다는 아이를 키우는 가족지원, 보육, 무상교육 등의 항목에서 강한 친복지적 태도를 드러낸다.

마지막으로 이와 같은 세대별 복지태도가 보여주는 특징들은 한국에서 복지확대와 이를 위한 증세가 결코 만만치 않은 과제임을 시사한다. 가장 복지를 필요로 하는 산업화세대는 자기 이해에 반하면서까지 복지확대와

4 즉 과도한 경쟁과 그것이 유발하는 과도한 자기 계발 노력에 대한 보상 심리가 있으며, 이에 따라 차별(화된 보상)에 찬성하고 차별적 태도를 내면화한 양상을 보인다는 것이다(오찬호, 2013).

5 게다가 조남경(2017)이 발견한 모순성이 한국의 정보화세대가 '복지는 정부 책임'이라고 생각하는 한편 '성취에 따른 소득격차를 당연한 것'으로 생각한다는 것을 지칭하는 다소 모호하고 간접적인 형태의 것이라면, 이 연구가 발견한 복지태도의 비일관성은 여러 형태의 복지확대 필요성을 묻는 질문들과 "복지확대를 위해 증세를 해야 한다"라는 문항 간의 충돌이라는 점에서 좀 더 직접적이고 분명한 형태를 띠고 있다고 하겠다.

정부 개입에 소극적이다. 이들은 또한 가장 열심히 투표에 참여하는 세대이긴 하나, 친복지적 경제정책과 사회정책을 가진 정당들을 다른 세대에 비해 훨씬 덜 지지한다(노정호·김영순, 2017). 결국 한국에서의 복지 발전은 세대라는 관점에서 볼 때 적어도 중단기적으로는, 민주화세대와 정보화세대의 정치적 연대에 기반을 두고 이루어져야 할 것으로 보인다. 그런데 이를 위해서는 무엇보다도 정보화세대의 증세에 대한 소극적 태도의 변화가 중요한 과제가 될 것이다. 이들이 왜 그토록 증세에 소극적인지, 그 원인에 대한 정확한 분석이 먼저 필요할 것으로 보인다.

참고문헌

강원택. 2013.「한국 선거에서의 '계급 배반 투표'와 사회 계층」. ≪한국정당학회보≫, 12(3), 5~28쪽.

김영순·여유진. 2011.「한국인의 복지태도: 비계급성과 비일관성 문제를 중심으로」. ≪경제와 사회≫, 91, 211~240쪽.

김윤태·유승호·이훈희. 2013.「한국의 복지태도의 정치적 역동성: 타계급성과 정치적 기회의 재평가」. ≪한국학연구≫, 45, 183~212쪽.

노정호·김영순. 2017.「한국의 복지태도와 정당지지: 제20대 국회의원 선거를 중심으로」. ≪동서연구≫, 29(2), 167~196쪽.

노환희·송정민·강원택. 2013.「한국 선거에서의 세대 효과」. ≪한국정당학회보≫, 12(1), 113~140쪽.

박길성. 2002.「왜 세대인가」. ≪계간 사상≫, 54, 8~27쪽.

______. 2011.「한국사회의 세대갈등」. ≪한국사회≫, 12(1), 3~25쪽.

박재흥. 2003.「세대 개념에 관한 연구」. ≪한국사회학≫, 37(3), 1~23쪽.

신광영. 2009.「세대, 계급과 불평등」. ≪경제와사회≫, 35~60쪽.

신동균. 2013.「베이비 붐 세대의 근로생애사 연구」. ≪보건사회연구≫, 5~32쪽.

신진욱. 2019.「'386' 담론의 계보와 정치적 의미론, 1990~2019」(한국사회학회 2019년 정기사회학대회 발표 논문, 12.20). 고려대학교.

윤종인. 2018.「우리나라 소득분배에 관한 소고」. ≪문화와융합≫, 40(3), 863~886쪽.

이승희·권혁용. 2009.「누가 언제 복지 정책을 선호하는가?」. ≪국가전략≫, 15(3), 147~

173쪽.
이준한. 2014.「한국 이념의 보수화와 생애주기효과: 2004, 2008, 2012년 국회의원선거를 중심으로」. ≪국제정치연구≫, 17(1), 27~48쪽.
이철승. 2019.「세대, 계급, 위계: 386 세대의 집권과 불평등의 확대」. ≪한국사회학≫, 53(1), 1~48쪽.
이현주 외. 2013.『근로 및 사회정책에 대한 국민의식 분석』. 한국보건사회연구원.
전상진. 2019.「세대 프레임의 쓸모」. ≪비판과 대안을 위한 사회복지학회 학술대회 발표논문집≫, 3~13쪽.
조남경. 2017.「복지태도의 세대 간 균열 연구」. ≪한국사회정책≫, 24(2), 245~275쪽.
조정인. 2012.「공리주의적 자기 이해관계 변인과 상징적 정치이념 변인이 유권자들의 복지정책 선호에 끼치는 영향에 대한 경험적 연구」. ≪정치·정보연구≫, 15(2), 153~173쪽.
최샛별. 2018.『문화사회학으로 바라본 한국의 세대 연대기』. 이화여자대학교 출판문화원.
한귀영. 2013.「2012년 대선. 가난한 이들은 왜 보수정당을 지지했는가?」. ≪동향과 전망≫, 89, 9~40쪽.
함인희. 2007.「세대분화와 세대 충돌의 현주소」. 한국정치학회·한국사회학회 공편.『한국사회의 새로운 갈등과 국민통합』. 인간사랑.
황아란. 2009.「정치세대와 이념성향: 민주화 성취세대를 중심으로」. ≪국가전략≫, 15(2), 123~151쪽.

Achen, Christopher H. 1975. "Mass Political Attitudes and the Survey Response." *American Political Science Review*, 69(4), pp.1218~1231.
Ansolabehere, Stephen, Jonathan Rodden and James M. Snyder. 2006. "Purple America." *The Journal of Economic Perspectives*, 20(2), pp.97~118.
Arts, Will and Gelissen, John. 2001. "Welfare States, Solidarity and Justice Principles." *Acta Sociologica*, 44, pp.283~299.
Bell, Andrew and Kelvyn Jones. 2013. "The Impossibility of Separating Age, Period and Cohort Effects." *Social Science and Medicine*, 93, pp.163~165.
Bhatti, Yosef and Kasper M. Hansen. 2012. "The Effect of Generation and Age on Turnout to the European Parliament: How Turnout Will Continue to Decline in the Future." *Electoral Studies*, 31(2), pp.262~272.
Converse, Philip. 1964. "The Nature of Belief Systems in Mass Publics." in David E. Apter(ed.). *Ideology and Discontent*, pp.206~261. New York. NY: Free Press.
Daatland, Svein., Marijke Veenstra, and Katharina Herlofson. 2012. "Age and Intergenerational Attitudes in the Family and the Welfare State." *Advances in Life Course Research*, 17, pp.133~144.
Edlund, Jonas. 2007. "Class Conflicts and Institutional Feedback Effects in Liberal and

Social Democratic Welfare Regimes." Stefan Svallfors(ed.). *The Political Sociology of the Welfare State*. London: Sage.

Goerres, Achim and Katrin Prinzen. 2012. "Can We Improve the Measurement of Attitudes Towards the Welfare State? A Constructive Critique of Survey Instruments with Evidence from Focus Groups." *Social Indicators Research*, 109-3, pp.515~534.

Granberg, Donald and Soren Holmberg. 1988. *The Political System Matters: Social Psychology and Voting Behavior in Sweden and the United States*. New York: Cambridge University Press.

Inglehart, Ronald. 1977. *The Silent Revolution*. Princeton: Princeton University Press.

Jennings, M. Kent and Richard G. Niemi. 1981. *Generations and Politics*. Princeton University Press. Princeton.

Kertzer, David I. 1983. "Generation as a Sociological Problem." *Annual Review of Sociology*, 91, pp.125~149.

Konzelmann, Laura, Corina Wagner and Hans Rattinger. 2012. "Turnout in Germany in the Course of Time: Life Cycle and Cohort Effects on Electoral Turnout from 1953 to 2049." *Electoral Studies*, 31(2), pp.250~261.

Kumlin, Staffan and Isabelle Stadelmann-Steffen(eds.). 2014. *How Welfare States Shape the Democratic Public: Policy Feedback, Participation, Voting, and Attitudes*. Cheltenham, UK: Edward Elgar Publishing.

Mannheim, Karl. 1927/1997. "The Problem of Generation." In Melissa A. Hardy(ed.). *Studying Aging and Social Change: Conceptual and Methodological Issues*. SAGE Publications. Inc.

Phillipson, Chris. 2013. "Intergenerational Conflict and the Welfare State: American and British Perspectives." in Alan Walker(ed.). *The New Generational Contract: Intergenerational Relations, Old Age and Welfare*. London: Routledge.

Powell, Lynda W. 1989. "Analyzing Misinformation: Perceptions of Congressional Candidates' Ideologies." *American Journal of Political Science*, 33, pp.272~293.

Roh, Jungho. 2013. "Concern about the Rise of Lazy Welfare Queens? An Empirical Explanation of the Underdevelopment of the Redistributive Welfare System in South Korea." *Social Science Journal*, 50(3), pp.289~298.

Sorensen, Rune J. 2013. "Does Aging Affect Preferences for Welfare Spending?" *European Journal of Political Economy*, 29, pp.259~271.

Troll, Lillian. 1970. "The Generation Gap: Conceptual Models." *Aging and Human Development*, 1, pp.78~89.

제11장

문재인 정부 복지정책에 대한 국민인식

최유석 | 한림대학교 사회복지학부 교수, **최창용** | KDI국제정책대학원 교수

1. 서론

'혁신적 포용국가'를 사회정책의 핵심 방향으로 내세운 문재인 정부는 아동수당 도입, 국공립 보육시설 확충, 기초연금 인상과 같은 아동과 노인 등 취약계층의 복리증진을 위한 다양한 정책을 추진하고 있다(정책기획위원회, 2018). 경제성장 과정에서 심화된 불평등과 시장에서 소외된 계층을 위한 정책적 관심 아래 이들을 우리 사회의 일원으로 적극적으로 포용하고자 시도하는 것이다. 포용적 사회정책은 경제적 불평등을 완화하고, 저임금근로자, 비정규직근로자 등 경제성장의 혜택에서 소외된 계층의 복리를 증진하는 다양한 정책을 포함한다(정책기획위원회, 2018). 이를 위해 정부에서는 최저임금 인상, 비정규직의 정규직 전환 등 노동시장정책을 강력히 추진하고 있다. 또한 아동수당 도입, 기초연금 인상 등 보편적 복지정책을 강화하고 있다.

---

* 이 장은 최유석·최창용, 「문재인 정부 복지정책에 대한 인식」, ≪한국콘텐츠학회논문지≫, 20(2)(2020)를 수정·보완한 것이다.

대통령 직속 정책기획위원회와 국책연구기관을 중심으로 혁신적 포용국가 또는 포용적 복지국가의 비전과 정책에 관한 각종 포럼 및 세미나가 개최되었고, 정부 역시 포용적 복지를 키워드로 정책홍보를 강화하고 있다(김미곤 외, 2017; 김연명, 2018; 대통령 직속 정책기획위원회·관계부처합동, 2018; KDI, 2018). 포용적 복지는 문재인 정부의 복지정책을 대표하는 키워드에서 문재인 정부의 사회정책 패러다임으로 진화한 것처럼 보인다. 문재인 정부가 추구하는 혁신적 포용국가 모델의 정책효과성에 대한 평가는 다소 이르다. 그러나 새로운 사회적 위험에 대응하는 문재인 정부의 이념적 기반과 구체적인 복지정책 관점에 대한 일반 국민들의 인식은 의미 있는 연구 주제라고 할 수 있다.

기존 연구에서는 주로 포용적 복지의 특성과 한계에 관한 이론적 논의가 주로 이루어졌다(이명현, 2018; 이상록, 2018; 진재문, 2018). 이 글에서 밝히는 문재인 정부의 복지정책과 주요 쟁점에 대한 인식은 향후 정부의 복지정책에 대한 지지도를 추적·평가할 수 있는 기초 자료로 활용될 수 있을 것이다. 특히 국민연금 재정 문제와 같은 논쟁적인 사안의 경우, 개혁 방안에 대한 여론을 파악함으로써 국민의 지지와 신뢰를 얻을 수 있는 최종적인 국민연금 개혁안을 마련하는 데 기여할 수 있을 것이다.

이 글에서는 포용적 복지의 개념과 관련 정책을 심도 있게 논의하고 평가하기보다는, 문재인 정부의 주요 복지정책에 대한 국민의 인식에 주목했다. 그 이유는 포용적 복지 패러다임이, 문재인 정부 이후에도 오랫동안 살아남을지가 정부에서 추진하는 각종 사회정책의 실적과 국민의 정책 수요에 부응하는 정책효과성 여부에 달려 있기 때문이다.

포용적 복지의 개념과 관련 정책을 정교하게 다듬는 작업은 관련 분야 전문가의 학문적, 정책 개발 노력으로 보완될 수 있다. 그러나 포용적 복지의 성패는 그 개념과 정책의 이론적 근거와 논리적 정합성에만 달려 있는 것이 아니다. 국민들의 국정운영에 대한 평가는 구체적인 정책의 성과에 좌우된다. 국민들은 포용적 복지와 같은 큰 그림의 역사적 배경과 이론적 정합성에는 별로 관심이 없을 수 있다. 국민들은 "포용적 복지"라는 슬로건보다는 아동수당, 건강보험 등 구체적인 정책에 더 많은 관심을 두는데, 국민에게는 각종 사회정책이 자신의 삶에 어떠한 혜택을 주는지가 중요하기 때문이다.

국민들은 문재인 정부가 추진하는 주요 복지정책에 대해서 어떻게 인식하는가? 국민들은 어떤 정책을 선호하는가? 국민들은 정부의 주요 복지정책 개혁에 대해 얼마나 찬성하고 있는가? 누가 찬성하고 누가 반대하는가? 이 글의 목적은 문재인 정부의 주요 복지정책, 정책 방향과 현안에 대한 국민인식을 밝히고, 어떠한 요인이 관련을 맺는지 탐색하는 것이다.

그동안 포용적 복지와 관련된 연구에서 포용적 복지 또는 정부의 복지정책에 대한 국민의 인식을 깊이 있게 탐색하는 작업은 상대적으로 부족한 것으로 보인다. 국민들이 공감하는 정책은 무엇인지, 국민들의 생각을 읽어내는 노력은 다소 등한시되었다. 따라서 이 글에서 다루는 문재인 정부의 복지정책과 그에 대한 국민인식 분석은 새로운 사회적 위험에 직면한 문재인 정부의 복지정책에 대한 대응과 정책효과성을 평가할 수 있는 기초자료를 제공할 것으로 기대된다.

이 장에서는 성인 1000명을 대상으로 2018년 12월에 진행한 설문조사를 통해 복지정책과 관련된 주요 현안에 대해 국민들이 어떻게 인식하는지를 살펴볼 것이다. 조사 이후 1년 반이 지나기는 했지만, 이를 통해 정부의 복지정책, 국민연금 개혁 등 중요한 복지문제에 대한 국민의 마음은 어떠한지 탐색할 것이다. 특히 국민들이 복지정책을 둘러싸고 자신의 이익과 상충될 가능성이 높은 사안(예: 보험료 인상)에 대해 어떻게 인식하는지를 살펴본 뒤, 이에 기반을 두고 향후 복지정책의 방향에 대한 시사점을 논의할 것이다.

2. 선행 연구 검토와 조사 영역 설정

국민들의 복지 인식과 관련된 요인에 대한 연구 성과가 상당히 축적되어 왔다. 기존 연구에서는 주로 정부의 사회복지 책임, 복지재정 확대 선호, 국민들의 비일관적이거나 이중적인 복지태도에 주목했다(김교성·김윤민, 2016; 김사현, 2017; 김수완 외, 2014; 김신영, 2010; 김영순, 여유진, 2011; 류만희, 최영, 2009; 박찬웅 외, 2014; 손병돈, 2016; 우명숙·남은영, 2014; 이성균, 2002; 이지호·황아란, 2016; 정세희·문영규, 2015; 주은선·백정미, 2007; 최균·류진석, 2000; 최유석, 2011). 정부의 구체적인 복지정책에 대한 국민 여론을 조사한 경험적 연구는 상대적으로 부족했다. 이는 분석 자료의 한계에서 비롯된다. 기존 연구에서는 '한국복지패널 부가조사', '한국종합사회조사' 등 표준화된 설문 문항을 활용해 사회복지에 대한 국민들의 일반적인 의견이나 증세에 대한 태도를 조사했다(예: 김윤태·서재욱, 2017; 김수완 외, 2014; 최유석, 2011; 허수연·김한성, 2016; 박찬웅 외, 2014). 빈곤, 노인, 실업, 소득격차 등 사회복지의 다양한 영역에서 정부지출 확대에 대한 찬반 의견 등 국민들의 인식이 어떠한지를 깊이 있게 탐색하고 그 변화를 추적하는 성과가 있었다.

그러나 기초연금, 무상보육, 아동수당 등 각 정부가 새롭게 추진하는 구체적인 복지정책에 대한 국민들의 찬반 여론이 어떠한지에 대해 높은 관심이 있었지만, 이를 규명하는 연구는 일부 연구를 제외하고는 매우 부족했다(노혜진 외, 2018). 국민들의 복지태도는 추상적인 쟁점(예: 보편적 복지 대 선별적 복지 선호)보다는 개별적인 복지정책에서 더 잘 나타날 수 있다. 이 연구에서는 기초연금 인상, 아동수당 도입 등 문재인 정부의 핵심 복지정책과 국민연금 재정 문제 해법 등 구체적인 방안에 대한 인식을 조사함으로써 기존의 표준화된 복지태도 연구의 한계를 보완하고자 한다.

한편 각 정부의 복지정책을 전반적으로 평가한 연구의 경우에서도 구체적인 복지정책에 대한 국민들의 인식보다는 해당 정부 복지정책의 핵심적인 특징을 주로 논의하고, 성과와 한계를 평가하는 데 주력했다(김교성·김성욱, 2012; 김원섭·남윤철, 2013; 김순영, 2009, 2011). 이 연구는 문재인 정부의 주요 복지정책을 포함해 국민연금 개혁 등 주요 쟁점에 대한 국민 여론을 파악한다는 점에서 매우 유용한 정책 자료로 활용될 수 있을 것이다.

이 장에서는 첫째, 문재인 정부의 핵심 복지정책에 초점을 맞추었다. 문재인 정부에서는 5대 국정목표 중 하나로 '내 삶을 책임지는 국가'를 표방하며, "포용적 복지국가"라는 슬로건하에 보건복지 분야와 관련된 국정과제를 제시했다(대한민국 정부, 2017). 이 중 '기초연금 인상', '아동수당 확대', '건강보험 보장성 확대'는 국민들이 쉽게 체감할 수 있는 대표적인 정책이다. 또한 상대적으로 정책 대상의 포괄성이 높은 정책이다. 따라서 세 가지 정책과 관련해 국민들의 인식은 어떠한지 살펴볼 것이다. 건강보험 보장성 확대와 관련해 찬성하는 경우 '건강보험 추가 납부 의향'을 조사했다.

둘째, 국민연금 개혁 방안에 대한 인식을 살펴볼 것이다. 국민연금 개혁은 지속적인 현안이다. 특히 재정추계 결과가 발표될 때마다 국민연금 재정안정화를 위한 개혁에 대한 관심이 되살아나고 있다. 가장 최근인 2018년 제4차 국민연금 재정추계가 발표되면서 국민연금 기금 고갈 시점이 3년 앞당겨진 것으로 나타났다(보건복지부, 2018). 보건복지부에서는 재정추계 결과에 기반을 두고 국민연금 보험료율과 소득대체율 조정과 관련해 네 가지 대안을 제시했다.[1] 이 장에서는 국민연금 재정안정화를 위한 해법 방안 중에서 ①국민연금 보험료 인상, ②국민연금 급여액 감소, ③국민연금 수급개시 연령 상향조정, ④국민연금 기금의 주식·부동산 투자 확대,

---

1 네 가지 대안은 다음과 같다. 첫째, 현행유지 방안은 현행 소득대체율 40%, 보험료율 9%인 국민연금과 기초연금 30만 원을 유지하는 방안이다. 둘째, 기초연금 강화 방안은 현행 국민연금을 유지하고, 기초연금을 40만 원으로 인상하는 방안이다. 노후소득보장 강화 1안은 소득대체율을 45%로 올리고, 보험료율을 12%로 인상하는 방안이다. 노후소득보장 강화 2안은 소득대체율을 50%로 올리고, 보험료율은 13%로 인상하는 방안이다(보건복지부, 2018).

⑤저출산과 같은 구조적 요인 해결 등 5가지 해법에 대한 국민인식을 살펴본다.

국민연금 보험료 인상, 급여액 인하, 수급연령 상한 조정 등은 국민연금 제도의 수입·지출 요소의 변화를 통한 재정안정화 개혁이다(유희원, 2016; 주은선·이은주, 2016). 국민연금의 수입을 증대하고 지출을 감소시키는 방안인 것이다. 이러한 제도 내적 개혁에 대해 부정적인 여론이 있었다. 국민들의 보험료 부담이 증가하고, 노후소득 보장 효과가 감소하기 때문이다. 문재인 정부에서도 국민들이 유사한 인식을 하는지, 아니면 보험료 인상에 대한 부정적인 여론이 감소했는지를 밝힘으로써 국민연금 제도 개혁의 여건이 어떠한지 살펴볼 필요가 있다. 이러한 국민 여론은 국민연금 법령 개정 등 제도 개혁의 성패를 좌우할 수 있기 때문이다.

한편 국민연금 기금의 주식·부동산 투자 확대, 저출산 등 구조적 요인 해결은 국민연금 기금의 수입을 증대하는 장기적인 재정안정화 방안이다(주은선·이은주, 2016). 효과적인 투자를 통해 기금투자 수익률을 증대할 수 있다면 굳이 보험료 인상 카드를 꺼내들 필요가 없을 것이다. 그러나 높은 투자 수익률은 기금 손실의 위험 부담도 높다는 문제점을 안고 있다(주은선·이은주, 2016). 특히 조사 시점인 2018년 12월은 주식시장의 호황이 한풀 꺾이고 침체기로 접어든 상황이었다. 국민들이 기금의 주식·부동산 투자 확대를 선호하는지 평가할 필요가 있는데, 이는 국민연금 기금 운용의 방향을 설정하는 데 영향을 미칠 수 있기 때문이다.

저출산 문제 등 구조적 요인 해결도 장기적인 국민연금 재정안정화 방안이다(김민정 외, 2015, 주은선·이은주, 2016). 보험료를 납부하는 생산가능인구는 감소하고, 급여를 받는 노인이 증가하는 상황에서 저출산은 국민연금 재정의 균형 유지에 부정적 영향을 미치는 요인이다. 저출산 등 구조적 요인 해결에 대한 여론이 어떠한지를 살펴볼 필요가 있다.

셋째, 국민연금의 사회적 투자의 경우 문재인 정부가 추구하는 공공성과 사회적 가치 증진과 관련이 있다(정책기획위원회, 2018). 국민연금의 사회적 투자는 수익성뿐만 아니라, 기업의 사회적 책임과 건전한 지배구조, 환경적 지속가능성을 고려하는 투자이다(보건복지부·국민연금공단, 2019). 문재인 정부는 국민연금의 스튜어드십 코드 강화와 같이 투자 대상 기업에 대한 주주권 행사에 적극적으로 나서고 있다(정책기획위원회, 2018). 이는 국민연금 기금 운용의 책임성 증진뿐만 아니라, 투자 대상 기업의 경영 방향에도 영향을 미칠 수 있다. 사회적 책임을 다하는 기업에 투자할 것인가, 아니면 높은 재무 성과를 내는 기업에 투자할 것인가? 스튜어드십 코드 도입에 따라 어떤 기업에 국민연금 기금을 투자해야 하는지에 대한 논란이 증가할 것이다.

국민연금 기금의 사회적 투자는 국공립 보육시설, 청년 임대주택 건립 등에 기금을 투자해 저출산 문제를 해결하고, 장기적으로 재정안정화를 모색하는 방안이다(김민정 외, 2015). 앞서 저출산 문제 등 구조적 요인 해결과 맥을 같이하지만, 좀 더 구체적인 방책으로 제시되는 것이다. 현행 국민연금에서는 매우 제한적인 규모의 사회적 투자가 이루어지고 있다(김수완, 2015). 기금 운용 현황을 보면 채권이 50.6%, 주식이 37.9%로 주를 이룬다. 사회적 투자 성격의 책임 투자에는 3.8% 정도인 26.7조 원만이 이루어지고 있다(보건복지부·국민연금공단, 2019). 책임 투자는 투자자산을 선택·운용하는 과정에서 수익성 증진을 위한 재무적 요소뿐만 아니라, 환경(E), 사회(S), 지배구조(G) 요소 등 기업의 사회적 책임과 지속가능성을 종합적으로 고려하는 투자 방식이다(보건복지부·국민연금공단, 2019).

그동안 국민연금 기금은 기금운용의 안정성을 위해 상당 부분이 채권에 투자되고, 수익성을 위해 주식과 대체투자가 활용되었다. 과거에는 국민연금 기금이 도로건설 등 사회간접자본 투자에 많이 활용되었다(김수완, 2015). 이후 국민연금 기금 운용의 책임성과 독립성이 증진하면서 노후생활 보장이라는 본연의 목적을 달성하도록 사회간접자본 투자는 점차 감소했다(김수완, 2015). 국민들은 사회적 투자 확대에 찬성하는가, 아니면 노후소득 보장이라는 본연의 목적에 충실할 것을 원하는가? 국민연금의 사회적 투자 확대와 관련해 국민들은 어떻게 인식을 하는지 살펴볼 필요가 있다. 국민들의 선호는 향후 국민연금의 사회적 투자를 정당화하는 데 영향을 미칠 수 있기 때문이다.

넷째, 복지재원 확충 방안에 대한 인식이다. 복지재원 확충 방안은 기존 연구에서도 많이 조사되었다(김사현, 2015; 허수연·김한성, 2016). 이 연구에서는 ①보편적 증세, ②고소득층 증세, ③정부의 효율적 운영을 전제로 증세 등 세 가지 항목을 조사했다. 문재인 정부가 출범한 이후 국민들의 보편적 증세에 대한 인식은 과거와 유사한지, 아니면 변화를 보이는지 살펴볼 필요가 있다.

다섯째, 정부의 복지제공 역할과 재정지원 방식, 국민행복 기여도에 대한 인식이다. 정부의 복지제공 역할과 관련해 정부가 최대한 복지를 제공해야 하는지, 아니면 최소한으로 필요한 부분만 지원해야 할지에 대한 인식도 상당히 많이 연구되었다(허수연·김한성, 2016). 다음으로 정부의 재정지원 방식과 관련해 효율성과 평등성 중에서 국민들은 어떤 방식을 선호하는지 살펴볼 것이다. 기존 연구는 효율성과 평등성보다는 성장과 분배 중에서 국민들의 인식이 어떠한지 살펴보았다(김수완 외, 2014; 허수연·김한성, 2016).

마지막으로 문재인 정부가 국민의 행복 증진에 기여하는지에 대한 평가를 살펴본다. "내 삶을 책임지는 국가"라는 슬로건에서 볼 수 있듯이 정부에서는 취약계층에 대한 지원 확대뿐만 아니라 보편적 복지확대를 통해 국민의 삶의 질 개선에 노력하고 있다(정책기획위원회, 2018). 이러한 정부의 노력이 과연 국민의 행복 증진에 기여하는지에 대한 인식을 살펴볼 필요가 있다. 정부의 다양한 정책적 노력이, 국민들이 가장 중요하게 생각하는 행복 증진에 얼마나 기여했는지 국민의 시각에서 평가하는 것이다.

3. 연구 방법

이 장에서는 KDI 경제정보센터에서 성인 1000명을 대상으로 수행한 '혁신성장과 사회적 가치에 대한 국민인식조사'를 활용했다. 조사 표본은 인구센서스 비율에 맞춰 지역별·성별·연령별로 1000명을 층화표집 했다. 면접원 대면조사를 수행했으며, 설문조사는 2018년 12월 5일부터 12월 28일까지 이루어졌다. 표본오차는 95% 신뢰 수준에서 ±3.1%p였다.

문재인 정부의 복지정책에 대한 인식은 ①사회복지 분야 주요 국정과제, ②국민연금 재정 문제 해법, ③국민연금 기금 투자 방식, ④복지재원 확충 방안, ⑤정부의 역할과 국민행복 기여 등 크게 5가지 영역, 17개 문항으로 구성했다.

먼저 사회복지 분야 주요 국정과제는 다시 ①기초연금 인상, ②아동수당 확대, ③건강보험 보장성 강화, ④건강보험 보장성 강화에 동의하는 경우, 보험료 추가납부 의향 등 4가지 인식을 조사했다.

국민연금 재정 문제 해법은 ①국민연금 보험료 인상, ②국민연금 수급액 감소, ③국민연금 수급개시 연령 상향조정, ④국민연금 기금의 부동산·주식 투자 확대, ⑤저출산 등 구조적 요인 해결 등 5가지 질문으로 구성했다. 국민연금의 사회적 투자는 ①국민연금 기금의 사회적 투자, ②국민연금 기금의 기업투자 방향 등 2가지 문항으로 구성했다.

복지재원 확충방안은 ①보편적 증세, ②고소득층 증세, ③정부의 효율적 운영을 전제로 추가 납세 의향 등 3가지 질문으로 구성했다. 마지막 정부의 역할과 국민행복 기여도는 ①정부의 사회복지 역할, ②정부 재정지원 방향, ③정부의 국민행복 증진 기여 등 3가지 항목으로 구성했다.

분석방법과 관련해 정부의 복지정책 인식과 관련된 5개 영역, 17개 문항별로 빈도분석을 수행했다. 국민들은 각 정책 영역별로 어떠한 정책에 찬성 또는 반대하는지를 살펴보았다.

〈표 11-1〉 응답자의 기본적 특성

(n=1,000)

	범주	%		범주	%
성별	남성	49.2	혼인 상태	기혼	68.3
	여성	50.8		미혼	26.5
연령대	20대	16.6		이혼	2.4
	30대	18.7		사별	2.8
	40대	21.3	최종 학력	초등학교 졸업 이하	4.0
	50대	20.3		중학교 졸업	6.5
	60대 이상	23.1		고등학교 졸업	38.2
지역	서울	20.1		대학교 졸업	46.3
	부산	7.1		대학원 석사 졸업 이상	5.0
	대구	5.0	거주 형태	자가	74.5
	인천	5.7		전세	17.1
	광주	2.9		보증금 있는 월세	7.7
	대전	3.0		보증금 없는 월세	0.4
	울산	2.3		기타	0.3
	세종	0.5	월평균 가구소득	100만 원 미만	3.7
	경기	23.9		100~200만 원 미만	8.0
	강원	3.1		200~300만 원 미만	16.4
	충북	3.1		300~400만 원 미만	17.7
	충남	4.1		400~500만 원 미만	22.2
	전북	3.7		500~600만 원 미만	12.0
	전남	3.6		600~700만 원 미만	8.3
	경북	5.4		700~800만 원 미만	4.4
	경남	6.5		800~900만 원 미만	2.3
경제활동	예	70.0		900~1000만 원 미만	1.7
종사상 지위	상용직 임금근로자	58.3		1000만 원 이상	3.3
	일용직 임금근로자	4.3	주관적 계층의식	1(최하층)	1.9
	임시직 임금근로자	11.4		2	12.7
	고용원을 둔 자영업자	6.0		3	32.4
	고용원이 없는 자영업자	16.9		4(중간층)	38.1
	무급 가족종사자	3.1		5	12.3
				6	2.2
정규직	예	90.9		7(최상층)	0.4

4. 분석 결과

1) 응답자의 기본적 특성

〈표 11-1〉은 응답자 1000명을 특성별로 분류한 것이다. 이 중 여성이 51%를 차지했다. 응답자의 연령은 60대 이상이 23%로 가장 많으며, 40대, 50대가 각각 21%, 20%였다. 지역별로는 경기 지역 거주자가 23%로 가장 많으며, 서울, 부산이 각각 20%, 7%를 차지했다. 경제활동에 참여한다는 응답자는 70%였다. 응답자의 종사상 지위는 상용직 임금근로자가 58%로 가장 많았다. 다음으로 고용원이 없는 자영업자가 17%로 나타났다. 91%가 정규직이라고 응답했다.

혼인 상태를 보면 68%가 기혼, 27%가 미혼인 것으로 나타났다. 대졸자가 46%로 가장 많았고, 고졸은 38%를 차지했다. 거주 형태를 살펴보면, 본인 소유가 75%, 전세가 17%를 차지했다. 월평균 가구소득은 400만 원대가 22%로 가장 많았다. 다음으로는 300만 원대, 200만 원대가 각각 18%, 16%를 차지했다. 중간층(4)에 속한다는 응답자가 38%로 가장 많았고, 상위층(6~7)은 약 3%인 반면, 하위층(1~2)에 속한다는 응답자는 약 15%인 것으로 나타났다.

2) 사회복지 주요 국정과제: 기초연금, 아동수당, 건강보험 보장성에 대한 인식

문재인 정부의 사회복지 분야 주요 국정과제 중에서 ①기초연금 인상, ②아동수당 확대, ③건강보험 보장성 강화 등 세 가지 정책에 대한 국민의 인식을 살펴보았다. 〈표 11-2〉에서 볼 수 있듯이 문재인 정부의 국정과제 중의 하나인 기초연금 인상안에 대해 49%가 찬성했다. 현행 20만 원을 유지하는 방안을 찬성하는 비율은 37%였다. 노인빈곤율이 높은 상황에서 국민

〈표 11-2〉 기초연금, 아동수당, 건강보험 보장성, 건강보험 추가납부 인식

(n=1,000, 단위: %)

기초연금 인상	현행대로 20만 원 수준을 유지해야 한다	30만 원으로 인상하는 것에 찬성한다	30만 원보다 더 많은 금액을 지급해야 한다	잘 모르겠다	
	37.4	48.5	8.5	5.6	
아동수당 확대	중산층 이하 또는 저소득층 아동에게 지급해야 한다	현행대로 90%의 아동에게만 지급해야 한다	모든 아동에게 주어야 한다	잘 모르겠다	
	47.6	23.6	25.6	3.2	
건강보험 보장성 확대	보장성을 축소해야 한다	현행 보장성 수준에 만족한다	보장성 확대에 찬성한다	잘 모르겠다	
	5.2	26.8	62.5	5.5	
건강보험 추가 납부 의향 *	전혀 그렇지 않다	별로 그렇지 않다	보통이다	약간 그렇다	매우 그렇다
	9.8	17.6	27.4	37.9	7.4

주: * 건강보험 보장성 확대에 찬성한 625명의 의견을 조사한 결과이다.

들은 기초연금 인상을 통한 노후복지 증진에 찬성하는 의견을 보이고 있다.

2018년 9월부터 이미 모든 아동에게 아동수당을 지급하는 방안이 확정되었다. 사후 국민 여론을 살펴보면, 아동수당의 경우에는 기초연금과 의견을 달리했다. 중산층 이하 또는 저소득층 아동에게 지급해야 한다는 의견이 48%로 가장 높았다. 모든 아동에게 주어야 한다는 의견과 하위 90% 아동에게만 지급해야 한다는 의견은 각각 26%, 24%를 차지했다(〈표 11-2〉 참조).

노인을 대상으로 한 기초연금과는 달리, 아동수당의 경우에는 아동을 양육하는 가정의 책임을 좀 더 강조하는 것으로 보인다. 자녀 양육은 여전히 가족의 책임이 일차적이라는 인식을 나타낸 것일 수 있다. 이는 노인부양 문제, 빈곤노인 문제에 대해 정부의 적극적인 역할을 강조하는 국민들의 인식과 조금 다른 양상이다. 또한 부유한 집안 아동에게까지 아동수당을 지급하는 것에 대한 부정적인 인식이 작용한 결과일 수 있다.[2]

2 설문 문항이 기초연금의 경우 급여 수준과 관련된 반면, 아동수당은 급여 대상과 관련된 진술이기 때문에 직접 비교하기 어려운 측면이 있다. 기초연금의 경우 급여 대

건강보험 보장성의 경우 확대에 찬성한다는 응답이 63%에 달했다. 현행 보장성에 만족하는 경우는 27%였다(〈표 11-2〉 참조). 건강보험은 한국의 가장 대표적인 보편적 복지정책이다. 거의 모든 국민이 건강보험에서 보장하는 급여 혜택을 받고 있다. 따라서 건강보험의 보장성을 확대하는 것에 과반수 이상이 찬성하는 의견을 보였다.

건강보험 보장성을 확대해야 한다고 응답한 사람들을 대상으로 보험료를 더 많이 낼 의향이 있는지를 물었다. 본인이 더 많은 보험료를 낼 의향이 있다는 응답자는 절반에 못 미쳤다(〈표 11-2〉 참조). 45%가 보험료를 더 낼 의향이 있다고 응답한 반면, 27%는 보험료를 더 낼 의향이 없으며, 27%는 보통이라고 응답했다. 건강보험 보장성을 확대해야 하지만 본인이 보험료를 더 많이 내서 보장성을 확대하겠다는 의견은 아니었다.

3) 국민연금 재정 문제 해법에 관한 인식

국민연금 재정 문제에 관한 해법을 ①국민연금 보험료 인상, ②국민연금액 축소, ③국민연금 수급개시 연령 상향, ④국민연금 기금의 주식·부동산 투자 확대, ⑤저출산 등 구조적 요인 해결 등 다양한 측면에서 살펴보았다. 〈표 11-3〉은 국민연금 재정 문제 해법에 대한 빈도분석 결과이다.

먼저 가입자의 국민연금 보험료 인상에 대한 의견을 물었다. 보험료 인상에 대한 국민 여론은 부정적인 것으로 나타났다. 국민연금 재정 문제에 대한 해법으로 보험료 인상에는 전반적으로 반대하는 것이다. 보험료 인상에 찬성한다는 응답은 24%에 그쳤으며, 반대한다는 응답이 46%에 달했다. 최근 정부의 국민연금 개편안에서 볼 수 있듯이 보험료 인상은 인기 없는

상의 확대 또는 축소에 관한 질문이 아니라, 급여 수준의 인상에 대한 의견을 조사했다. 향후 연구에서는 정책의 구성 요소와 관련해 다양한 측면을 조사할 필요가 있다.

〈표 11-3〉 국민연금 재정 문제 해법에 관한 인식

(n=1,000, 단위: %)

	전혀 그렇지 않다	별로 그렇지 않다	보통이다	약간 그렇다	매우 그렇다
국민연금 보험료 인상	18.0	27.9	30.5	19.3	4.3
국민연금액 축소	23.2	36.8	24.4	13.4	2.2
수급 개시 연령 상향	21.6	29.1	23.8	19.3	6.2
주식/부동산 투자 확대	6.9	17.7	35.6	31.1	8.7
저출산 등 구조적 요인 해결	2.5	8.6	21.1	34.3	33.5

정책이다. 이는 경기가 침체되면서 국민들이 국민연금 보험료 인상을 부담스러워할 수 있기 때문이다.

국민들은 국민연금 재정 문제 해법으로 보험료 인상이 아닌 다른 방안을 선호할 수 있다. 국민연금 급여액을 줄여야 한다는 의견에 대해서도 반대한다는 응답이 많았다. 급여액 감소에 찬성한다는 응답은 16%인 반면, 반대한다는 응답은 60%에 달했다. 노인빈곤이 심각하고, 국민연금 급여 수준이 노후 생계를 유지하기에 충분하지 않은 상황이므로 국민들은 국민연금 급여액을 줄이는 방안에 반대하고 있다. 지난 1998년, 2007년 두 차례의 국민연금 개혁으로 소득대체율은 40년 가입 기준 70%에서 40%로 감소되었다(우해봉·한정림, 2015; 2017). 2007년 개혁 이후 1952~1984년생의 실제 소득대체율은 30% 정도인 것으로 추정되고 있다(우해봉·한정림, 2015). 이러한 상황에서 급여액을 더 낮추는 방안에 대해 국민들이 반대할 가능성이 있다.

국민연금 수급개시 연령을 65세 이후로 늦춰야 한다는 데 찬성하는 응답이 26%인 반면, 반대가 과반수(51%)였다. 노인의 노후생활이 불안정하고, 빈곤에 처한 노인이 많은 현실에서 국민연금 수급개시 연령을 65세 이후로 상향조정 하는 것에 대해 국민들은 비판적인 입장이다.

한편 국민연금 기금을 주식·부동산에 투자해 수익성을 증대해야 한다는 의견에 대해서는 40%가 찬성했고, 반대한다는 응답이 25%였다. 국민들은 보험료 인상, 연금액 삭감, 수급 개시연령 상향조정 등의 방안보다는 국민연금 기금의 투자수익률을 증대하는 방안을 통해 재정 문제를 해결해야 한다는 주장에 상대적으로 높은 찬성 의견을 보였다.

저출산 등 국민연금 재정에 부정적 영향을 미치는 구조적 요인을 해결해야 한다는 의견에 대해서는 68%가 찬성했다. 보험료 인상, 연금액 삭감 등 기금 수지 구조에 직접 영향을 미치는 제도 내적 요인에 대한 조정보다는 저출산에 따른 보험료 수입 감소, 연금액 증가 등의 구조적 요인을 해결해야 한다는 데 공감한 것으로 보인다. 그러나 어떠한 방식으로 구조적 해법을 추진할 것인지에 대해서는 후속 연구에서 살펴볼 필요가 있다.

4) 국민연금 사회적 투자 및 기업투자에 대한 인식

〈표 11-4〉는 국민연금의 사회적 투자에 대한 인식을 나타낸 것이다. 국민연금 기금 운용에서 국공립 보육시설 설립 등 사회적 투자를 강화해야 할지, 노후소득보장이라는 본연의 목적에 충실해야 할지에 대해 물었다. 국민들은 국민연금의 사회적 투자 강화보다는 노후소득 보장에 충실해야 한다고 응답했다. 국민연금이 노후소득 보장에 충실해야 한다는 응답이 60%로

〈표 11-4〉 국민연금의 사회적 투자 인식

(n=1,000, 단위: %)

국민연금 기금 활용	노후소득 보장이라는 본연의 목적에 충실해야 한다				보육시설 설립 등 사회적 투자를 강화해야 한다		
	(1)	(2)	(3)	(4)	(5)	(6)	(7)
	18.3	22.0	20.0	20.2	6.6	6.8	6.1
국민연금 기금 투자 방향	높은 재무 성과를 내는 기업에 투자해야 한다				사회적 책임을 다하는 기업에 투자해야 한다		
	(1)	(2)	(3)	(4)	(5)	(6)	(7)
	7.2	16.0	17.3	20.1	12.4	12.7	14.3

나타난 반면, 사회적 투자를 강화해야 한다는 응답은 20%에 그쳤다.

보육시설 설립 등의 사회적 투자는 향후 저출산 문제를 해결하는 데 기여할 수도 있다. 그동안 저출산 대책으로 추진되었던 출산장려금, 보육료 지원 정책 등은 기혼여성의 출산율을 증진시키는 데 기여했다. 그러나 여성의 혼인율이 감소함으로써 전체 출산율 증진으로 이어지지는 못했다(이철희, 2018). 따라서 저출산 문제 해결에 기여하지 못했던 사회적 투자 확대에 대해 국민들은 비판적인 견해를 취할 수도 있다. 아니면 아직도 한국 사회에서는 사회적 투자에 대한 인식이 부족하고, 장기적인 효과에 대한 인식이 부족한 것일 수도 있다.

국민연금 기금을 어떤 기업에 투자할 것인가에 대한 의견도 살펴보았다(〈표 11-4〉 참조). 국민들의 의견은 팽팽히 맞섰다. 높은 재무 성과를 내는 기업에 투자해야 한다는 의견이 41%, 사회적 책임을 다하는 기업에 투자에 해야 한다는 의견은 39%였다. 국민들은 국민연금 기금 운용의 원칙과 관련해 사회적 가치와 수익성을 모두 중요한 것으로 보았다.

5) 복지재원 확충 방안에 관한 인식

〈표 11-5〉는 복지재원 확충 방안에 대한 인식을 나타낸 것이다. 먼저 보편적 복지를 위해 모두의 세금 인상에 대해서는 반대한다는 의견이 35%

〈표 11-5〉 복지재원 확충방안에 관한 인식

(n=1,000, 단위: %)

	전혀 그렇지 않다	별로 그렇지 않다	보통이다	약간 그렇다	매우 그렇다
보편적 증세	12.2	22.8	32.6	27.1	5.3
고소득층 증세	2.4	4.6	11.4	28.1	53.5
효율적 운영 전제, 증세	6.3	13.9	32.1	34.2	13.5

로 찬성한다는 응답 32%를 조금 앞섰다. 국민들은 모든 이들의 세금을 인상하는 방안을 상대적으로 덜 선호하는 것으로 나타났다.

국민들은 보편적인 증세에 대해 비판적인 견해를 보였다. 그렇다면 복지재원을 어디서 확보할 것인가? 국민들은 고소득층에게 더 많은 세금을 걷어 충당해야 한다는 데 82%가 동의했다. 문재인 정부에서도 이러한 국민 여론이 부동산 보유세 인상 등 고소득층을 타깃으로 한 부동산 정책에 일부 반영되고 있다.

정부의 효율적 운영을 전제로 한 추가적인 세금 납부 의향을 조사했다. 정부의 효율적 운영을 전제로 세금을 더 낼 의향이 있다는 응답은 48%, 의향이 없다는 응답은 20%를 차지했다. 국민들은 자신의 세금이 헛되이 쓰이길 원하지 않으며, 거의 절반의 국민들은 정부가 효율적으로 운영된다는 전제하에 세금을 더 낼 의향이 있다고 답했다. 따라서 정부는 정책을 효과적으로 수행하고, 정부 사업을 좀 더 효율적으로 관리해 국민들에게 신뢰를 얻을 필요가 있다.

6) 정부의 복지 제공 역할, 재정지원 방향, 국민행복 증진 인식

〈표 11-6〉은 정부의 복지제공 역할, 재정지원 방향, 국민행복 증진 인식을 나타낸 것이다. 국민들은 정부의 복지 제공 역할에 대해 긍정적으로 인식했다. 7점 척도에서 정부의 적극적인 역할에 찬성하는 비율은 47%인 반면, 최소한의 지원에 국한해야 한다는 의견에 가까운 비율은 33% 정도였다. 무상급식, 기초연금, 아동수당 등 보편적 복지정책이 시행되면서 국민들은 정부의 적극적인 복지 제공에 대해 상대적으로 긍정적인 입장을 보이고 있다(서재욱·김윤태, 2014). 보편적 복지정책에서는 수혜자 집단이 광범위하기 때문에 복지정책의 혜택을 받는 사람들은 정부의 복지확대정책에 긍정적인 입장을 보일 수 있다.

〈표 11-6〉 정부의 복지 제공 역할, 재정 지원 방향, 국민행복 증진 기여

(n=1,000, 단위: %)

정부의 복지 제공 역할	정부는 최소한의 필요한 부분만 지원해야 한다				정부가 최대한 복지를 제공해야 한다		
	(1)	(2)	(3)	(4)	(5)	(6)	(7)
	6.2	9.7	16.7	20.7	18.2	17.7	10.8
정부 재정 지원 방향	가장 효율적으로 활용할 수 있는 사람들에게 재정을 지원해야 한다				누구에게나 평등하게 재정을 지원해야 한다		
	(1)	(2)	(3)	(4)	(5)	(6)	(7)
	7.0	14.0	20.0	19.1	13.7	14.5	11.7

정부의 국민행복 증진 기여	전혀 그렇지 않다	별로 그렇지 않다	보통이다	약간 그렇다	매우 그렇다
	4.1	20.9	41.1	31.7	2.2

한편 정부의 재정지원 방식에 대해서는 국민들의 의견이 맞섰다. 재정지원의 평등성을 강조하는 입장이 41%인 반면, 효율성을 강조하는 입장은 40%였다. 한국 사회에서는 효율성과 평등성이라는 가치에 대한 국민들의 입장이 갈리는 것으로 보인다. 정부의 국민행복 증진 기여에 대해 34%가 동의하는 반면, 25%는 반대, 41%는 유보적인 입장을 취했다.

5. 논의와 전망

이 장에서는 문재인 정부가 추진하는 주요 복지정책에 대한 국민의 인식을 살펴보았다. 기초연금 인상, 아동수당 도입뿐만 아니라 국민연금 개혁 등 복지정책과 관련된 다양한 쟁점에 대해 국민 여론은 어떠한지를 진단했다. 분석 결과 국민들은 정부의 복지 제공 역할에 대해 대체로 긍정적으로 인식했다. 문재인 정부의 공약 사항 중 하나인 기초연금 인상안에 대

해 절반에 가까운 국민들이 찬성했다. 경기침체가 지속되고, 노인빈곤율이 높은 상황에서 국민들은 기초연금 인상을 통한 은퇴 후 노인의 소득보장에 찬성했다. 기초연금은 하위 70%의 노인에게 지급된다. 빈곤층에 초점을 맞춘 기초생활보장제도에 비해 빈곤 완화 효과가 상대적으로 낮다. 따라서 노인빈곤 완화를 목표로 한다면 노인 중에서 소득이 하위 50%인 노인에게 기초연금을 더 많이 지급하는 방안을 고려할 필요가 있다. 반면에 아동수당의 경우에는 기초연금과 의견을 달리했다. 중산층 이하 또는 저소득층 아동에게 지급해야 한다는 의견이 가장 높았다. 국민들은 여전히 아동 양육에서 가족의 책임을 강조하는 것으로 여겨진다.

건강보험 보장성 확대에 대해서는 절반 이상이 찬성한다고 응답했다. 특히 국민들이 건강보험 보장성 확대에 가장 높은 동의 비율을 보인 데 주목할 필요가 있다. 건강보험은 기초연금, 아동수당과는 달리 모든 국민에게 혜택을 제공하기 때문이다. 또한 종합병원 특진료 폐지, MRI 검사 건강보험 적용 등 다양한 방식으로 건강보험 혜택이 확대되는 것을 국민들이 체감할 수 있기 때문이다. 이 점은 아동수당과 같은 현금성 복지제도가 도입되거나 금액이 인상될 때 국민들이 그 정책을 혜택으로 느끼지만, 이후 당연시하는 것과는 다르다. 국민들이 체감할 수 있는 정책은 건강보험과 같이 양질의 서비스에 대한 접근성을 확대해 일상적으로 혜택을 누릴 수 있도록 하는 정책이다.

국민연금 재정 문제에 관한 다양한 해법에 대한 여론도 살펴보았다. 조사 결과, 보험료 인상에 대한 국민 여론은 부정적이었다. 국민연금 급여액을 줄여야 한다는 데도 반대하는 의견이 많았다. 또한 국민연금 수급 개시 연령을 65세 이후로 늦춰야 한다는 의견에 대해서도 과반수가 반대했다. 보험료 부담 증가, 급여액 감소와 같은 국민연금의 수입과 지출에 직접 관련된 요소의 개혁에는 반발이 심한 것으로 나타났다. 특히 자영업자 등 지역가입자의 경우 본인이 보험료를 전액 부담해야 하는 상황에서 추가적인 보험료 인상은 부담스러울 수 있다(김원섭 외, 2016).

이는 재정안정화 문제에 대응하기 위한 국민연금 개혁이 쉽지 않음을 시사한다. 국민연금의 수입 및 지출과 관련된 제도 내적인 핵심 구성 요소의 개혁이 이루어지지 않고서는 국민연금의 재정안정화는 용이하지 않다. 이러한 해법에 대해 부정적인 국민 여론에 직면해, 거의 매년 선거를 치러야 할 정부와 정당은 국민연금 개혁에 대해 미온적인 태도를 보일 수 있다. 재정 문제는 지금 당장 해결해야 할 문제가 아니라 여겨, 국민연금 개혁은 차기 정부로 미룰 가능성도 있다.

보험료 인상이 인기 없는 정책이라서 포기하기보다는 연금급여액 인상과 연계시키는 방안을 고려할 필요가 있다. 보험료 인상에 반대하는 의견이 많은 것은 보험료 인상에 따른 반대급부에 대한 언급이 없기 때문이다. 보험료가 인상되는 대신에 일부라도 국민연금 소득대체율이 증진되어 대다수에게 더 많은 국민연금을 줄 수 있는 방안을 함께 제시해야 할 것이다. 최근 보건복지부에서 마련한 국민연금개혁안(보건복지부, 2018)에서는 보험료 인상과 소득대체율 인상을 연계한 대안을 마련한 점, 노후소득 보장의 적절성과 재정안정성을 동시에 추구한 점에서 주목할 만하다.

한편 국민연금 기금을 주식·부동산에 투자해 수익성을 증대해야 한다는 의견에 대해서는 찬성 비율이 상대적으로 높았다. 또한 저출산 등 국민연금 재정에 부정적 영향을 미치는 구조적 요인을 해결해야 한다는 데 대해서도 높은 찬성 비율을 보였다. 이러한 주장은 일견 합리적으로 보이지만, 재정 문제의 심각성을 직시하지 않고 제도 개혁의 고통을 회피하는 방법으로 활용될 수도 있다.

국민들은 국민연금 기금 운용에서 사회적 투자 강화보다는 노후소득 보장에 충실해야 한다는 의견을 조금 더 선호했다. 전반적으로 국민들은 국민연금 기금 운용의 원칙과 관련해 사회적 가치와 수익성을 모두 중요하게 인식했다. 이는 정부의 재정지원 방식과 관련해 재정지원의 평등성과 효율성을 강조하는 의견이 팽팽하게 맞서는 것과 맥을 같이한다. 아울러 현 정부에서 강조하고 있는 공공성 확대 등의 사회적 가치 증진은 국민 여론을 면밀히 살펴 추진할 필요가 있다. 일차적으로 각종 복지제도 본연의 목적을 충실히 이뤄내 국민들의 신뢰를 얻어야 한다. 그 이후에 사회적 가치를 강화하는 방안을 모색해야 한다.

복지재원 확충과 관련해 국민들은 보편적 복지를 위해 납세자 모두의 세금을 인상해야 한다는 의견에는 다소 비판적인 반면, 고소득층에게 더 많은 세금을 걷어 충당해야 한다고 인식했다. 또한 정부정책의 효율적인 운영을 통해 절감한 재원을 복지 재원으로 활용할 것을 바라고 있다. 어느 시대에도 세금 인상을 반기는 국민은 없다. 정부의 역할은 보편적 복지확대를 위해서는 세금 인상이 불가피하다는 점을 국민들에게 정확히 알리고 협력을 구하는 것이다. 이를 위해서는 정부가 효과적으로 일하는 모습을 보여줘야 한다. 정부에 대한 신뢰를 기반으로, 모두의 복리증진을 위한 보편적 증세의 필요성을 적극적으로 설득할 필요가 있다. 보편적 증세는 당장의 선거에서 불리할 수 있어도 장기적으로 국가 재정의 안정화를 위해 꼭 필요한 일이다.

한편 직접적인 보편적 증세가 어렵다면 소득공제, 세액공제 등 조세지출을 축소하는 방법을 적극적으로 고려해야 한다. 특히 기초연금, 아동수당과 같은 (준)보편적 복지제도가 시행되면서 암묵적으로 노인부양 및 아동양육 가족의 소비지출을 보전하는 성격을 지닌 경로우대, 부양가족공제 등의 기본·추가 공제를 축소할 필요가 있다. 또한 근로장려금의 대상 범위를 중산층 이하 근로자에게까지 확대해 조세지출 축소에 대한 비판적인 여론을 완화하는 방안도 생각해 볼 수 있다(유종성, 2018). 이는 조세지출의 역진적 성격을 해결하고, 저소득층의 근로활동 참여를 증진하는 방안으로 활용할 수 있다.

문재인 정부는 복지정책을 확대하는 다양한 노력을 추진하고 있다. 그러나 이러한 노력이 국민들의 행복 증진에 기여하고 있다는 데 대해서는 국민들은 3분의 1만이 동의하고 있다. 각종 정부정책이 행복증진에 미치는 체감도는 여전히 낮은 상황이다. 정부에서는 국민의 행복증진을 각종 정책의 궁극적이고 명시적인 목표로 상정해 추진할 필요가 있다.

문재인 정부는 급격한 개혁을 통해 한국 사회의 주요 제도와 가치를 변화시키려 시도하고 있다. 보수정부 이후 집권한 진보정부의 도전은 구조적인 개혁을 큰 폭으로 추진하는 과정에서 다양한 저항에 직면하고 있다. 구조적 개혁에 따른 반발을 줄이기 위해서는 관련된 정책을 치밀하게 추진해야 하며, 정부는 정책의 영향을 받는 다양한 이해관계자의 선호와 행동에 주목해야 한다. 새로운 정책의 도입으로 손해를 보는 집단을 어떻게 설득할지, 정책 시행에 따른 부정적 영향을 어떻게 최소화할지를 고심해야 한다. 집권 4년 차에 접어든 문재인 정부가 현장의 목소리를 경청하고, 현실에 기반을 둔 정책을 효과적으로 실행해 나가길 기대한다.

참고문헌

김교성·김성욱. 2012.「복지의 양적 확대와 체계적 축소: 이명박 정부의 복지정책에 대한 평가」. ≪사회복지정책≫, 39(3), 117~149쪽.

김교성·김윤민. 2016.「복지태도의 이중성」. ≪한국사회복지학≫, 68(2), 27~51쪽.

김미곤 외. 2017.「포용적 복지국가 비전과 정책방향」. ≪정책보고서≫, 2017-95. 한국보건사회연구원.

김민정 외. 2015.「신탁기금 운용의 관점에서 평가한 국민연금기금의 사회적 투자 수익률」. ≪사회복지정책≫, 42(1), 211~237쪽.

김사현. 2015.「한국인의 복지태도 불일치에 대한 탐색적 연구」. ≪사회과학연구≫, 41(1), 27~57쪽.

김사현. 2017.「정부지출에 대한 태도이중성 비교연구」. ≪사회복지정책≫, 44(4), 35~66쪽.

김수완. 2015.「국민연금기금 투자에서의 공공성: 역사적 접근」. ≪한국사회정책≫, 22(4),

135~160쪽.
김수완·김상진·강순희. 2014.「한국인의 복지정책 선호에 관한 연구」. ≪사회보장연구≫, 30(2), 67~90쪽.
김순영. 2011.「이명박 정부의 사회복지정책: 사회복지정책의 후퇴?」. ≪현대정치연구≫, 4(1), 127~152쪽.
김신영. 2010.「한국인의 복지의식 결정요인 연구: 국가의 공적책임에 대한 태도를 중심으로」. ≪조사연구≫, 11(1), 87~105쪽.
김연명. 2018.「문재인정부 복지정책의 전망과 과제: 한국 복지국가의 경로를 바꿀 것인가?」. ≪한국사회복지정책학회 춘계학술대회 자료집≫, 343~361쪽.
김영순. 2009.「노무현 정부의 복지정책: 복지국가의 제도적·정치적 기반 형성 문제를 중심으로」. ≪경제와 사회≫, 82, 161~185쪽.
김영순·여유진. 2011.「한국인의 복지태도: 비계급성과 비일관성 문제를 중심으로」. ≪경제와 사회≫, 91, 211~240쪽.
김원섭 외. 2016.「우리나라 공적연금의 보편적 중층보장체계로의 재구축 방안에 관한 연구」. ≪사회보장연구≫, 32(4), 1~29쪽.
김원섭·남윤철. 2013.「이명박 정부 사회정책의 발전: 한국 복지국가 확대의 끝?」. ≪아세아연구≫, 143, 119~152쪽.
김윤태·서재욱. 2014.「한국의 복지태도와 복지제도」. ≪동향과 전망≫, 331~378쪽.
_____. 2018.「노동시장의 이중화가 불평등 완화의 국가책임 지지에 미치는 영향」. ≪사회과학연구≫, 44(1), 137~169쪽.
노혜진·이현옥·김윤민. 2018.「제도별 복지인식 영향요인에 관한 연구」. ≪사회보장연구≫, 34(1), 79~105쪽.
대통령직속 정책기획위원회·관계부처협동. 2018.『문재인 정부 '포용국가' 비전과 전략: 국민의 삶을 바꾸는 포용과 혁신의 사회정책』.
대한민국 정부. 2017.『100대 국정과제』.
류만희·최영. 2009.「복지정책에 대한 지지도 연구」. ≪한국정책과학학회보≫, 13(1), 191~210쪽.
박찬웅 외. 2014.「복지인식의 사회적 배태성: 영역별 국가의 복지책임지지 요인에 대한 다수준분석」. ≪사회보장연구≫, 30(1), 105~141쪽.
보건복지부. 2018. "제4차 국민연금 재정계산을 바탕으로 한 국민연금 종합운영계획".
보건복지부·국민연금공단. 2019. ≪국민연금 책임투자 활성화 방안(초안). 2019년도 제6차 국민연금기금운용위원회 보고사항(2019-19)≫.
손병돈. 2016.「집단간 복지태도의 차이 결정요인」. ≪보건사회연구≫, 36(4), 5~34쪽.
우명숙·남은영. 2014.「공적 제도 인식이 친복지태도에 미치는 영향」. ≪사회보장연구≫, 30(1), 167~195쪽.
우해봉·한정림. 2015.「국민연금 재정 안정화 개혁의 소득계층별 노후소득보장 효과 분석」. ≪사회보장연구≫, 31(4), 161~185쪽.
_____. 2017. 「소득계층별 다층노후소득보장 전망과 정책적 시사점」. ≪사회보장연구≫, 33(4), 211~239쪽.
유종성. 2018. 「기본소득의 재정적 실현가능성과 재분배효과에 대한 고찰」. ≪한국사회정책≫, 25(3), 3~35쪽.
유희원. 2016. 「공적연금제도의 재정적 지속가능성 평가」. ≪사회복지정책≫, 43(4), 1~23쪽.
이명현. 2018. 「포용적 복지: 전략과 가능성, 대구는 어떻게 새로운 복지를 시작할 것인가」. ≪사회복지정책 지역순회(대구) 토론회 자료집≫.
이상록. 2018. 「문재인 정부의 포용적 복지, 어떻게 바라보아야 하는가? 포용적 복지의 성격과 쟁점」. ≪사회복지정책 지역순회(전주) 토론회 자료집≫.
이성균. 2002. 「한국사회 복지의식의 특성과 결정요인: 국가의 복지책임지지도를 중심으로」. ≪한국사회학≫, 36(2), 205~228쪽.
이지호·황아란. 2016. 「복지태도의 결정요인 분석」. ≪한국사회정책≫, 23(1), 257~ 285쪽.
이철희. 2018. 「한국의 출산장려정책은 실패했는가?」. ≪경제학연구≫, 66(3), 5~42쪽.
정세희·문영규. 2015. 「복지인식에 영향을 미치는 요인에 관한 연구」. ≪한국정책연구≫, 15(4), 23~46쪽.
주은선·백정미. 2007. 「한국의 복지인식 지형: 계층, 복지수요, 공공복지 수급경험의 영향을 중심으로」. ≪사회복지연구≫, 34, 203~225쪽.
주은선·이은주. 2016. 「국민연금 재정안정화의 두 가지 패러다임」. ≪비판사회정책≫, 50(2), 378~422쪽.
진재문. 2018. 「포용적 복지와 부산지역 사회복지정책 현안, 부산의 복지, 포용과 지역돌봄의 새길 찾기」. ≪사회복지정책 지역순회(부산) 토론회 자료집≫.
최균·류진석. 2000. 「복지의식의 경향과 특징: 이중성」. ≪사회복지연구≫, 16, 223~254쪽.
최유석. 2011. 「한국인의 사회복지에 대한 인식과 분산: 정치적 성향과 정치적 지식의 역할을 중심으로」. ≪사회복지정책≫, 38(1), 57~83쪽.
최유석·최창용. 2020. 「문재인 정부 복지정책에 대한 인식」. ≪한국콘텐츠학회논문지≫, 20(2), 435~450쪽.
한국개발연구원(KDI). 2018.5.10. "정책기획위원회, 경제인문사회연구회 국책연구기관과 공동으로 국제컨퍼런스 개최". 2018.5.10.
허수연·김한성. 2016. 「한국인의 복지태도에 관한 연구」. ≪사회보장연구≫, 32(3), 203~235쪽.

찾아보기

기획 **한국복지국가연구회**

한국복지국가연구회는 2001년 한국 복지국가의 가능성을 확신한 정치학자, 사회학자, 사회복지학자들이 결성한 연구 단체이다. 복지와 관련한 다양한 문제를 정치경제학적 관점에서 분석하고 대안을 제시함으로써 한국 복지국가 발전에 기여하는 것을 목적으로 삼았다. 결성 초기부터 현재까지 매월 한 차례씩 월례 세미나를 개최해 복지국가의 길을 연구해 왔다.

| 지은이 |

은민수

고려대학교(세종) 공공사회학과 초빙교수

고려대학교 사회복지학 박사

논문: 「복지국가와 역진적 조세의 정치」(2012), 「뉴질랜드 정당체계의 변동과 기초연금제도(superannuation)의 변화」(2015), 「NIT(Negative Income Tax) 방식의 기본소득 보장」(2017), 「복지국가의 주택소유와 공공지출, 주택소유율의 변동」(2017)

공저: 「기본소득, 존엄과 자유를 향한 위대한 여정」(2018)

양재진

현재 연세대학교 행정학과 교수

럿거스대학교 정치학 박사

논문: "The Politics of Government Reorganizations: Evidence from 30 OECD countries, 1980-2014"(2019), "Union Structure, Bounded Solidarity and Support for Redistribution: Implications for building a welfare state"(2019)

저서: 『복지의 원리: 대한민국을 꿰뚫는 10가지 이야기』(2020), *The Political Economy of the Small Welfare State in South Korea* (2017)

공저: *The Small Welfare State: Rethinking Welfare in the US, Japan, and South Korea* (2020)

유종성

현재 가천대학교 리버럴아츠칼리지 및 사회정책대학원 교수

하버드대학교 공공정책학 박사

논문: "A Comparative Study of Inequality and Corruption"(2005), "Social Trust: Fairness Matters More Than Homogeneity"(2012), "The Changing Dynamics of State-Business Relations and the Politics of Reform and Capture in South Korea"(2020)

저서: *Democracy, Inequality and Corruption: Korea, Taiwan and the Philippines Compared* (2015), 『동아시아 부패의 기원: 문제는 불평등이다. 한국 타이완 필리핀 비교연구』(2016)

윤홍식
현재 인하대학교 사회복지학과 교수
워싱턴대학교(St. Louis) 사회복지학 박사
저서: 『우리 모두는 한 배를 타고 있다』(편저, 2012), 『한국 복지국가의 기원과 궤적, 1~3』(전 3권)(2019), 『우리는 복지국가로 간다』(편저, 2020) 외 다수

정세은
현재 충남대학교 경제학과 교수
파리 13대학 경제학 박사
논문: 「2008년 이후 근로소득세제 개편의 소득재분배 및 세부담 효과」(2017), 「문재인정부 조세재정정책 평가 및 바람직한 대안의 모색」(2018), 「위기 이후 아일랜드 모델의 변화와 지속성장을 위한 과제」(2019)

김태일
현재 고려대학교 행정학과 교수
카네기멜론대학교 정책학 박사
저서: 『국가는 내 돈을 어떻게 쓰는가』(2013), 『재정은 어떻게 내 삶을 바꾸는가』(2014), 『자신에게 고용된 사람들』(2017), 『한국경제, 경로를 재탐색합니다』(2017)

강병익
현재 민주연구원 연구위원
성균관대학교 정치외교학 박사
논문: 「한국정당의 복지정치 유형: '정책역량'과 '동원전략'을 중심으로」(2017)
공저: 『다중격차: 한국 사회 불평등 구조』(2016), 『다중격차 II: 역사와 구조』(2017)
역서: 『유럽정당의 복지정치』(2014), 『미국은 왜 복지국가 만들기에 실패했나』(2020)

권순미
현재 한국고용노동교육원 교수
고려대학교 정치학 박사(2002)
논문: 「일본사회당의 실패와 조직노동과의 관계」(2013), 「저부담 조세국가 한국과 일본의 역진적 조세정치」(2014), 「고이즈미 수상의 전환적 리더십과 우정(郵政) 민영화」(2016), "Is South Korea as Leftist as It Gets? Labour Market Policy Reforms under the Moon Presidency"(2019)
공저: *The Small Welfare State: Rethinking Welfare in the US, Japan, and South Korea* (2020)

김현경
현재 고려대학교 국정설계연구소 연구교수
컬럼비아대학교 정치학 박사
논문: 「경제개방은 고용불안정성을 높이는가: OECD국가군의 고용보호법제를 통해 본 노동시장유연성의 결정요인 분석」(2015), "From a Dualized Labor Market to a Dualized Welfare State: Employment Insecurity and Welfare State Development in South Korea"(2017), "Korean Workers' Employment Status and Its Effects on Job Security and Social Policy Preferences"(2017)

김영순
현재 서울과학기술대학교 기초교육학부 교수
서울대학교 정치학 박사
저서: 『복지국가의 위기와 재편』(2008), 『코끼리 쉽게 옮기기: 영국 연금개혁의 정치』(2014)
공저: 『한국 복지국가의 정치경제』(2012), *The Small Welfare State: Rethinking Welfare in the US, Japan, and South Korea* (2020)

최유석
현재 한림대학교 사회복지학부 교수
위스컨신대학교(매디슨) 사회복지학 박사
논문: 「행복불평등: 행복의 분산과 관련요인」(2018), 「세대간 연대의식의 기반: 가족주의 연대」(2014), "Evaluating Performance-based Contracting in Welfare-to-Work Programs: Selection and Earnings Gain Effects in Wisconsin Works"(2016)
저서: 『세대간 연대와 갈등의 풍경』(2016)

노정호
전 국민대학교 정치외교학과 교수
매사추세츠공과대학교(MIT) 정치학 박사
논문: "The Incumbency Disadvantage in South Korean National Assembly Elections: Evidence from a regression discontinuity approach"(2017), 「2016년 선거를 통해서 바라본 미국 복지국가: 과거와 현재, 그리고 미래」(2017), 「핀란드와 네덜란드 기본소득 실험의 방법론적 의미와 한계, 그리고 시사점」(2018)
공저: *Cognitive and Partisan Mobilization in New Democracies: The case of South Korea* (2017), 『복지태도에 있어서의 세대효과』(2017)

최창용
현재 KDI국제정책대학원 교수
시라큐스대학교 사회과학(정책학) 박사
논문: 「한국인의 이념지형과 정책선호」(2018), 「체제전환국 주민의 행복과 사회자본에 관한 연구」(2019), "An Empirical Study on Unemployment and Life Satisfaction of 26 Transition Countries"(2019)
공저: 『혁신생태계 조성을 위한 정부개혁』(2017), 『혁신생태계 조성을 위한 규제개혁』(2018)

한울아카데미 2241

촛불 이후, 한국 복지국가의 길을 묻다

기 획 | 한국복지국가연구회
지은이 | 은민수·양재진·유종성·윤홍식·정세은·김태일·강병익·
권순미·김현경·김영순·노정호·최유석·최창용
펴낸이 | 김종수
펴낸곳 | 한울엠플러스(주)
편집책임 | 이동규·최진희

초판 1쇄 인쇄 | 2020년 7월 20일
초판 1쇄 발행 | 2020년 7월 31일

주소 | 10881 경기도 파주시 광인사길 153 한울시소빌딩 3층
전화 | 031-955-0655
팩스 | 031-955-0656
홈페이지 | www.hanulmplus.kr
등록번호 | 제406-2015-000143호

Printed in Korea.
ISBN 978-89-460-7241-1 93330 (양장)
978-89-460-6916-9 93330 (무선)

* 책값은 겉표지에 표시되어 있습니다.
* 이 책은 강의를 위한 학생용 교재를 따로 준비했습니다.
강의 교재로 사용하실 때는 본사로 연락해 주시기 바랍니다.